CB121300

LOCKE

VERE CHAPPELL (Org.)

LOCKE

EDITORA
IDEIAS&
LETRAS

DIRETOR EDITORIAL:
Marcelo C. Araújo

EDITORES:
Avelino Grassi
Edvaldo Manoel de Araújo
Márcio F. dos Anjos

COORDENAÇÃO EDITORIAL:
Ana Lúcia de Castro Leite

TRADUÇÃO:
Guilherme Rodrigues Neto

REVISÃO:
Paola Goussain de Souza Lima

DIAGRAMAÇÃO:
Juliano de Sousa Cervelin

CAPA:
Vinicio Frezza / Informart

Coleção Companions & Companions

Título original: The Cambridge Companion to Locke

The Edinburg Building
Cambridge, CB2 2RU, UK

ISBN 978-0-521-38772-9

2ª impressão

EDITORA IDEIAS & LETRAS

Rua Tanabi, 56 – Água Branca
Cep: 05002-010 – São Paulo/SP
(11) 3675-1319 (11) 3862-
Televendas: 0800 777 6004
vendas@ideiaseletras.com.br
www.ideiaseletras.com.br

Dados Internacionais de Catalogação na Publicação (CIP)
(Câmara Brasileira do Livro, SP, Brasil)

Locke / Vere Chappell (org.); [tradução Guilherme Rodrigues Neto]. – Aparecida, SP: Idéias & Letras, 2011.

Título original: The Cambridge companion to Locke.
Vários autores
Bibliografia
ISBN 978-85-7698-096-4

1. Locke, John, 1632-1704 I. Chappell, Vere.

11-01745 CDD-192

Índices para catálogo sistemático:

1. Locke: Filosofia inglesa 192

Sumário

Colaboradores – 7

Método de citação – 9

Introdução – 13
Vere Chappell

1. A vida e a época de Locke – 17
J. R. Milton

2. A teoria das ideias de Locke – 41
Vere Chappell

3. A filosofia do corpo – 75
Edwin McCann

4. A filosofia da mente – 113
Jonathan Bennett

5. A filosofia da linguagem – 145
Paul Guyer

6. A teoria do conhecimento – 183
Roger Woolhouse

7. A filosofia da religião – 213
Nicholas Wolterstorff

8. A filosofia moral – 243
J. B. Schneewind

9. A filosofia política – 277
Richard Ashcraft

10. A influência de Locke – 307
Hans Aarsleef

Bibliografia – 351

Índice de nomes e de termos – 383

Índice de passagens – 397

Colaboradores

Hans Aarsleff é Professor de Língua Inglesa na Universidade de Princeton. É autor de *The Study of Language in England 1780-1860* (1967), *From Locke to Saussure: Essays on the Study* of *Language* e de *Intellectual History* (1982),

Richard Ashcraft é Professor de Ciência Política na Universidade da Califórnia, em Los Angeles. É autor de *Revolutionary Politics and Locke's "Two Treatises of Government"* (1986) e *Locke's "Two Treatises of Government"* (1987); editou recentemente, pela Routledge, os quatro volumes de *John Locke: Critical Assessments.*

Jonathan Bennett é Professor de Filosofia na Universidade de Siracusa, Membro da Academia Americana de Artes e Ciências e da Academia Britânica. É autor, entre outras obras, de *Kant's Analytic* (1966), *Kant's Dialectic* (1974), *Locke, Berkeley, Hume: Central Themes* (1971) e *A Study of Spinoza's Ethics* (1984). Editou e traduziu para o inglês, com Peter Remnant, *Os Novos Ensaios Sobre o Entendimento Humano* (1981) de Leibniz.

Vere Chappell é Professor de Filosofia na Universidade de Massachusetts. Ele é coautor, com Willis Doney, de *Twenty-Five Years of Descartes Scholarship* (1987), e editor dos 12 volumes de *Essays on Early Modern Philosophers* (1992). Editou o volume *Hume* da Modern Library e também o volume *Hume* da "Anchor Collections of Critical Essays".

Paul Guyer é o Professor "Florence R. C. Murray" de Humanidades da Universidade da Pensilvânia. É autor de *Kant and the Claims of Taste* (1979), *Kant and the Claims of Knowledge* (1987), e *Kant and the Experience of Freedom* (1993), e editor de *The Cambridge Companion to Kant* (1992). Ele é também corredator geral da Edição da Cambridge das *Obras* de Immanuel Kant, atualmente em desenvolvimento.

Edwin McCan é Professor Associado da Faculdade de Filosofia da Universidade Southern California. Publicou vários artigos em filosofia moderna, com ênfase em Locke.

J. R. Milton é Professor conferencista no Departamento de Filosofia do King's College, em Londres. Publicou vários artigos, e atualmente está trabalhando em uma biografia intelectual de Locke.

J. B. Schneewind é Professor de Filosofia na Universidade Johns Hopkins. É autor de *Sidgwick's Ethics and Victorian Moral Philosphy* (1977) e editor dos dois volumes de *Moral Philosphy from Montaigne to Kant* (1990). Editou, também, o volume *Mill* da "Anchor Collections of Critical Essays".

Nicholas Wolterstorff é o Professor "Noah Porter" de Teologia Filosófica da Universidade de Yale, e foi designado, em 1993, para "Wilde Lecturer" na Universidade de Oxford e, em 1995, para "Gifford Lecturer" na Universidade de St. Andrews. É autor, entre outras obras, de *On Universals* (1970), *Reason within the Bounds of Religion* (1976), *Art in Action* (1980) e *Works and Worlds of Art* (1980). Seu último livro, *When Tradition Fractures: The Epistemology of John Locke and the Origins of Modern Philosophy*, deve ser publicado em breve.

Roger Woolhouse é "Leitor" em Filosofia na Universidade de York. É autor de *Locke's Philosophy of Science and Knowledge* (1971) e *Locke* (1983), e coautor, com Roland Hall, de *80 Years of Locke Scholarship: A Bibliographical Guide* (1983). Ele está editando os volumes sobre Leibniz da "Routledge Critical Assessments".

Método de citação

As referências às obras de Locke são dadas entre parênteses, utilizando-se o título abreviado da obra ou sua fonte.

As edições ou fontes citadas da obra de Locke, com as abreviações dadas entre parênteses, são as seguintes:

H	Manuscritos da Bodleian Library.
C	*The Correspondence of John Locke,* ed. Por E. S. de Beer. 9 vols. (1976).
D	*Drafts for the* 'Essay concerning Human Understanding', *and Other Philosophical Writings,* ed. por Peter H. Nidditch e G. A. J. Rogers. 3 vols. (1990-).
E	*An Essay concerning Human Understanding,* ed. por Peter H. Nidditch (1975).
EL	*Essays on the Law of Nature,* ed. por W. von Leyden (1954).
IL	*The Life of John Locke,* de Peter, Lord King, 2 vols. (1830).
QL	*Questions concerning the Law of Nature,* ed. e trad. por Robert Horwitz, Jenny Strauss Clay e Diskin Clay (1990).
T	*Two Treatises of Government,* ed. por Peter Laslett, 2ª ed. (1967).
TE	*Some Thoughts concerning Education,* ed. por John W. Yolton e Jean S. Yolton (1989).
W	*The Works of* John *Locke,* nova edição corrigida, 10 vols. (1823; reimpr. em 1964).

No caso de coleções e de outras obras maiores, o título abreviado é seguido por uma combinação de numerais que designam divisões internas – volumes, livros, partes, capítulos, seções, e assim sucessivamente – e, em seguida, um número de página, precedido por dois pontos. Assim, uma referência ao Livro II, capítulo XXI, seção 47, página 263 do *Ensaio sobre o Entendimento Humano* é dada do seguinte modo: E II.xxi.47: 263.

Uma referência ao Volume VII, página 140 dos *Works* de Locke (que, nesse caso, é uma referência a *The Reasonableness of Christianity)*, é dada assim: W VII: 140.

Cartas escritas por e para Locke são citadas utilizando-se o número a elas atribuído na edição de Beer da correspondência de Locke, precedido por "C", o volume e o número da página dessa edição. Assim, a Carta 2320 é referida como C VI: 215.

O material manuscrito na Bodleian Library, o qual inclui quase tudo o que sobreviveu do espólio de Locke, é algumas vezes citado pelo título (se houver), seguido por "B" e a designação para o manuscrito em questão no catálogo Bodleian Library, seguido pela indicação da seção, fólio ou número de página. Assim, Journal 1677 é referido como B MS Locke f.2: 46.

Parte desse material manuscrito tem sido publicada e frequentemente é a versão publicada que é citada. Uma fonte principal é a biografia de Lord King: uma citação de alguma passagem inclui um título (se houver), seguido por "L", o volume e o número da página da edição de 1830 das obras de King, assim, Deus: L II: 133-39.

Alguns outros manuscritos de Locke têm sido publicados separadamente em livros e artigos de periódicos. De especial importância é uma obra precoce escrita em latim sobre a lei natural e dois rascunhos do *Ensaio sobre o Entendimento Humano* – designados "Draft A" e "Draft B" pelos estudiosos de Locke. Duas versões do primeiro foram publicadas (com diferentes títulos em inglês), uma por von Leyden e a outra por Horwitz et al.: essas versões são citadas utilizando-se, respectivamente, "EL" e "QL". Existem também duas versões publicadas de cada um dos rascunhos: neste livro é citada a edição da Clarendon de ambos os rascunhos, editada por Nidditch e Rogers, que é citada por "D"; assim: *Draft A* 43 é referido como D I: 75.

Outras versões publicadas de manuscritos de Locke são citadas utilizando-se o nome de Locke como autor, seguido pela data de publicação e pelo número da página precedido por dois pontos. Uma referência a um texto juvenil de Locke sobre a infalibilidade, por exemplo, que foi publicado em 1977 por John Biddle no *Journal of Church and State*, aparece assim: Locke 1977: 301.

Obras de outros autores que não Locke (e seus correspondentes) são também referidas entre parênteses, empregando-se o nome do autor, a data de publicação da obra ou da edição citada (seguida por "a", "b", "c" etc. a fim de distinguir publicações de um mesmo ano), e um número de página precedido de dois pontos. Uma referência para página 86 do *John Locke and the Way of Ideas*, de John Yolton, publicado em 1956, é feita do seguinte modo: Yolton 1956: 86.

Informação completa sobre obras e fontes citadas é dada na Bibliografia.

Introdução

Vere Chappell

O tema principal deste livro é a filosofia de Locke, no sentido acadêmico corrente do termo. Interpretada desse modo, a filosofia constitui um especial campo de investigação, distinta, ainda que de modo não muito claro, de outros campos e, em particular, das várias ciências empíricas. Locke certamente praticou a filosofia entendida dessa maneira. Mas ele não pensou a si mesmo como algum tipo de especialista intelectual. Ele raramente utilizou a palavra "filosofia" para significar todo o conjunto do esforço intelectual, como fizeram muitos pensadores do século dezessete: sua palavra favorita para isso era "ciência". E ademais de seu trabalho em filosofia, ele procurou investigações substanciais em outras disciplinas: Química, Medicina, Economia, Política Pública, Educação e Teologia. Todavia, não há dúvida alguma de que as realizações mais significativas e também as mais influentes de Locke se deram na filosofia; e é principalmente como um filósofo que ele tem interessado os estudiosos de hoje.

A filosofia, de acordo com nossa concepção atual, é dividida em vários campos mais ou menos distinguíveis. No primeiro nível da divisão, estão a lógica, a epistemologia, a metafísica e a filosofia moral, e então, subdividindo esses campos, especializações, tais como a filosofia da linguagem, filosofia da ciência, filosofia da mente e filosofia da religião, a teoria ética e a filosofia política. Locke trabalhou ativamente em quase todas essas áreas. É verdade que o objeto geral de seus dois livros mais importantes, o *Essay concerning Human Understanding* [*Ensaio sobre o Entendimento Humano*] e os *Two Treatises of Government* [*Dois Tratados sobre o Governo*], é, em um caso, a epistemologia e, em outro caso, a filosofia política. Mas existem também, nos *Dois Tratados*, excursões significativas em filosofia moral geral e, no *Ensaio*, em teoria ética e filosofias da linguagem, da ciência e da religião, e especialmente naquilo que chamamos de metafísica, embora Locke pudesse sentir-se desconfortável com esse rótulo, como que, a seu nariz, tal termo cheirasse aos envelhecidos corredores das escolas medievais.

Neste livro, capítulos separados são dedicados à obra de Locke em cada um dos vários campos da filosofia: metafísica, subdividida em filosofia do corpo e filosofia da mente (capítulos 3 e 4, respectivamente); filosofia da linguagem (capítulo 5); teoria do conhecimento, que cobre uma porção da epistemologia (capítulo 6); filosofia da religião, que inclui normalmente tópicos em metafísica, bem como tópicos em epistemologia, embora sejam principalmente estes últimos que aqui são tratados (capítulo 7); filosofia moral (capítulo 8); e filosofia política (capítulo 9). Há também um capítulo que trata sobre a teoria lockeana das ideias (capítulo 2), destinado a prover alguma base para as discussões dos capítulos subsequentes. As questões levantadas nesse capítulo incidem, atualmente, incidem na epistemologia e na filosofia da lógica. Mas, para Locke, essas questões deveriam ser atribuídas à "Semiótica" ou "Doutrina dos Sinais", que constitui uma das três principais divisões da "Ciência", especificadas no último capítulo do *Ensaio* (E IV.xxi.4: 720-21). (As outras duas divisões de Locke são a "Prática", ou a "Ética", e a "Física", ou a "Filosofia Natural", mesmo que "em um sentido um pouco mais largo do termo", o que permite aplicá-la também a "espíritos", assim como a corpos [E IV.xxi.2-3: 720].)

Entretanto, a ordem dos capítulos neste livro não foi determinada por qualquer arranjo sistemático desses vários campos da filosofia. Os primeiros seis capítulos, capítulos 2 a 7, são (mais ou menos) colocados na ordem em que os assuntos são tratados por Locke no *Ensaio*. O segundo capítulo trata sobre questões discutidas no Livro I e em partes do Livro II, e os capítulos 3 e 4 sobre questões consideradas em outras partes do Livro II; o capítulo 5 corresponde ao Livro III, e o capítulo 6, às partes iniciais do Livro IV; e o capítulo 7 está relacionado a questões que Locke trata nas últimas partes do Livro IV. O tema do capítulo 8, a filosofia moral, é discutido por Locke em várias passagens do *Ensaio*, e também em outras obras: notadamente, o anterior *Essays on the Law of Nature* [*Ensaios sobre a Lei Natural*], os *Two Treatises* [*Dois Tratados*] e *The Reasonableness of Christianity* [*A Razoabilidade do Cristianismo*]. Por fim, o capítulo 9, sobre a filosofia política de Locke, é dedicado ao argumento central do *Second Treatise* [*Segundo Tratado*].

Locke não deixou uma contribuição significativa em todos os campos correntemente reconhecidos da filosofia. A lógica formal e a estética são dois campos aos quais ele não contribuiu. Ele também evitou qualquer discussão explícita sobre [p. 3] questões de ontologia geral, campo que constitui outro ramo da metafísica, ademais das filosofias da mente e do corpo – no entanto, muitas de suas respostas a essas questões estão implícitas em suas discussões sobre outros tópicos, de modo que uma teoria fecunda sobre o "ser em geral" talvez pudesse ser construída a partir delas. Um ramo adicional da metafísica é a teologia (natural), a filosofia acerca dos deuses ou de Deus. Locke deu atenção considerável a esse tema, não somente em passagens do *Ensaio* e dos *Dois Tratados*, mas em várias outras obras, entre as quais as seguintes, dedicadas especificamente ao tema: *A Razoabilidade do Cristianismo* e *A Paraphrase and Notes on the Epistles of St. Paul* [*Uma Paráfrase e Notas sobre as Epístolas de São Paulo*]. Mas o trabalho de Locke nessa área não foi muito original, grande parte é mais apologético que filosófico, e, após algumas décadas, até mesmo os teólogos cristãos deixaram de estar muito interessados nesse campo. Alguns poucos aspectos desse trabalho são mencionados no capítulo 7 deste livro, mas nenhum capítulo em separado lhe é dedicado.

Ademais dos oito capítulos centrais acerca da filosofia de Locke, o livro traz um capítulo de abertura sobre sua vida e sobre o contexto intelectual, e um capítulo final (capítulo 10) que trata da influência de seu pensamento sobre pensadores subsequentes.

Embora não seja especificamente examinado neste livro o trabalho de Locke em outros campos que a filosofia, há breves descrições sobre isso no capítulo 1. Além disso, nos anos recentes, foram produzidos excelentes estudos nessa área. O trabalho de Locke em química e filosofia natural (no sentido mais estrito) é revisado por Frank 1980; em medicina, por Dewhurst 1963 (mas veja a "Nota sobre as Fontes", de J. R. Milton, no capítulo 1). A melhor descrição da contribuição de Locke para a economia é Kelly 1991; e Tarcov 1984 e Yolton and Yolton 1989 são esclarecedores sobre suas concepções acerca da educação. Discussões valiosas sobre alguns aspectos da teologia de Locke aparecem em Wainwright 1987, Spellman 1988 e Marshall 1990. O tratamento de Locke da tolerância política e religiosa, que constitui sua aventura mais extensa no campo do que seria agora denominado de "política pública", é amplamente examinado em Horton e Mendus 1991.

O estado atual em que se encontram os estudos sobre Locke, em filosofia não menos que nesses outros campos, é o de uma boa e robusta saúde. Os estudos sobre Locke têm certamente participado do crescimento de toda a atividade acadêmica do século XX, e particularmente dos últimos trinta anos ou mais. E os hábitos intelectuais dos acadêmicos em geral têm mudado para melhor. Estudantes de uma obra como a de Locke são agora filosoficamente mais astutos que seus predecessores; eles leem textos com mais cuidado e estão mais interessados nas circunstâncias históricas, tanto materiais quanto intelectuais, em que seus filósofos elaboraram seus pensamentos.

Mas existem fatores especiais que parecem ter impulsionado a popularidade de Locke como um alvo do interesse acadêmico. De principal importância foi a descoberta do rico tesouro de material inédito encontrado na Coleção Lovelace. Entre outras coisas, isso incentivou a elaboração de uma nova edição crítica das obras de Locke, a Oxford Clarendon Edition, da qual vários volumes têm sido atualmente publicados – mais notadamente, o *Ensaio*, por Peter Nidditch, e a coleção de oito volumes, por E. S. Beer, de toda a correspondência (conhecida) de Locke. Essas novas edições, por sua vez, têm encorajado novos esforços de interpretação e pesquisa histórica: o progresso se constrói sobre o progresso.

Os estudos sobre Locke também se beneficiaram da atividade e dedicação de Roland Hall, fundador e editor do *Locke Newsletter* (Hall 1970a), coautor (com Roger Woothouse) de uma compreensiva bibliografia dos trabalhos do século XX sobre Locke (Hall and Woolhouse 1983) e mantenedor da lista anual das "Recentes Publicações" sobre Locke (Hall 1970b). Duas bibliografias adicionais, cobrindo diferentes domínios, foram recentemente publicadas por John Attig e por Jean e John Yolton: uma enumera os próprios escritos de Locke (Attig 1985); a outra, os textos secundários produzidos entre 1689 e 1982 (Yolton and Yolton 1985). Com isso, os instrumentos de pesquisa necessários para os estudiosos de Locke têm sido extraordinariamente bem providos.

O organizador acredita que a vitalidade e a qualidade dos estudos atuais sobre Locke são amplamente demonstradas pelos ensaios que compõem este livro.

1 A vida e a época de Locke

J. R. Milton

John Locke nasceu em 8 de agosto de 1632, no seio de uma família da pequena nobreza de Somerset. Seu pai, John Locke, possuía algumas propriedades e terras em Pensford e arredores, uma pequena cidade a cerca de onze quilômetros ao sul de Bristol. Ele complementava sua renda por meio da atividade de procurador e também por obter uma série de postos administrativos secundários no governo local.

A família de Locke parece ter tido simpatias puritanas, e após erupção da Guerra Civil, seu pai serviu como capitão em um dos exércitos do Parlamento, em um regimento de cavalaria comandado por uma figura muito importante entre a pequena nobreza de Somerset, Alexander Popham. O regimento de Popham serviu em Waller, foi derrotado na Batalha de Devizes, em julho de 1643, e se dispersou em seguida.

A associação do pai de Locke com Popham, a quem ele continuou a servir em sua habilidade profissional e de quem ele arrendou parte de sua terra, teve uma consequência de enorme benefício para seu filho. Popham, membro do Parlamento por Bath desde 1645, tinha influência suficiente para recomendar os garotos para a Westminster School, naquele tempo a principal escola na Inglaterra. Locke ingressou em Westminster em 1647. A educação era centrada quase que inteiramente em torno das línguas antigas, primeiro o latim, então o grego e, finalmente, para os alunos academicamente mais proficientes, o hebraico. Locke fez suficiente progresso em relação a essa última, de modo a ser capaz de compor uma oração em hebraico logo antes de deixar a escola.

Westminster teve uma longa conexão estabelecida com a Christ Church College, em Oxford; pelo menos três bolsas de estudos no College eram preenchidas todos os anos por aqueles estudantes que possuíam bolsas de estudos na School. Esses estudantes, que aproximadamente eram equivalentes aos estudantes de outros Colleges, eram tenazes pela vida, embora pudessem ser punidos sob diversos motivos, notadamente o matrimônio. Locke foi eleito em maio de 1652; ele foi admitido na residência do Christ Church no outono do mesmo ano.

O currículo que Locke foi obrigado a seguir em quase nada era diferente daquele que havia irritado e entediado, cinquenta anos antes, o jovem Thomas Hobbes, e Locke reagiu a ele da mesma maneira. Ele adquiriu uma intensa antipatia pelo método escolástico de disputa intelectual e pelas sutilezas lógicas e metafísicas relacionadas a tal método. Locke estava certo de que ele não cumpria suficientemente as exigências para o seu grau acadêmico (B.A. fevereiro 1656, MA. junho 1658), embora, por outro lado, ele parece ter gastado muito de seu tempo com a leitura da mais alta literatura inglesa – romances, peças de teatro e cartas literárias, muitos traduzidos do francês.

Não está claro se Locke, nessa fase de sua vida, teve qualquer intenção definida sobre qual carreira seguir. Ele foi admitido na Residência de Gary em dezembro de 1656, mas isso não parece tê-lo influenciado em nada; o pensamento posterior de Locke é notadamente não influenciado por qualquer conhecimento aparente da *common law.* A maioria dos estudantes pretendia uma carreira na igreja. Existe alguma evidência de que o pai de Locke tinha esse objetivo em mente, e o próprio Locke pode ter contemplado essa possibilidade tão tardiamente quanto 1663, mas no final ele rejeitou a ideia de ordenação religiosa.

Outra possibilidade era a medicina. Vários dos cadernos de anotações de Locke mostram que, nos final dos anos de 1650, ele começou tomar notas detalhadas de um grande número de obras médicas. A quantidade e o caráter desse material indicam algo mais que um interesse casual. É possível que Locke não tenha tomado uma firme decisão sobre uma carreira médica em 1658-1659, porém, parece certo, ele claramente examinava tal possibilidade.

O estudo da medicina o conduziu inevitavelmente à filosofia natural. Locke leu, aproximadamente em 1658, os *Exercitationes de Generatione*

Animalium, de Harvey, e começou a explorar os problemas da química, tomando notas detalhadas dos textos de Daniel Sennert. Por volta dessa época, provavelmente no início de 1660, ele conheceu Robert Boyle.

Quando exatamente Locke tornou-se inicialmente familiarizado com as ideias da filosofia mecânica não pode ser agora determinado. Não há qualquer evidência de que ele tivesse alguma ligação com o grupo de inovadores associados com John Wilkins em Wadham – diferentemente de Robert Hooke, seu precoce contemporâneo de Westminster e também de Christ Church. Entre as notas sobreviventes de Locke, não existe qualquer indício de que ele tivesse lido qualquer coisa de Descartes. No entanto, de 1660 em diante, Locke ampliou seus estudos médicos com um curso completo de leitura da nova filosofia mecânica, começando com o livro de Boyle, os *New Essays Physics-Mechanical touching the Spring of Air* [*Novos Ensaios Físicos-Mecânicos sobre a Elasticidade do Ar*], que então fora recentemente publicado. Ele leu extensamente as obras de Descartes, concentrando-se particularmente na *Dióptrica* e nos *Meteoros* (na tradução latina), e também nos *Principia Philosophiae*, especialmente nas Partes III e IV; ele leu também, embora provavelmente não muito, pelo menos alguma coisa do *Syntagma Philosophicum*, de Gassendi.

A atenção de Locke nesse momento não se mantinha, entretanto, unicamente focada na medicina e na filosofia natural. A precária estabilidade política alcançada por Cromwell tinha desaparecido com sua morte, em setembro de 1658. Locke recebeu com agrado a Restauração de Carlos II e o restabelecimento do governo forte – de fato, autoritário – na Igreja e no Estado. Entre novembro e dezembro de 1660, ele escreveu um curto tratado, no qual pretendia oferecer uma resposta para um texto de outro estudante do Christ Church, Edward Bagshaw, em que ele afirmava o poder do magistrado civil para determinar a forma do culto religioso (Locke 1967: 117-75). Isso foi seguido, em 1661-1662, por dois outros trabalhos, escritos em latim e elaborados na forma de uma *disputatio* escolástica. Um desses oferece uma defesa mais geral e abstrata da já argumentada tese contra Bagshaw (Locke 1967: 185-241); o outro rejeita a posição católica de que é necessário que a Bíblia tenha um intérprete infalível (Locke 1977). Locke estava, nessa época, lendo muita teologia anglicana, e estava seguindo a tradição anglicana clássica de se engajar em polêmicas nas duas frentes, contra a Igreja de Roma e contra os dissidentes protestantes.

Nessa fase de sua vida, as opiniões religiosas de Locke ainda eram, provavelmente, amplamente ortodoxas. Ele sobreviveu à administração pós-Restauração da universidade, aparentemente sem muitas dificuldades, e é bastante improvável que alguém tivesse defendido uma política de imposição da ortodoxia religiosa que ele mesmo não aceitasse. Muito diferente da situação de vinte anos depois, Locke era então bem visto pelo decano e pelo cônego. No início dos anos de 1660, ele foi designado para ofícios no College: *praelector* em grego (1661-1662), *praelector* em retórica (1663) e, finalmente, censor de filosofia moral (1664). Na primavera de 1661, ele se tornou tutor do College; ele era responsável pelo bem-estar geral de seus alunos, e ajudou a lhes conceder o mesmo tipo de educação que ele havia dado a si mesmo uma década antes. Ele também conduziu disputas escolásticas de um tipo estritamente tradicional: um conjunto dessas disputas sobreviveu e foi publicado com o título *Essays on the Law of Nature* [*Ensaios sobre a Lei Natural*].

Durante essa época, Locke continuou a ler extensamente sobre medicina e filosofia natural. Em 1661-1662, ele tomou notas detalhadas de leituras proferidas sobre medicina por Thomas Willis (Willis 1980) e, em 1663, frequentou um curso de química dado, sob o patrocínio de Boyle, pelo químico alemão Peter Stahl. Existia, nessa época, muito interesse em problemas fisiológicos. Locke era um amigo de Richard Lower, que, juntamente com Boyle, Hooke e Willis, estava engajado em tentar entender a natureza da respiração. Locke seguiu de perto essas investigações e registrou notas e questões sobre elas em seus livros.

A vida de Locke nessa época parece ter sido bem ocupada, senão um pouco monótona. Em 1665, surgiu uma oportunidade para algo bastante novo, e Locke prontamente a agarrou. Sir Walter Vane estava sendo enviado a Cleves, em uma missão diplomática ao Eleitor de Brandenburgo, e a Locke foi oferecido o posto de secretário. A missão deixou a Inglaterra em novembro e retornou em fevereiro do ano seguinte. Como ação de diplomacia provou-se inútil, mas fica claro em suas cartas que Locke desfrutou grandemente de sua primeira viagem ao estrangeiro, e a experiência de permanecer em uma comunidade, na qual os membros de diferentes igrejas vivem junto e sem desordem, pode ter-lhe ajudado a mudar seu pensamento sobre a praticabilidade da tolerância religiosa.

Uma vez de volta a Oxford, Locke retomou seus estudos de química e fisiologia; foi provavelmente nessa época que ele esboçou um breve texto na forma de uma disputa escolástica acerca da respiração.[1] No entanto, no verão de 1666, ele conheceu alguém que iria mudar todo o curso de sua vida.

Anthony Ashley Cooper – então Lord Ashley, e Conde de Shaftesbury a partir de 1672 – tinha sido chanceler do erário desde 1661. Ele não estava em boa saúde, e tinha vindo a Oxford para beber a água de uma remota fonte rural, lá levado por meio de uma carroça. O médico de Ashley em Oxford era David Thomas, o principal colaborador de Locke em suas experiências químicas, e foi provavelmente por intermédio de Thomas que os dois homens foram apresentados. Cada um estava favoravelmente impressionado com o outro, e até que Ashley deixasse Oxford, os inícios de uma firme amizade haviam sido estabelecidos.

No final da primavera de 1667, Locke deixou Oxford e foi para Londres a fim de tornar-se um membro da casa de Ashley em Exeter House, na Strand. Esse seria seu lugar de residência permanente durante os próximos oito anos.

Em Londres, as atividades de Locke permaneceram tão diversas quanto haviam sido em Oxford. Ele continuou a ler extensivamente sobre medicina, mas ele era agora capaz de completar essa educação teórica com a experiência clínica. Logo em sua chegada a Londres, ele conheceu o médico Thomas Sydenham. Locke acompanhou Sydenham em suas diligências e fez registros de seus conselhos e recomendações em vário de seus cadernos de anotações. Os dois homens colaboraram estreitamente: as anotações de Locke contêm um grande número de rascunhos e ensaios fragmentados sobre vários tópicos de medicina. O mais interessante desses, de um ponto de vista filosófico, é um curto tratado, *De arte medica*. Quando

---

1 A única edição impressa (Locke 1960) fornece um texto extremamente inexato, e deveria ser utilizado com grande precaução.

primeiramente descoberto, no século dezenove, supôs-se que esse tratado teria sido escrito por Locke, principalmente em razão do manuscrito apresentar sua caligrafia; mais recentemente, foi atribuído à Sydenham. Não há qualquer fundamento decisivo, até o presente momento, em favor de uma dessas alternativas.

De arte medica expressa um profundo ceticismo acerca de todas as hipóteses relativas à natureza da doença e, por conseguinte, advoga uma abordagem puramente empírica da prática médica. Nada nesse tratado é incompatível com as conhecidas filosofias médicas de Sydenham ou de Locke. Sydenham nunca havia sido um admirador da filosofia mecânica ou do tipo de explicação corpuscular tão infatigavelmente defendido por Boyle e seus colegas da Royal Society. A abordagem geral de Locke permaneceu próxima à de Boyle, mas ele tornou-se muito mais cético em relação às esperanças de sermos capazes, na prática, de utilizar os princípios do corpuscularismo para dar uma explicação satisfatória das propriedades dos corpos particulares.

As habilidades médicas de Locke foram postas a um severo teste durante o verão de 1668. A saúde de Lord Ashley, que de modo geral não era boa, vinha piorando, e Locke, no dia 12 de junho, defendeu e supervisionou (embora certamente não tenha, de fato, executado) uma operação para drenar um abscesso do fígado Ashley. Ashley teve uma boa recuperação e, depois disso, viu Locke como a pessoa que havia salvado a sua vida.

Locke continuou a seguir seus interesses científicos e médicos. Era moda intrometer-se em química, e Lord Ashley manteve um laboratório em Exeter House. Em novembro de 1668, Locke foi eleito membro da Royal Society, mas embora tenha sido rapidamente designado para a um comitê de experimentos e servido por duas vezes no conselho (1669-1670, 1672-1673), ele parece ter comparecido a poucas reuniões e ter contribuído pouco para o trabalho da sociedade.

Assim como a abordagem largamente teórica de Locke em relação à medicina tinha sido intensificada por sua associação com Sydenham, assim também seu anterior interesse acadêmico, quase escolástico, em política foi inevitavelmente modificado por sua entrada na casa de um dos políticos mais hábeis da Inglaterra. Cerca de um ano após sua chegada a Londres,

Locke escreveu o breve *Essay concerning Toleration* [*Ensaios acerca da Tolerância*],[2] no qual expressou concepções muito diferentes daquelas elaboradas nos *Two Tracts* de 1660-1662. Ele também desenvolveu um interesse, previamente ausente, em questões econômicas. O resultado foi um tratado com o título *Some of the Consequences that are like to follow upon Lessening of Interest to 4 Per Cent*, iniciado em 1668 e aumentado posteriormente em 1674. Nada foi publicado nessa época, mas Locke manteve o manuscrito e decidiu utilizá-lo nas controvérsias econômicas dos anos de 1690.

Em 1669, Ashley envolveu Locke nos negócios da recentemente fundada colônia da Carolina. Em agosto desse ano, o primeiro grupo de colonos a deixar a Inglaterra levou consigo um elaborado documento constitucional, a Constituição Fundamental da Carolina. É extremamente improvável que Locke seja o autor desse documento, mas é possível que ele tenha trabalhado no rascunho original, e ele certamente estava envolvido na sugestão de alterações e melhorias (Milton 1990). Locke continuou a servir os senhores proprietários da colônia como secretário, até deixar a Inglaterra e ir para a França, em 1675.

Pelo menos desde o outono de 1668, Ashley pagava a Locke uma pensão anual de 80 libras. No outono de 1670, surgiu uma oportunidade para trocar o trabalho pela renda pública. Locke foi designado como registrador para os comissários de impostos, por um salário anual de 175 libras. Disto, 60 libras eram necessárias para pagar um escrevente que realizava presumivelmente quaisquer deveres que fossem solicitados. Locke perdeu essa fonte útil de renda na primavera de 1675. Ela foi trocada por uma anuidade de 100 libras que ele adquiriu de Shaftesbury.

À luz de suas publicações posteriores, é notável que, nos anos de 1660, Locke tenha passado muito pouco tempo, ao que parece, com a leitura de alguma coisa em epistemologia ou metafísica. É certamente improvável que Locke tivesse feito anotações sobre cada livro que tenha lido, e é certo que ao menos alguns dos livros em que ele registrou suas notas não

2 Esse texto existe em quatro versões distintas, das quais somente uma foi impressa (Fox Bourne 1876: 1:174-94).

sobreviveram; todavia, é muito marcada a disparidade entre as anotações extremamente extensas tomadas de livros sobre medicina, ciência natural, viagens e teologia, e a ausência quase total de algo sobre tópicos filosóficos. Em 1670, Locke ainda não era um filósofo, do modo como deveríamos entender esse termo. Entretanto, brevemente ele se tornaria um filósofo.

As origens do *Ensaio sobre o Entendimento Humano* são descritas por Locke com uma torturante brevidade e um tipo de estudada falta de clareza em uma famosa passagem da "Epístola ao Leitor". Nesse texto, Locke descreve como, em um tempo passado não especificado, mas evidentemente distante, ele e um grupo de cinco ou seis amigos haviam se encontrado em seu escritório para discutir algum outro tópico bastante remoto, e como acabaram enredados a si mesmos em uma massa de completas perplexidades não antecipadas. Ocorreu então a Locke que, em vez disso, eles deveriam investigar as capacidades do próprio entendimento humano. Ele anotou, portanto, "alguns pensamentos precipitados e indigestos sobre um assunto que eu nunca havia anteriormente considerado", que ele deixou para o próximo encontro.

Dois textos que lidam com tópicos epistemológicos mostram que esse encontro não pode ter ocorrido depois de 1671. O texto mais curto, com o título latino "Intellectus humanus cum cognitionis certitudine, et assensus firmitate", mas escrito em inglês, é agora geralmente conhecido como *Draft A*. Uma referência no interior do texto mostra que Locke estava na metade de sua redação em 11 de julho de 1671. Suas primeiras poucas páginas podem bem corresponder aos pensamentos precipitados e indigestos deixados por Locke para o encontro com seus amigos. O texto mais longo, intitulado "An Essay concerning the Understanding, Knowledge, Opinion and Assent" ["Um Ensaio sobre o Entendimento, o Conhecimento, a Opinião e o Assentimento"], atualmente conhecido como *Draft B*, não contém outra data a não ser o ano de 1671 na página de título, embora certamente seja posterior ao *Draft A*. Ambos os textos foram deixados inacabados, e ambos claramente deixam sem solução alguns dos principais problemas que os levaram a ser escritos.

Durante os anos 1672-75, muito do tempo de Locke estava ocupado por atividades administrativas de diversos tipos. Em março de 1672, Ashley foi nomeado Conde de Shaftesbury, e em novembro do mesmo ano foi designado para Lord Chanceler. A administração da considerável quantidade de patronato eclesiástico que vinha com esse ofício foi entregue a Locke, a quem foi atribuído o posto de secretário de apresentações; ele o ocupou até que Shaftesbury foi despedido em novembro de 1673. Como que por antecipação a isso, Locke havia se tornado, no mês anterior, secretário da Câmara de Comércio e Plantações. Em dezembro, tornou-se também tesoureiro. Ele manteve esses postos, o que envolvia uma quantidade considerável de trabalho, até o conselho dissolver-se em dezembro de 1674. O salário combinado de 600 libras por ano nunca foi pago.

Em novembro de 1675, com o término de suas responsabilidades administrativas, Locke viajou para a França, para uma permanência que durou quase três anos e meio. Não era sua primeira visita àquele país. No outono de 1672, ele havia passado algumas semanas em Paris, mas embora tenha adquirido presumivelmente alguma habilidade para se comunicar em francês, ele ainda não era capaz de ler com facilidade nesse idioma. Não há qualquer citação de obras escritas em francês entre os papéis de Locke antes de novembro de 1675.

Ao chegar à França, Locke começou, aparentemente pela primeira vez, a manter um diário, uma prática que ele continuou até o final de sua vida. Nos anos posteriores, o número de entradas cresceu menos, especialmente após 1689, mas os extensos volumes que abrangem os anos na França tornam possível elaborar, pela primeira vez na vida de Locke, uma descrição quase cotidiana de seus movimentos e atividades.

No dia 4 de janeiro de 1676, Locke chegou a Montpellier, onde ficaria por pouco mais de um ano. Ele conheceu várias figuras, notadamente dois eminentes médicos protestantes, Charles Barbeyrac e Pierre Magnol, o e cartesiano Pierre Sylvain Régis; ele também contratou um tutor para ensinar-lhe o francês durante uma hora por dia, e começou a ler livros escritos nesse idioma.

Durante a estadia em Montpellier, Locke retomou suas investigações filosóficas. Seus diários contêm um número significativo de entradas sobre questões filosóficas, sendo estas especialmente frequentes no período de junho até setembro de 1676, quando Locke retirou-se para Celleneuve, uma vila a cerca de três quilômetros a oeste de Montpellier.

Em fevereiro de 1677, Locke deixou Montpellier e viajou, calmamente, para Paris, passando por Toulouse e Bordeaux, lá chegando no início de junho. Afora uma segunda viagem pela França provincial no final do verão e outono de 1678, até seu retorno à Inglaterra, Locke permaneceu em Paris.

Em Paris, Locke continuou, pelo menos de modo intermitente, a trabalhar em filosofia, preparando uma lista de versões francesas das obras de Descartes e copiando em seu diário um longo memorando, contendo comentários críticos acerca de obras de vários seguidores de Descartes. Ele também conheceu dois gassendistas, François Bernier e Gilles Launay, embora exista pouca evidência de que ele tivesse muito interesse nos detalhes da própria filosofia de Gassendi.

É também claro que Locke estava trabalhando no *Ensaio* durante esse período. Um dos textos que ele deixou para trás em Paris, em julho de 1678, foi um fólio descrito como "Essay de Intellectu". Esse texto não pode ser o *Draft A* nem o *Draft B*. Referências a esse texto aparecem entre os papéis de Locke: está em sua posse na Inglaterra em 1679 e 1680, e na Holanda em 1684 e 1685.

A Inglaterra à qual Locke voltou em maio de 1679 estava em um estado de aguda crise política. A revelação da Conspiração Papista, uma conspiração para assassinar Carlos II e substituí-lo por seu irmão católico, Jaime, havia encontrado uma nação já descontente em agosto do ano anterior. A conspiração era mesmo uma pura maquinação, mas poucos dos contemporâneos de Locke estavam preparados para desprezar completamente as detalhadas mentiras inventadas por Titus Oates e seus associados, especialmente após a descoberta da correspondência genuinamente traiçoeira do secretário de Jaime, Edward Coleman, e o assassinato – ainda não solucionado – do magistrado encarregado de investigar o caso todo, Sir Edmund Berry Godfrey. Carlos dissolveu o velho parlamento, eleito em 1660; o novo parlamento se reuniu pela primeira vez em maio, o mês do retorno de Locke. Durante os próximos quatro anos, até sua retirada para a Holanda como um refugiado político, Locke esteve interessado principalmente, embora não exclusivamente, em política.

Os eventos dos anos 1679-1683 se desdobram em duas fases. Na primeira, Shaftesbury e seus associados tentam empregar meios constitucionais para afastar Jaime do trono. Projetos de lei de exclusão foram votados pela Câmara dos Comuns em maio de 1679 e novembro de 1680, mas Carlos extinguiu o primeiro, dissolvendo Parlamento, e permitiu que o segundo fosse derrotado na Câmara dos Lordes. O momento decisivo veio em março de 1681. O novo Parlamento reuniu-se em Oxford, mas foi dissolvido em uma semana, antes mesmo que uma terceira *exclusion bill* tivesse tempo para completar seu curso pela Câmara dos Comuns. À medida que se tornou aparente que Carlos não tinha qualquer intenção de convocar novamente o Parlamento, o partido Whig rachou; os moderados tornaram-se inativos ou mudaram para o outro lado; os radicais, liderados por Shaftesbury, começaram a considerar, com crescente seriedade, as possibilidades de insurreição.

Carlos certamente viu Shaftesbury como seu mais perigoso oponente, e estava agora determinado a esmagá-lo. Shaftesbury foi acusado de traição, mas a acusação fracassou quando o grande júri, nomeado pelos Whigs, recusou a acusação. Em junho de 1682, entretanto, o governo assegurou o retorno de dois Tories como delegados para Londres, e Shaftesbury sabia que, logo que assumissem os cargos, ele já não estaria mais seguro. Em setembro, ele se escondeu, e dois meses depois, após o fracasso de uma planejada insurreição, fugiu para a Holanda, onde morreu em janeiro de 1683.

A fuga e a morte de Shaftesbury privaram os Whigs de seu líder mais hábil, mas não enfraqueceu a determinação para continuarem a luta. Um grupo de radicais organizou um conspiração para assassinar Carlos e Jaime em Rye House, Hertfordshire. A tentativa foi inicialmente adiada, e então denunciada ao governo; as prisões começaram em 21 de junho de 1683.

A extensão do envolvimento de Locke nesses eventos permanece obscura, mas ele certamente sabia o bastante para colocá-lo em sério perigo. Uma semana antes do início das prisões, ele rapidamente se retirou de Londres. Ele passou os próximos dois meses em West Country, colocando seus negócios em ordem e tomando providências para enviar dinheiro para fora do país. O modo como ele deixou a Inglaterra é desconhecido, mas no dia 7 de setembro ele estava em Roterdã.

Existe atualmente um consenso geral de que os *Dois Tratados sobre o Governo* não foram escritos para defender a Revolução de 1688, mas que já existiam quando Locke foi para a Holanda. Algumas passagens certamente foram acrescentadas em 1689, e é possível que algum material seja dos anos anteriores a 1675, mas existe um acordo geral de que a maior parte de ambos os livros foi escrita durante o período 1679-1683. Qualquer datação mais precisa é, todavia, altamente controversa. Concorda-se, de modo geral, que o *Primeiro Tratado* começou a ser escrito logo após Locke comprar sua cópia do *Patriarca,* de Filmer, no dia 22 de janeiro de 1680. A disputa principal é se Locke começou a escrever o *Segundo Tratado* antes disso, no outono de 1679, ou se após a dissolução do Parlamento de Oxford, em março de 1681. A primeira hipótese, desenvolvida primeiramente por Peter Laslett em sua edição crítica dos *Dois Tratados* (Laslett 1967), situa o *Segundo Tratado* entre a literatura política produzida pela Crise de Exclusão. A segunda hipótese, defendida vigorosamente por Richard Ashcraft (Ashcraft 1980; Ashcraft 1986; Ashcraft 1987), o interpreta como contendo uma justificação teórica para um tipo de política completamente radical; insurrecional, decerto.

Os *Dois Tratados* não foram as únicas obras sobre política que Locke escreveu durante esse período. Em 1681, Edward Stillingfleet, decano de St. Paul, publicou *The Unreasonableness of Separation* [*A Irracionalidade de Separação*], um vigoroso ataque sobre aqueles protestantes ingleses que haviam escolhido não conformar-se à Igreja da Inglaterra. Foram levantadas as mesmas questões que os *Dois Tratados* de 1660-1662, mas na época as simpatias de Locke estavam com o outro lado. Em colaboração com Jaime Tyrrell, um velho amigo de Oxford e do partido Whig, Locke esboçou uma longa e ainda inédita resposta (B MS Locke c.34). A maior parte do manuscrito é do punho de Tyrrell, mas partes substanciais foram escritas por Locke e por seu criado e amanuense, Sylvanus Brounower. Essas partes foram certamente escritas em uma das ocasiões em que Locke permaneceu na casa de Tyrrell em Oakley, Buckinghamshire, provavelmente entre maio de 1681 e a primavera de 1682.

Uma vez na Holanda, Locke rapidamente fez contato com vários dos outros políticos ingleses exilados, particularmente com Thomas Dare, que era para ser o pagador da malfadada expedição de Monmouth. O contato de Locke com Dare e com seus amigos descontentes foi reportado com algum detalhe para o governo inglês e, em novembro de 1684, sua bolsa de estudos no Christ Church foi banida. Em maio seguinte, uma quinzena antes da expedição de Monmouth partir, seu o nome estava presente em uma lista de exilados que deveriam ser presos pelas autoridades holandesas; Locke foi para a clandestinidade, permaneceu escondido em vários lugares, sob uma variedade de pseudônimos um tanto transparentes, até maio de 1685.

Locke seguiu com seus interesses médicos enquanto estava na Holanda, e suas leituras permaneceram tão extensas como anteriormente, mas seu principal interesse intelectual estava agora na filosofia. Ele estava provavelmente trabalhando no *Ensaio* durante o inverno de 1683-1684, e certamente nele trabalhou entre o outono de 1684 e a primavera de 1685. À medida que o *Ensaio* tomou forma, Locke foi cuidadoso em enviar cópias à Inglaterra: uma parte não especificada, contendo provavelmente o Livro I e o Livro II, muito próxima ao *Draft C*, em abril de 1686; o Livro III, em agosto do mesmo, e o Livro IV, em dezembro. Pelo final de 1686, o *Ensaio* existia em uma forma muito próxima àquela que conhecemos.

Parece provável que Locke interrompeu seus esforços no *Ensaio* para escrever outra obra, mais curta. De acordo com Philippus van Limborch e Jean le Clerc, a *Carta sobre a Tolerância* foi escrita durante o inverno de 1685-1686, quando Locke havia retornado de Amsterdã e estava morando inconspicuamente na casa de Egbert Veen. Locke estava, desde antes, interessado com o problema da tolerância no contexto da política inglesa, mas o ímpeto imediato provavelmente foi provido pela revogação do Édito de Nantes, em outubro de 1685. A escolha do latim para a obra mostra que ela pretendia uma audiência europeia; não existe qualquer conexão textual com o ensaio de 1667, o qual todas as cópias foram deixadas na Inglaterra. Antes de Locke deixar a Holanda, ele confiou o manuscrito da *Carta* a Limborch; ela foi publicada em Gouda, em maio de 1689, três meses após Locke ter voltado à Inglaterra, com a identidade do autor oculta pelas crípticas e insondáveis iniciais P.A.P.O.I.L.A.

Os últimos dois anos de Locke na Holanda foram menos significativos que os anteriores. Em fevereiro de 1687, ele mudou-se para Roterdã a fim de permanecer com Benjamim Furly, comerciante inglês de crença Quarker que estava lá vivendo desde a Restauração. Locke achou a companhia de Furly agradável e suas opiniões simpáticas, e ainda dispunha de acesso à substancial biblioteca que Furly havia acumulado.

Um conhecido que Locke já havia encontrado em Amsterdã era outro refugiado com concepções religiosas não ortodoxas, Jean le Clerc. Em 1686, ele começou a publicar um novo periódico, o *Bibliothèque Universelle et Historique*. O segundo volume incluiu um breve texto de Locke, escrito muitos anos antes, o "Méthode nouvelle de dresser des Receuils"; esse texto descrevia, com cuidadoso detalhe, o método que Locke estava empregando, desde 1660, para organizar um livro. Não foi uma publicação calculada para causar muita excitação no mundo letrado, pelo menos era muito improvável que provocasse alguma perturbação. Muito mais significativo foi um número posterior do mesmo periódico (janeiro-março de 1688) que continha a primeira publicação de Locke com alguma efetiva importância, um resumo substancial (92 páginas) do *Ensaio*, já terminado, mas ainda não publicado. Locke combinou com o editor a produção de um número separado de cópias e planejou que circulasse entre os seus conhecidos da Inglaterra e da Holanda.

O sucesso da expedição de Guilherme de Orange e a resultante fuga de Jaime II deram segurança para Locke voltar à Inglaterra. Ele retornou em fevereiro de 1689 e quase que imediatamente lhe foi oferecido o posto de embaixador para o eleitor de Brandemburgo. Ele recusou principalmente por razões de saúde, e também porque um desempenho bem-sucedido da função iria requerer uma disposição para se engajar em amplas bebedeiras. Locke não mais ingeria álcool, exceto ocasionalmente, para propósitos medicinais.

Durante a primavera de 1689, Locke conheceu Newton, que tinha sido eleito membro do Parlamento pela Universidade de Cambridge e que estava em Londres para a sessão corrente do Parlamento. Locke tinha sido um dos primeiros leitores do *Principia*, e tinha dado a este uma laudatória, se não em grande parte incompreendida, resenha no *Bibliothèque Universelle*. Os dois tornaram-se amigos, embora Locke logo tenha ficado a par da dificílima personalidade de Newton. No ano que se seguiu, eles se encontraram ocasionalmente e trocaram correspondências sobre uma variedade de assuntos. O principal interesse comum que compartilham não se situa na ciência natural, mas na interpretação bíblica. Locke permitiu a Newton inserir algumas notas em seus fólios da Bíblia; de modo característico, essas notas estavam no livro da Revelação, uma parte do Novo Testamento que fascinou Newton, mas que pouco significou a Locke.

Nos meses seguintes a seu retorno à Inglaterra, Locke ocupou-se com a preparação de seus dois principais trabalhos para a publicação. Os manuscritos que continham os *Dois Tratados sobre o Governo* haviam sido, aparentemente, deixados na Inglaterra, enquanto uma grande parte do *Primeiro Tratado* tinha sido perdida ou deliberadamente destruída. Locke não fez qualquer tentativa de reconstruí-lo. As partes que sobreviveram, aumentadas com novo material apropriado para a situação política alterada de 1689, foram autorizadas para a publicação em agosto e apareceram, com a data 1690 na página de título, em outubro. Publicou-se anônimo, assim como as subsequentes edições de 1694 e de 1698.

Durante esse período, Locke também estava trabalhando no *Ensaio*. O contrato com o editor, datado de 24 de maio de 1689, sugere que o livro estava completo por volta dessa data, mas existe evidência de que Locke continuou a fazer pequenas alterações até o término da impressão, no início de dezembro. Assim como os *Dois Tratados*, O *Ensaio* estava à venda antes do início de seu ano nominal de publicação.

Enquanto Locke estava revisando o *Ensaio* e os *Dois Tratados*, durante a impressão, estava sendo preparada uma tradução inglesa da *Epistola de Tolerantia* [*Carta sobre a Tolerância*]. Isso foi feito sem a autorização de Locke, mas não sem o seu conhecimento; com efeito, Locke tinha provido o tradutor, William Popple, com uma cópia da edição original. Dado que ainda estava interessado em manter sua autoria em segredo, ele não estava em posição para dar qualquer instrução ao tradutor, mas não existe qualquer sinal de que ele desaprovou o projeto. A tradução de Popple foi autorizada no dia 3 de outubro e foi colocada à venda depois do outono. A tiragem foi vendida rapidamente (uma segunda edição apareceu alguns meses depois) e imediatamente provocou controvérsia. Um clérigo de Oxford, Jonas Proast, publicou um vigoroso ataque em abril de 1690. Locke respondeu com *A Second Letter concerning Toleration* [*Uma Segunda Carta sobre a Tolerância*], que apareceu depois do verão. Locke escolheu não revelar sua identidade – ele usou o pseudônimo "Philanthropus" –, e escreveu como se fosse um terceiro a defender a posição do autor da carta original. A *Segunda Carta* é bastante breve, mas um ataque adicional de Proast em fevereiro de 1691 provocou Locke a elaborar uma resposta muito mais extensa. Uma *Third Letter for Toleration* [*Terceira Carta sobre a Tolerância*] foi terminada em junho de 1692 e apareceu finalmente em novembro. Por ora, Proast não fez qualquer réplica, e a controvérsia cessou.

Uma razão por que a *Terceira Carta* demorou tanto para aparecer, em comparação com suas antecessoras, foi que Locke estava preocupado com problemas de economia. Seu interesse em tais questões havia sido reavivado no verão de 1690 pela introdução no Parlamento de projetos de lei para reduzir a taxa legal de juros e desvalorizar a moeda por meio do aumento de seu valor nominal. Embora não tenha sido impressa até dezembro de 1691, grande parte de *Some Considerations of the Consequences of the Lowering of Interest and Raising the Value of Money* [*Algumas Considerações sobre as Consequências da Redução dos Juros e do Aumento do Valor do Dinheiro*] foi escrita no ano anterior; algumas partes foram tomadas, quase que inalteradas, do tratado não publicado que Locke havia escrito em 1668. Locke continuou a trabalhar em *Some Considerations* durante o ano de 1691; foi publicado de modo bastante apressado, quando outro projeto de lei para reduzir a taxa de juros foi proposto na Câmara dos Comuns.

Após seu retorno à Inglaterra, Locke se instalou em Londres por algum tempo. Ele havia perdido sua bolsa de estudos na Christ Church (e não fez qualquer esforço para recuperá-la), e a expectativa de se afastar para Pensford pode ter sido pouco atrativa. No início de 1691, no entanto, ele foi convidado a permanecer como convidado permanente em Oates, um pequeno solar valado ao Norte de Essex, a casa de Sir Francis Masham. A esposa de Masham, Damaris, era filha de Ralph Cudworth, e tinha sido, por muitos anos, uma amiga e correspondente de Locke. Oates seria doravante o principal lugar de residência de Locke para o resto de sua vida; entretanto, durante os anos de 1690, ele foi forçado a despender períodos substanciais em Londres cuidando de interesses do governo. Uma vez que a *Terceira Carta sobre a Tolerância* estava fora do caminho, os pensamentos de Locke se voltaram para um trabalho menos controverso. Enquanto estava na Holanda, ele enviou a seu amigo, Edward Clarke, uma série de cartas com recomendações detalhados sobre a educação de crianças. *Some*

Thoughts concerning Education [*Alguns Pensamentos sobre a Educação*] tinha como base essas cartas e algumas outras enviadas após o retorno de Locke à Inglaterra, embora fosse incluído algum material novo e realizadas certas alterações. A seção sobre filosofia natural foi revisada, superficialmente, para levar em conta a realização de Newton nos *Principia*. *Some Thoughts...* foram publicados em julho de 1693; uma edição nova, contendo material adicional, foi publicada exatamente depois de dois anos. Desde que o *Ensaio* foi publicado, era a primeira obra com o próprio nome de Locke, e ela ajudou o crescimento de sua reputação.

Durante o tempo em que Locke estava acrescentando os toques finais a *Some Thoughts...*,e cuidando de sua publicação, ele também estava pensando no material novo para uma segunda edição do *Ensaio*. John Norris, um admirador inglês de Malebranche, havia sido o primeiro autor a publicar alguma nota crítica sobre o *Ensaio* (Norris 1694). Ele era um velho amigo de Lady Masham, que foi quem lhe apresentou a Locke. Suas relações inicialmente amigáveis, no entanto, azedaram-se quando Locke começou a suspeitar que Norris estivesse investigando sua correspondência. O resultado inicial disso foi um breve fragmento mal-humorado, intitulado "JL Answer to Mr Norris's Reflection" ["Resposta de JL para a Reflexão do Sr. Norris"], datado de 1692. Seguiram-se duas peças mais substanciais, "Remarks upon some of Mr Norris's Books" ["Comentários sobre alguns dos Livros do Senhor Norris"] e "An Examination of P. Malebranche's Opinion of Seeing All Things in God" ["Um Exame da Opinião do Padre Malebranche da Visão de Todas as Coisas em Deus"], ambos provavelmente do início de 1693. Apesar de seu título, a segunda foi, pelo menos inicialmente, dirigida a Norris, como claramente mostram as passagens omitidas da versão publicada em 1706. Por um momento, Locke desejou incluir algum desse material na segunda edição do *Ensaio*, mas decidiu, em reflexão ulterior, não fazê-lo. Uma longa polêmica estaria fora de lugar em uma obra que parecia evitar deliberadamente a controvérsia e a disputa. Mesmo assim, alguma coisa do novo material encontrado na segunda edição parece ter suas origens nas reflexões de Locke sobre a filosofia de Norris e de Malebranche.

Muitas das outras mudanças na segunda edição surgiram da relação muito mais amigável de Locke com William Molyneux. Molyneux tinha feito referência a Locke no prefácio ao seu *Dioptrica Nova* (1692), e Locke, que sempre tendeu a estimar a capacidade de alguém para o pensamento filosófico pela proximidade do pensamento dele ou dela em relação a suas próprias ideias, ficou favoravelmente impressionado. Sucedeu uma correspondência, que continuou até a morte intempestiva de Molyneux, em 1698.

A consequência mais claramente visível da amizade de Locke com Molyneux foi a inserção, na segunda edição do *Ensaio* (E II.ix.8: 145-46), do que se tornou desde então conhecido como "o problema de Molyneux": se um homem cego de nascença e que restabelecesse recentemente a visão seria capaz, unicamente pela visão, de distinguir formas diferentes, como uma esfera e um cubo. Além dessa inserção, as alterações mais notáveis foram um capítulo completamente novo (II.xxvii), "Da Identidade e da Diversidade" e a substituição da seção central do capítulo "Do Poder" (II.xxi) por um nova e mais extensa discussão sobre a volição e a liberdade humanas.

A segunda edição do *Ensaio* apareceu em maio de 1694. Somente um ano depois, em agosto de 1695, Locke publicou sua primeira obra inteiramente escrita após seu retorno da Holanda, *The Reasonableness of Christianity* [*A Razoabilidade do Cristianismo*]. Assim como a *Carta sobre a Tolerância*, essa obra era anônima e imediatamente provocou controvérsia. O que provocava ofensa não era o projeto de apresentar o cristianismo como razoável, mas, antes, a concepção de Locke acerca do cristianismo pareceu, a muitos leitores, indevidamente atenuada. O primeiro e mais alarmante antagonista foi John Edwards, ele mesmo filho de um célebre polemista da geração anterior. A abordagem de Edwards era vigorosa, chegando mesmo à brutalidade, como sua última descrição de Locke, que reside no "Seraglio em Oates", dá evidente testemunho. Locke respondeu a Edwards em uma breve *Vindication* [*Vindicação*], publicada próxima ao final de 1695, e depois em uma mais extensa *Segunda Vindicação*, que apareceu na primavera de 1697.

Nos anos após 1691, a deterioração do valor da prata, com a consequente queda de seu valor em relação ao ouro, aumentou seriamente. Em janeiro de 1695, um comitê foi montado pelo chanceler do erário para examinar propostas de reforma e, no mês seguinte, Locke publica um breve panfleto, *Short Observations on a Printed Paper* [*Curtas Observações sobre um Impresso*], para influenciar suas deliberações. Durante o verão, a situação piorava continuamente, e o resultado foi que Locke consumiu muito da segunda metade do ano de 1695 ocupado com problemas monetários. A terceira edição do *Ensaio*, que saiu por volta de dezembro, era quase que inalterada em relação à anterior. Em setembro, Locke foi escolhido, junto com outros, incluindo Newton e Wren, para prover o governo com recomendações mais "técnicas". Sua recomendação de uma nova cunhagem da moeda sem desvalorização foi adotada como política de governo em novembro, mas ainda deveria ser aprovada pelo Parlamento. A última publicação de Locke sobre economia, *Further Considerations concerning Raising the Value of Money* [*Considerações Adicionais acerca do Aumento do Valor do Dinheiro*], em defesa de tais propostas, apareceu no final de dezembro. Foi o primeiro dos escritos de economia de Locke a ser publicado com seu próprio nome.

A renda modesta, mas suficiente, de sua terra e da anuidade adquirida de Shaftesbury, havia sido proficuamente aumentada a partir de maio de 1689, em razão de sua designação como comissário de apelação. Os deveres envolvidos não eram muito extensos; o salário era de duzentas libras por ano. Em maio de 1696, Locke foi designado para a Câmara de Comércio e Plantações, um posto que manteve durante os próximos quatro anos. Isso envolvia substancialmente mais trabalho, bem como requeria períodos de desagradável residência em Londres, mas as compensações incluíam um salário anual de mil libras. Durante esses anos, Locke estava ganhando, por ano, mais que todo o valor do patrimônio deixado por seu pai.

Locke passou os primeiros meses de 1696 descansando em Oates, após os esforços do ano anterior. Em junho, ele estava suficientemente recuperado para comparecer à primeira reunião do recém-constituído Conselho de Comércio. A ocupação gerada pelo Conselho tomou parte significativa do tempo de Locke durante os próximos quatro anos, envolvendo-lhe em diversos problemas, tais como a vadiagem, o fabrico do linho na Irlanda, a mal-sucedida colônia escocesa em Darien, a supressão da pirataria e (talvez o que mais lhe tomava tempo) os negócios da colônia na Virgínia. Era o clímax de sua distinta e intermitente carreira como funcionário público.

Muito do tempo que Locke poderia poupar de sua ocupação no Conselho de Comércio foi despendido em uma prolongada controvérsia com o bispo de Worcester, Edward Stillingfleet. Stillingfleet, um contemporâneo ligeiramente mais jovem que Locke, havia publicado extensamente e adquirido uma reputação considerável numa época em que Locke era ainda quase que um completo desconhecido. Ele era geralmente considerado como um dos mais hábeis da Igreja da Inglaterra, e o polemista mais formidável. Quando o Arcebispo Tillotson morreu, em 1694, a Rainha Maria exigiu Stillingfleet para sucedê-lo como arcebispo de Canterbury, mas ela não foi atendida por seu marido, que viu em Stillingfleet um clérigo muito solene. Ele não era um homem cujas críticas poderiam seguramente ser ignoradas.

Stillingfleet havia lido o *Ensaio* logo após seu primeiro aparecimento e (como posteriormente reconheceu) não tinha visto nele qualquer consequência perigosa para as doutrinas da Igreja da Inglaterra. (Ele estava presumivelmente bastante desavisado do ataque não publicado de Locke em *The Unreasonableness of Separation* [*A Irracionalidade da Separação*].) Foram as atividades de John Toland que o fizeram mudar de opinião. Os anos de 1690 viram o clímax da guerra intelectual entre os socinianos ingleses e seus oponentes ortodoxos, e foi como uma contribuição a essa controvérsia que Stillingfleet compôs seu *Discourse in Vindication of the Doctrine of the Trinity* [*Discurso sobre a Defesa da Doutrina da Trindade*]. Foi enquanto ele estava terminando esse texto que o *Christianity not Mysterious*, de Toland, apareceu (anônimo). A abordagem racionalista de Toland em relação à teologia foi muito além de qualquer coisa que Locke defendia, ou que realmente acreditava, mas era bastante claro a Stillingfleet (ou para qualquer um que pudesse fazer a comparação) que a teoria do conhecimento de Toland foi tomada, sem qualquer modificação significativa, do Livro IV do *Ensaio*. Foi isso que levou Stillingfleet a prefaciar seu ataque a Toland com uma crítica de Locke.

O *Discurso* de Stillingfleet foi publicado em novembro de 1696. Locke começou imediatamente a produzir uma resposta, *A Letter to the Right Reverend Edward, Lord Bishop of Worcester* [*Uma Carta ao Justo Reverendo*

Edward, Senhor Bispo de Worcester], concluída em 7 de janeiro de 1697. A réplica de Stillingfleet, *An Answer to Mr Locke's Letter*, estava nas livrarias no começo de maio. Locke novamente respondeu de modo imediato. *Mr Locke's Reply to the Right Reverend the Lord Bishop* of *Worcester's Answer to his Letter* é datado de 29 de junho. Stillingfleet respondeu, dois meses depois, com *An Answer to Mr Locke's Second Letter*, o qual parecia ter a intenção de apresentar sua contribuição final para a controvérsia. Locke preparou uma volumosa réplica, *Mr Locke's Reply to the Right Reverend the Lord Bishop of Worcester's Answer to his Second Letter*, concluída em maio de 1698, embora não publicada até o final daquele ano. Stillingfleet não estava mais, nessa época, em condição de responder. Sua saúde tinha se deteriorado, e ele morreu em 27 de março de 1699.

Algumas das questões levantadas pela controvérsia com Stillingfleet aparecem no material acrescentado à quarta edição do *Ensaio*, publicado em dezembro de 1699. As mudanças mais óbvias consistiam em dois novos capítulos, ambos relacionados com a patologia do intelecto humano, "Da Associação de Ideias" (II.xxxiii) e "Do Entusiasmo" (IV.xix). Uma das adições planejadas havia, como o anterior "Examination of Malebranche", se tornado muito extensa e foi então omitida. Era a *The Conduct of the Understanding* [*A Conduta do Entendimento*], iniciada em abril de 1697. É a única obra de Locke que mostra clara evidência de ter sido influenciada por Francis Bacon, e é significativo que os únicos registros da leitura de Locke do *Novum Organum* datam desse período. Locke pretendia que a *The Conduct* fosse publicada; no entanto, de fato não apareceu até ser incluída nos *Posthumous Works of Mr John Locke*, publicados em 1706.

Uma obra mais difícil de datar, da fase final da vida de Locke, é *The Elements of Natural Philosophy* [*Elementos de Filosofia Natural*], uma breve introdução escrita para ser utilizada pelo filho de Francis Masham. A única forte evidência para sua datação vem de uma referência que contém o *Cosmotheoros*, de Huygens, publicado em 1698.

Em junho de 1700, Locke renunciou ao Conselho de Comércio. Os últimos quatro anos de sua vida foram consumidos sossegadamente; suas visitas a Londres tornaram-se menos frequentes e muito mais breves que antes. Ele nada publicou depois da quarta edição do *Ensaio*, publicada em dezembro de 1699, embora continuasse a anotar pequenas alterações que foram incorporadas na póstuma quinta edição.

Embora menos ocupado do que anteriormente, Locke estava longe de estar inativo. Quando sua saúde o permitiu, ele trabalhou continuamente em seu último projeto, *Paraphrase and Notes on the Epistles of St. Paul* [*Paráfrase e Notas sobre as Epístolas de São Paulo*]. Locke tinha um antigo interesse por crítica bíblica, e vinha registrando notas detalhadas sobre passagens individuais desde o início dos anos de 1660. Ele escolheu escrever sobre as epístolas de Paulo, em parte porque certamente críticos, como John Edwards, haviam lhe acusado de ignorá-las, mas talvez, e ainda mais relevante, porque ele passou a acreditar que elas haviam sido mal interpretadas por gerações de leitores que tentaram entender cada verso isoladamente, em vez de interpretá-las como um todo, no contexto das epístolas.

A *Paraphrase...*fornece evidência detalhada acerca das concepções de Locke sobre uma grande variedade de questões teológicas. O antitrinitarianismo, que os críticos haviam declarado detectar em seus escritos anteriores, está novamente presente, embora, compreensivelmente, em forma implícita antes que explícita. Apesar de sua extensa leitura da literatura sociniana, ele parece não ter sido um sociniano puro, mas, antes, parece ter adotado uma posição mais próxima ao arianismo.

De modo mais geral, a *Paraphrase...* revela o caráter profundamente religioso da mente de Locke. Mostra, muito mais claramente que *The Reasonableness of Christianity*, que o vocabulário cristão das primeiras obras de Locke não pode ser interpretado como uma fachada piedosa nem (menos improvável) como um mero resíduo em uma mente já fundamentalmente secular, embora relutante ou incapaz de se reconhecer como tal.

A intenção original de Locke tinha sido a de publicar a série completa em partes, em intervalos trimestrais; a primeira parte, sobre Gálatas, estava na fase das provas tipográficas por volta de agosto de 1704, mas nada apareceu antes de sua morte. As partes terminadas, sobre Gálatas, Coríntios I e II, Romanos e Efésios, foram publicadas por seus testamenteiros entre 1705 e 1707.

Duas outras breves obras datam dos últimos anos de Locke. O *Discourse of Miracles* [*Discurso sobre os Milagres*] foi escrito em 1702; a inacabada *Fourth Letter on Toleration* [*Quarta Carta sobre Tolerância*] teve sua redação iniciada nos últimos meses da vida de Locke. Ambas foram publicadas postumamente.

A saúde de Locke não tinha sido boa por muitos anos. Ele sofria de asma, que havia piorado por causa da fumaça de Londres. Em janeiro de 1698, durante um período de clima muito frio, ele havia sido chamado, por Guilherme III, de Oates para o Palácio de Kensington; a viagem, segundo seu próprio juízo, quase o matou, e, de acordo com Senhora Masham, sua saúde nunca mais se recuperou completamente.

Na medida do possível, Locke passou os últimos invernos de sua vida dentro de casa, aquecido pelo fogo, tentando conservar suas forças e esperando pela melhora temporária de sua condição, que um clima mais ameno traria. Durante a primavera e o verão de 1704, entretanto, as indisposições do inverno continuaram, e Locke corretamente suspeitou que fosse improvável ter uma vida mais longa. Em abril, ele fez seu testamento, deixando a maior parte de sua propriedade a seu segundo primo, Peter King. Durante o verão, Locke ficou cada vez mais debilitado. Ele gostava muito de cavalgar, mas isso estava agora além de suas possibilidades. Por isso, uma pequena carruagem especialmente projetada foi construída de modo que pudesse dirigi-la. Em outubro, ele estava muito fraco até mesmo para isso, e podia ser conduzido ao jardim somente para sentar-se ao sol do outono. Sua mente permaneceu, entretanto, clara e ativa. Em setembro, ele fez um acréscimo a seu testamento, o qual contém o primeiro reconhecimento público de sua autoria dos *Dois Tratados*; um mês depois escreveu a Peter King pedindo-lhe que publicasse a *Paraphrase* e a *Conduct of the Understanding*, e deixando a seu juízo a "Examination of Malebranche" e o *Discourse* of *Miracles*.

Quando Locke terminou essa carta, tinha somente três dias de vida. Suas pernas haviam inchado e ele estava muito fraco para levantar-se. No dia 28 de outubro, ele sentiu-se ligeiramente mais forte, foi então vestido e levado para seu estúdio. Às três horas da tarde, enquanto Lady Masham estava lendo-lhe os Salmos, ele levou suas mãos à face, fechou seus olhos e morreu. Foi sepultado três dias depois, no adro da igreja paroquial High Laver, onde sua tumba ainda permanece.

Nota sobre as fontes

Existem duas amplas biografias de Locke. Fox Bourne 1876 tem sido, em grande parte, substituída por trabalhos subsequentes, embora, em muitos pontos particulares, ainda mereça ser consultada. Cranston 1957 é a biografia *standard*, todavia também necessita ser substituída. Ela é melhor sobre os eventos externos da vida de Locke, mas é fraca acerca de seu desenvolvimento intelectual. Dewhurst 1963 fornece muita informação acerca dos interesses médicos de Locke, nem tudo preciso. Frank 1980 é uma excelente descrição da pesquisa fisiológica em Oxford, incluindo a participação de Locke. Bill 1988 oferece uma boa descrição de Christ Church; Abrams 1967 e von Leyden 1954 discutem as circunstâncias nas quais as primeiras obras de Locke foram escritas. O envolvimento de Locke com Shaftesbury é analisado em Haley 1968, e existe uma descrição altamente detalhada, embora controversa, acerca de sua atividade política, em Ashcraft 1986. A visita à França é amplamente descrita por Lough 1953. A aposentadoria de Locke em Oates é brevemente e vividamente retratada em Harrison e Laslett 1971. A introdução de Kelly às obras de Locke sobre economia (Kelly 1991) contém material útil acerca de suas atividades financeiras. Existe uma vasta quantidade de informação biográfica na magnífica edição de Beer da correspondência de Locke.

O maior conjunto de material inédito é o Locke MSS, na Bodleian Library. Existem coleções menores, mas importantes, na British Library e entre os documentos de Shaftesbury no Public Record Office.

2 A teoria das ideias de Locke

Vere Chappell

Ideias cumprem uma ampla função na filosofia de Locke. Na concepção de Locke, tudo que existe ou que ocorre em uma mente é ou inclui uma ideia; e todo conhecimento humano começa e é fundado em ideias. A própria palavra "ideia" aparece no *Ensaio sobre o Entendimento Humano* com mais frequência que qualquer outro substantivo; sua ocorrência excede em número mesmo as palavras mais comuns, como "ele", "ter" e "para".

As ideias lockeanas, entretanto, desconcertaram leitores e provocaram críticas na época da primeira publicação do *Ensaio*. Seu contemporâneo, Edward Stillingfleet, bispo de Worcester, notou a novidade do termo "ideia" e acusou que seu uso por parte de Locke havia encorajado "maus homens" a assumir a "nova via das ideias" e empregá-la "para promover o ceticismo e a infidelidade, subvertendo os mistérios de nossa fé" (W IV: 129-30). Stillingfleet não tinha qualquer objeção ao uso próprio de Locke do termo, muito menos quanto às próprias ideias, já que ele as considerou diferir apenas nominalmente das "noções comuns das coisas, que devemos utilizar em nossos raciocínios" (ibid.). Mas John Sergeant, outro crítico contemporâneo, considerou "ideia", tal como empregado no *Ensaio*, com um termo "altamente equívoco, ou *ambíguo*"; ele argumentou que, em pelo menos um dos significados atribuídos por Locke, a palavra nada representava, senão uma "mera fantasia" (Sergeant 1697: 3; Prefácio). Essa acusação de ambiguidade, em particular, tem sido a matéria-prima da crítica a Locke durante três séculos: Thomas Reid a desenvolveu, e assim também Gilbert Ryle, que escreveu, fazendo eco a Sergeant, que não somente "o termo 'ideia' [...] é utilizado por Locke em vários sentidos completamente diferentes", mas "existe um sentido no qual ele usa o termo [...]

e que se deve categoricamente negar que existem tais coisas como 'ideias'". E, continua Ryle, "tivesse sido esse o único sentido em que Locke utilizasse o termo, então o todo seu *Ensaio* teria sido, o que não é, uma elaborada anatomia de completas não entidades" (Ryle 1933: 17).

Meu objetivo neste capítulo é apresentar e explicar a teoria das ideias, o modo como ela é apresentada nos escritos de Locke. Ao fazer isso, devo indicar algumas conexões entre essa teoria e as filosofias da mente, do corpo, da linguagem e do conhecimento de Locke. Essas conexões serão ulteriormente exploradas neste livro, nos capítulos dedicados particularmente a esses tópicos. A discussão aqui pretende, em parte, estabelecer uma base para esses capítulos subsequentes.

MENTE, PENSAMENTO E PERCEPÇÃO

Nossa primeira tarefa é deixar claro o que é uma ideia de acordo com Locke. Ele faz questão de explicar seu uso da palavra "ideia" logo no início do *Ensaio*, "sendo o termo que, a meu ver, melhor designa tudo o que possa ser objeto do entendimento quando um homem pensa, com ele significarei o que poderia ser expresso com as palavras *fantasma*, *noção*, *espécie* ou o que quer que o espírito utilize para pensar" (E I.i.8: 47). Em outra passagem, na qual ele está conscientemente definindo a palavra, ele diz que "denomino *ideia* tudo aquilo que a mente percebe em si mesma ou que é o objeto imediato da percepção, do pensamento ou do entendimento". Uma bola de neve, por exemplo, pode "produzir em nós as *ideias* de *branco*, *frio* e *redondo*"; e essas, "na medida em que são sensações, ou percepções, em nosso entendimento, eu as chamo *ideias*" (E II.viii.8: 134). E, em uma resposta a Stillingfleet, Locke novamente enuncia o significado de seu termo: "a coisa significada pelas ideias, nada mais é que os objetos imediatos de nossas mentes no ato de pensar" (W IV: 130).

Essas passagens estabelecem que uma ideia, para Locke, é antes de tudo algo que existe em uma mente. De modo mais específico, é algo que existe em um entendimento, que é como Locke chama a parte intelectual ou cognitiva da mente, como contraposta à parte volitiva ou apetitiva. De modo ainda mais específico, ideias são os *objetos* de certas ações ou operações mentais, como o pensamento e a percepção. Não se deve supor que, para Locke, o pensar e o perceber sejam duas ações distintas. Ele quase nunca emprega a palavra "percepção", por si só, para significar a percepção sensível: quando ele quer falar acerca disso, ele acrescenta o qualificativo "sensível" ou "através dos sentidos". Na maior parte das vezes, Locke emprega o termo "pensamento" e "percepção" (e seus os cognatos) de modo intercambiável (contudo, veja E II.ix.1: 143). Cada um desses termos cobre, de modo geral, todo o exercício do entendimento. Em muitos casos, um exemplo de pensamento ou percepção é meramente um exemplo de estar consciente de algo. Mas, algumas vezes, o pensamento de alguém é também um exemplo de algum tipo mais específico de ação mental, tal como lembrar, discernir, comparar, combinar, julgar e raciocinar.

É também a concepção de Locke, embora ele não a enuncie explicitamente nas passagens citadas, que ideias não existem em lugar algum, senão em mentes, e de modo algum são outra coisa que objetos da percepção ou do pensamento. Além disso, não existe qualquer pensamento ou percepção que não possui uma ideia para seu objeto. Segue-se que, para toda ideia lockeana, existe um ato ou operação da percepção ou do pensamento, e assim reciprocamente. Uma não pode ocorrer sem a outra.

Locke, entretanto, não identifica ideias com o ato de percepção. Descartes havia distinguido dois sentidos da palavra "ideia": de acordo com um sentido, uma ideia é um ato do pensamento, e de acordo com o outro, é o objeto de tal ato. E é verdade que muito do entendimento de Locke acerca das ideias – juntamente com sua decisão básica de assumir as ideias como centrais para a sua filosofia – foi tomado de Descartes. Mas Locke não assume o primeiro desses usos que Descartes faz da palavra "ideia" – ele, ocasionalmente, não significa por "ideia" um ato ou ocorrência da percepção ou do pensamento, em oposição ao objeto de tal ato ou ocorrência.

Locke equipara, ocasionalmente, ideias com percepções, e mesmo com sensações, como na passagem citada anteriormente (em E. II.viii.8: 134). Mas as palavras "percepção" e "sensação", assim como também "pensamento", mas diferentemente de "ideia", são sistematicamente ambíguas; elas têm referência tanto aos atos como aos objetos da percepção ou da sensação. Quando Locke diz que ideias são percepções, ele significa percepções no sentido de objeto. E quando ele quer referir-se à percepção no sentido do ato, ele não utiliza "ideia", mas "ter uma ideia" (como em E.II.i.9: 108: "perguntar em que momento um homem começa a ter ideias é o mesmo que perguntar quando começa a perceber").

Ideias como objetos

Locke diz que as ideias são objetos da mente ou do entendimento, e também que elas são objetos da percepção e do pensamento. Isso não equivale a dois pontos diferentes, mas a dois modos de se colocar o mesmo ponto. O fato fundamental para Locke é que as ideias são os objetos dos pensamentos, isto é, das ações do pensamento. Uma vez que todo ato do pensamento deve ter uma mente como seu agente, podemos também atribuir seu objeto à mente que o executa, embora, assim fazendo, estejamos a falar de modo um pouco vago. Deve-se lembrar, entretanto, que a mente lockeana, diferentemente da cartesiana, nem sempre está pensando. Consequentemente, existem momentos em que ela existe sem conter, ou ter diante de si, qualquer ideia; enquanto que, sem uma ideia, não há qualquer ato do pensamento.

O que significa dizer que uma ideia é um objeto do pensamento? A primeira coisa que se deve notar é que pertence à natureza do pensamento estar dirigido para algo, ter um conteúdo ou alvo. Não existe tal coisa como um mero pensamento, sem o ato de pensar algo, sem o pensamento de ou sobre alguma coisa. O mesmo vale para a percepção e para todas as outras operações mais específicas do entendimento. Locke emprega a palavra "objeto" para referir-se a esse alvo ou conteúdo requerido: o objeto de um pensamento é aquilo sobre o qual o pensamento é.

Mas se requer não somente que uma percepção ou pensamento particular seja sobre algo, e que tenha, assim, algum objeto. É também necessário que a percepção tenha relação com o próprio objeto, quer seja uma percepção ou um pensamento dessa mesma coisa. Pois sua identidade é determinada por isso. Locke baseia a identidade das ações mentais também em outros fatores, a saber, as mentes que as realizam e os momentos em que ocorrem. Mas ele sustenta que uma percepção de x e uma percepção de y, que ocorrem na mesma mente e ao mesmo tempo, podem ser uma e a mesma percepção somente se x e y forem um e o mesmo objeto, seja o que forem x e y.

De acordo com Locke, toda ideia é um objeto de alguma ação da percepção ou do pensamento. Mas Locke não sustenta que as ideias são os únicos de tais objetos. As ideias estão todas em nossas mentes, assim como nossas percepções; contudo, frequentemente, percebemos coisas que estão fora de nossas mentes – não somente no sentido de estarem separadas delas no espaço físico, mas no sentido de serem independente delas, de não as necessitar para existir. Pessoas veem estrelas, ouvem suas carruagens e se lembram de Paris na primavera. Essas são coisas que elas percebem e, consequentemente, são objetos de suas mentes, embora nenhuma lá exista, e nenhuma seja, pois, uma ideia. Locke reconhece esse ponto, caracterizando ideias como os objetos *imediatos* de nosso pensamento, distinguindo-os, pois, daqueles seres exteriores que não são percebidos imediatamente e que não são ideias.

A doutrina de Locke é a de que uma ação da percepção *pode* ter um objeto não imediato, e não que *deve* ter um. E existe, com efeito, uma profusão de casos em que ocorre uma percepção, mas em que não existe a coisa externa percebida, nenhum objeto fora da mente. Nós pensamos sobre entidades inexistentes; Macbeth viu uma adaga que não estava lá – ou, se ele não viu qualquer adaga, ao menos "viu" algo e, em todo caso, ocupou-se em uma ação de percepção. Assim, se toda ação de percepção tem um objeto, e se algumas dessas ações não têm objetos que existem fora da mente, então devem existir objetos internos da percepção – o que precisamente é aquilo que Locke concebe que sejam as ideias.

Mas Locke não sustenta que as percepções têm as ideias enquanto seus objetos somente naqueles casos em que nenhum objeto externo está disponível. Sua concepção é, antes, a de que toda percepção tem um objeto imediato interno – que é a percepção de uma ideia –, havendo ou não algum objeto externo. Locke não diz, certamente, que alguém *pensa* uma ideia do mesmo modo como pensa Viena quando pensa em Viena. Mas ele diz que, nesse caso, alguém *percebe* uma ideia, ademais de pensar na coisa externa, Viena. Os dois termos, "pensar" e "perceber", não são, para Locke, perfeitamente intercambiáveis – não são mutuamente substituíveis em todo contexto –, mesmo, embora, seu uso frequente seja tal que, sempre que uma mente percebe x, ela pensa x, e alternadamente. (Locke também não diria que alguém percebe Viena quando estiver somente a pensar sobre ela, e não realmente a vendo.)

Essa concepção, de que toda percepção é uma ideia, o que significa que a percepção possui um objeto imediato que existe dentro da mente, tem sido um alvo favorito dos críticos de Locke. Exceção a isso tem sido tomada tanto em bases metafísicas quanto em bases epistemológicas. A objeção metafísica é a de que Locke, tomando os objetos mentais como ingredientes necessários do processo perceptivo, introduziu entidades, supérfluas, violando assim a regra de Ockham; além disso, as entidades assim introduzidas, são de um tipo estranho e indefinido – "seres sombrios", na frase de Reid, "entidades esquisitas", na de Wittgenstein. A objeção epistemológica é a de que a presença de tais objetos na percepção cria um "véu" impenetrável entre o percipiente e o mundo externo, tornando-lhes impossível saber que algo existe fora de suas mentes; e isso conduz, como Reid coloca, a "paradoxos que chocam o senso comum e a um ceticismo que desgraça nossa filosofia da mente" (Reid 1970: 26). Essas objeções, especialmente a última, pesaram bastante sobre os leitores de Locke, o suficiente para alguns comentadores, que contavam entre seus amigos, terem simplesmente concedido-lhes força e, então, argumentarem que Locke, afinal de contas, não sustentara a concepção assim contestada. Esses estudiosos têm dedicado consideráveis esforços para reinterpretar os textos de Locke, de modo que a concepção ofensiva não mais será vista como enunciada em seus textos.

Mas essas objeções – e pelo menos algumas das interpretações revisionistas que elas induziram – estão baseadas em mal-entendidos sobre a posição de Locke. A crítica metafísica tem interpretado mal a natureza das "ideias" de Locke; e os epistemologistas, a função das ideias na percepção sensível e no conhecimento, de acordo com o sistema de Locke. Todavia, ambos os tipos de crítica são instrutivos, e isso, mais sua circulação, torna-os dignos de consideração adicional. O primeiro tipo de objeção, ou metafísica, será discutido na seção seguinte. A objeção epistemológica será brevemente tratada na Seção VII e discutida de modo mais completo no sexto capítulo deste livro.

Seres reais versus seres intencionais

Que tipo de coisa é uma ideia lockeana? Qual é seu "estatuto ontológico"? Essa não é uma questão que Locke coloca a si mesmo, ou que talvez tenha nela algum interesse: a uma acusação de um dos primeiros críticos de que ele não havia começado o *Ensaio* com "uma explicação da natureza das ideias" (Norris 1690: 3), Locke respondeu que é suficiente para seu propósito considerar as ideias como nada mais "que os *objetos imediatos da percepção*" (Locke 1971: 10). Mas a questão levantada pelos críticos referidos há pouco, os quais afirmam que Locke possui uma concepção sobre a natureza das ideias, mesmo que ele não a reconheça, é que, ademais disso, tal concepção está equivocada. Os defensores de Locke nesse debate concordam que a concepção em questão está equivocada, mas negam que ela pode ser convenientemente atribuída a Locke, para quem a concepção verdadeira sobre as ideias, eles argumentam, é algo bastante diferente.

O mais proeminente de tais defensores é John Yolton; e o crítico cuja posição ele está interessado em refutar é Thomas Reid. De acordo com Yolton, a doutrina ontológica que Reid e sua descendência atribuem a Locke é a de que ideias são "seres reais", "entidades reais distintas, separadas", as quais se situam entre um percipiente e os objetos externos, e servem como "representantes, objetos internos" para estes últimos (Yolton 1984: 89; Yolton 1975a: 162; Yolton 1990: 59). Mas a verdade, Yolton declara, é que as ideias lockeanas não são "objetos particulares", "elas não são, de modo algum, coisas, entidades" (Yolton 1990: 58; Yolton 1975b: 383). Afirmando que ideias não são entidades, Yolton aparentemente pretende negar que elas sejam seres independentes, capazes de existir por si mesmas, separados de qualquer ação de percepção ou de pensamento, portanto, de alguma mente. Dado tal significado, a afirmação de Yolton está, certamente, correta: para Locke, ideias *são* seres dependentes da mente e da percepção, como temos notado. Infelizmente, esse sentido restritivo não é dado, normalmente, à palavra "entidade", seja em metafísica, seja na vida real. O resultado é que a questão de Yolton não foi bem entendida por muitos leitores, e alguns a rejeitam sumariamente. No sentido ordinário da palavra, tudo o que é capaz de ser referido, tudo aquilo que pode ser individualmente considerado ou dito, é uma entidade. E é evidente que as ideias lockeanas são entidades nesse sentido.

Quanto à afirmação de que ideias não são objetos, isso também está equivocado, uma vez que a palavra "objeto" é ambígua. Essa palavra pode significar, como Yolton evidentemente pretende, "ser real externo" ou, como diz o dicionário, "coisa individual, vista ou percebida, ou que poderia ser vista ou percebida; uma coisa material" (*Oxford English Dictionary* 1971: 1:1963). Mas ela possui também o sentido de "aquilo para o qual uma ação, pensamento, sentimento ou ação é dirigida" (ibid.; cf. Anscombe 1965: 158-60). É neste último sentido que, para Locke, ideias são objetos: ele não apenas assim os chama, mas também os define como tal. (Não ajuda a defesa de Yolton tomar certas passagens em que Locke diz que as ideias são objetos, como algo que, de algum modo, pesa contra sua própria afirmação de que elas não o são, como se o emprego de Locke do termo "objeto" e o dele fossem o mesmo; veja Yolton 1975a: 160; Yolton 1984: 89.)

Yolton não se deteve em afirmar o que as ideias não são para Locke: ele também se aventurou a descrevê-las em termos positivos. Mas essa parte de sua mensagem é obscurecida pelo fato de que ele forneceu duas caracterizações diferentes para as ideias lockeanas. Por um lado, ele as chama "percepções", significando, por meio disso, "atos de percepção": ele faz isso particularmente enquanto mantém a afinidade de Locke com Arnauld, citando a polêmica deste contra Malebranche (Yolton: 1975a: 159; Yolton 1984: 93). Por outro lado, Yolton identifica ideias lockeanas com os "conteúdos" dos atos de percepção (Yolton 1790b: 88; Yolton 1975b: 384). A dificuldade reside em que essas duas caracterizações são inconsistentes uma com a outra; além do que, como vimos, a primeiro é falsa. Ideias para Locke não são, como elas são para Arnauld e para Descartes, percepções no sentido de atos de percepção. Existem, com efeito, passagens no *Ensaio* e em seu "Examination of P. Malebranche's Opinion" ["Exame da Opinião do Padre Malebranche"] em que Locke diz, ou fortemente insinua, que ideias são percepções (por exemplo, E II.i.5: 106; E II.x.2: 150; E II.xxxii.1: 384; W IX: 220; W IX: 250). Mas, em todas essas passagens, a palavra "percepção" deve ser tomada, ou pelo menos pode ser tomada, como significando "objeto percebido", em vez de "ato de percepção". E isso vale, em particular, para todas as passagens citadas por Yolton em seu esforço para sustentar essa consideração acerca das ideias lockeanas (veja Yolton 1975a: 159; Yolton 1984: 90).

Entretanto, outra caracterização de Yolton é mais promissora. Em sua melhor formulação, ele começa por observar que Locke supôs "um ato-conteúdo [...] uma análise da percepção" –, em comum, ele poderia ter acrescentado, com todo epistemologista europeu nos séculos XVII e XVIII. Ele então assevera que Locke "necessitava encontrar um modo de dizer que um ato de consciência, [por exemplo] de estar consciente do Sol, é um ato mental, mas que possui também um conteúdo, uma característica psíquica, cognitiva, distinta e diferente do objeto visto [por exemplo, o Sol]. [Ele] precisa capturar o conteúdo cognitivo da consciência sem transformar esse conteúdo [...] em entidades". E o caminho que Locke encontrou, conclui Yolton, é a via das ideias: "ideia" é, simplesmente, o termo de Locke para "conteúdo cognitivo" (Yolton 1975b: 184; cf. Yolton 1970b: 88). O ponto de Yolton aqui (à exceção de seu uso desviante da palavra "entidades") é bem estabelecido: muitos filósofos, desde Locke, têm considerado a noção de "conteúdo" como útil no esforço para se compreender a mente humana. Nos trabalhos atuais em psicologia filosófica, o termo mais frequente utilizado para expressar essa mesma noção é "objeto intencional"; e dois principais estudiosos de Locke, divergindo um pouco da posição de Yolton, têm recentemente argumentado que as ideias de Locke são mais bem entendidas como objetos intencionais (Mackie 1985: 223; Ayers 1986: 19).

Mas assumir que ideias são objetos intencionais (ou conteúdos cognitivos) não resolve todo problema que surge acerca de sua natureza. Ideias, assim consideradas, são entidades, mas deve-se admitir que elas são, com efeito, entidades "esquisitas", independentemente de sua dependência em relação à mente. Enquanto objetos intencionais, ideias não necessitam ser completamente determinadas. Uma maçã real ou material tem um tamanho, uma forma e uma cor, e deve, além disso, ter algum tamanho, forma e cor particulares. Mas a ideia de uma maçã não necessita possuir algum tamanho, forma ou cor. O ponto não é meramente que a ideia de uma maçã não é, ela mesma, por exemplo, esférica, uma vez que a esfericidade é uma propriedade física e que nenhuma tal propriedade pode ser atribuída, de modo inteligível, a uma ideia: a ideia de uma maçã não é também uma maçã. Suponha que chamássemos a ideia de uma maçã de "uma maçã intencional", e falássemos de suas propriedades como "esfericidade intencional", e assim por diante. Então, o ponto sobre a indeterminação é que uma maçã intencional não necessita ser intencionalmente esférica – possuir esfericidade intencional –, mesmo que a maçã material, da qual ela é a ideia, seja esférica. De modo mais radical: uma maçã intencional não precisa ter qualquer forma intencional, seja qual for, mesmo embora sua relacionada maçã material – sua contraparte material, como poderíamos denominá-la – deve possuir uma ou outra forma.

Ora, isso soa estranho; mas o princípio, a partir do qual se segue, é enunciado de modo muito claro por Locke. "Seja o que for a ideia", diz ele, "ela pode ser outra coisa senão aquilo que a mente percebe" (E II.xxix.5: 364). Um objeto da percepção possui todas e somente aquelas propriedades que se percebe possuir, o que equivale a dizer, aquelas que aparecem na percepção, ou das quais o percipiente está consciente. As pessoas, algumas vezes, percebem coisas como tendo características que, de fato, elas não têm; além disso, muitas vezes não percebem características que as coisas possuem, mesmo características em si mesmas perceptíveis, e características que as coisas em questão não poderiam existir sem as possuir. (É evidente que devemos distinguir entre não perceber algo a ser F e perceber que esse algo não é F: uma maçã intencional não pode ser intencionalmente sem forma.) Assim, a indeterminação dos objetos intencionais, dados a natureza destes e os fatos da psicologia humana, é perfeitamente normal. Tais objetos somente parecem estranhos porque, certamente, nós tendemos irrefletidamente a assimilá-los a objetos materiais, a supor que aqueles são objetos no mesmo sentido da palavra que estes.

Merece ser notado que Locke não utiliza, em geral, a linguagem da predicação quando está a falar de ideias (embora, na passagem há pouco citada, ele se refira a uma ideia como *sendo* "não outra coisa senão [...]"). Não seria para ele natural, de modo algum, dizer que a ideia de uma maçã é vermelha ou esférica, ou que tenha cor ou forma, mesmo a ideia de cor ou forma (ou cor intencional, ou forma intencional). A razão é que ele não considera uma ideia, tal como a de uma maçã, como um objeto, ou suas especificações, tal como cor e forma, como propriedades. Antes, a ideia de uma maçã é, para Locke, uma entidade composta, feita a partir de componentes simples (ou mais simples): uma "ideia complexa" que "inclui" ou "contém" "ideias simples" de qualidades, tais como vermelhidão e esfericidade. (A doutrina de Locke acerca das ideias simples e complexas será brevemente discutida.)

Ideias simples e complexas

Uma base para a acusação de que o uso de Locke do termo "ideia" seria ambíguo é que ele o aplica a entidades de diferentes tipos. Ele mesmo fez várias divisões no interior da classe das ideias: entre simples e complexa, particular e geral, concreta e abstrata, adequada e inadequada, e assim por diante. Mas os itens, assim distintos, ainda são, todos, ideias, em um e mesmo sentido da palavra: várias espécies em um gênero não somente não requerem vários sentidos do termo para o gênero, mas requerem o contrário (veja Matthews 1972). Um ponto mais substancial é que Locke usa indiferentemente um único termo "ideia" para referir a coisas que seus antecessores denominavam por nomes diferentes. Novamente, ele é bastante explícito sobre isso: "Eu tenho", diz ele, "utilizado [esse termo] para expressar tudo o que é significado por *fantasma*, *noção*, *espécie*" (E I.i.8: 47). Mas, para seus críticos, as diferenças entre as coisas costumeiramente significadas por esses termos eram tais que tornavam o uso de Locke, no mínimo, enganoso aos leitores, e, além disso, eles o tomavam como uma indicação de uma falsa opinião de sua parte, a opinião de que essas coisas não diferem, de fato, entre si mesmas, ou que não diferem de modo relevante. Assim, John Sergeant diz que essa passagem, por si só, "torna evidente que [Locke] utiliza essa palavra ["ideia"] muito *equivocadamente*: pois um *fantasma* e uma *noção* diferem tão extensamente quanto *corpo* e *espírito*; um sendo uma *semelhança corpórea*, o outro uma *semelhança espiritual*; ou, antes, um sendo uma semelhança, ou um tipo de *imagem*, ou quadro; o outro *a coisa assemelhada*" (Sergeant 1697: 3).

Quaisquer que sejam as diferenças entre noções e fantasmas de acordo com Sergeant, elas não são nossa preocupação aqui. Mas precisamos considerar algumas das divisões que o próprio Locke considerou adequado operar no interior da classe das ideias, começando com a mais fundamental: aquela entre ideias simples e complexas.

Uma ideia simples, diz Locke, é uma que, "sendo [...] em si mesma não composta, contém nada mais que *uma aparência uniforme*, ou concepção na mente, e não é distinguível em diferentes ideias" (E II.ii.1: 119). Isso sugere que a característica definidora da simplicidade de uma ideia é experiencial ou fenomenal: uma ideia é simples se nenhuma variação ou divisão é nela percebida. Mas, em outras passagens, Locke propõe um critério lógico ou semântico de simplicidade: ideias simples são aquelas "cujos *nomes não são capazes de qualquer definição*" (E III.iv.4: 421), o que quer dizer que tais ideias não podem ser analisadas ou entendidas como requerendo outras ideias. Essas duas especificações podem não ser equivalentes: uma ideia simples, de acordo com uma delas, pode não ser simples, de acordo com a outra. Mas essa não é uma dificuldade fatal para Locke, cujo principal propósito em delimitar as ideias simples é o de apoiar seu empirismo, isto é, a doutrina de que "todos os materiais da razão e do conhecimento" são fornecidos, em última instância, pela experiência (E II.i.1: 104). Para esse propósito, é suficiente alguns claros exemplos de ideias simples.

Notável entre os exemplos que Locke oferece de ideias simples são aqueles das "qualidades sensíveis" dos objetos físicos: "*amarelo, branco, quente, frio, macio, duro, amargo, doce*", e assim por diante (E II.i.3: 105). Locke denomina tais ideias "ideias de sensação", porque é por meio dos sentidos corporais que elas são "transportadas para a mente" (ibid.). Além disso, ele reconhece "ideias simples de reflexão", assim denominadas porque a mente as adquire "por refletir sobre suas próprias operações, no interior de si mesma": essas incluem as ideias de "*perceber, pensar, duvidar, crer, argumentar, conhecer, querer*, e todas as diferentes ações de nossas próprias mentes" (E II.i.4: 105). Para Locke, sensação e reflexão são, cada uma, modos ou formas da experiência, e as duas juntas são exaustivas, de forma que qualquer ideia que temos a partir da experiência deve proceder de uma ou de outra dessas duas "fontes". Por outro lado, Locke enumera várias ideias que ele diz serem simples, mas que, certamente, não são ideias de qualidades sensíveis nem de operações mentais: aquelas de "*prazer, ou deleite*, [...] *dor*, ou *inquietação*. Poder. Existência. Unidade", a cuja lista ele posteriormente acrescenta "a *ideia* de *sucessão*" (E II.vii.1 e 9: 128 e 131). Em grande dificuldade para atribuir essas ideias à sensação ou à reflexão, Locke declara que elas "se transportam a si mesma para a mente, por todos os modos [ambos] da sensação e da reflexão" (E II.vii.1: 128). Elas fazem assim porque elas sempre (ou quase sempre) "se unem, elas mesmas, a", ou "são sugeridas [...] por", ideias que temos por sensação e por reflexão (E II.vii.2 e 7: 128 e 131).

Locke sustenta que toda ideia simples que está presente em uma mente tem sua origem na experiência, isto é, entrou na mente ou por sensação, ou por reflexão. E a mente, diz ele, "é completamente passiva na recepção de todas suas ideias simples" (E II.xii.1: 163). Pois "os objetos de nossos sentidos [...] impõe suas ideias particulares sobre nossas mentes, quer queiramos ou não: e as operações de nossas mentes não nos deixam sem alguma noção, ainda que obscura, acerca delas" (E II.i.25: 118). Não apenas a mente é incapaz para "recusar, alterar ou obliterar" alguma tal ideia, ela também não pode criar, em si mesma, alguma nova ideia simples. Entretanto, a posição de Locke não é a de que as ideias simples são as únicas que proveem da experiência. Muitas das ideias que recebemos por meio da sensação e da reflexão são, de fato, compostas, consistindo de duas ou mais ideias simples reunidas. É a tal composto que Locke denomina "ideias complexas". A ideia que tenho quando vejo uma maçã, por exemplo, é uma ideia complexa, composta de ideias simples da cor da maçã, da forma da maçã, do tamanho da maçã, e assim por diante. E a razão por que essas ideias simples estão reunidas em minha mente é, simplesmente, que as qualidades visíveis às quais elas individualmente correspondem estão realmente reunidas na maçã externa que vejo. Assim, minha mente é não menos passiva em relação a essa ideia complexa do que em relação às ideias simples que a compõem.

Mas, além das ideias complexas desse tipo, as quais a experiência impõe sobre nossas mentes, Locke reconhece outras que a própria mente cria. A mente não as cria *ex nihilo*, é claro. O que ela faz, diz Locke, é juntar ideias que já estão, separadamente, em sua posse, de modo a fazer uma nova ideia singular a partir delas: as primeiras servem como matéria-prima ou dados para as últimas. Essas ideias dadas de antemão podem ser simples ou podem, elas mesmas, ser complexas: tudo o que o empirismo de Locke exige é que elas, ou seus componentes, ou os componentes de seus componentes, [...] alcancem a mente, originalmente, por sensação ou por reflexão. Nesse processo de criar novas ideias complexas, a mente não é mais meramente passiva. Antes, ela se aplica ativamente sobre si mesma, operando sobre as ideias para produzir novas ideias. Além disso, sua ação é voluntária; e os produtos disso podem estar muito longe de qualquer realidade preexistente, seja externa-sensível ou mental-operacional: ideias de viagens fantásticas e de monstros fabulosos.

Com efeito, a mente tem, para Locke, vários modos distintos de atuar sobre ideias, de modo a gerar um novo complexo, e as ideias, assim geradas, são divididas de acordo com os diferentes tipos. Primeiro, a mente pode simplesmente combinar ou pode reunir várias ideias diferentes (simples ou complexas) em uma. Locke denomina isso de ação de "composição" ou de "combinação"; e as ideias complexas resultantes ou são "ideias de substâncias", ou, então, "modos", os modos sendo subdivididos em modos simples e modos mistos, tudo isso dependendo tanto da natureza das ideias compostas quanto da maneira de compô-las. Segundo, a mente pode reunir duas ideias, "relacionando-as reciprocamente, de modo a ter uma visão delas imediatamente, sem unificá-las em uma" (E II.xii.1: 163); e, então, o resultado é uma ideia complexa do tipo que Locke denomina "relações".

Deve-se notar que, quando Locke primeiramente trata de ideias complexas no Livro II do *Ensaio*, ele fala de "ideias de substâncias", mas usa os termos "modo" e "relação" para tentar esclarecer o que são as próprias ideias. Esse uso concorda com sua posição metafísica oficial, de acordo com a qual as substâncias são seres reais que existem fora da mente, enquanto que relações e modos (pelo menos os modos mistos) são "criaturas do entendimento", que "não têm outra *realidade* senão aquela que possuem nas mentes dos homens" (E II.xxx.4: 373). Mas Locke, frequentemente, abandona essa posição oficial, e seu tratamento muda paralelamente: especialmente nos Livros III e IV, ele regularmente fala de "ideias de modos" e "ideias de relações". Do ponto de vista de sua teoria das ideias, essa alteração é meramente verbal – o que não quer dizer que a diferença na doutrina metafísica que ela reflete também o seja.

A discussão de Locke acerca desses diferentes tipos de ideias complexas – relações, modos e ideias de substâncias –, e das realidades (se alguma) que a elas correspondem, se estende ao longo do *Ensaio* e inclui muito daquilo que é o mais distintivo e valioso em sua filosofia. Embora esteja além do escopo deste capítulo seguir essa discussão mais adiante, seus vários aspectos serão considerados em outras partes deste livro, especialmente nos capítulos 3, 5, 6 e 8.

Ideias abstratas e gerais

Além das ações de compor e comparar, Locke reconhece um terceiro tipo de operação mental sobre as ideias, a abstração. As novas ideias produzidas por essa operação são por ele denominadas "ideias abstratas"; mas, em virtude de Locke sustentar que todas e somente as ideias abstratas são gerais, ele também chama os produtos da abstração, muitas vezes, de "ideias gerais". Os dois termos, "abstrato" e "geral", não possuem o mesmo significado para Locke; mas eles servem para distinguir uma e mesma subdivisão no interior de todo o conjunto das ideias.

No Livro II do *Ensaio*, Locke descreve a abstração como uma ação na qual a mente obtém "ideias particulares a partir dos objetos particulares", e as considera "como essas aparências estão na mente, separada de todas as outras existências e circunstâncias da existência real, tais como o tempo, o lugar ou quaisquer outras ideias concomitantes" (E II.xi.9: 159). No mesmo livro, mais adiante, ele fala da abstração como o ato de "separar" ideias, que já estão em posse da mente, "de todas as outras ideias que as acompanham em sua existência real" (E II.xii.1: 163). Então, no Livro III, ao relatar de que modo as nossas ideias se desenvolvem "a partir de nossa primeira infância", Locke oferece a seguinte descrição do "caminho da abstração":

> as ideias que as crianças formam das pessoas com quem conversam [...] são como as próprias pessoas, unicamente particulares. [...] Quando, depois disso, o tempo e um maior conhecimento do mundo lhes fizerem observar que existem muitas outras coisas no mundo que, por certas relações comuns de forma e de várias outras qualidades, assemelham-se [...] àquelas pessoas que se habituaram a ver, formam então uma ideia em que descobrem que aqueles muitos particulares participam; e lhes dão, como aos outros, o nome de *homem*, por exemplo. E, com isso, não formam nada novo, mas somente deixam de lado, na ideia complexa que tinham de Pedro e Jaime, de Maria e Cristina, aquilo que é peculiar a cada uma dessas pessoas, e retêm aquilo que lhes é comum a todas. (E III.iii.7: 411).

É claro que Locke, nessa passagem, se não dois procedimentos completamente diferentes, está descrevendo duas formas diferentes de abstração. No caso apresentado no Livro II, a mente parte de uma ideia complexa, por exemplo, uma ideia da mãe, visualmente percebida em uma ocasião particular. Ela então seleciona um componente dessa ideia complexa, por exemplo, a ideia simples de marrom (assumindo que o marrom seja a cor da pele da mãe), e foca-se unicamente sobre ela, ignorando seus componentes associados. No caso do Livro III, a mente também parte de uma ideia complexa, seja novamente a ideia simples da mãe de alguém. Aqui, entretanto, a mente procede por remover vários componentes dessa ideia complexa, por exemplo, as ideias simples da cor da mãe, de sua forma, de seu tamanho e assim por diante, enquanto mantém sua atenção na ideia original, ou o que é deixado desta, que é agora não mais do que a ideia de uma mulher – uma ou outra mulher. Em um caso, a ideia abstrata, o produto pretendido da ação abstrativa da mente, é uma ideia simples, isolada da ideia complexa que originalmente lha continha. No outro caso, a ideia abstrata é uma ideia complexa, a mesma da qual a mente partiu, privada de alguns de seus conteúdos originais – uma ideia "parcial", como diz Locke.

Locke não dedica muita atenção, no *Ensaio*, para a operação da abstração como tal: ele não diz, sobre isso, quase mais nada além do que está contido nas passagens há pouco citadas. Todavia, ele diz bastante sobre as ideias abstratas que constituem os produtos dessa operação. A principal razão para seu interesse nas ideias abstratas é que estas são também ideias gerais. Além do mais, para Locke, ideias gerais são as únicas entidades que são gerais, com exceção das palavras empregadas para significá-las. Pois não há qualquer generalidade na natureza: "todas as coisas que existem são particulares" (E III. iii.6: 410). Entretanto, a generalidade é fundamental para a vida humana civilizada: não somente a linguagem desenvolvida e a comunicação efetiva entre as pessoas, mas o próprio pensamento, além de seu nível mais primitivo, dependem dela. Contudo, de acordo com Locke, apesar de sua importância, a generalidade é, completamente, uma criação humana; e é pela operação mental de abstração que a generalidade é trazida ao mundo. Assim, na filosofia de Locke, as ideias gerais abstratas cumprem a função atribuída aos universais, formas e essências das teorias de seus antecessores – cujas deficiências ele nunca se cansa de lembrar a seus leitores.

Locke explica como as ideias gerais são criadas nas mesmas passagens em que ele descreve o processo de abstração. Na passagem do Livro II, ele diz que

> a mente faz com que as ideias particulares, recebidas de objetos particulares, tornem-se gerais; o que é feito [...] por *abstração*, por meio da qual as ideias tomadas de seres particulares tornam-se representantes gerais de todas as coisas da mesma espécie; e seus nomes tornam-se nomes gerais, aplicáveis a tudo quanto exista e que convenha a tais ideias abstratas. (E II.xi.9: 159)

Ele cita, então, um exemplo:

> ao observar hoje no giz ou na neve a mesma cor que a mente ontem recebeu do leite, ela considera essa aparência única e a torna representativa de todas as coisas de tal espécie; e tendo-lhe dado o nome de brancura, significa com esse som a mesma qualidade, onde quer que ela possa ser imaginada ou encontrada; e é assim que os universais se formam, sejam eles ideias ou termos. (ibid.)

No Livro III, Locke diz que

> as ideias tornam-se gerais quando as separamos das circunstâncias de tempo, de lugar e de qualquer outra ideia que possa determiná-las a essa ou aquela existência particular. Por esse modo de abstração, elas tornam-se capazes de representar mais do que uma coisa individual; e, assim, cada coisa possui uma conformidade com essa ideia abstrata, e é [...] de tal espécie. (E III.iii.6: 411)

Continuando a descrever o processo de abstração de um modo "um pouco mais preciso", – essa é a passagem que contém a segunda descrição citada anteriormente –, Locke escreve que as primeiras ideias das crianças acerca de suas aias e mães são "unicamente particulares";

> representam unicamente esses indivíduos. Os nomes que [as crianças] primeiramente lhes deram se limitam a esses indivíduos; [...] Quando, depois disso, o tempo e um maior conhecimento de mundo lhes fizerem observar que existem muitas outras coisas no mundo que, por certas relações comuns de forma e de várias outras qualidades, assemelham-se a seu pai e a sua mãe, formam então uma ideia em que descobrem que aqueles muitos particulares participam; e lhes dão, como aos outros, o nome de *homem*, por exemplo.

E assim, conclui Locke, "*eles chegam a ter um nome geral e uma ideia geral*" (E III.iii.7: 411).

Comparando essas passagens, pode-se ver que Locke reconhece dois tipos diferentes de ideias gerais, que correspondem aos dois diferentes "caminhos da abstração" por meio dos quais elas são produzidas. Em ambos os casos, ser geral, para uma ideia ou para uma palavra, significa ser aplicável a muitas coisas individuais distintas. No caso do Livro II, a ideia geral é uma ideia simples de uma qualidade sensível: brancura. Ela se aplica a muitos indivíduos distintos – instâncias individuais de brancura, ou coisas individuais brancas – porque ela foi separada de todas as ideias que a acompanham, que servem para particularizá-la, ou seja, que servem para conectá-la com o objeto físico branco individual – "giz ou neve" – a partir do qual ela alcançou a mente do percipiente. A pressuposição de Locke, evidentemente, é a de que tais ideias são gerais em si mesmas, em sua própria natureza, e que a aplicação de tais ideias a indivíduos particulares é determinada por fatores extrínsecos a elas enquanto tais – especialmente por "circunstâncias da existência real, como tempo, e lugar"; ou, antes, pelas ideias acerca disso.

No caso descrito no Livro III, por sua vez, a ideia geral é uma ideia complexa de uma substância material: homem. Ela se aplica a muitos homens individuais diferentes, porque todas as ideias simples, ou mais simples, relativas às características que servem para distinguir um homem de outro, foram removidas da ideia pelo processo de abstração. É o objetivo desse tipo de abstração, diz Locke, "abandonar a ideia complexa" que alguém possui de indivíduos distintos, "o que é peculiar a cada um, e reter somente aquilo que é comum a todos eles" (E III.iii.7: 411). As características das ideias que são dessa maneira abandonadas não são meramente as circunstâncias extrínsecas de tempo e de lugar, mas incluem qualidades próprias como cor, tamanho e forma. Assim, ideias que são gerais dessa maneira são indeterminadas em si mesmas, diferentemente das ideias gerais do Livro II, as quais, embora simples, são completamente determinadas. Na filosofia de Locke, a indeterminação das ideias, como notamos, é uma propriedade perfeitamente aceitável.

Em ambos os tipos de ideia geral, a ideia é geral em sua própria natureza – é ela mesma uma "natureza geral", como Locke coloca. Isso poderia parecer uma violação do princípio fundamental da metafísica nominalista de Locke, o princípio de que todas as coisas existentes são particulares. Mas não é realmente assim. Pois esse princípio se aplica somente ao reino da existência real. Isso inclui objetos físicos e suas qualidades, os quais estão fora das mentes das pessoas; e também inclui as ações e eventos que ocorrem dentro das mentes, os atos de percepção e pensamento. Mas não inclui os objetos intencionais de tais atos, que é aquilo que, de acordo com Locke, as ideias são: ideias, assim concebidas, são entidades, mas não entidades reais, elas não são entidades que existem, ou que realmente ocorrem.

É claro que Locke, muita vezes, fala de ideias particulares, e ele tem mais de uma razão para fazê-lo. Ele denomina "particular" algumas ideias, porque, em sua própria natureza, elas são particulares, assim como algumas ideias são, em sua própria natureza, gerais. Ideias particulares são, por exemplo, as primeiras ideias da criança acerca de sua aia e de sua mãe, as únicas (entre outras) a partir das quais ela abstrai, eventualmente, a ideia geral de homem, ou ser humano. Também particular dessa maneira são as sensações visuais primitivas de alguém em relação ao leite (ou de xícaras de leite) e à neve (ou flocos de neve), a partir das quais a ideia geral de brancura é, eventualmente, abstraída.

Mas existe outra razão para denominar de "particular" ideias, e isso se aplica tanto às ideias que são gerais em sua natureza quanto àquelas que não o são. Para entender isso, é útil comparar ideias a palavras. Filósofos e linguistas, atualmente, distinguem dois sentidos do termo "palavra", se o que se quer dizer é um "símbolo" ou um "sinal":* eles também dizem que o termo "palavra" é tomada como um "símbolo-sinal ambíguo". A diferença entre esses dois sentidos pode ser exibida, por exemplo, perguntando-se quantas palavras estão contidas na oração "A vaca pulou sobre a lua". Pois existem duas respostas corretas para essa pergunta: "seis" e "cinco". "Seis" é a resposta correta se "palavras-sinal" for o que é tomado como o significado do termo "palavras"; e "cinco", se "palavras-símbolo". Um ponto similar vale para o termo "ideia" no uso que Locke lhe dá. Quando Locke diz que "ideias são percepções atuais na mente, as que cessam de ser qualquer coisa quando não há delas percepção" (E II.x.2: 150), ele está falando de ideias-sinal. Se, por outro lado, é dito que a mesma ideia ocorre, ao mesmo tempo, tanto a mim quanto a você, você e eu sendo diferentes pessoas ou mentes, ou é dito que um de nós tem a mesma ideia em várias ocasiões diferentes, então a ideia referida é uma ideia-símbolo. (No sentido estrito, não são as ideias-símbolo, elas mesmas, que ocorrem às pessoas ou que existem em suas mentes: "ter" [no sentido amplo] uma ideia-símbolo é ter [no sentido estrito] um sinal desse símbolo.) O ponto sobre a particularidade, então, é que a frase "ideia particular" é frequentemente utilizada para significar "ideia-sinal", ou "ideia enquanto ocorrendo neste ou naquele contexto particular". Usando a frase desse modo, poderíamos dizer, sem contradição, que algumas ideias particulares foram, no entanto, gerais, ou seja, geral em relação a sua própria natureza. Pois a particularidade, nesse

---

* N.E. Em linguística, é usual o termo "type" ao invés de "símbolo" e "token" ao invés de "sinal".

caso, seria extrínseca à ideia-símbolo; seria uma função ou consequência do contexto no qual esse símbolo foi instanciado, da mesma maneira que uma palavra-sinal é particular em virtude da inscrição particular ou elocução verbal em que a correspondente palavra-símbolo é expressa.

Antes de deixar este tópico sobre as ideias abstratas e gerais, devemos considerar uma famosa passagem do *Ensaio*, cuja inadequada interpretação motivou muitos críticos, começando com Berkeley, a atribuírem a Locke uma absurda doutrina das ideias gerais abstratas (veja Berkeley 1948-57: 2:33-34). A passagem ocorre no Livro IV, no qual Locke está argumentando que as assim denominadas máximas, como os axiomas da geometria, não são "as *primeiras verdades conhecidas* pela mente". Pois, ele observa, "se requer um pouco de esforço e habilidade para formar a *ideia geral* de *triângulo*", por exemplo. E a razão disso é que essa ideia "não deve ser nem [de um triângulo] oblíquo, nem retângulo, nem equilátero, nem isósceles, nem escaleno; mas todos e nenhum desses de uma só vez. Com efeito, é algo imperfeito, que não pode existir; uma ideia em que estão reunidas algumas partes de várias ideias diferentes e incompatíveis" (E IV.vii.9: 596). A implicação dessa passagem, afirmam os críticos, é que as ideias gerais, para Locke, são autoinconsistentes, pois são compostas de partes que são inconsistentes entre si. Mas isso não é o que diz a passagem. Em primeiro lugar, Locke não declara que a ideia geral de um triângulo contém, ela mesma, partes incompatíveis, mas que ela contém partes de outras ideias que, tomadas como um todo, são inconsistentes entre si: mas as partes em questão não são as responsáveis por tal inconsistência. Segundo, quando Locke declara (um pouco vagamente, deve-se admitir) que essa ideia é tanto "tudo e nada de" oblíquo, retangular, e assim por diante, o que ele quer dizer é (1) que as ideias de nenhuma dessas determinações de triângulos estão explicitamente contidas na ideia geral de um triângulo, e (2) que a ideia geral aplica-se a todos os triângulos que têm essas determinações. E, por fim, quando ele diz que a ideia geral de um triângulo é "algo imperfeito, que não pode existir", ele quer dizer que ela é indeterminada porque incompleta ou "parcial" e que não pode existir na realidade: mas, de modo algum, isso implica, para Locke, que não pode existir do modo que objetos intencionais existem, isto é, como objetos de percepção e de pensamento.

Imagens e conceitos

Na interpretação da teoria lockeana das ideias, vários comentadores têm recorrido a uma distinção entre "conceitos", de um lado, e "imagens" (incluindo "sensações"), de outro. Admiti-se que o próprio Locke não traçou essa distinção: a palavra "conceito" não ocorre no *Ensaio*, e embora os termos "concepção" e "imagem" apareçam ocasionalmente, são raramente aplicados a algo que Locke denominaria como uma ideia. Mas alguns estudiosos têm declarado que a classe de coisas que Locke chama de ideias é dividida em (o que eles denominam) conceitos e imagens (incluindo as sensações). Outros afirmam, pressupondo a mesma distinção, que todas as ideias lockeanas são imagens, e que Locke não oferece lugar algum em sua filosofia para conceitos.

Não é exatamente claro como os proponentes dessas interpretações entendem os termos "conceito" e "imagem". Um ponto parece ser que conceitos são gerais e abstratos, enquanto imagens são particulares, no sentido de ser particular em sua própria natureza. De acordo com esse entendimento, é correto afirmar que, para Locke, algumas ideias são conceitos e algumas são imagens (dada a interpretação de Locke desenvolvida neste capítulo). Algumas vezes, entretanto, o termo "imagem" é aplicado a ideias que são "sensíveis" ou que possuem características sensoriais – isto é, as possuem intencionalmente. Nesse caso, imagens incluem não somente as sensações presentes, sejam de qualidades sensíveis ou de objetos físicos que possuem tais qualidades, mas também as memórias subsequentes de tais sensações. Sendo assim, a afirmação de que as ideias lockeanas se dividem em conceitos e imagens está correta – entretanto, a linha que agora divide conceitos de imagens não mais coincide com aquela entre ideias gerais e particulares. Pois algumas das ideias que Locke permite ou deveria permitir são não sensíveis e particulares – por exemplo, as ideias de Deus ou da própria mente ou alma de alguém. E algumas são gerais e sensíveis – a ideia abstrata de brancura, e uma ideia de homem que é somente ligeiramente abstrata, isto é, uma ideia de um homem particular, do qual o tamanho, por exemplo, mas não a forma e a cor, foi removido por abstração.

A alegação alternativa, de que todas as ideias lockeanas são imagens e não conceitos, foi recentemente defendida por Michael Ayers. Locke, de acordo com Ayers, é "um imagista", para quem "a única coisa 'na qual a Mente pode aplicar-se em pensar' é uma sensação ou imagem" (Ayers 1991: 1:45). É evidente que Ayers assume que as imagens são sensoriais e particulares, pois seu imagismo sustenta que "o pensamento é limitado a sensações particulares e imagens sensoriais" e que, "quando pensamos X, na ausência de X, X é apresentado na consciência da mesma maneira geral como é apresentado na sensação" (Ayers 1991: 1:249; Ayers 1986: 4). Uma consequência dessa interpretação é que nenhuma ideia lockeana é abstrata ou geral em sua própria natureza. Ayers não apenas reconhece tal consequência, mas a admite, pois ele pensa que se pode mostrar, de modo independente, que "uma ideia abstrata, para Locke, é uma percepção ou imagem particular, 'parcialmente considerada' [...] e dada uma determinada função no pensamento"; de modo que "é possível ter a ideia abstrata do número *dois* na mente sem ter na mente a ideia de alguma dualidade em particular, mas considerada meramente *como* uma dualidade" (Ayers 1991: 1:49).

É óbvio que a leitura que Ayers faz de Locke conflita com o que foi apresentado neste capítulo. Todavia, tentar refutar a concepção de Ayers, que é desenvolvida com grande cuidado e sutileza, nos levaria muito longe de nosso tema principal. É interessante notar que o próprio Ayers diz que a questão de "se as 'ideias' de Locke são todas imagens sensoriais [...] deve ainda ser resolvida pelos comentadores modernos"; e ele reconhece a "relativa impopularidade" de sua maneira de resolvê-la – mesmo declarando que os fundamentos de sua posição são "conclusivos" (Ayers 1991: 1:44).

Existe outro uso da palavra "conceito", diferente daquele que temos considerado, e que é corrente entre os filósofos modernos. De acordo com esse uso, o conceito de um triângulo, por exemplo, não é a ideia abstrata, não sensorial, que alguém mantém conscientemente em sua mente enquanto prova um teorema da geometria euclidiana, ainda que, no outro sentido da palavra, isso deveria ser um conceito. Um conceito, nesse sentido, não é algo que ocorre ou existe em uma mente algumas vezes e não outras, nem é algo que alguém percebe ou do qual está ciente. É, antes, uma potencialidade ou capacidade, ela mesma imperceptível, uma disposição para fazer ou sofrer certas coisas sob certas condições, que, uma vez adquirida, é mantida e possuída mesmo quando ela não está sendo manifestada. Assim, o conceito de um triângulo é a habilidade que alguém possui, entre outras, para entender e empregar, corretamente, a palavra "triângulo", reconhecer certas formas visuais como triângulos e elaborar demonstrações de teoremas sobre triângulos. Existem conceitos nesse sentido, não somente de entidades abstratas não sensíveis, tais como triângulos, mas também de qualidades sensíveis e de objetos físicos – o conceito de brancura e o conceito de homem. Denominemos conceitos, de acordo com esse sentido, de "conceitos disposicionais", a fim de distingui-los dos conceitos que são ocorrências mentais. A questão a ser agora levantada é se as ideias de Locke incluem conceitos disposicionais, além de ocorrências mentais – sensações e imagens, bem como ocorrências conceituais –, as quais são mais usualmente denominadas pelo nome "ideia".

Atualmente, vários comentadores têm respondido essa questão de modo afirmativo. Em apoio a essa resposta, eles frequentemente citam duas passagens sobre a memória que Locke acrescentou à segunda edição do *Ensaio*. A primeira passagem ocorre no contexto de sua polêmica contra as ideias inatas, no Livro I. Se existisse alguma ideia inata, contesta Locke, existiriam "ideias na mente as quais a mente atualmente não pensaria"; e essas ideias deveriam estar "fixadas na memória, e, por isso, [...] seriam trazidas à vista pela rememoração". Pois, ele continua, "qualquer ideia na mente ou é uma percepção atual, ou então, tendo sido uma percepção atual, está de tal modo na mente que, pela memória, pode voltar a ser uma percepção atual" (E I.iv.20: 96-97). Locke está aqui concedendo que existam ideias que estão "fixadas na memória", e ele as contrasta com aquelas que realmente estão presentes à consciência em ocasiões particulares. E a distinção entre esses dois tipos de ideias parece exatamente equivalente àquela entre conceitos disposicionais e ocorrências mentais.

Na segunda passagem, no Livro II, onde Locke inseriu sua discussão acerca da operação mental da memória, ele oferece uma interpretação de suas referências anteriores à memória como um armazém ou repositório, nos quais as ideias são "colocadas longe da vista [da consciência]".

> Mas como nossas ideias nada são senão percepções atuais na mente, que deixam de ser alguma coisa quando não há delas percepção, esse armazenamento de nossas ideias no repositório da memória significa unicamente que a mente possui, em muitos casos, um poder de reavivar percepções que outrora teve, mas com essa percepção adicional unida a elas, isto é, que as teve anteriormente. E é nesse sentido que se diz que nossas ideias estão em nossa memória quando, na realidade, não estão atualmente em lugar algum; existe apenas uma habilidade na mente de reavivá-las novamente, quando assim desejar; e, por assim dizer, de pintá-las de novo sobre elas mesmas. (E II.x.2: 150)

Nessa passagem, Locke ainda está admitindo a existência de coisas que, de modo mais ou menos permanente, residem na mente, e distinguindo-as de percepções atuais, embora ele já não mais quisesse denominá-las, em sentido estrito, "ideias". E tomando essas coisas como habilidades ou capacidades, ele as está alinhando, de modo mais próximo, com os conceitos disposicionais dos filósofos modernos. É verdade que a única capacidade que Locke menciona aqui é a de produzir uma percepção atual, como se – por exemplo, e falando de maneira vaga – a posse de uma ideia de magenta na memória de alguém consistisse inteiramente em ser capaz de trazer uma imagem visual de magenta diante da consciência presente. Para nossos filósofos, essa é apenas uma das várias habilidades que a posse do conceito de magenta deve implicar, uma habilidade secundária entre as demais, já que, para esses filósofos, os componentes mais importantes dos conceitos são as capacidades verbais e perceptivas – a capacidade para empregar corretamente a palavra "magenta, por exemplo, e distinguir, por meio da visão, em um ramalhete, as flores de cor magenta das flores de outras cores. Mas parece que Locke também atribui diferentes funções (ainda falando de maneira vaga) para as ideias armazenadas na memória, ademais da função de gerar, ou de reaparecerem elas mesmas como imagens recebidas da memória conscientemente.

Para confirmar isso, é útil examinar algumas das passagens em que Locke descreve o processo pelo qual as crianças adquirem inicialmente ideias. Uma dessas passagens ocorre no início do Livro I do *Ensaio*:

> Primeiro, os sentidos deixam entrar as ideias particulares e, com elas, mobilia um armário ainda vazio; e a mente vai familiarizando-se gradualmente com algumas delas, alojando-as na memória e dando-lhes nomes. Depois disso, a mente vai mais longe, e faz sobre elas abstrações e, pouco a pouco, aprende a usar nomes gerais. Dessa maneira, a mente é fornecida com ideias e linguagem, materiais sobre os quais sua faculdade discursiva opera. (E I.ii.15: 55)

Outra passagem é encontrada no Livro II, onde Locke está considerando as ideias de reflexão. Ele observa que

> é necessário que se passe algum tempo antes que a maioria das crianças obtenha ideias das operações de suas próprias mentes; [...]. Porque, embora estejam continuamente a ocorrer na mente, como visões flutuantes, elas não produzem impressões suficientemente profundas para deixar na mente ideias claras e distintas duradouras. (E II.i.8: 107)

Em ambas essas passagens, as ideias com as quais o processo de aquisição começa são ocorrências particulares, coisas que se passam dentro e fora da mente. As ideias que o processo produz, em comparação, são gerais e, uma vez estabelecidas, permanecem na mente de modo permanente. Essas ideias residem na memória, uma vez que, na concepção de Locke, esse é o único modo no qual as ideias, diferentemente das ocorrências de percepções, podem estar na mente. Mas, lá estando, elas são aptas a serem utilizadas de outros modos que simplesmente o de ser chamada de volta à consciência presente. De fato, são essas ideias adquiridas, as únicas que "são fornecidas com a mente", que constituem o principal interesse de Locke em todo o *Ensaio*. Sua tese empirista é uma tese sobre essas ideias, e são aquelas que, como a primeira passagem citada indica, tornam possíveis a linguagem, a razão e o conhecimento – aquelas nas quais consistem "tanto a exatidão de nosso conhecimento quanto a conveniência ou inteligibilidade de nosso discurso" (E II.xxxii.8: 386). O argumento a favor de se considerar as ideias desse tipo como conceitos, no sentido disposicional da palavra, está, pois, completamente superado.

O modo como, exatamente, de acordo com Locke, as ideias gerais adquiridas, que são aquilo que nossas palavras "imediatamente significam", tornam a linguagem possível será detalhado no capítulo 5 deste livro. E o modo como o conhecimento e a razão são elaborados a partir dessas ideias, as quais servem como seus únicos "materiais", será considerado nos capítulos 6 e 7, respectivamente. Essas questões não precisam, portanto, de uma investigação mais detida neste capítulo. Em relação às muitas questões que um crítico poderia levantar acerca do tratamento de Locke a respeito da memória e do processo de aquisição de conceitos – se suas concepções são coerentes e, em tal caso, se são apoiadas por uma explicação mais exata dos fatos da experiência do que aquela que ele foi capaz de prover –, nós não pudemos prosseguir por falta de espaço. Devemos, para utilizar uma própria frase muito frequente de Locke, deixá-las para futura consideração.

Ideias e representação

Examinamos, até aqui, as principais distinções que Locke opera, ou que existem, no interior da classe das ideias: entre ideias simples e complexas, concretas e abstratas, particulares e gerais, entre imagens e conceitos, e entre ideias disposicionais e ideias presentes. Próximo ao final do Livro II do *Ensaio*, nos capítulos XXIX-XXXII, Locke introduz várias características das ideias, as quais geram divisões adicionais entre elas: claridade, distinção, realidade, adequação e verdade. As duas primeiras dessas características não vêm aqui ao caso; mas as outras são importantes, não tanto em si mesmas, mas porque pressupõem uma propriedade mais fundamental das ideias. Essas características pertencem às ideias, diz Locke, "em referência às coisas das quais elas são tomadas, ou as quais elas podem supostamente representar" (E II.xxx.1: 372). É essa função representativa das ideias lockeanas, o fato de significarem, ou supostamente significarem, outras coisas que não a si mesmas, que devemos examinar.

Locke define ideias reais como aquelas que "possuem um fundamento na natureza; [que] possuem uma conformidade com o ser real e com a existência das coisas, ou com seus arquétipos". Essas ideias são contrastadas com as ideias "fantásticas", as que não "possuem qualquer fundamento na natureza, nem possuem qualquer conformidade com a realidade do ser ao qual são tacitamente referidas" (ibid.). Ideias adequadas e ideias inadequadas são, pois, como que subclasses das ideias reais. Ideias adequadas são as "que representam perfeitamente aqueles arquétipos dos quais a mente supõe que elas foram retiradas, que ela supõe essas ideias representarem e aos quais as refere", enquanto aquelas "que consistem apenas de uma representação parcial, ou incompleta, desses arquétipos aos quais elas referem" são inadequadas (E II.xxxi.1: 375). Quanto à verdade e seu contrário, a falsidade, elas não são, de fato, propriedades das ideias, desde que, para Locke, somente proposições ou juízos são, no sentido estrito, verdadeiros e falsos. Todavia, quando uma ideia é julgada ou suposta a conformar-se a algo "exterior a" si mesma, então, em um sentido vago ou derivado, diz Locke, ela pode ser "denominada verdadeira" (E II.xxxii.4: 385).

As discussões de Locke acerca da realidade, suficiência e verdade das ideias estão divididas em três seções, que correspondem às três principais categorias de ideias que ele havia distinguido: ideias simples, ideias complexas de modos (modos mistos e relações) e ideias complexas de substâncias. As conclusões que ele alcança são as seguintes: (1) que todas as ideias simples são reais, todas são adequadas e todas são verdadeiras; (2) que todas as ideias de modos mistos (e de relações) são reais, adequadas e verdadeiras; e (3) que algumas ideias de substâncias são reais e algumas "fantásticas", nenhuma é adequada, e algumas são verdadeiras enquanto outras são falsas.

Entre as várias afirmações que Locke está aqui fazendo, as mais importantes para nossos propósitos são aquelas relativas à realidade e à adequação das ideias simples e das ideias de substâncias. Pois não somente a verdade não é, de modo estrito, uma propriedade das ideias, mas a conformidade que nos justifica denominar uma ideia de verdadeira é precisamente o que a torna real, e talvez também adequada, de modo que ser real ou adequada implica em ser verdadeira. Quanto às ideias de modos mistos, sua realidade e adequação (e, portanto, sua verdade) são, quando muito, nominais. Pois, uma vez que tais ideias não possuem "outra *realidade* senão aquela que têm nas mentes dos homens", elas não possuem qualquer arquétipo, nenhum "modelo estável" ao qual pudessem conformar-se. Isso significa que elas não "podem diferir de seus arquétipos", ou "carecer de algo que tais arquétipos pudessem possuir (E II.xxx.4: 373; E II.xxxi.3: 376). Mas, em vez de concluir que as noções de realidade e de adequação não se aplicam a tais ideias, e que elas simplesmente não possuem qualquer função representativa, como bem poderia ter feito, Locke prefere dizer que as ideias de modos são, elas mesmas, arquétipos e que representam a si mesmas (E II.xxxi.3: 377). Fazendo essa escolha, ele certamente garante a realidade e a adequação de tais ideias; mas ele torna completamente trivial a posse dessas propriedades.

Locke afirma que as ideias simples são reais, porque elas são os "efeitos constantes" de "qualidades que realmente estão nas próprias coisas", e assim são capazes de servir como "as marcas por meio das quais [...] conhecemos e distinguimos as coisas que nos cercam". Essas qualidades não seriam outra que "poderes [...], ordenados por nosso Criador, para produzir em nós" tais ideias, e as ideias não necessitam, de modo algum, ser semelhantes a essas qualidades: de fato, Locke declara ter "mostrado" que nenhuma ideia de uma qualidade secundária se assemelha à qualidade da qual ela é a ideia. Mas as ideias são, todavia, reais por conta "daquela correspondência estável que elas têm com as distintas constituições dos seres reais", cuja correspondência consiste no fato de que as mesmas constituições produzem constantemente as mesmas ideias (E II.xxx.2: 372-73).

A mesma consideração prova, de acordo com Locke, a adequação das ideias simples. Uma vez que as ideias simples são "nada mais que os efeitos de determinados poderes das coisas, ajustados e ordenados por Deus para produzir em nós tais sensações, elas não podem senão corresponder e ser adequadas a esses poderes". Elas são adequadas porque sua função é meramente indicar a presença de tais poderes. Elas não pretendem prover informação sobre eles, sobre sua natureza ou sobre aquilo a que são semelhantes; e nós não esperamos que elas pudessem fazer isso (E II.xxxi.2: 375).

Ideias complexas de substâncias, por sua vez, são reais algumas vezes, outras vezes são fantásticas. Pois tais ideias são "produzidas em referência às coisas que existem fora de nós, e se pretendem representações de substâncias, de como elas realmente são". Portanto, elas são reais somente quando são "Combinações de ideias simples, assim como estão realmente unidas e coexistem nas Coisas fora de nós" (E II.xxx.5: 374). Mas algumas de nossas ideias de substâncias são combinações que nós mesmos criamos e cujos elementos nunca são conjuntamente encontrados na natureza, como, por exemplo, a ideia de "uma criatura racional, consistindo da cabeça de um cavalo unida a um corpo de forma humana, tal como os *Centauros* são descritos" (Ibid.). Essas ideias são, portanto, fantásticas.

Entretanto, todas as nossas ideias (reais) de substâncias, sustenta Locke, são inadequadas. Pois, como ele argumenta em seu capítulo sobre a substância, toda ideia de substância contém três tipos de componentes: (1) as diversas ideias de qualidades e poderes observáveis; (2) a ideia de uma essência desconhecida a partir da qual "procedem" tais qualidades e poderes; e (3) "a ideia obscura e relativa de substância em geral" (E II.xxiii.3: 296). Mas, primeiro, "as qualidades e poderes das substâncias, a partir dos quais produzimos suas ideias complexas, são tantas e tão variadas, que nenhuma ideia complexa de homem as contém todas". Não só "raramente colocamos, em [nossa] ideia complexa de alguma substância, todas as ideias simples que [nós] sabemos existir nela"; mas existe um vasto número de qualidades e poderes de substâncias acerca dos quais não temos qualquer conhecimento ou ideia (E II.xxxi.8: 381). Segundo, mesmo "que pudéssemos ter, [...] em nossa *ideia* complexa, uma coleção exata de todas as qualidades secundárias ou poderes de alguma substância, não deveríamos, contudo, por meio disso, ter uma ideia da essência dessa coisa" (E II.xxxi.13: 383), cuja essência deve, decerto, permanecer, para sempre, além de nosso alcance. E, por fim, "um homem não possui qualquer ideia de substância em geral, nem conhece o que a substância é em si mesma" (ibid.).

Não é fácil extrair uma doutrina coerente da representação a partir dessas discussões. Locke, muitas vezes, parece tratar a representação como uma relação, por meio da qual as ideias são conectadas (exceto no caso dos modos mistos) a outras coisas que elas mesmas. Mas, algumas vezes, ele a toma como uma relação absoluta, uma relação que se mantém sem qualificação – ou uma ideia X representa Y ou, então, não representa Y –, assim como em sua discussão acerca da realidade das ideias. E ainda, outras vezes, ele a toma como uma questão de grau – X representa Y mais ou menos completamente, ou exatamente, ou fielmente –, assim como em sua discussão acerca da adequação das ideias. Assim, a representação é ou uma relação com propriedades aparentemente contraditórias, ou duas diferentes relações com o mesmo nome. De um modo ou de outro, Locke ainda deve uma explicação.

Em algumas passagens, entretanto, Locke parece não pensar a representação em termos relacionais. É bastante natural tratar uma ideia real – a ideia que representa o Sol, por exemplo – como algo que mantém uma relação a algo, pois o Sol é algo que realmente existe e é capaz, pois, por assim dizer, de sustentar um termo de uma relação. E sobre uma ideia fantástica, por exemplo, a de Papai Noel, à qual não existe qualquer coisa a ser relacionada? Poderíamos dizer que essa ideia representa algo, mas não algo que existe. Dito de outro modo, nós poderíamos dizer que, porque não existe algo para a ideia representar, ela não possui qualquer função representativa: a ideia não é, de modo algum, algo que representa algo. O que Locke diz é que as ideias fantásticas são tais que não possuem qualquer conformidade "com a realidade do ser para o qual elas são tacitamente referidas, enquanto seus arquétipos" (E II.xxx.1: 372). Portanto, parece que mesmo as ideias fantásticas são "referidas a" outras coisas que a si mesmas, são pensadas em relação a um arquétipo – ainda que tal arquétipo não exista. E, sendo assim referida, pode ser tudo aquilo que se requer para uma ideia ser representativa. Se assim for, então ser representativa poderia ser uma propriedade intrínseca das ideias, ou uma propriedade que lhes pertence unicamente em virtude de sua relação a uma mente – o que, em qualquer desses casos, seria uma propriedade que pertence a todas as ideias, às ideias fantásticas bem como às ideias reais. De acordo com a concepção alternativa, se uma ideia é ou não um representante, dependeria da existência de coisas externas a ela mesma e também da mente em que ela está, e assim poderia mudar à medida que tais coisas vêm a ser e deixam de ser.

Se Locke concebe ou não a representação como relacional, ele deve ter alguma resposta à questão de como uma ideia adquire sua função representativa. Certas passagens sugerem que, para Locke, a ideia se torna um representante em virtude de ser causada a existir por alguma coisa real fora da mente: a ideia representa, então, a coisa que causa essa ideia. Outras passagens sugerem que representar constitui uma função imposta a uma ideia pela mente a que pertence: ideias tornam-se representantes quando a mente as referir a algo, ou pretender representar coisas fora delas mesmas. Entretanto, pode ser que Locke assuma que ambos esses fatores, o externo-causal e o mental-referencial, figuram necessariamente na representação. Sua concepção poderia ser, então, como segue: para uma ideia X representar algo Y, não somente Y deve causar X, mas, além disso, Z – a mente na qual X reside – deve referir X a Y, isto é, àquilo que causou X, o que quer seja X.

Mesmo nesse caso, haveria algo sobre X que dispõe ou capacita z a assumir uma ação referencial em relação a esse algo. O próprio Locke sugere que uma mente utiliza suas ideias, pelo menos as que chegam a partir de realidades externas (qualidades ou substâncias), como "marcas" ou sinais dessas realidades, e que esse é o modo como ela é capaz de utilizá-las a fim de, por exemplo, conhecer e distinguir as coisas com que temos de lidar" (E II.xxx.2: 373). O fato de que uma mente utiliza suas ideias dessa maneira poderia ser atribuído à ordem constituída pela natureza – ou por Deus, ao qual Locke algumas vezes recorre –, por meio da qual certos tipos de realidades externas causam o aparecimento de certos tipos de ideias em nossas mentes, e isso de modo constante e regular. A natureza, ou mesmo Deus, também poderia ordenar que as ideias que assim aparecem sejam qualificadas como sinais ou, antes, como representantes das coisas que as causaram – qualificadas de tal modo que fossem inteligíveis para as mentes que as recebem. Ou, em vez de supô-las como rotuladas, poderíamos imaginar cada ideia como tendo a "percepção adicional anexada" de que ela que foi produzida por algo exterior – do mesmo modo que as reminiscências da memória, para Locke, nada mais são que "percepções, que [a mente] teve outrora juntamente com essa percepção adicional anexada a elas: a de que as teve antes" (E II.x.2: 150). De acordo com essa concepção, as ideias seriam "signos naturais" de seus *representata*.

Se Locke sustentasse tal posição, então ele teria uma defesa contra aqueles críticos mencionados na segunda seção deste capítulo, que declaram que a insistência de Locke em que os objetos imediatos da mente sempre são ideias o condena a um ceticismo extremo e incurável concernente ao mundo exterior. Locke poderia simplesmente responder a tais críticos que nossa percepção dos objetos externos, as causas de nossas ideias, é inteiramente natural, tão natural quanto nossa percepção das ideias – a qual requer, ela mesma, alguma capacidade especial da mente, uma capacidade que Locke considera pertencer naturalmente à mente, como um dom natural. Não deveria haver, em princípio, qualquer inferência falível ou inverificável envolvida na percepção dos objetos externos, mesmo que a percepção não seja imediata, como no caso das ideias. A mente seria simplesmente atraída ou levada, sem pensar ou ter consciência, da ideia que percebe para o objeto externo que é causalmente responsável pela ideia.

Por certo, o fato de que uma mente é naturalmente movida dessa maneira não significa que ela, por isso, possui o conhecimento, ou mesmo uma crença justificada, de que objetos externos existem. O ceticismo, muitas vezes, é considerado como sendo uma doutrina sobre a relação não entre nossas ideias e seus *representata*, mas entre nossas crenças e as coisas de que tais crenças são supostas como verdadeiras. É nessa formulação que o próprio Locke discute o ceticismo no Livro IV do *Ensaio*; e a defesa apresentada não poderia, por si só, ser conclusiva contra o ceticismo. (A resposta de Locke para essa forma de ceticismo será considerada no capítulo 6 deste livro.) O fato de a representação ser um processo natural também não significa que uma pessoa não possa enganar-se sobre uma questão de representação em casos particulares, que ela não possa supor representar um sinal particular da ideia de Sol em sua mente em alguma ocasião e, assim, supor ter sido causada pelo Sol nessa ocasião, quando, na realidade, o que a causou foi a sugestão do hipnotista, ou da droga alucinógena que ela havia tomado. O que Deus ou a natureza estabelece é geral; que alguns tipos ou espécies de substância ou qualidade correspondem a algum tipo de ideia, que as instâncias de um produzem, constantemente e continuamente, sinais do outro, e tais sinais, consequentemente, são indicadores confiáveis das instâncias de tais tipos – confiáveis, mas não infalíveis.

Resta mostrar que Locke sustenta, de fato, a posição que aqui esboçamos para ele acerca da representação. É provável que isso seja uma difícil tarefa: ele não é muito explícito sobre o tópico da representação – assim como também não é explícito sobre alguns dos outros tópicos discutidos neste capítulo. Porém, um dos interesses da obra de Locke para os filósofos-estudiosos contemporâneos é que respostas críveis para questões filosóficas que ele mesmo nunca considerou podem ser, muitas vezes, extraídas de seus textos, mesmo quando aí não se encontrem manifestamente presentes.

3 A filosofia do corpo

Edwin McCann

A concepção corpuscularista do corpo

O tratamento que Locke dedica a questões filosóficas centrais, tais como a substância, as qualidades, a identidade, os tipos naturais, e também à estrutura e limites da explicação científica foi moldado, fundamentalmente, pela concepção de corpo (ou, como diríamos atualmente, da natureza básica das coisas materiais) que ele herdou de Gassendi e de Boyle. Essa concepção de corpo pertencia ao que Boyle chamava "a hipótese corpuscular", ou corpuscularismo. Essa doutrina, uma forma de atomismo mecanicista, possuía as seguintes teses principais:

1. A matéria de todos os corpos é a mesma em espécie, isto é, substância sólida extensa.

2. Todos os corpos são ou (a) átomos individuais (ou corpúsculos) que são fisicamente indivisíveis e que possuem, como suas únicas qualidades (além da extensão e da solidez), tamanho, forma, lugar, movimento ou repouso e número; ou (b) agregados ou coleções de átomos. Não existem quaisquer componentes ou constituintes fisicamente reais de um corpo além de seus átomos componentes (exceto o material que "cola" os átomos conjuntamente, se algum houver). Os corpos compostos possuem uma qualidade adicional, sua "textura", ou seja, o arranjo de seus átomos componentes, o qual resulta de seus vários tamanhos, formas, situações relativas e movimentos relativos.

3. Todas as mudanças de estado dos corpos são devidas a uma mudança na textura (note que os átomos não podem mudar seu tamanho ou forma, uma vez que são indivisíveis); e todas as mudanças na textura são o resultado do impacto ou da ação por contato de um corpo sobre outro. Ou seja, toda causação que envolve corpos é uma causação mecânica.

Essa concepção acerca dos corpos remonta à antiguidade, especificamente ao atomismo de Demócrito, Epicuro e Lucrécio. Foi recuperado no século XVII por Pierre Gassendi, cuja versão de corpuscularismo ou atomismo mecanicista foi defendida, na Inglaterra, por Hobbes e Walter Charleton, e, de modo mais influente, por Robert Boyle. Foi de Boyle que Locke extraiu seu entendimento sobre a filosofia mecânica ou corpuscular.

Poderia parecer estranho ao leitor moderno que a noção de corpo possa cumprir uma função central na filosofia de Locke. Deve-se recordar, entretanto, que a natureza do corpo constituía uma das questões mais calorosamente debatidas no século XVII. Seu tratamento não somente definia quem era e quem não era um partidário da revolução científica, mas servia para distinguir facções diferentes entre os revolucionários. O eminente historiador de ciência E. J. Dijksterhuis notou que, em meados do século XVII, havia quatro principais teorias concorrentes acerca da estrutura da matéria competindo entre si: (1) a doutrina aristotélico-escolástica dos quatro elementos (terra, ar, fogo e água), que era um componente de uma teoria metafísica compreensiva sobre a natureza das substâncias individuais; (2) a química espagírica, ou iatroquímica, uma doutrina central à tradição alquímica, desenvolvida por Paracelsus e por seus seguidores, de acordo com a qual existem três princípios ou agentes causais básicos da matéria (sal, enxofre e mercúrio), dos quais o último (mercúrio) é um princípio ativo ou vital (e, portanto, mais do que meramente material); (3) a filosofia cartesiana, que se baseia na identificação entre matéria e extensão; e (4) o corpuscularismo ou atomismo mecanicista (Dijksterhuis 1961: 433-34). Embora cada uma das duas últimas fosse chamada de "a filosofia mecânica" por seus amigos e por seus detratores, e cada uma fosse genuinamente uma teoria mecanicista, existiam profundas diferenças entre elas. De modo consequente com a identificação entre matéria e extensão, os cartesianos sustentavam a impossibilidade do vazio, a divisibilidade infinita da matéria e, consequentemente, a não existência de átomos reais. Os corpuscularistas sustentavam, ao contrário, que a solidez, não menos que a extensão, pertence à essência do corpo, abrindo, assim, a possibilidade (ou, ainda, a realidade) do espaço vazio, e estavam comprometidos também com a existência de átomos genuínos, isto é, partes fisicamente indivisíveis (se não conceitualmente e/ou divinamente) de matéria, muito pequenas para serem percebidas.

Enquanto Boyle havia tentado subestimar, tanto quanto possível, as diferenças entre as versões cartesiana e corpuscularista da filosofia mecânica, Locke tratou explicitamente (e acuradamente) o cartesianismo como um rival direto do corpuscularismo, desviando-se de seu percurso para formular objeções à identificação da matéria com a extensão e, também, à estrutura epistemológica geral do cartesianismo. Por outro lado, Locke estava muito menos interessado que Boyle em argumentar contra a química espagírica, seja porque ele pensava que os argumentos de Boyle foram conclusivos, ou porque o modelo filosófico para química espagírica era fraco e deficientemente desenvolvido, ou ainda porque ele, simplesmente, não era um químico profissional como Boyle. Em quaisquer desses casos, a omissão de Locke sobre a química espagírica como uma alternativa séria foi compartilhada, de modo geral, pelos principais cientistas e filósofos do final do século XVII.

De acordo com isso, podemos ver a luta de Locke a favor do corpuscularismo em duas frentes: ele pretende apoiar as alegações do corpuscularismo contra seu principal rival mecanicista, o cartesianismo, e também contra, e aqui de modo mais intenso, o inimigo comum de todas as versões da filosofia natural mecanicista, o aristotelismo escolástico. Alguns comentadores frequentemente dizem que um dos principais objetivos de Locke no *Ensaio* seria o de fornecer os fundamentos filosóficos para a ciência corpuscularista. Se isso quer dizer que Locke renunciou a qualquer ambição de fazer contribuições à ciência corpuscularista como tal, escolhendo, em vez disso, enfrentar algumas questões filosóficas mais gerais em torno do corpuscularismo, então a afirmação é aceitável. Mas, se a frase "fundamentos filosóficos" for tomada em um sentido mais forte, então a afirmação pode estar seriamente equivocada, de modo particular se nos referirmos, como modelos para tais fundações da filosofia natural, ao fundamento aristotélico-escolástico e ao fundamento cartesiano, ambos de doutrinas metafísicas e epistemológicas *a priori* estabelecidas de maneira sistemática: "filosofia primeira", como os aristotélicos e os cartesianos a chamam. Não somente os objetivos de Locke são menos ambiciosos que isso, mas é parte de seu propósito lançar suspeita em relação a qualquer projeto desse tipo.

Com esse pano de fundo, podemos interpretar corretamente a famosa passagem do "trabalhador inferior" da "Carta ao Leitor", cujo texto, enquanto apresenta um característico tom de modéstia, dá uma clara indicação das metas que Locke estabelece para seu livro:

> A Comunidade dos Letrados não se encontra, em nossa época, sem mestres-arquitetos, cujos notáveis desenhos, impulsionando o avanço das ciências, deixarão monumentos duradouros para a admiração da posteridade; mas nem todos devem almejar ser um Boyle ou um Sydenham; e numa época em que são produzidos tais mestres, como o notável Huygens e o incomparável o sr. Newton, e outros de mesma estatura, já é bastante ambicioso ser empregado como um trabalhador inferior, que limpa o terreno e remove parte do entulho que se encontra no caminho do conhecimento. (E Epis: 9-10)

Essa passagem é interessante não só por sua renúncia em relação à pretensão de fazer alguma contribuição à ciência, mas também, e ainda mais, pela alusão que faz acerca do tipo de contribuição que Locke tentará realizar. Ele fala de limpar o terreno, de remover o entulho que jaz no caminho do conhecimento; o contexto da passagem deixa claro que ele tem em mente o aristotelismo-escolástico, o qual havia conservado sua força nos currículos das universidades e o qual constituía o principal rival da filosofia mecânica. Todavia, embora uma das principais tarefas do *Ensaio* seja a de mostrar as insuficiências das doutrinas concorrentes ao corpuscularismo, especialmente aquelas do aristotelismo escolástico, mas também as do cartesianismo, nós não deveríamos concluir que seus objetivos em relação à hipótese corpuscular fossem inteiramente negativos. Locke também tenta mostrar, mesmo no curso da crítica a seus rivais, que a hipótese corpuscular mantém uma satisfatória conformidade com nossas concepções de senso comum sobre a natureza do corpo, sobre as qualidades e operações dos corpos e sobre a fonte e a extensão de nosso conhecimento acerca dos corpos. E é nisso que se assenta a contribuição característica de Locke ao programa corpuscular; Boyle, por todo seu chauvinismo, recorre somente a padrões completamente indefinidos e inexplicáveis de "inteligibilidade" ou plausibilidade na recomendação de suas explanações corpusculares. Mostrar que a hipótese corpuscular se ajusta bem a nossa imagem comum do mundo, ou mesmo que ela se desenvolve naturalmente a partir dessa imagem, e que seus rivais sérios, em pontos importantes, estão em claro conflito com tal imagem, talvez não seja equivalente a prover os fundamentos filosóficos para o corpuscularismo, mas dadas as suspeitas de Locke acerca de qualquer empreendimento desse tipo, isso é o máximo que ele pode esperar fazer; e mesmo aqueles que não compartilham as suspeitas de Locke acerca do empreendimento geral terão de concordar que assegurar o resultado que Locke procura é, afinal de contas, certamente relevante.

QUALIDADES PRIMÁRIAS E SECUNDÁRIAS

Um bom exemplo do papel central que a noção de corpo desempenha na filosofia de Locke é encontrado em sua famosa distinção entre qualidades primárias e secundárias. Embora Locke não fosse o único filósofo, nem o primeiro, a argumentar pela distinção, seu tratamento foi, e permanece, o mais bem conhecido e filosoficamente influente.[1]

Locke herdou essa distinção de seu mentor no corpuscularismo, o químico Robert Boyle. Para ambos, as qualidades primárias são: solidez, extensão (a propriedade de possuir dimensão espacial), figura (forma), movimento ou repouso (ou mobilidade), número, situação, tamanho, textura e movimento das partes; entre as qualidades secundárias estão: cores, sons, sabores, cheiros e calor e frio.[2] Locke seguiu Boyle também no fundamento que ele oferece para distribuir as qualidades dentro dessas duas listas; ele caracteriza as qualidades secundárias como "nada sendo, nos próprios objetos, senão poderes para produzir em nós várias sensações por meio de suas qualidades primárias, isto é, por meio do tamanho, figura, textura e movi-

1 Com efeito, traçar tal distinção constituía uma marca característica de quem era um mecanicista, em uma ou outra versão. Galileu, Descartes, Gassendi, Hobbes, Charleton e Boyle operaram tal distinção.

2 Essa é uma combinação de várias listas fornecidas por Locke. Estou assumindo, como é usual fazer, que essas listas são todas de qualidades primárias e que não existe qualquer significado profundo no fato de que, em algumas listas, Locke omite algumas qualidades e, em outras, outras qualidades. Para uma concepção antagônica, ver Alexander 1985: 131-49.

mento de suas partes imperceptíveis" (E II.viii.10: 135). A dupla alegação aqui – de que as qualidades sensíveis, tais como cores e sons nada são senão poderes para produzir em nós as sensações correspondentes, e de que esses poderes são causalmente fundados nas qualidades primárias das pequenas partes imperceptíveis do objeto – é proeminente nos vários tratamentos de Boyle acerca da distinção entre qualidades primárias e secundárias. Em relação a ambos os conteúdos da distinção e a base para extraí-la, Locke está simplesmente seguindo Boyle.

A principal inovação de Locke situa-se na maneira de argumentar a favor de tais alegações. Boyle apresenta a distinção entre qualidades primárias e secundárias como parte da hipótese corpuscular – uma hipótese que, alega ele, é em si mesma plausível, uma hipótese que vai muito mais longe, que todas as suas concorrentes, em tornar inteligíveis as qualidades e operações dos corpos, e uma hipótese que fornece os meios para a explicação de qualquer número de resultados experimentais interessantes (principalmente químicos); mas ainda, uma hipótese que deve ser, em última instância, justificada em termos de seu sucesso explicativo. Por outro lado, Locke oferece um argumento filosófico para a distinção, alegando que ela é o único entendimento acerca da natureza das qualidades que pode se adequar a nossas noções pré-científicas, cotidianas e de senso comum acerca do corpo e da causalidade dos corpos.

Tal estratégia reflete-se nos critérios que Locke fornece para uma qualidade ser primária. Ao introduzir a distinção no *Ensaio* II.viii.9, Locke diz que as qualidades primárias são "completamente inseparáveis do corpo, qualquer que seja o estado em que este se encontra"; que são tais que, "em todas as alterações e mudanças que ele [o corpo] sofra, por maior que seja a força que se pode sobre ele exercer, ele constantemente as mantém"; e que elas são "como os sentidos constantemente as encontram em cada partícula de matéria com suficiente tamanho para ser percebida, e a mente as considera como inseparáveis de toda partícula de matéria, mesmo que seja demasiadamente pequena para ser individualmente percebida por nossos sentidos" (E II.viii.9: 134-35). Alguns comentadores consideram surpreendente como um empirista pode permitir-se a falar sobre a mente "constatar" algo inseparável de uma partícula de matéria muito pequena para ser percebida, e o mesmo problema surge em relação aos outros critérios, dada a completa generalidade com a qual são enunciados ("qualquer que seja o estado em que se encontre", "em todas as alterações e mudanças que sofra"). Em que bases Locke pode asseverar tais alegações?

A resposta deve ser que é por meio do apelo à nossa ideia de senso comum de corpo ou, em outras palavras, àquilo que significamos pela palavra "corpo". Locke insiste, em diversas passagens, que nossa ideia de um corpo é a de uma substância sólida e extensa.[3] É evidente que uma substância finita sólida e extensa terá necessariamente uma ou outra figura, um ou outro tamanho, será móvel no espaço e, em relação às partículas que a compõem e/ou em relação às partículas com as quais compõe um corpo maior, terá e/ou será parte de uma textura (um arranjo de corpúsculos, definido por suas formas, tamanhos, situação relativa e movimento relativo). Que o corpo tem essas qualidades adicionais segue do fato de que ele é uma substância (finita) extensa e sólida.

É possível atestar que esse é o raciocínio pelos experimentos de pensamento que Locke oferece, no Ensaio II.viii.9, para estabelecer a alegação de que a mente constata as qualidades primárias como inseparáveis de toda partícula de matéria. Somos convidados a imaginar a divisão de um grão de trigo, a divisão das duas partes resultantes, e assim por diante, até descermos às pequenas partes imperceptíveis, que ainda possuem solidez, extensão, figura, mobilidade e repouso. Ora, como sabemos disso, especialmente em relação às pequenas partes imperceptíveis? Locke recorre ao próprio processo de divisão, cuja característica notável é que ele começa com um corpo e deixa dois ou mais corpos no final, ou seja, substâncias sólidas e extensas que, portanto, devem possuir, cada uma delas, forma, tamanho, figura, mobilidade, e assim por diante. Também é manifesto a partir de seus experimentos de pen-

---

3 De fato, no *Ensaio* III.x.15, Locke distingue a ideia de corpo, que é a de um coisa figurada sólida e extensa, da ideia parcial e mais confusa de matéria como substância sólida. Em outras passagens, entretanto, ele fornece a ideia de corpo simplesmente enquanto substância sólida estendida; e mesmo nessa passagem ele chega a notar que isso é apenas uma distinção nocional, "desde que a solidez não pode existir sem a extensão e a figura" (E III.x.15: 498).

samento que o que Locke supõe ser inseparável do corpo não é seu particular tamanho, forma, e assim por diante, mas, antes, é o possuir algum tamanho, alguma forma. (No jargão da filosofia recente, são os determináveis dessas propriedades, e não os particulares determinados, que são inseparáveis dos corpos.) É claro que, uma vez que chegamos ao nível dos átomos ou corpúsculos, que são indivisíveis por qualquer força física, o tamanho ou forma particular dessas partes de matéria não pode ser mudado, exceto em nossa imaginação ou por um ato de Deus.

A segunda alegação central de Locke, de que as qualidades secundárias nada são nos corpos senão poderes para produzir certas sensações, também se baseia, em última instância, em nossas concepções de senso comum acerca das coisas. Porém, dessa vez, não é a nossa concepção de corpo, mas antes a concepção acerca da causalidade dos corpos que serve de base. Essa concepção, e suas consequências, são apresentadas nas Seções 11 a 13 do *Ensaio* II.viii. É surpreendente que, em vista da importância dessas considerações para o argumento geral de Locke acerca das qualidades primárias e secundárias, estas seções tenham sido tão pouco comentadas. A alegação de Locke na Seção 11 é a de que nós não podemos conceber como um corpo pode afetar ou atuar sobre outro corpo senão por meio do impulso, isto é, por meio de uma ação por contato, e, assim, devemos afirmar que os corpos produzem ideias em nós por meio de uma ação por contato.[4] Mas, desde que percebemos corpos distantes de nós, a causa próxima das ideias sensíveis que esses corpos nos induzem deve ser a ação por contato de pequenas partículas imperceptíveis que provocam movimentos em nossos órgãos sensoriais, em nossos nervos e, por fim, em nossos cérebros, cujo movimento produz, finalmente, as ideias apropriadas em nossas mentes (Seção 12). Essa descrição causal poderia ser sustentada em relação às ideias de qualidades secundárias – cores, sons, sabores, odores, calor e

[4] Essa é uma das poucas passagens do *Ensaio* a sofrer significativa alteração como resultado das objeções de Stillingfleet a Locke. Onde as três primeiras edições do *Ensaio* diziam claramente que os corpos operam um sobre os outros "*por meio do impulso*, e nada mais"; na quarta edição, o texto é emendado para dizer apenas que nós não os podemos conceber a operar de qualquer outro modo (E II.viii.11: 135-36).

frio – exatamente do mesmo modo que em relação às qualidades primárias observáveis dos corpos (Seção 13).

A conclusão que Locke extrai dessa discussão acerca de nossa concepção de senso comum sobre a causalidade dos corpos é que as qualidades secundárias, "na verdade, nada são nos próprios objetos senão poderes para produzir várias sensações em nós, e *dependem das qualidades primárias*, a saber, tamanho, figura, textura e movimento das partes" (E II.viii.14: 137). Há um ponto importante a se notar acerca dessa formulação. Locke não diz que as qualidades secundárias nada são nos objetos – ou seja, que não estão nos corpos. Ele diz que elas nada são nos objetos senão poderes para produzir ideias. Isso implica que, consideradas como poderes, as qualidades estão nos corpos, elas não são meramente ideias em nossas mentes; isso é explícito em II.viii.23. Essa concepção acerca do estatuto das qualidades secundárias distingue nitidamente as concepções de Locke e Boyle daquela de seus antecessores, como Galileu e Descartes, para quem as qualidades secundárias não possuem qualquer realidade no corpo, mas são apenas ideias em nossas mentes. Distingue também a sua concepção daquela dos "filósofos modernos" atacados por Berkeley no primeiro dos *Três Diálogos entre Hylas e Philonous* e nas Seções 18 e seguintes da primeira parte do *Tratado sobre os Princípios do Conhecimento Humano*, um ataque que ainda é bastante mal interpretado como sendo efetivo contra Locke.

Locke extrai uma conclusão adicional a partir disso. Na seção seguinte, ele diz que "as *ideias de qualidades primárias* dos corpos *são semelhantes a eles* e que seus modelos existem realmente nos próprios corpos; mas as *ideias*, *produzidas* em nós *por* essas *qualidades secundárias*, não são, de modo algum, semelhantes aos corpos" (E II, viii, 15: 137). Esta tem sido uma das formulações mais mal interpretadas do *Ensaio*, principalmente devido à dificuldade de como entender o termo "semelhante", da maneira como é aqui utilizado. Se entendermos o termo em seu sentido corrente, não técnico, iremos nos deparar com o problema que Berkeley levantou, a saber, que as ideias, que são estados da mente, são, em sua natureza, muito diferentes que os estados dos corpos, de modo que, se a afirmação refere-se à semelhança em geral, as ideias de qualidades primárias não se assemelham aos corpos mais do que as ideias das qualidades secundárias. (Ideias e estados dos corpos são muito diferentes em natureza para existir qualquer semelhança entre eles.) Existe o problema adicional de que nós não temos qualquer acesso às qualidades dos corpos exceto por meio de nossas ideias e, portanto, não possuímos qualquer ponto de vista independente, a partir do qual poderíamos comparar ideias e qualidades para aferir sua semelhança geral. Se, por outro lado, entendermos a alegação de semelhança como afirmando que nossos juízos acerca das qualidades primárias dos corpos, tais como sua forma e tamanho, são, de algum modo, mais seguros ou menos prováveis de serem falsos do que os juízos sobre suas cores e sabores, então, como Berkeley também insistiu, a alegação não pode ser, de modo algum, sustentada, uma vez que estamos menos sujeitos a fazer juízos equivocados sobre formas e tamanhos (no nível macro) do que sobre cores e sabores. Para entendermos esse ponto, precisamos recordar o pano de fundo aristotélico dessa discussão. A doutrina aristotélico-escolástica das qualidades sustentava que muitas das qualidades sensíveis dos objetos são qualidades reais, isto é, que elas são entidades reais que existem ou inerem nos objetos, e que a percepção dessas qualidades envolve que a mente tome a forma dessas qualidades assim como elas existem nos objetos. Isso é facilitado pela transmissão, através de um intermediário – a luz, por exemplo, no caso das qualidades percebidas por meio da visão –, de uma espécie intencional que se torna a forma da percepção relevante ou do ato da mente; essa espécie intencional é a forma que existe no objeto; porém, essa forma não existe na matéria, como existe no objeto, mas na mente. A ideia na mente é, pois, qualitativamente idêntica à qualidade no corpo que iniciou todo o processo causal, uma vez que essas duas são a mesma em "forma" ou "espécie"; e, assim, pode-se dizer que a ideia assemelha-se à qualidade, tal como esta existe no corpo.

Tendo tal pano de fundo em vista, podemos entender por que a inferência que vai da premissa de que as qualidades secundárias nada são senão poderes para a conclusão de que as ideias de qualidades secundárias não são semelhantes a elas (isto é, às qualidades enquanto estão nos corpos) representa um passo de curto alcance. Pois nossas ideias de cores, sons, calor, e assim por diante, apresentam essas qualidades enquanto qualidades manifestas nos corpos; não há nada nessas ideias, seja da base física real do corpo que é causalmente responsável pela produção dessas ideias nos percipientes, seja do caráter disposicional das faculdades, ou poderes, que esses corpos possuem para produzir ideias. Por outro lado, as ideias das qualidades primárias são qualitativamente similares às bases causais reais presentes no objeto que produz essas (e outras) ideias sensíveis.

Contudo, tomada como dirigida contra os próprios termos da doutrina aristotélica das qualidades, a alegação de Locke adquire todo o sentido. As ideias das qualidades primárias dos corpos são causadas em nós por essas qualidades, e elas são qualitativamente semelhantes às qualidades nos corpos que são suas causas, mesmo que apenas de modo vago.

Em que medida os argumentos de Locke para a distinção entre qualidades primárias e secundárias dependem da suposição de que a hipótese corpuscular seja verdadeira, ou que, pelo menos, seja a mais bem apoiada, ou a hipótese científica mais provável entre as alternativas? Alguns comentadores têm considerado a distinção entre qualidades primárias e secundárias como sendo meramente uma distinção entre (1) as qualidades que são básicas para a explicação científica das qualidades, poderes e operações dos corpos e (2) as qualidades que são explicadas em termos dessas qualidades; as listas das qualidades que contam como primárias e das que contam como secundárias sofreriam alteração, pois, à medida que a ciência progride, e poder-se-ia aceitar a lista de Locke somente enquanto a teoria corpuscular fosse a melhor teoria disponível. Que Locke não se compromete com tal concepção, torna-se claro em E IV.iii.11, onde ele diz que "as ideias a partir das quais as ideias complexas de substâncias são feitas, e sobre as quais nosso conhecimento, em relação às substâncias, é mais aplicado, são as ideias de suas *qualidades secundárias*; as quais todas dependem (como já foi mostrado) das qualidades primárias de suas partes minúsculas e imperceptíveis; ou, se não dessas, de algo ainda mais distante de nossa compreensão" (E IV.iii.11: 544). É evidente que, se as qualidades e poderes dos corpos, de fato, dependessem de alguma outra coisa que não as qualidades primárias do corpuscularismo (tamanho, figura, movimento etc. das partes sólidas dos corpos), então a distinção de Locke não teria qualquer valor.

Mas, de fato, Locke não baseia a distinção entre qualidades primárias e secundárias na suposta superioridade científica do mecanicismo corpuscularista. Quando, na seção 9, Locke diz que a mente "considera" as qualidades primárias como "inseparáveis" do corpo, independente do estado em que este se encontre, ele está recorrendo ao significado comum do termo "corpo". De modo similar, Boyle argumentou que qualquer coisa finita, sólida e extensa terá um determinado tamanho e figura, e será móvel no espaço. Assim, de acordo com Locke e Boyle, será uma função do nosso conceito ordinário de corpo que tudo aquilo que seja um corpo deverá possuir todas as qualidades listadas, na seção 9, como primárias; não há necessidade de recorrer à hipótese corpuscular e sua presumida superioridade científica para proferir essa afirmação.

As seções 16 a 21 do *Ensaio* II.viii apresentam uma série de exemplos de pensamento elaborados para esclarecer o fato de que pertence à nossa imagem comum de mundo que (1) as qualidades secundárias não estão nos corpos, a não ser enquanto poderes para produzir sensações e que (2) as qualidades secundárias dependem da constituição das qualidades primárias dos corpos. Existem basicamente dois tipos de exemplo. O primeiro tipo, encontrado nas seções 16 e 18, compara a qualidade secundária do calor com a dor causada pelo calor extremo, ou ainda a qualidade secundária da doçura e da brancura no maná com seu poder de nos causar enjoo e desconforto. Em cada uma dessas comparações, Locke assinala que jamais poderíamos supor que a dor ou o enjoo seja uma qualidade real do fogo ou do maná; o calor do fogo e a doçura e a brancura do maná estão na mesma situação que aqueles poderes para produzir ideias, os quais os objetos possuem em virtude da constituição de suas qualidades primárias. O outro tipo de exemplo, encontrado nas seções de 19, 20 e 21, convida-nos a imaginar a base física das variações nas qualidades sensíveis das coisas. Impedindo que a luz golpeie um pórfiro, deixamos de ver as cores vermelhas e brancas que vemos quando ele é iluminado; mas não pensamos que a presença ou a ausência de luz produz qualquer mudança física no pórfiro. Locke é cuidadoso ao notar que não existe qualquer mudança nos poderes do objeto: mesmo no escuro, o objeto tem o poder de produzir ideias de vermelho e de branco em observadores, de acordo com condições adequadas (por exemplo, de iluminação), e ele possui esse poder em virtude de sua constituição microfísica. A maceração de uma amêndoa com um pilão mudará sua cor e seu sabor, mas nós não podemos imaginar qualquer outra maneira de um pilão operar sobre uma amêndoa senão por efetuar uma mudança em sua textura, isto é, na disposição de suas partes. E, por fim, não podemos imaginar como a mesma água pode parecer quente a uma mão (previamente resfriada) e fria a outra (previamente aquecida), a não ser que imaginemos que as sensações de quente e de frio resultem a partir das diferenças entre o movimento das partículas na água e o movimento das partículas nas respectivas mãos.

Existem dois pontos que se deve notar acerca desses exemplos. Primeiro, não se supõe que sejam contraexemplos decisivos contra a teoria aristotélica das qualidades, ou demonstrações conclusivas a favor da correção da teoria corpuscular. (Isso é uma boa coisa, pois tomados singularmente ou em conjunto, eles obviamente deixam a desejar em ambos os casos). Eles têm como objetivo, antes, nos lembrar que, dada nossa concepção tosca e pré-teórica da causalidade dos corpos, julgamos bastante natural e plausível pensar que as mudanças que observamos nas qualidades sensíveis dos objetos estão enraizadas nas mudanças em sua estrutura física, enquanto essas mudanças afetam nossos órgãos sensoriais. Segundo, e em sintonia com isso, devemos notar que esses exemplos não recorrem a nada senão a nossa visão comum de mundo; em particular, eles não se comprometem com uma aceitação prévia da hipótese corpuscular. De acordo com essa concepção acerca dos argumentos de Locke, a distinção entre qualidades primárias e secundárias não se baseia na correção científica ou, pelo menos, na superioridade científica corrente (ambas alegadas) do corpuscularismo, nem é endossada apenas por uma nota promissória sobre o futuro desenvolvimento da ciência; é, antes, uma consequência natural dos modos em que nós, pessoas comuns, pensamos o mundo. É certo que isso dificilmente pode servir de base para um argumento conclusivo para a verdade do corpuscularismo; mas vimos que essa não era a intenção de Locke. Ele pretendeu mostrar que a teoria corpuscular se entrosa muito bem com nossas concepções de senso comum acerca das coisas e que, por outro lado, a teoria aristotélica, dada sua bizarra teoria da causalidade e sua indefensável distinção entre as qualidades sensíveis que realmente residem no objeto ("qualidades reais") e aquelas qualidades que meramente lhe são imputadas com base nas sensações que elas nos induzem ("meros poderes"), é uma teoria que, em última instância, não faz muito sentido.

Os limites do mecanismo

Locke é o único entre os defensores do mecanicismo no século XVII a enfatizar as sérias limitações de nossa efetiva habilidade para proferir explicações mecanicistas de fenômenos naturais. No importante capítulo "Da extensão do conhecimento humano" (Livro IV, capítulo III), ele argumenta extensamente a favor da conclusão de que "nós não somos capazes de um *conhecimento* filosófico acerca dos corpos que nos cercam", de modo que, "quanto a uma *ciência* perfeita sobre os corpos naturais (para não mencionar os seres espirituais), nós estamos, penso, tão longe de ser capazes de tal coisa, que concluo que procurá-la é trabalho perdido" (E IV.iii.29: 560).

Provindas de um suposto amigo do mecanicismo, essas palavras são singulares. (Com amigos como esse...) Em um recente e influente artigo, Margaret Wilson argumenta que o profundo pessimismo de Locke acerca de nossas perspectivas de alcançar uma ciência natural genuinamente explicativa está em conflito com seu professado compromisso com o mecanicismo de Boyle, embora não deixe claro até que ponto Locke é realmente um mecanicista. Wilson observa que Locke possui diversas razões para ser pessimista acerca de nossas perspectivas para alcançar genuíno conhecimento científico, algumas das quais tendem a lançar dúvida sobre a compreensibilidade da própria hipótese mecanicista (Wilson 1979).

O conjunto menos problemático de razões concerne ao tamanho extremamente pequeno dos corpúsculos que compõem os corpos que nos cercam, um tamanho que os coloca muito além dos limites de resolução de nossos sentidos. Locke considera que isso sugere que, provavelmente, nós nunca teremos um conhecimento detalhado acerca da real constituição microfísica dos corpos, e que, assim, não seremos capazes de prover explicações mecânicas detalhadas de fenômenos observáveis. Essa é uma limitação importante, mas essa limitação em nossa habilidade para proferir explicações mecânicas não desafia, por si só, a compreensibilidade inerente do mecanismo.

Outras razões que Locke alega para o pessimismo acerca da ausência de perspectiva para uma ciência da natureza são muito mais incômodas para o mecanicista. Locke descreve algumas das principais dificuldades conceituais enfrentadas pelos mecanicistas de sua época, incluindo dois dos mais notórios problemas, a saber, o de explicar o que é que mantém unidos os agregados de partículas, de maneira que eles possam constituir amplos corpos organizados, e o de especificar o mecanismo pelo qual os corpos transmitem seu movimento entre si por meio da ação de contato. Mecanicistas tentaram vários meios para dar conta da coesão dos corpos, incluindo algum tipo de cola ou cimento que mantém juntas as partes, a pressão do fluido ambiente ou éter empurrando e unindo as partes, e até mesmo um esquema de ganchos por meio do qual as partes mantêm-se juntas em virtude de suas formas (um tipo de *velcro* microscópico). Locke chama a atenção para os problemas bem conhecidos – o que mantém juntas as partículas que compõem o cimento ou a cola, ou ainda, por que você pode separar as superfícies polidas de dois pedaços de mármore movendo-os um do outro em uma linha paralela a suas superfícies, mas não em uma linha perpendicular, se você assume a existência de uma pressão igual do fluido ambiente por todos os lados? –, da mesma maneira que Boyle havia feito. Mas, enquanto Boyle considerava esses problemas como problemas abertos, suscetíveis de serem solucionados pelo desenvolvimento da ciência corpuscularista dos corpos, Locke os considera como menos prontamente remediáveis. É claro que Locke admite que nós sabemos, a partir da experiência comum, que os corpos aderem e que eles transmitem movimento entre si por meio do impulso, mas, ele insiste, nós não temos nem mesmo os princípios de uma concepção acerca do modo como eles fazem isso. Essa é uma ignorância muito mais profunda do que a detalhada microestrutura dos corpos, uma ignorância que atinge muito mais perto o coração do mecanicismo, e Locke é muito menos otimista sobre as perspectivas de superá-la do que parece ser Boyle.

Pior que isso. Não somente somos ignorantes da detalhada estrutura dos corpos particulares, e também de alguns dos conceitos mais gerais que fundamentam o mecanicismo, tal como aquilo que explica a coesão dos corpos e sua capacidade de transmitir movimento por meio do impulso;

mas nós não podemos nem mesmo começar a conceber como é que as qualidades secundárias sensíveis de um corpo estão causalmente conectadas com a constituição de suas qualidades primárias.

Locke é claro sobre a razão para essa nossa carência conceitual; ela está relacionada com a pobreza de nossas ideias de corpo e de mente (ou de estados mentais). A carência relativa de conteúdo dessas ideias provê a base para uma das afirmações mais controversas do *Ensaio*, a afirmação de que é possível, por tudo aquilo que conhecemos, que sistemas convenientemente organizados de matéria possam possuir a capacidade de pensamento. Em uma famosa passagem, Locke escreve:

> Temos as ideias de *matéria* e de *pensamento*, mas possivelmente nunca seremos capazes de saber se um ser puramente material pensa ou não; pois não nos é dado descobrir, pela contemplação de nossas próprias ideias, sem revelação, se a onipotência não teria dado a alguns sistemas de matéria, convenientemente dispostos, um poder para perceber e para pensar, ou se não teria juntado e fixado na matéria, assim disposta, uma substância imaterial que pensa. Pois, em relação às nossas noções, não nos é mais difícil conceber que Deus pode, se quiser, acrescentar à matéria uma faculdade de pensar, do que conceber que Ele lhe tenha juntado alguma outra substância com uma faculdade de pensar; desde que não sabemos em que consiste o pensamento, nem a que espécie de substância o Todo-Poderoso aprouve dar esse poder, o qual que não pode existir em nenhum ser criado senão em virtude do deleite e da bondade do Criador. (E IV.iii.6: 540-41)

A incomensurabilidade entre as ideias de matéria e de pensamento nos deixa incapazes de conceber como poderia existir alguma conexão causal entre estados de corpos e estados da mente (supondo, o que Locke claramente assume como uma mera suposição, que os últimos são realmente distintos dos primeiros):

> Como poderíamos ter um conhecimento certo de que algumas percepções, tais como, por exemplo, o prazer e a dor, não poderiam existir em alguns corpos, após serem modificados e movidos de alguma maneira, assim como poderiam existir em uma substância imaterial em consequência do movimento das partes do corpo? O corpo, até onde podemos conceber, é capaz somente de tocar e afe-

> tar o corpo; e o movimento, de acordo com o máximo alcance de nossas ideias, não é capaz de produzir nada senão movimento; de modo que, quando admitimos que o corpo produz prazer ou dor, ou a ideia de alguma cor ou som, somos obrigados a abandonar nossa razão, a ir além das nossas ideias e a atribuir isso completamente ao bom deleite de nosso Criador. Pois, desde que temos de admitir que Ele adicionou ao movimento efeitos que nós não podemos de modo algum conceber que o movimento seja capaz de produzir, que razão temos para concluir que Ele não poderia ordenar que esses efeitos fossem produzidos num sujeito do qual não poderíamos conceber como sendo capaz de os produzir, assim como em um sujeito do qual não poderíamos conceber que o movimento da matéria pudesse operar de alguma maneira? (E IV.iii.6: 541)

Um pouco adiante, nesse mesmo capítulo, Locke extrai dessas considerações uma conclusão muito forte concernente às conexões explicativas entre a constituição das qualidades primárias dos corpos e suas qualidades secundárias sensíveis, conexões essas que são necessárias para o sucesso da ciência corpuscular.

> Estamos tão longe de saber qual é a figura, o tamanho ou o movimento das partes que produz uma cor amarela, um sabor doce ou um som agudo, que não podemos conceber, por nenhum meio, de que modo certo *tamanho, figura ou movimento* de algumas partículas pode possivelmente produzir em nós a ideia de alguma cor, sabor ou som, quaisquer que sejam; não há qualquer conexão concebível entre uma coisa e outra. (E IV.iii.13: 545)

Uma vez que as qualidades secundárias das coisas constituem, certamente, a maior parte de suas qualidades observáveis, segue que nós provavelmente nunca seremos capazes de alcançar explicações mecânicas genuínas da maior parte das principais qualidades dos corpos, e isso porque consideramos incompreensível que exista qualquer conexão legiforme entre a constituição das qualidades primárias e as qualidades secundárias sensíveis. Como Wilson observa, isso parece desafiar a alegação de Locke de que as qualidades sensíveis das coisas "fluem" a partir da constituição de suas qualidades primárias ou de sua essência real (Wilson 1979: 144-47).

Em várias das passagens relevantes, há um expediente sugerido que aparece como uma tentativa de solução para o problema. Na citação do

Ensaio IV.iii.6, vimos Locke dizer que nós devemos atribuir ao "bom prazer" de "nosso Criador", o agente que, supomos, anexou efeitos a movimentos (das partes dos corpos), efeitos que não podemos conceber que esses movimentos possuam. Adiante, no mesmo capítulo, retornando ao problema, Locke diz o seguinte:

> É evidente que o tamanho, a figura e o movimento dos diversos corpos sobre nós produzem-nos diversas sensações, como cores, sons, sabores, odores, prazer e dor, etc. Como essas afecções mecânicas dos corpos não possuem absolutamente qualquer afinidade com as ideias que produzem em nós (não havendo nenhuma conexão concebível entre algum impulso de qualquer espécie de corpo e alguma percepção de uma cor, ou odor, que encontramos em nossas mentes), não podemos ter qualquer conhecimento distinto de tais operações para além de nossa experiência, nem podemos raciocinar sobre elas senão como efeitos produzidos pela ordenação de um Agente infinitamente Sábio que ultrapassa totalmente nossa compreensão. Do mesmo modo, não podemos deduzir, de forma alguma, as ideias de qualidades secundárias sensíveis que temos em nossas mentes a partir de causas corporais, nem podemos encontrar qualquer correspondência ou conexão entre essas ideias e aquelas qualidades primárias que se produzem em nós (como a experiência nos mostra); por outro lado, é também inconcebível como as nossas mentes operam sobre nossos corpos. Estamos tão longe de conceber como algum pensamento poderia produzir um movimento no corpo, quanto de conceber como algum corpo poderia produzir algum pensamento na mente. Se a experiência não nos convencesse de que é assim, a consideração das próprias coisas jamais seria capaz de nos revelar. Embora esses fatos, e outros semelhantes, tenham uma conexão constante e regular no curso ordinário das coisas, e como essa conexão não é perceptível nas próprias ideias, que não parecem ter qualquer dependência necessária umas das outras, não podemos atribuir sua conexão a nada mais do que a determinação arbitrária desse Agente Onisciente que as fez existir e operar do modo como fazem, de uma maneira que está completamente acima do nosso fraco entendimento. (E IV.iii.28: 558-59; veja, também, E IV.iii.29: 559-60)

Isso parece fornecer as requeridas conexões causais, embora ao custo da renúncia a nossas perspectivas de alcançar um conhecimento sobre essas conexões – isto é, na falta da revelação explícita de Deus sobre essas conexões.

Pode parecer que o custo é ainda mais elevado que esse. Wilson pensa que a arbitrariedade dessas conexões "forjadas por Deus" está em conflito, em vários aspectos, com a "posição oficial" de Locke acerca do corpo – ou seja, com o mecanicismo. Primeiro, ela nota que a arbitrariedade das conexões não permitiria a "conexão conceitual *a priori* entre uma essência real de um corpo e suas qualidades secundárias", o que ela considera como parte da posição oficial. Segundo, ao sugerir uma leitura de Locke em que ele recusa somente uma conexão racional que nós podemos conceber, e não que ele recusaria, em princípio, que existe uma conexão racional, Wilson argumenta que isso está em conflito com várias alegações fundamentais de Locke, inclusive com a alegação de que a matéria não pode naturalmente produzir pensamento (em sua elaborada prova da existência de um criador inteligente no capítulo X do Livro IV), assim como com suas alegações disputativas de que não podemos entender a atração gravitacional como um poder natural da matéria e de que um homem com visão microscópica ainda não seria capaz de dar uma explicação ou derivação racional das qualidades sensíveis dos corpos (Wilson 1979: 147-48).

Entretanto, não existe aqui, realmente, qualquer conflito. A epistemologia lockeana da explicação científica requer a apreensão de uma conexão necessária entre, nesse caso, a constituição das qualidades primárias de um corpo e uma qualidade secundária sensível, se admitirmos que a nossa crença, de que esta deriva daquela, deve ser tomada como um conhecimento científico genuíno (o que a tradição chama "*scientia*"); e isso, por sua vez, requer que sejamos capazes de demonstrar que tal conexão existe. Ora, no expediente sugerido por Locke, supomos que Deus instituiu uma conexão necessária entre a constituição das qualidades primárias em questão e o efeito que essa constituição tem sobre nossa sensação. Estamos supondo que Deus decretou uma lei, de acordo com a qual não pode senão ocorrer, que se um corpo possui certa constituição de qualidades primárias e está disposto em circunstâncias apropriadas, então esse corpo produzirá a sensação correspondente em um sujeito adequadamente constituído. Admite-se, por certo, que essa conexão não é "racional", desde que sua necessidade não seria demonstrável independentemente do fato de que Deus expressamente (e arbitrariamente) instituiu a vigência de tal conexão necessária. Mas se pudéssemos saber, de alguma maneira (por meio da revelação, por exemplo), que Deus instituiu ou ordenou tal conexão, poderíamos usar essa informação em uma demonstração rigorosa de que um corpo constituído de tal modo não pode deixar de ter determinadas qualidades sensíveis (supondo também que poderíamos vir a conhecer a constituição microfísica detalhada do corpo). É claro que, na falta da revelação, provavelmente nunca poderíamos chegar a apreender a necessidade da conexão e, assim, nunca poderíamos dar sua demonstração. Mas esse é, precisamente, o ponto de Locke. Que o homem com visão microscópica não possa racionalmente derivar as qualidades sensíveis de um corpo a partir de seu conhecimento sobre a constituição interna desse corpo, não deve causar espanto: afirmar o que Deus arbitrariamente decretou no modo das conexões não é, obviamente, uma questão de microscopia, ou de razão. Isso não faz a conexão decretada algo menos necessário, ou algo menos capaz de funcionar em uma demonstração rigorosa, mesmo se nós e o homem com visão microscópica fôssemos incapazes de apreender a necessidade da conexão e, assim, saber que existe uma demonstração disponível.

As alegações relatadas sobre a capacidade do pensamento não pertencer naturalmente à matéria, e similarmente sobre o poder da atração gravitacional, parecem ser mais problemáticas, na medida em que parecem constituir alegações ontológicas de algum tipo. Todavia, um olhar mais atento sobre as passagens relevantes desfaz essa aparência. Tomemos a principal passagem sobre a gravidade; ela não diz que o poder dos corpos para se atraírem mutuamente distância não é natural aos corpos, mas que nós, dada nossa ideia de corpo, não podemos vê-lo como tal:

> A gravitação da matéria em direção à matéria, por vias a mim inconcebíveis, é não somente uma demonstração de que Deus pode, se lhe aprouver, introduzir poderes e modos de operação nos corpos além daquilo que pode ser derivado a partir de nossa ideia de corpo, ou do que pode ser explicado por meio daquilo que conhecemos acerca da matéria, mas é também um exemplo inquestionável e visível de que Ele assim o fez. (W IV: 467-68)

"Por modos inconcebíveis a mim"; "além do que pode ser derivado de nossa ideia de corpo"; "pode ser explicado por meio daquilo que conhecemos da matéria": estas frases indicam o caráter das alegações de Locke sobre o que é e o que não é incluído nos poderes "naturais" da matéria. Qualquer estimativa que possamos fazer sobre o que é incluído ou o que segue da "natureza" da matéria fundamenta-se em nossa ideia de corpo, ou de matéria; em que outra coisa poderia fundamentar-se? A alegação de Locke sobre a gravidade é, assim, outro exemplo da ladainha já familiar: dada a pobreza que se segue de nossa ideia de corpo como uma substância sólida e extensa, nós não podemos conceber como um corpo poderia atrair outro corpo a distância, isto é, nós não podemos imaginar um mecanismo satisfatório meramente em termos do tamanho, figura e movimento dos corpos, juntamente com a transmissão do movimento por impulso, ou ação por contato, que explicaria os fenômenos de atração gravitacional; assim, em nossas circunstâncias conceitualmente empobrecidas, somos forçados a atribuir os fenômenos a "poderes" e "modos de operação" que um Deus onipotente adicionou às afecções mecânicas dos corpos.

Os contornos principais do caso das conexões mente-corpo são os mesmos. Vimos como as conexões particulares entre as constituições das qualidades primárias dos corpos e as sensações que essas constituições causam regularmente em nós – conexões em virtude das quais as qualidades secundárias podem ser ditas basearem-se, ou que seguem da essência real do corpo – devem ser por nós concebidas, na falta de uma hipótese melhor, como resultados de atos divinos de aditamento. Isso reflete a relação mais geral entre mente e corpo que se encontra na alegação que vimos anteriormente, a saber, que é possível, por tudo que conhecemos, que Deus tenha adicionado a capacidade de pensamento a sistemas convenientemente organizados de matéria, e nesse caso, pensar coisas seria completamente material. O que dizer, então, da alegação citada por Wilson, e crucial para a prova de Locke sobre a existência de Deuses como um ser pensante inteligente, de que a matéria, ainda que possa ser moldada ou movida, não pode chegar a ter (Locke, de fato, diz: "não introduzir nela mesma") a capacidade de pensamento? O entendimento correto dessa alegação é indicado por Stillingfleet, no livro que esclarece a correspondência entre ele e Locke:

> Com efeito, foi dito em outro lugar que é repugnante à ideia de matéria insensível, que se deva nela introduzir sentidos, percepção e conhecimento: mas isso não alcança o presente caso; o qual não é acerca do que a matéria pode fazer por si mesma, mas acerca do que a matéria preparada por uma mão onipotente pode fazer. (Stillingfleet 1697a: 242, citando E IV.x.5: 620-21)

Stillingfleet faz essa observação no curso de sua argumentação de que Locke não poderia demonstrar, a partir de seus próprios princípios, que a substância que pensa dentro de nós é uma substância espiritual (Stillingfleet diz "imaterial"), um ponto que Locke concede de boa vontade. Como ambos perceberam, a alegação de Locke de que a matéria não pode naturalmente, por si mesma, chegar a possuir a capacidade de pensamento não é inconsistente com sua outra alegação de que um Deus onipotente pode dotar certos sistemas de matéria com a capacidade de pensamento.

O recurso de Locke à onipotência de Deus – permitindo Deus forjar conexões "inconcebíveis para nós" entre (1) a constituição das qualidades primárias dos corpos e as ideias que esses corpos nos causam; entre (2) certas configurações de sistemas de matéria em movimento e os poderes ou capacidades de pensar e de querer que esses mesmos sistemas de matéria cheguem a ter; e entre (3) as qualidades definidoras básicas da matéria (extensão e solidez) e a tendência da matéria para atrair outra matéria situada a distância (gravidade); para mencionar apenas os exemplos de diferentes fenômenos incompreensíveis que ele explicitamente atribui a atos divinos de "aditamento" – poderia parecer nada mais que um apelo desesperado, e talvez vazio, a um *deus ex machina*. (Dado que é um mundo mecanicista que esse Deus está sendo chamado a salvar, a frase é particularmente adequada.) No entanto, isso desconsidera duas importantes características do apelo de Locke. Primeiro, mesmo que ele enfatize que nosso apelo às anexações arbitrárias de Deus seja um último recurso, por falta de algum melhor, ou mesmo de algum modo qualquer, de conceber como as conexões se sustentam, ele é bastante claro sobre o conteúdo particular desse apelo. Nós supomos que Deus acrescenta diversos poderes à matéria por meio de um ato que decreta a validade de certas leis que conectam as afecções mecânicas da matéria com os poderes que resultam dessas afecções. Isso é absolutamente crucial para o mecanicismo, pois significa que os poderes aditados e modos de operação não são devidos a qualquer componente constituinte não mecânico e real do corpo; as únicas qualidades causalmente ativas do corpo são suas afecções mecânicas. É exatamente assim que, dadas as leis estabelecidas por Deus, essas afecções são capazes de produzir os efeitos em questão. Além disso, desde que Deus estabeleceu essas leis enquanto conexões necessárias (E IV.iii.29: 560), elas poderiam funcionar em demonstrações adequadas do tipo que o conhecimento científico rígido (*scientia*) requer – poderíamos, todavia, chegar a conhecê-las.

Para um leitor moderno, esse modo de salvar o mecanicismo em face do severo estreitamento que Locke encontra em nosso conhecimento parecerá *ad hoc*, dado seu essencial apelo às ações inescrutáveis de um Deus onipotente. Todavia, o que a nós parece uma mutilada deficiência na teoria era, no contexto intelectual no qual Locke e Boyle trabalharam, uma vantagem positiva. Um dos principais encargos do trabalho dos herdeiros seiscentistas da tradição do atomismo antigo era o de remover a mancha de ateísmo que estava colada à concepção. Como seus oponentes estavam sedentos por mostrar, Demócrito, Lucrécio e outros atomistas antigos sustentaram concepções teologicamente inaceitáveis, tais como a de que a matéria é eterna e incriada, que o mundo é simplesmente o resultado de movimentos fortuitos da matéria descontrolada, e assim por diante. Gassendi, no Continente, e Boyle, na Inglaterra, estavam muito preocupados em mostrar que o atomismo poderia ser expurgado dessas excrescências aborrecedoras, e Boyle aventurou-se, muito além disso, ao pretender argumentar que a função que Deus desempenha na nova concepção do atomismo mecanicista fornece uma nova base para o estabelecimento da existência, dos atributos e da providência de Deus. Assim, ao tornar Deus e sua ação uma parte não eliminável da imagem de mundo mecanicista, Locke está inteiramente alinhado com o programa Gassendi-Boyle.

Podemos apreciar agora quão complexo era o entendimento de Locke sobre o mecanicismo e, concomitantemente, sua noção de corpo. Vimos que, afinal, não existe qualquer conflito entre o extremo pessimismo de Locke sobre nossas perspectivas de alcançar um conhecimento científico verdadeiro e o seu compromisso com o corpuscularismo, como a melhor imagem da natureza que podemos alcançar. E também vimos, e talvez isso seja o mais importante, que Locke baseia seu argumento em favor desse compromisso não sobre alguma alegação acerca do que o corpuscularismo é atualmente, ou de que logo será provado correto, ou, pelo menos, que é a teoria científica mais bem estabelecida do mundo, mas, antes, em uma análise das nossas noções usuais, pré-científicas, acerca do corpo e da causalidade dos corpos.

Substância e substrato

A doutrina lockeana da substância tem sido foco de controvérsia desde o primeiro *round* de críticas ao *Ensaio*; as únicas doutrinas lockeanas que atraíram intensa crítica foram a negação do conhecimento inato e a afirmação da possibilidade de a matéria pensar. Para Berkeley, a noção de Locke de substância era meramente a desdenhada matéria-prima dos escolásticos, apresentada numa roupagem moderna; para Leibniz, a concepção empobrecida de Locke acerca à noção de substância constituía uma causa básica da suposta inabilidade de Locke para acomodar as verdades necessárias da metafísica; e para Stillingfleet, bispo de Worcester, o enjeitado tratamento que Locke oferece à noção de substância fazia parte de um ataque à doutrina teológica tradicional da Trindade. De acordo com muitos desses críticos, Locke oferece uma noção desnaturalizada de substância, de acordo com a qual a substância de uma coisa não é nada senão um substrato ou suporte para as qualidades e poderes (os "acidentes", no jargão escolástico); em si mesma não possui traços característicos, carente em si mesma de quaisquer propriedades ou qualidades: um "particular despido", como é chamado (ou menosprezado) nos dias de hoje.[5]

[5] Todavia, essa não é a posição de Berkeley. Sua acusação vai no sentido contrário, ou seja, que a noção de Locke de substância como substrato (do modo como tal noção figura na ideia de substância material) é muito forte.

Assim entendida, a doutrina lockeana da substância constitui um objeto propício para a crítica. A noção de um "particular despido", como geralmente se aceita, está enredada em confusão (supõe-se que seja uma coisa que, por si mesma, não possui propriedades, de modo que ela pode ser aquilo que "possui" todas as propriedades do objeto). Mais que isso, a noção não parece ter qualquer lugar na teoria corpuscular, que era, afinal de contas, o que Locke pretendia promover. Com efeito, se considerarmos o substrato de um corpo como algo sobre e acima do agregado de partículas insensivelmente pequenas (corpúsculos) que compõem o corpo, então a noção de substrato é inconsistente com o corpuscularismo.

Muitos comentadores de Locke, a ele simpáticos ou críticos, tendem a ver sua doutrina da substância de um modo bem semelhante ao de seus primeiros críticos, considerando-a ou como produto de confusão por parte de Locke ou como um resquício insensato de sua educação oxfordiana em lógica escolástica. Nos últimos vinte anos, no entanto, várias concepções revisionistas têm sido desenvolvidas, cada uma com a pretensão de eliminar o aparente compromisso com os "particulares despidos". Antes de considerarmos essas propostas rivais, devemos observar algumas das afirmações mais importantes de Locke acerca da substância.

No *Ensaio*, existem duas extensas discussões acerca da natureza da substância, uma no capítulo XXIII do Livro II ("Sobre nossas ideias de substâncias") e outra nas Seções 17-20 do Livro II, capítulo XIII, capítulo sobre a ideia de espaço. Como indicado por seu título, o capítulo XXIII está oficialmente interessado na noção de substância, e seu tratamento da noção de substrato tem sido tomado como canônico. Na leitura desse capítulo, especialmente das seções iniciais, pode-se entender por que a interpretação tradicional tem sido tão amplamente aceita. Locke começa com uma análise das ideias que temos das várias espécies de substâncias (por exemplo, seres humanos, cavalos, ouro, água): essas são ideias complexas, que compõem e unificam em uma única ideia (1) as ideias das diversas qualidades sensíveis que percebemos nas substâncias individuais e que pertencem ao tipo de agregado em que se encontram (por exemplo, no caso do ouro, qualidades tais como amarelidão, peso específico, maleabilidade, solubilidade etc.), conjuntamente com (2) a ideia de uma substância em geral, dita no *Ensaio*

II.xii.6 ser "a primeira e principal" das ideias reunidas em qualquer das ideias acerca dos tipos de substâncias. Locke enfatiza que a ideia de substância em geral não é mais uma entre as ideias de qualidades sensíveis e, por isso, ela não é diretamente derivada da experiência; em vez disso, ela é suposta ou construída por nós: "por não sermos capazes de imaginar como essas ideias simples [as ideias de qualidades sensíveis] podem subsistir por si mesmas, nos acostumamos a supor algum *substrato*, no qual elas subsistem e a partir do qual resultam; o que denominamos, pois, de *substância*" (E II.xxiii.1: 295). A ideia resultante é dita, na seção seguinte, ser "nada mais que o suposto e desconhecido suporte das qualidades que encontramos existir", e isso parece muito semelhante à fórmula dos "particulares despidos".[6]

A outra longa discussão acerca da ideia de substância em geral, no *Ensaio*, no capítulo sobre a ideia de espaço, complica o quadro. Nesse capítulo, Locke discute a ideia de substância, em geral, em termos tão sarcásticos que acaba levantando suspeitas sobre se ele realmente pensa existir algo que corresponda a essa ideia. Bennett aponta essas passagens em apoio a sua afirmação de que "o tratamento de Locke da noção de 'substância em geral' é essencialmente cético em conteúdo e irônico na forma" (Bennett 1971, 61).[7] Bennett está certamente correto acerca da ironia: nessas passagens encontramos Locke recontando a história do filósofo indiano que concebe o mundo como sustentado por um elefante, e o elefante por uma tartaruga. Se esse filósofo tivesse pensado somente na palavra "substância", diz Locke, ele poderia tê-la utilizado para sustentar a Terra, sem se preocupar com a fauna. Pois essa é uma resposta tão boa à questão acerca do que sustenta a Terra

---

6 Na correspondência com Stillingfleet, Locke descreve a ideia de substância em geral como "uma ideia complexa, composta da ideia geral de alguma coisa, ou ser, mais a relação de um suporte para os acidentes". Ele procede a fornecer, então, uma descrição mais detalhada do processo pelo qual a ideia de substância é derivada, ainda que indiretamente, a partir das ideias dadas na sensação e na reflexão (W IV: 19).

7 Em um artigo subsequente, Bennett declina da alegação de que, nessas passagens, Locke pretende negar que exista tal coisa como o substrato de um objeto (Bennett 1987). A posição atual de Bennett é muito mais próxima àquela que aqui defendo, embora ainda existam algumas importantes diferenças entre nós.

> quanto àquela da *substância*, que assumimos como uma resposta adequada e como uma boa doutrina, concebida por filósofos europeus, sem o conhecimento do que vem a ser tal substância que é o suporte dos acidentes. Assim, não temos qualquer ideia sobre o que a substância é, senão apenas uma ideia confusa e obscura do que ela faz. (E II.xiii.19: 175; cf. E II.xxiii.2: 295-96)

Locke conclui a discussão assim:

> Contudo, se as palavras latinas *inerentia* e *substantia* fossem traduzidas corretamente, como "aderir" e "sustentar", ver-se-ia a grande clareza que há na doutrina da substância e dos acidentes, e mostrar-se-ia a utilidade dessa doutrina na solução de questões filosóficas. (E II.xiii.20: 175)

O sarcasmo que respinga do texto é claro, mas caso algum leitor não tenha percebido o tom, Locke comenta a mensagem em seu resumo marginal às Seções 19 e 20: "Substância e acidentes de pouco uso em filosofia".

Assim, as duas principais discussões acerca da substância, no *Ensaio*, parecem apontar para direções opostas. Parece que a noção de substância, invocada no capítulo sobre a substância para explicar o que é, para diferentes qualidades e poderes, estar instanciado conjuntamente em uma coisa, e, ao mesmo tempo, explicar de que modo esses poderes e qualidades existem, é rejeitada, no capítulo sobre a ideia de espaço, como uma noção inevitavelmente obscura e de pouco uso em filosofia. Entretanto, um derradeiro conjunto de passagens, extraídas a partir da defesa de Locke das principais doutrinas do *Ensaio* contra as críticas publicadas por Stillingfleet, parece resolver a questão.[8]

---

[8] Precisamos esclarecer em que consistia a correspondência com Stillingfleet. Não era uma troca privada de cartas; cada "carta" era um livro publicado, oferecido ao público ao mesmo tempo em que era enviado a seu destinatário. Stillingfleet era uma figura importante da época, alguém que desfrutou uma sólida reputação como intelectual e como um amigo da nova ciência, e que teve uma posição elevada na Igreja da Inglaterra (ele era bispo de Worcester). A acusação à qual Locke estava respondendo era grave, imaginar que ele era, no mínimo, um companheiro de viagem da heresia sociniana.

Uma das principais acusações, presente no livro, que iniciou a correspondência era que Locke havia "quase que descartado a substância da parte razoável do mundo" (Stillingfleet 1697a: 234). A réplica de Locke a essa acusação, em sua primeira carta a Stillingfleet, segue assim:

> A outra acusação é a de que eu considero o ser da substância como duvidoso, ou assim o interpreto, por causa das ideias imperfeitas e infundadas que tenho dele oferecido. A tal acusação, começo por dizer, que baseio não o ser, mas a ideia de substância, em nosso próprio costume de supor algum substrato; pois é unicamente sobre a ideia que lá me refiro [referência ao *Ensaio*, II.xxiii.1 e 4], e não sobre o ser da substância. E tendo, em toda a parte, afirmado e construído sobre isso, que um homem é uma substância, eu não posso ser acusado de questionar ou duvidar do ser da substância, antes que eu possa questionar ou duvidar do meu próprio ser. (W IV: 18)

Locke é ainda mais explícito em sua terceira carta a Stillingfleet, na qual ele comenta a crítica de Stillingfleet de que, ao dizer, por exemplo, no *Ensaio* II.xxiii.1, que "nós nos acostumamos a supor" um substrato subjacente às qualidades sensíveis de uma coisa, Locke estaria rebaixando uma "consequência da razão", ou uma "dedução da razão", a um mero uso do costume (Stillingfleet 1698: 12). "Sua Excelência segue em insistir vigorosamente sobre minha suposição", responde Locke, e continua:

> Vossa Senhoria conclui que existe substância, "porque é repugnante para nossas concepções das coisas [...] que modos ou acidentes possam subsistir por si mesmos"; e eu concluo a mesma coisa, porque nós não podemos conceber de que modo as qualidades sensíveis podem subsistir por si mesmas. Ora, qual a diferença de certeza entre a repugnância a nossas concepções e a nossa incapacidade de conceber, confesso, meu Senhor, não sou suficientemente sagaz para discernir. E me parece, pois, que eu estabeleci a mesma certeza do ser da substância que Vossa Senhoria (W IV: 445-6).

Locke termina essa discussão afirmando que ele sustenta que "deve certamente existir substância no mundo, e sobre os mesmos fundamentos que sua Excelência toma como certos" (W IV: 446). Essas passagens parecem resolver a questão em favor da elaboração positiva da noção de substrato sugerida no capítulo sobre a ideia de substância (*Ensaio* II.xxiii), e elas certamente resolvem a questão sobre se Locke pretendia negar que existisse alguma tal coisa como o substrato.[9]

Assim, as passagens relevantes parecem, em seu conjunto, sustentar a concepção ortodoxa da doutrina lockeana da substância, embora as passagens aparentemente negativas do capítulo sobre a ideia de espaço (*Ensaio* II.xiii) ainda requeiram uma explicação. Ora, consideremos as principais elaborações alternativas recentes sobre a doutrina de Locke.

A recente e engenhosa interpretação de Peter Alexander considera que Locke nega que exista alguma noção completamente geral de substância, uma noção que possa ser comum ao corpo e ao espírito. Em vez disso, a noção de substância é, por assim dizer, absorvida nas noções dos dois tipos básicos e fundamentalmente diferentes de substância (finita), espírito e matéria, ou corpo. Assim, a característica essencial do corpo, a solidez, e a característica essencial do espírito, a "perceptividade", ou o poder de percepção e pensamento, não devem ser pensadas como qualidades inerentes a algum substrato sem características distintivas, mas, em vez disso, definem, cada uma, dois tipos irredutivelmente diferentes de substâncias (Alexander 1985: 224, 233-34).

A interpretação de Alexander possui duas grandes virtudes: ela descarta os substratos como "particulares despidos", e coloca a noção lockeana de substância plenamente alinhada com o corpuscularismo. Mas existem alguns problemas. Em primeiro lugar, a alegação de que a solidez (ou o pensamento) não é uma qualidade, colide com várias passagens em que a solidez (ou o pensamento) é classificada como uma qualidade primária, portanto uma qualidade, portanto algo que, para existir, deve existir em

9 Locke diz a Stillingfleet que as passagens sobre o elefante e a tartaruga "não pretendiam ridicularizar a noção de substância, ou aqueles que a afirmaram, o que quer que essa noção signifique: mas mostrar que, ainda que a substância seja o suporte dos acidentes, filósofos que haviam considerado tal suporte como necessário não possuíam, todavia, uma ideia clara sobre o que seria tal suporte, não mais clara do que a ideia que o filósofo indiano possuía acerca daquilo que servia de suporte para a sua tartaruga, embora certamente fosse algo para ele" (W IV: 448).

um substrato. Em segundo, a interpretação de Alexander está em desacordo com uma das doutrinas centrais de Locke, a da possibilidade de a matéria pensar. (De modo mais exato, essa é a doutrina de que, por tudo que conhecemos, é possível a Deus conceder o poder de pensamento a coisas pensantes por meio da adição direta desse poder a porções convenientemente organizadas de matéria.) Se um e mesmo objeto individual tivesse tanto a qualidade da solidez quanto o poder de pensamento (ou perceptividade), que é o que aconteceria se Deus acrescentasse o poder de pensamento a um corpo, então, de acordo com o modelo de Alexander, o objeto deveria ter duas naturezas distintas, e deveria pertencer a cada um dos dois tipos gerais de substância.

Existe também alguma evidência textual contra a interpretação de Alexander. Na primeira carta de Locke a Stillingfleet, por exemplo, Locke escreve:

> Vossa Senhoria dirá que, pelo que eu disse da possibilidade de que Deus, se assim quiser, pode adicionar à matéria uma faculdade de pensamento, jamais poderá ser provado que existe em nós uma substância espiritual, porque, de acordo com essa suposição, é possível que seja uma substância material que pensa dentro de nós. Eu aceito isso, mas acrescento que a ideia geral de substância, sendo a mesma em todo lugar, a modificação do pensamento ou o poder de pensar agregado a essa substância torna essa substância um espírito, sem considerar que outras modificações ela possui, tal como se ela possui ou não a modificação da solidez. Enquanto, por outro lado, a substância que possui a modificação da solidez é matéria, quer tenha ou não a modificação do pensamento. (W IV: 33)[11]

Essa passagem diz que existe uma ideia simples de substância em geral que é um componente tanto da ideia de corpo quanto da ideia de

---

10 Veja, por exemplo, E II.viii.9: 135; E II.viii.22: 140; E II.xxiii.17: 306; E II.xxiii.30: 313. A última dessas passagens apresenta o paralelismo que Locke afirma, entre a relação da solidez e da extensão com a substância do corpo e a relação do pensamento e da vontade com a substância do espírito.

11 Note que nesta passagem Locke refere-se tanto ao pensamento com à solidez como às "modificações da substância".

espírito; e dado o descuido geral de Locke em relação à distinção entre as ideias e as coisas das quais são ideias, ele pode ser lido como dizendo que substância ou substrato é o mesmo nos corpos e nos espíritos. (Essa leitura é encorajada tanto pelo contexto quanto pelo fato de ele se referir, na passagem citada, a "espírito" e à "matéria", e não às ideias destes.) Alexander conhece essa passagem e tenta explicá-la resolutamente, dizendo que Locke está, por ora, inclinado a aceitar as (más) interpretações de suas concepções (Alexander 1985: 228). Mas nada sugere, nesse contexto, que Locke não esteja falando por sua própria pessoa, e as alegações feitas aqui estão perfeitamente alinhadas com tudo o que ele diz mais tarde em sua correspondência. Parece, pois, que a interpretação de Alexander, ainda que engenhosa e atrativa, não pôde finalmente ser aceita.

A outra recente interpretação rival à interpretação tradicional coloca a substância ou o substrato de uma coisa em sua essência real.[13] Ela

---

12 Considere, por exemplo, o argumento de Locke, em sua terceira carta para Stillingfleet, de que a admissão deste – de que estaria ao alcance do poder de Deus transformar um corpo em uma substância imaterial – o compromete com a possibilidade de que Ele pode dar o poder de pensamento a um ser meramente material (W IV: 470-71). Alexander tenta recusar essa passagem da mesma maneira como fez anteriormente (Alexander 1985: 231-32). Nada sugere, nesse contexto, que Locke estivesse apenas seguindo as falsas concepções de Stillingfleet.

13 Essa interpretação foi primeiramente proposta por Maurice Mandelbaum, em seu ensaio "Locke's Realism" (Mandelbaum, 1964). Foi também proposta por John Yolton (Yolton 1970a) e por Martha Brandt Bolton (Bolton 1976b). M. R. Ayers, em seu ensaio "The Ideas of Power and Substance in Locke's Philosophy" (Ayers 1975), é amplamente considerado por ter identificado a substância (substrato) com a essência real; mas Ayers me disse, em correspondência, que ele nunca pretendeu fazer isso. Seus argumentos contra a concepção de que Locke está comprometido com a ideia de substrato como uma entidade real e distinta da essência real (e do objeto individual) são, alguns deles, semelhantes aos argumentos dados por Mandelbaum et al.; essa similaridade pode ter contribuído para a interpretação equivocada da posição de Ayers. Uma vez que o artigo de Ayers contém uma vigorosa e influente apresentação de alguns desses argumentos, irei citá-lo algumas vezes como uma fonte para tais argumentos, mesmo que Ayers não considere que esses argumentos apóiem as conclusões que outros extraíram deles. Do modo como entendo a explicação de Ayers acerca de sua posição, sua interpretação de Locke pode não ser muito diferente da que aqui apresento.

compartilha, assim, as mesmas virtudes da interpretação de Alexander – descarta o compromisso com "particulares despidos" e dispõe a noção de substância em termos mais adequáveis à estrutura básica do corpuscularismo – e é, provavelmente, a interpretação mais amplamente aceita da doutrina lockeana da substância. Devemos ser cuidadosos em notar que essa interpretação não afirma que o conceito de um substrato (suportes das qualidades) seja o mesmo que o conceito de uma essência real (a base causal dos poderes e qualidades de um objeto), mas, em vez disso, que esses diferentes conceitos apontam para a mesma coisa, ou seja, que a essência real de uma substância individual também funciona como o substrato para as propriedades e qualidades dessa substância individual.

O raciocínio por detrás dessa interpretação é bastante plausível. Ele parte do fato de que, de acordo com Locke, nem o substrato de uma coisa nem a sua essência real são observáveis; cada um é definido em termos de sua relação com as qualidades sensíveis ou os poderes de uma coisa que nós observamos. No caso do substrato, a relação definidora é que o substrato sustenta os poderes e as qualidades na existência, ou, em outras palavras, a inerência das qualidades no substrato; no caso da essência real, a relação definidora é que a essência real constitui a base causal no objeto para este possuir os poderes e qualidades que de fato possui. Por que não considerar, então, que a essência real realiza ambas essas funções, eliminando qualquer necessidade de uma misteriosa entidade indiferenciada que careça inteiramente de qualidades? Maurice Mandelbaum, o criador dessa interpretação, diz que a ideia de um substrato funciona como "um substituto para o que é material no objeto e que existe independentemente de nós [...], uma noção geral e indeterminada representando algo no objeto que o torna uma coisa autossubsistente", e nota que "é a constituição atômica dos objetos, não a 'pura substância em geral', que gera as ideias que realmente temos sobre estes, e que também gera os efeitos, sejam ou não percebidos, que os objetos produzem uns sobre os outros" (Mandelbaum 1964: 39). Em um veio similar, Ayers diz: "o conceito de 'substância', '*substrato*' ou 'coisa (tendo tais e tais propriedades)' é, pois, um conceito por meio do qual nos referimos àquilo que é inobservado e desconhecido – ou conhecido somente por meio de seus efeitos e relativamente ao plano da observação.

Em outras palavras, *substância*, assim como *poder*, é um conceito 'postiço'" (Ayers 1975: 9). Porém, "o que está subjacente aos poderes ou qualidades que são por nós observáveis' em alguma coisa é uma *substância constituída* (ou modificada, ou determinada) de *determinados modos*. Não existem dois níveis subjacentes, *primeiro* a essência real, e *depois*, sob ela, a substância" (Ayers 1975: 17). Qualquer progresso que pudesse ser feito em ampliar nosso conhecimento sobre a detalhada constituição interna ou "essências reais" das coisas nos daria, ao mesmo tempo, mais conhecimento sobre a natureza do substrato da coisa.

Essa linha de raciocínio é interessante, mas não existe evidência textual que a sustente. Mesmo em lugares apropriados, como a longa e envolvente discussão acerca das essências reais e nominais nos capítulos III e VI do Livro III do *Ensaio*, e também a controvérsia com Stillingfleet, Locke abstém-se de sugerir que substância e essência devem ser identificadas. (Com efeito, ele argumenta extensamente contra a identificação que Stillingfleet faz desses dois conceitos, em conexão tanto com a doutrina da substância quanto com a possibilidade de a matéria pensar. Isso não é surpresa alguma, em vista do fato de que as noções de substrato e de essência real são muito diferentes, cada uma com diferentes funções teóricas a desempenhar. A essência real de uma coisa, tanto na concepção tradicional concebida (como forma substancial) quanto na concepção pensada por Locke (como a constituição microfísica interna de uma coisa), é a base causal das qualidades e poderes dessa coisa. Por outro lado, a substância – a noção tradicional, a qual Locke afirma ser idêntica em conteúdo a sua noção (W IV: 8 e 449) – sustenta os poderes e as qualidades no ser, isto é, os poderes e as qualidades inerem no substrato. Ora, ainda que, em geral, não seja impossível que existam relações causais e lógicas entre um conjunto e outro conjunto de coisas neste caso particular, existem dificuldades em identificar substrato e essência real. Pois a tradição lógica que deu origem à noção de substância como substrato assume que todos os acidentes de uma coisa possuem a mesma relação (a de inerência) com o substrato, enquanto que os poderes e qualidades de uma coisa podem estar relacionados com a essência real de um modo muito diferente (mudanças na constituição microfísica de uma coisa irão mudar, em geral, alguns dos poderes e das qualidades dessa coisa, porém deixarão outros intactos). Na ausência de algum texto de Locke em que ele identifica, ou mesmo implica a identificação, entre substrato e essência real, o único apoio que os proponentes podem alegar para essa interpretação é que ela não é obviamente incompatível com os textos e que ela descarta o estorvo dos "particulares despidos". Mas, no conjunto, essa interpretação deixa inteiramente não explicadas partes centrais do *Ensaio* e da correspondência com Stillingfleet, nas quais a noção de substância é discutida.

Retornando a essas passagens, vemos dois temas figurando de modo central na discussão acerca da substância, tanto no *Ensaio* quanto na correspondência com Stillingfleet. O primeiro é que o núcleo da noção de substância em geral (com efeito, o único conteúdo que podemos atribuir a tal noção) é que a substância ou o substrato é o suporte de poderes e qualidades. O segundo é que a noção é obscura e confusa: quando falamos sobre a substância, falamos como crianças ou como aqueles que tentam apoiar o globo terrestre sobre um elefante que repousa sobre uma tartaruga; a doutrina da substância e dos acidentes é de nenhum uso em filosofia; e assim por diante. Ora, é o primeiro tema, exposto em passagens centrais, como no *Ensaio* II.xxiii.1-4 (especialmente na Seções 2 e 3), que tem encorajado comentadores a atribuírem a Locke a interpretação do substrato como "particulares despidos". Mas se lermos cuidadosamente essas passagens, iremos encontrar Locke dizendo apenas que nossa ideia de substância não possui nada mais do que servir de suporte às qualidades. Disso não se segue que tudo aquilo que atende à ideia de substância (se alguma coisa atende) não possa ter outras propriedades ou características além daquela de suportar as qualidades, que é o que requer a doutrina dos "particulares despidos". Assim, não existe necessidade de atribuir à Locke a doutrina dos "particulares despidos".

A outra dificuldade enfrentada pela interpretação *standard* da teoria lockeana da substância é a de explicar o aparente duplo caráter do tratamento de Locke acerca da substância. Ele aparentemente invoca, de um modo positivo, nas primeiras seções do capítulo do *Ensaio* sobre nossas ideias de substância, a noção de substância para explicar a existência e a simultaneidade das qualidades observáveis; mas, nessas mesmas seções, ele enfatiza a obscuridade da noção, chegando ao ponto de declarar que ela é de pouco uso para a filosofia. Porém, uma leitura cuidadosa dessas seções iniciais do capítulo sobre nossas ideias de substância, bem como de passagens relevantes da correspondência com Stillingfleet, mostrará que Locke jamais alega explicar alguma coisa em termos de substância, incluindo a existência de qualidades sensíveis. Tudo o que ele diz é que nos defrontamos com a noção de substância (ou a supomos) quando nos damos conta de que não podemos imaginar que as qualidades sejam capazes de existir por si mesmas, ou uma na outra. Isso não é o mesmo que afirmar que estamos explicando algo por invocar a noção; antes, especialmente em vista de seu escasso conteúdo – "da substância, não temos qualquer ideia acerca do que ela é, mas somente uma ideia obscura e confusa do que ela faz" (E II, xiii, 19: 175) –, deveríamos dizer que a ideia nada mais faz do que assinalar nossa incapacidade de dar aqui uma explicação satisfatória.

Isso pode parecer um resultado bastante limitado, e pode parecer curioso por que Locke se preocupou em oferecer, e defender, uma teoria da substância se isso é tudo o que se extrai dela. Em resposta a isso, devemos observar, primeiramente, que um dos objetivos centrais do *Ensaio*, e especialmente do Livro II, era o de catalogar as ideias importantes que temos e mostrar como cada uma delas pode ser derivada da sensação e da reflexão; e Locke certamente está de acordo com a tradição de que temos uma ideia de substância como um suporte para as qualidades. Seria uma grande lacuna em seu projeto, se ele não fosse capaz de mostrar de que modo podemos derivar a ideia de substância a partir da sensação e da reflexão.

Muito mais importante do que isso, entretanto, é o uso subversivo que Locke faz da ideia de substância. Para apreciarmos isso, precisamos recordar que a doutrina da substância e dos acidentes já possuía uma longa história na época de Locke, remontando às *Categorias* de Aristóteles. Para Aristóteles, a categoria da substância era a primeira e a mais importante de todas as categorias lógicas; os itens nas outras categorias (qualidade, quantidade, relação, e assim por diante) somente podem existir por existirem em – ou serem predicados de – substâncias. Substâncias, por sua vez, podem existir por si mesmas, sem ter de existir em nada além. Os proferimentos de Aristóteles acerca da substância não deixam claro, entretanto, quais seriam as relações entre a substância, ou substrato, a forma, ou essência da coisa, e a matéria da qual a coisa é composta. Durante a vigência do escolasticismo, quase toda combinação e permutação de relações possíveis entre essas entidades (ou entidades putativas) foi representada por alguma posição ou escola, e por isso, na época de Locke, a doutrina da substância e dos acidentes era, com efeito, de causar perplexidade. A doutrina da substância e dos acidentes também desempenha um importante papel em Descartes. O argumento do *cogito*, com a sua implícita confiança no princípio de que "nada tem nenhuma propriedade" (a contrapositiva: "qualquer coisa que possui propriedades é algo") a fim de mostrar que todo pensamento deve ter um ser pensante, isto é, deve ser pensado por alguém; a consequente análise da natureza da mente e do corpo, e o argumento a favor da distinção real entre mente e corpo; e a afirmação de que a essência das coisas materiais pode ser clara e distintamente percebida pelo intelecto – tudo isso repousa sobre alguma versão da doutrina escolástica tradicional da substância e dos acidentes. Vimos que um dos principais objetivos de Locke no *Ensaio* era o de promover a versão corpuscular do mecanicismo como superior à versão cartesiana e eliminar os obstáculos aristotélico-escolásticos para a aceitação do mecanicismo. Também observamos de que modo cada uma dessas concepções rivais faz um uso central da doutrina da substância. Temos agora Locke argumentando que essa noção é irremediavelmente obscura e confusa, e de pouco uso em filosofia, mesmo quando ele afirma que possuímos, de fato, tal ideia, e que seu conteúdo é o mesmo que tradicionalmente foi afirmado. Se isso puxa o tapete dos cartesianos e aristotélicos, tanto pior para essas concepções e tanto melhor para o corpuscularismo mecanicista.

Entendido desse modo, o tratamento de Locke da substância faz mais do que apresentar coerência com o restante de seu relato a favor do corpuscularismo; ele se torna uma parte importante de tal relato. Uma atenção cuidadosa em relação a todas as passagens relevantes, juntamente com a devida consideração das circunstâncias históricas em torno do *Ensaio*, nos capacita, então, a alcançar uma leitura do tratamento lockeano da noção de substância que se ajusta perfeitamente com todos os textos (mesmo com aqueles que, à primeira vista, parecem apontar na direção oposta), que é coerente em seus próprios termos e que contribui com o projeto geral do *Ensaio*, que é o de estabelecer a superioridade filosófica do corpuscularismo mecanicista. Interpretado adequadamente, o tratamento da substância no *Ensaio* acaba por se parecer, pois, menos com uma multidão de confusões perpetradas por um mau filósofo do que com um exercício sutil de crítica filosófica por um filósofo de talento.

Conclusão

Vários tópicos emergiram nessa discussão de Locke sobre o corpo. Vimos, primeiramente, que a concepção corpuscular da natureza dos corpos adotada por Locke desempenha um papel central em seu tratamento de questões filosóficas básicas, tais como a substância, o estatuto das qualidades sensíveis e a estrutura das explicações científicas. Vimos, a seguir, que, embora seja a hipótese corpuscular, promovida pelos filósofos naturais, que desempenha esse papel central, o fundamento para estabelecer essa hipótese para o uso filosófico não é que ela constitui a melhor hipótese científica corrente ou que ela promete dar-nos um conhecimento detalhado sobre as operações e qualidades dos corpos. Antes, o fundamento é a sua conformidade com a imagem de senso comum da natureza do corpo e da causalidade dos corpos. As principais alegações de Locke não são, pois, endossadas por uma nota promissória sobre o sucesso científico futuro; elas são oferecidas simplesmente como descrições do mundo, de como este nos deve aparecer, dada nossa visão comum (boa, ruim ou indiferente) das coisas. Por fim, devemos retornar ao nosso ponto de partida, e recordar que a concepção corpuscularista de corpo constituía uma entre várias outras concepções concorrentes, dentre as principais estavam o aristotelismo e a teoria cartesiana. Não muito tempo depois de Locke ter escrito o *Ensaio*, Newton, que trabalhou extensamente na tradição corpuscularista, liquidou os concorrentes. Como observa Ayers: "Sua capacidade [de Locke] para vencer, tanto em metafísica quanto em política, não deve ser menosprezada".

4 A filosofia da mente

JONATHAN BENNETT

Os tópicos abordados neste capítulo são os seguintes: (I) a aceitação, por parte de Locke, da concepção de Descartes de que existe uma separação radical, uma diferença talvez intransponível, entre o mundo mental e seus aspectos físicos; a concepção de Locke sobre (II) os aspectos cognitivos e (III) os aspectos conativos da mente; (IV) as afirmações de Locke acerca da possibilidade de a "matéria pensar", ou scja, quc as coisas que ocupam espaço são também aquelas que possuem estados mentais; (V) a questão de saber se todo pensamento pode ser inteiramente causado por movimentos no mundo físico; (VI e VII) o que é, para uma mente singular, continuar a existir através do tempo; e (VIII) o que é, para uma mente, existir em um momento em que ela nada faz.

DUALISMO DE PROPRIEDADE

Descartes sustenta uma posição que é chamada, algumas vezes, de "dualismo de propriedade". De acordo com o isso, as propriedades que as coisas podem ter dividem-se em duas classes – aquelas que pertencem à materialidade e aquelas que pertencem à mentalidade –, sem qualquer sobreposição entre elas. De um modo mais compreensível, isso também envolve um dualismo de conceitos: os conceitos que podem ser aplicados às coisas dividem-se em duas classes, sem que qualquer conceito em uma classe seja redutível ou explicável por algum conceito que pertencente à outra classe.

Esse dualismo de propriedade pode ser percebido no curso do *Ensaio* de Locke. Ele não o anuncia como uma tese, mais do que faz Descartes, e o aceita, aparentemente, como um axioma indisputável e inquestionável. Embora recorrendo a fatos sobre o comportamento dos corpos como evidência para conclusões sobre estados da mente, Locke jamais questionou *por que* esses fatos são evidência (o problema de "outras mentes" parece ter começado com Berkeley), nem mesmo sugeriu que algum conceito cognitivo pudesse ser analisável em termos de disposições comportamentais ou que sensações, sentimentos ou "ideias" pudessem equivaler a estados fisiológicos.

Locke também aceita a concepção de Descartes de que mentes devem ser transparentes a si mesmas, como por exemplo em sua polêmica contra as ideias inatas, em que ele diz que não estamos cientes de qualquer ideia inata e que não poderíamos tê-las sem delas estarmos cientes: "Estampar algo sobre a mente sem que a mente o perceba, parece-me pouco inteligível" (E I.ii.5: 9; veja, também, E II.i.11: 109-10). Mas, diferentemente de Descartes, Locke não usa esse princípio para definir o domínio mental, e tampouco é claro que ele o defina. Se ele o define, é por dizer que a ideia de "espírito" – que é um de seus termos para designar "coisa que possui propriedades mentais" – consiste da "ideia de pensamento e de mover um corpo" (E II.xxiii.15: 305). A segunda dessas características (de mover um corpo) pode parecer curiosa: os corpos não poderiam também mover corpos? Certamente não, pensa Locke, pois

> quando, por impulso, [uma bola de bilhar] coloca em movimento outra bola, ela somente comunica o movimento que havia recebido de alguma outra coisa, e perde nela o tanto que a outra havia recebido; [...] [Isso] não alcança a produção da ação, mas a continuação da passividade [...]. A ideia do início do movimento, a possuímos somente a partir da reflexão acerca do que se passa em nós mesmos, onde encontramos, por experiência, que apenas pela vontade, apenas pelo pensamento da mente, podemos mover as partes de nossos corpos que se encontravam anteriormente em repouso. (E II.xxi.4: 235; veja a narrativa divergente em E II.vii.8: 131)

Locke, diferentemente de Descartes e seus seguidores, não sustenta qualquer concepção sobre a causalidade que possa colocar algum problema especial concernente à ideia de interação causal entre os reinos material e mental, não obstante a diferença categorial entre os dois tipos de propriedade. Como veremos, ele permite não somente que a mente atue sobre os corpos, mas também que os corpos atuem sobre as mentes.

O vínculo entre "espírito" e "mental", de um lado, e o "pensamento", de outro, não nos ajuda muito a entender o conceito lockeano de mentalidade, pois ele não oferece qualquer descrição sistemática sobre o que é o pensamento. Em relação a isso, ele não faz melhor que Descartes, embora, para ser justo, também não faça pior.

Cognição

"Pensar" e "mover um corpo" – o foco de Locke sobre esses dois aspectos se ajusta com sua afirmação de que "as duas ações mais importantes e essenciais da mente [...] são: a *percepção*, ou *pensamento*, e a *volição*, ou *vontade*" (E II.vi.2: 128; veja, também, E II.xxi.5-6: 236). O uso que Locke faz do termo "percepção", particularmente sua referência à percepção como um ter ideias, é caótico. Em certa passagem, por exemplo, ele diz que as ideias são "percepções atuais na mente, que deixam de ser algo quando não são percebidas" (E II.x.2: 150). Tampouco ele diz, de modo cuidadoso e consistente, o que ele significa pelo termo "pensamento". Ainda assim, podemos vê-lo, nessas formulações, expressar a concepção – sustentada por muitos, antes e depois dele – de que o mental divide-se em duas grandes categorias, o cognitivo e o conativo, ou o intelectual e o volicional. Isso tem sido aceito e, nas últimas décadas, recebeu uma função estrutural por muitos filósofos que têm procurado fundamentar uma teoria da mente sobre os conceitos de crença e de desejo.

Poder-se-ia dizer, à primeira vista, que isso deixa de fora dois campos de elementos mentais: (1) emoções, sentimentos e paixões, e (2) estados sensoriais, dados sensoriais, *qualia*, estados fenomenais e coisas do tipo. O mais próximo que Locke chega do tratamento de (1) é no capítulo "Dos modos de prazer e de dor", em que ele diz que "o prazer e a dor [...] são as dobradiças sobre as quais giram as nossas paixões" (E II.xx.3: 229). Esse capítulo tem seu interesse, mas não contribui muito para nossa imagem da imagem que Locke faz da mente; e não irei examiná-lo. Quanto à (2), esses itens aparecem na obra de Locke como o ter "ideias", o que foi tratado no segundo capítulo deste livro e pode ser aqui rapidamente tratado. O ponto principal é que Locke usa o termo "ideia" não somente para esses itens sensoriais, mas também para os itens intelectuais que poderiam ser denominados "pensamentos" ou "conceitos", sendo esses os ingredientes a partir dos quais as crenças são formadas. Essa não é uma ambiguidade no uso de Locke do termo "ideia"; antes, ele sustenta, como uma questão de teoria, que os itens mentais que entram na mente pela percepção sensível são – após certo tipo de processamento – os próprios itens que constituem os materiais básicos do pensamento e da crença.

Deixando de lado emoções e estados sensoriais, ficamos, então, com os aspectos intelectuais e volitivos da mente, enfatizados por Locke e também por uma orientação dominante na recente filosofia da mente, a saber, a tendência para pensar que um entendimento adequado acerca da mente deve basear-se, em grande medida, sobre a *crença* e o *desejo*. Vejamos como estes aparecem no *Ensaio*.

Crer em algo é crer *que P*, para algum valor proposicional de P. A descrição lockeana dos rudimentos do pensamento é conduzida em termos de "ideias" (considerada em sua função intelectual, antes que em sua função sensorial) e assume que estas são subproposicionais: Locke fala da ideia de *cavalo*, de *homem*, de *brancura*, e assim por diante. Em sua opinião, temos, então, pensamentos subproposicionais, que podemos combinar de um determinado modo para produzir pensamentos proposicionais, tais como o pensamento de que existe um cavalo em certo lugar ou de que poucos homens que conheço possuem armas. Fazemos isso, diz ele, pela ação de "unir" ideias em nossas mentes (E IV.v.2: 574). Como Leibniz salientou, quando junto em minha mente a ideia de *homem* e ideia de *sabedoria*, obtenho o pensamento *homem sábio*, que não é o pensamento *o homem é sábio*, e este último – que realmente é proposicional – permanece inexplicado (Leibniz 1981: 396).

Como que se antecipando a essa crítica, Locke escreve, na Secção 6, que ele não se compromete com o termo "juntar", ou "reunir", e acrescenta: "Essa ação da mente, tão familiar a todo homem que pensa e raciocina, é mais fácil de ser concebida ao refletirmos sobre o que se passa em nós [...] do que ser explicada por meio de palavras" (E IV.v.6: 576). Ele não posssui, em suma, qualquer teoria sobre como os itens subproposicionais são combinados para produzir pensamentos proposicionais.

E sobre as crenças? Como a maioria dos filósofos até cerca de um século atrás, Locke não tenta analisar o conceito de crença. No *Ensaio*, a única caracterização geral da crença é a seguinte:

> O acolhimento que a mente dá a esse tipo de proposição é denominado *crença*, *assentimento* ou *opinião*, que é a admissão ou o recebimento de qualquer proposição como verdadeira, com base em argumentos ou provas que são encontradas para nos persuadir a recebê-la como verdadeira, sem o conhecimento certo de que o seja. (E IV.xv.3: 655)

A expressão "receber como verdadeira" não ajudaria alguém que pretendesse analisar o conceito de crença; neste contexto, Locke está simplesmente tentando distinguir entre crença e conhecimento. Não duvido que, se Locke tivesse tentado explicar, de forma mais geral e profunda, a crença, ele teria oferecido uma análise mais detida para explicar o que é *acreditar que P*, dizendo que é *ter em mente o pensamento de que P* [é o caso] e também [...] algo adicional que faz, ou causa, alguém realmente crer que P, mais do que apenas "acolher" o pensamento de que P. Mas eu não posso apoiar essa suspeita nos textos de Locke.

Ao menos em uma passagem, Locke salta sobre esses dois tipos de obstáculos, do subproposicional ao proposicional e do acolhimento à crença. No início do *Ensaio*, no estágio em que apenas ideias elementares, não processadas, não "reunidas", foram introduzidas, e que por vezes têm sido denominadas de "percepções", Locke escreve: "A mente possui, em muitos casos, um poder para reviver percepções que teve outrora, com essa percepção adicional que lhes é anexada, a de que ela as teve anteriormente" (E II.x.2: 150). Nesse estágio de sua exposição, ele não se compromete com a forma "percepção de que P", em que P é proposicional.

Embora um pensamento proposicional seja, em certo sentido, composto de componentes subproposicionais, não se segue que a melhor maneira de explicar o que é ter um pensamento proposicional seja por meio de uma descrição de alguma operação sobre pensamentos subproposicionais. E, embora o pensamento proposicional seja um gênero do qual a crença é apenas uma espécie – como Locke dá a entender quando fala de itens que "produzem na mente acolhimentos tão diferentes, os quais denominamos *crença, conjectura, suposição, dúvida, hesitação, desconfiança, descrença* etc." (E IV.xvi.9: 663) –, não se segue que o melhor modo de explicar o que é crer que P seja em termos do acolhimento do pensamento de que P e do fazer algo adicional com ele, o que distingue a crença das outras espécies no gênero. Com efeito, essas consequências que não se seguem, de acordo com as contemporâneas teorias "funcionalistas" da mente, não são verdadeiras. Tais teorias partem da noção de crença; e se dizem alguma coisa sobre o gênero "acolhimento", ou sobre pensamentos subproposicionais, é com base e com o auxílio de sua descrição do que é crer que P. Se o procedimento dessas teorias é melhor, então as duas omissões de Locke foram inevitáveis: ele não poderia, satisfatoriamente, ir das ideias para as proposições, e destas para as crenças, pois, em cada um dos casos, essa é a ordem errada.

A tese de que os itens proposicionais são, de certo modo, mais básicos do que os itens subproposicionais foi assumida por Kant quando ele derivou sua lista de doze conceitos privilegiados a partir de uma lista de doze tipos privilegiados de proposições. Ela foi explicitamente declarada e aplicada, pela primeira vez, por Frege, e tem tido alguma circulação desde então. O primado da crença na filosofia da mente tornou-se usual mais recentemente, por conta da concepção "funcionalista" de que uma descrição dos conteúdos ou aspectos envolvidos em que-P da mente deve começar com uma descrição da função que os conceitos de crença e de desejo desempenham na explicação do comportamento. É parte essencial dessa posição que a crença e o desejo devem ser introduzidos e explicados conjuntamente: não existe qualquer possibilidade de começar com uma e, em seguida, introduzir a outra. Nada remotamente semelhante a isso parece ter ocorrido a Locke ou a qualquer de seus contemporâneos. Por certo, ele sabia que crenças e desejos, conjuntamente, levam à ação (veja E ll.xxi.58-70: 272-82); o que não lhe ocorreu, e tampouco a ninguém até cerca de um século atrás, é que se pode usar esse fato como um ponto de partida para uma explicação sobre a natureza da crença e do desejo.

VOLIÇÃO

O tratamento de Locke do desejo constitui um tema no mais longo capítulo do *Ensaio*, que se intitula "Do poder". Seu tema dominante é a questão sobre se e em que sentido a vontade é livre. Esse é um documento seminal na literatura do compatibilismo: Locke argumenta extensamente que a verdade do determinismo é consistente com tudo aquilo que razoavelmente cremos sobre nós mesmos: a questão crucial é se "o homem é livre", ao que se pode responder afirmativamente, de modo consistente com o determinismo. Em suma, uma pessoa é livre se não houver qualquer impedimento, tanto para fazer o que ela quer ou decide fazer, quanto para não o fazer; e, diz Locke, não existe qualquer problema adicional em relação à questão de se alguém é livre *em* seus desejos ou escolhas. Muitos pensam que tal problema adicional existe, e Locke oferece diversas sugestões sobre o que poderiam ter em mente, liquidando rapidamente cada uma das sugestões. Eles podem pensar, por exemplo, diz Locke, que as necessidades da moralidade e da dignidade humana não são satisfeitas, a não ser que a vontade seja livre, ao que ele responde que dizer ou negar que a vontade é livre não faz sentido, uma vez que ela é uma faculdade e não uma coisa.[1] Locke dedica a essa discussão vinte páginas de um gênero diferente, nas quais ele desenvolve uma teoria sobre como, ou por que, a vontade é determinada. Essa é uma teoria para todos os propósitos, uma teoria sobre o que impele as pessoas a agir voluntariamente. Por certo, as pessoas possuem todos os tipos de razões para as suas ações, mas Locke pensa que todas as circunstâncias motivadoras têm em comum algo não trivial, e que ele sabe o que é: todas as ações voluntárias procederam de alguma "inquietação" que a pessoa está tentando aliviar.

É bastante claro que Locke pensava que isso era uma verdade quase óbvia. O pensamento subjacente é o seguinte: quando ajo, estou tentando

1 Não constitui acaso algum que uma das primeiras publicações de Gilbert Ryle, que popularizou a noção de "erro categorial", foi uma monografia sobre Locke (Ryle 1933).

causar um estado de coisas S, e minha tentativa de fazer isso é ininteligível, a não ser que eu esteja insatisfeito com minha atual condição não S. Minha inquietação torna-me ciente de que a não obtenção de S é insatisfatória para mim – ela é o meu sentimento de algo estar errado –, e minha ação é uma tentativa de aliviá-la por meio da obtenção de S. Por exemplo, se eu caminhar para o outro lado da sala, isso deve ser porque prefiro estar lá mais do estar aqui; pois minha atual localização é inferior à ideal para meu ponto de vista; na terminologia de Locke, isso significa que minha localização atual torna-me "inquieto", e tento, então, aliviar a inquietação por mover-me.

Leibniz percebeu que deve haver algo de errado com isso (Leibniz 1981: 188-89). Se a ação voluntária deve ser sempre uma tentativa de aliviar uma insatisfação na condição presente de alguém, o auge da satisfação implicaria uma perfeita inatividade; mas nós todos sabemos que a inatividade é uma grande fonte de miséria. Entretanto, como mostra sua própria teoria rival, Leibniz não chega à raiz do problema, que consiste no seguinte. Uma vez admitido que as ações voluntárias devem refletir uma preferência por alguns futuros possíveis acerca de X, o valor relevante de X não é *o presente*, mas *alguns outros futuros possíveis*. Algumas vezes, por exemplo, alguém age de modo a causar um futuro que, em algum aspecto satisfatório, será exatamente como o presente.

Locke atribui importância, de modo evidente, a sua teoria da "inquietação" da ação. Por quê? O que ele pensa que ela faz por ele? Bem, na primeira edição do *Ensaio*, ele desenvolve uma teoria diferente, a saber: as volições procedem das percepções do que é bom ou, antes, do que seria bom se assim se sucedesse.[2] Na segunda edição, ele mudou, de modo permanente, sua opinião sobre isso, e chegou a pensar que uma simples

---

2 A versão da primeira edição do *Ensaio* II.xxi.28-60 é impressa, na edição de Nidditch, com as notas no rodapé das páginas 248-73. O ponto decisivo é: "*o bem supremo é aquilo que unicamente determina a vontade*" (E II.xxi.29 [1a. ed.]: 251n) e "a preferência da mente [é] sempre determinada pela aparência do bem, de um bem superior" (E II.xxi.33 [1a. ed.]: 256n).

percepção ou crença acerca do que é bom não pode, por si só, incitar uma pessoa à volição ou à ação. Seu tratamento do "maior bem", na primeira edição, torna puramente cognitivo o determinante da volição e da ação, e Locke parece ter chegado a pensar que isso pode não estar correto e que algo especificamente conativo – algo motivacional – deve ser acrescentado. Esse item motivacional é a *inquietação*:

> Retornemos, pois, à questão, *o que é que determina a vontade em relação às nossas ações*? E repensando melhor a questão, estou apto a imaginar que não é, como geralmente se supõe, a perspectiva de maior bem, mas alguma (e, na maior parte, a mais premente) *inquietação* que um homem está sujeito no momento. Isso é o que determina sucessivamente a vontade e nos leva às ações que executamos. Podemos denominar essa *inquietação* de *desejo*, que é uma *inquietação* da mente devida à falta de um bem ausente. Todas as dores do corpo e intranquilidades da mente, seja de qual tipo forem, são *inquietações*. (E II.xxi.31: 250-51)

Locke parece considerar sua explicação inicial não como equivocada, mas, antes, como incompleta: ele havia omitido a ligação vital entre crenças sobre o bem e a vontade. Assim: "É verdade que [a ideia de] o bem e o mal, quer estejam presentes ou ausentes, operam sobre a mente, mas o que determina imediatamente a *vontade*, de tempos em tempos, em relação a cada ação voluntária, é a *inquietação* do *desejo*, fixada em algum bem ausente" (E II.xxi.33: 252; veja, também, E II.xxi.35: 252-54). Observe a palavra "imediatamente". Note também que, quando Locke está argumentando que sua explicação da liberdade nos oferece tudo aquilo que poderíamos razoavelmente esperar (cf. especialmente a secção 48), ele enfatiza os pensamentos sobre o bem, e não a inquietação, como um determinante de nossas volições. Essa é a evidência de que ele pensa a inquietação como um acréscimo a sua teoria anterior, não como uma substituição da mesma.

Locke possui algumas razões empíricas para rejeitar a teoria da primeira edição do *Ensaio*. Em particular, ele pensa que ela é refutada por fatos sobre o modo como as pessoas fazem coisas que elas acreditam que irão impedi-las de alcançar bens infinitamente maiores (veja as Seções 56-70). Mas ele também considera que a teoria está virtualmente correta, como já expliquei.

Onde o desejo se encaixa em tudo isso? Locke, algumas vezes, o identifica com a inquietação (E II.xx.6: 230-31; E II.xxi.31-32: 250-51), mas essa não parece ser sua opinião segura, considerada. Ele escreve: "Todas as dores do corpo e intranquilidades da mente são *inquietações*: e com elas o desejo está sempre associado, como na dor ou na *inquietação* sentida, que é raramente distinguível do desejo" (E II.xxi.31: 251]. As expressões "associado a" e "raramente distinguível" descarta uma identificação, embora Locke acabe por turvar as águas ao dizer: "Pois o desejo nada é senão uma *inquietação* na falta de um bem ausente [...]" (ibid.).

Em apenas uma passagem, Locke claramente infere que a inquietação causa o desejo: "Onde quer que exista *inquietação*, existe *desejo*: pois desejamos constantemente a felicidade; e o tanto que sentimos de *inquietação* sentimos, é certo, de [= falta de] felicidade" (E II.xxi.39: 257). A inquietação é desagradável, por isso todos desejam livrar-se dela. Estou certo que essa não é a teoria principal de Locke sobre como o desejo está relacionado com a inquietação. Se fosse, ele seria confrontado com a seguinte questão: quando desejo nadar dois quilômetros e meio, e em seguida beber um *cappuccino* e falar de filosofia, como eu sei que é isso o que eu desejo? De acordo com a presente teoria, o que eu mais imediatamente quero é livrar-me de um estado de inquietação, mas considero aquelas outras coisas como desejadas, porque sei que sua obtenção é o caminho para libertar-me dessa inquietação particular. Como faço para saber qual é o remédio para aliviá-la? Existem respostas possíveis a essa questão, mas nenhuma plausível.

A melhor e, provavelmente, a mais considerada concepção de Locke é a de que os estados de inquietação são causados por desejos. Isso é sugerido, embora não enfaticamente afirmado, no seguinte texto: "A inveja é uma inquietação da mente, causada pela consideração de um bem que desejamos [...]" (E II.xx.13: 231). O que exatamente isso significa depende da maneira que entendemos a expressão "consideração de um bem que desejamos". As passagens a seguir, no entanto, não são ambíguas: "isso originará o desejo e lhe dará uma *inquietação* proporcional, o que determina sua *vontade*" (E II.xxi.56: 270). "O *bem*, o *bem supremo*, apesar de ser apreendido e reconhecido como tal, não determina a vontade, até que o nosso desejo, proporcionalmente impelido, nos torne inquietos diante de sua falta" (E II.xxi.35: 253).

Creio que Locke pretende dizer não apenas que os desejos insatisfeitos causam inquietação, mas, além disso, que é assim que eles causam atos da vontade e, desse modo, ações. Ele parece não fazer qualquer distinção real entre o desejo e as crenças sobre o que seria bom; ele está dizendo que o desejo e/ou as crenças podem ser efetivas para causar volições somente pela mediação de estados de inquietação. Se existissem desejos (ou crenças sobre o que seria bom) que, de algum modo, não gerassem inquietação, esses desejos não teriam qualquer efeito sobre a ação.

Devemos elogiar a percepção de Locke de que ele tinha aqui um problema, a saber, o problema de explicar como uma representação mental de um futuro estado de coisas pode ter poder efetivo sobre o comportamento de alguém. É típico da profundidade e do rigor de muitos de seus pensamentos não confiar, de modo condescendente, na ideia de que, *certamente*, os desejos contenham proposições e que *certamente* geram a ação; em vez disso, ele tenta explicar o modo como esses dois elementos estão conectados. Não se pode dizer que ele foi bem-sucedido, apesar de tudo. Para essa tarefa, creio eu, ele teria que recomeçar no espírito do funcionalismo do século XX, mencionado no final da secção anterior. Isso envolveria começar com a ideia de crença como aquilo que explica o comportamento e, assim, como aquilo que colabora com os desejos; não haveria qualquer noção de crença estática, de algo que meramente se crê e que não tem qualquer efeito sobre a conduta, exceto enquanto derivado das crenças que têm uma função de orientar o comportamento. Embora essa abordagem não tenha sido plenamente desenvolvida até poucas décadas atrás, ela foi claramente prenunciada na sugestão de F. P. Ramsey de que uma crença é "um mapa [...] por meio do qual nos guiamos" (Armstrong 1973: 3).

Deve ser salientado, entretanto, que essa frutífera abordagem, na qual a crença e o desejo correm em um único arreio, é pouco viável no contexto do dualismo lockeano de propriedades e de conceitos. É difícil colocar o funcionalismo em operação, a não ser como uma forma de materialismo, ou seja, a tese de que os fatos mentais são um subconjunto dos fatos físicos – por exemplo, ter uma crença é ter uma complexa disposição comportamental de um determinado tipo. Locke estava longe de aceitar isso.

MATÉRIA PENSANTE

Embora Locke siga Descartes em seu dualismo de propriedades, ele não aceita um dualismo de substâncias. Ou seja, ele mantém que existe uma separação radical entre as propriedades relacionadas com o mental e as propriedades relacionadas com a materialidade, mas, ao contrário de Descartes, ele pensa que uma única coisa *poderia* ter propriedades de ambos os tipos. Quanto à questão de se alguma única coisa singular *possui* ambos os tipos de propriedade, Locke propõe "Alguma coisa material pensa?" como um primeiro exemplo de uma questão que provavelmente nunca poderemos conhecer a resposta. Ele ignora os argumentos que Descartes oferece a favor de uma resposta negativa.

No *Ensaio* II.xxiii.15-18 e 22-32, Locke defende a noção de uma substância *imaterial* pensante, mas isso não está em sério conflito com sua posterior defesa da possibilidade de uma substância material pensante. Na discussão do Livro II, Locke não está supondo que existem coisas pensantes e, então, perguntando se são extensas ou não. Antes, ele está enfrentando o materialista radical – talvez Hobbes –, que questiona inteiramente a categoria de pensamento, e está argumentando que realmente existem coisas pensantes. Ele não argumenta, e tampouco precisa argumentar, que coisas pensantes são imateriais. Ele frequentemente diz que elas são imateriais, empregando esse adjetivo quatorze vezes; mas doze dessas ocorrências foram acrescentadas na quarta edição do *Ensaio* (1700). Michael Ayers sugeriu-me que tais acréscimos podem ter representado uma vigorosa resposta à acusação do Bispo Stillingfeet, um ano antes, de que Locke era um materialista. Esses acréscimos turvam as águas e deveriam ser ignorados.

É em uma longa seção do Livro IV que Locke, admitindo a existência de coisas pensantes, enfrenta a questão de se tais coisas são ou não extensas (E IV.iii.6: 539-43). A noção de matéria que pensa é difícil de engolir, admite ele, mas a noção de uma coisa real que não possui extensão é igualmente difícil de ser deglutida, de modo que a posição razoável é aquela do agnóstico:

> Quem considerar o quão difícil é conciliar, em nosso pensamento, a sensação com a matéria extensa, ou a existência com algo que não possui

extensão, confessará que está muito longe de saber, ao certo, o que sua alma é. [...] e quem quiser [...] examinar a parte obscura e intrincada de cada uma das hipóteses, dificilmente verá sua razão capaz de se determinar firmemente a favor ou contra a materialidade da alma. (E IV.iii.6: 542)

Não nos deteremos ante a questão de qual seria a dificuldade concernente a coisas reais inextensas. Iremos nos concentrar no outro lado do dilema. Locke diz que o pensamento – ou a sensação – é "difícil de conciliar com a matéria extensa", sugerindo a existência uma contradição na noção de matéria pensante. Mas seu dualismo de propriedade, ou de conceitos, implica que não existam implicações ou contradições entre propriedades, ou conceitos, mentais e materiais, de modo que qualquer descrição de uma substância *qua* substância extensa deve deixar um espaço lógico para a adição de itens mentais à descrição.

Às vezes, Locke diz virtualmente mais, como na observação de que a solidez e o pensamento, ambos, são apenas "ideias simples, independentes uma da outra" (E II.xxiii.32: 314). Ele não deveria ter dito que as ideias de pensamento e de solidez são "simples" em seu sentido: de acordo com sua própria apresentação, a solidez é um "modo", o que significa que ela é logicamente complexa. Todavia, seu fundamento dualista implica que as ideias não se sobrepõem logicamente e que, assim, elas são simples uma em relação à outra. Segue-se que não pode existir dificuldade conceitual na ideia de uma coisa sólida pensante; e Locke, em sua correspondência com Stillingfleet, muito se aproxima de uma argumentação como essa.

Quando Locke diz que é difícil "conciliar" o pensamento com a matéria, ele provavelmente quer apenas dizer que é difícil entender como um pensamento de uma coisa poderia estar conectado com suas propriedades físicas. Mesmo com uma rígida separação lógica entre o mental e o físico, ainda permanece a questão de se a natureza material de um animal possui alguma conexão causal – menos que uma necessidade absoluta – com o seu pensamento. Locke duvida: ele fala de "não encontrarmos a *cogitação* nos poderes da matéria" (E IV.iii.6: 542). Mas ele não infere que a matéria não pensa, pois ele considera que a matéria poderia pensar por meio da intervenção divina, antes que por meio de seus próprios poderes naturais (veja, por exemplo, E IV.iii.6: 540-41).

Dependência da mente em relação à matéria

A questão sobre o pensamento e os "poderes naturais" da matéria consiste no problema de saber se fatos mentais dependem de fatos físicos, ou seja, se todas as mudanças mentais são vinculadas e causalmente explicadas por mudanças físicas correspondentes. Locke não tem qualquer hesitação pós-cartesiana sobre a interação causal entre mente e matéria. Vimos que Locke concede que a mente possa agir sobre a matéria, e ele não tem, em princípio, qualquer objeção para permitir um fluxo causal em sentido contrário. Mas, quanto a se todas as mudanças corporais *efetuam* mudanças mentais, ele prefere não entrar na questão.[3] No início do *Ensaio*, Locke diz que não tratará de questões como

> por quais movimentos de nossos espíritos, ou alterações de nossos corpos, chegamos a ter alguma sensação por meio de nossos órgãos, ou quaisquer ideias em nosso entendimento; e se, em sua formação, algumas ou todas as ideias dependem ou não da matéria. (E I.i.2: 43)

Locke não parece realmente ser um agnóstico em relação à questão de se as ideias de sensação dependem meramente de estados corporais. Ele escreve: "as ideias no entendimento são coevas com a *sensação*; esta é um movimento ou impressão causada em alguma parte do corpo de modo a produzir alguma percepção no entendimento" (E II.i. 23: 117). Locke diz que não podemos saber se minhas percepções são iguais às dos outros, "pois a mente de um homem não pode passar para o corpo de outro homem a fim de perceber as aparências que foram produzidas por esses órgãos" (E II.xxxii.15: 389). E ele diz que eu não posso perceber uma coisa externa a não ser por meio de algum contato espacial com meu corpo, pois toda a causalidade material se dá por meio do impacto – uma linha de argumento que pressupõe que eu não posso perceber algo a

---

3 Os textos principais são E II.x.5: 151-52; E IV.x.5-6: 620-21; E IV.x.10: 623-24; E IV.x.16-17: 627-28. Veja, também, E II.i.15: 112-13.

menos que eu seja causado a isso por meio de alguma mudança em meu corpo (E IV.ii.11: 536).

Todavia, nada disso implica uma dependência completa do mental em relação ao físico; e, com efeito, Locke evita aceitar isso. Ele diz (e como poderia negar?) que existe provavelmente uma dependência parcial em outras áreas mentais que a das ideias da sensação:

> se porventura é o temperamento do cérebro que produz essa diferença [da memória], de que, em alguns, ele retém os caracteres nele gravados como em um mármore, em outros como em um arenito, e em outros como em pouco mais que areia, eu não irei aqui investigar, embora pareça provável que a constituição do corpo tenha eventualmente influência sobre a memória; uma vez que frequentemente observamos uma doença privar a mente de todas as suas ideias. (E II.x.5: 152; veja, também, E II.xxvii.27: 347)

Mas isso impede exatamente a dependência completa, e é claro que Locke pretendia isso. A tese da dependência completa era objeto de intenso debate no século XVII. Leibniz negava que eventos mentais pudessem ser causalmente explicados em termos de eventos no cérebro:

> a percepção [...] não pode ser explicada em termos de princípios mecânicos, isto é, por meio de figuras e movimentos. Se fingirmos que existe uma máquina cuja estrutura a faz pensar, sentir e ter percepção, então podemos concebê-la aumentada, mantendo as mesmas proporções, de modo que nós poderíamos entrar dentro dela como em um moinho. Suponha que assim o façamos: então, se inspecionarmos seu interior, encontraremos lá nada mais que partes que empurram uma à outra, e jamais algo que pudesse explicar uma percepção. (Leibniz 1875-90: 6:609; veja, também, Leibniz 1981: 66-67)

Isso repousa na suposição de que toda causação física se faz por meio do impacto, que o pequeno difere do grande somente em tamanho e que o impacto unicamente não pode ser suficiente para explicar o pensamento. Essas três suposições são tendenciosas. É particularmente lamentável que Leibniz não explique ou defenda a terceira suposição.

Locke alcançou a mesma conclusão por meio de um argumento mais interessante do que o de Leibniz. Ele trata sua concepção sobre isso, em algumas passagens, como óbvia (veja, por exemplo, E IV.x.10: 623-24), mas, em uma das passagens em que afirma que o mental não pode ser causado a existir em um mundo não mental por meio de uma mudança no arranjo material, ele declara já "ter provado" isso (E IV.iii.6: 541). Com efeito, a "prova" ocorre sete capítulos adiante (em E IV.x.1-19: 619-30), onde Locke discute a existência e a natureza de Deus.

Tendo argumentado que existe, desde toda a eternidade, um ser pensante que é a fonte de todo outro pensamento no universo, Locke então considera se esse poderia ser material. Após rejeitar certas versões dessa ideia, ele chega finalmente a isso: "resta unicamente [supor] que *algum determinado sistema de matéria*, devidamente reunido, seja esse *ser eterno pensante*" (E IV.x.16: 627). Locke toma isso como a tese de que o universo contém pensamento porque, e somente porque, um determinado sistema material possui uma estrutura e um modo de operação que o causa ser uma coisa pensante. As operações dessa estrutura devem ser puramente mecânicas, sem a ajuda de um interventor pensante; pois estamos discutindo uma teoria sobre a origem de *todo* o mental no universo: se existissem alguns arquitetos ou guardiães, esses seriam como que um resultado das operações do sistema material que estamos agora a discutir, e assim eles não poderiam ajudar o sistema a operar inicialmente.

Locke argumenta que nenhum sistema de matéria poderia alcançar esse feito. Seu argumento não apenas se refere à questão de se Deus é uma coisa material, mas também àquilo que para muitos de nós constitui uma questão mais interessante, a saber, se o mental pode depender completamente do comportamento não auxiliado da matéria. O argumento consiste de uma *reductio* a partir da hipótese de que um determinado sistema material causa a si mesmo ter pensamento, o que é a fonte de todo outro pensamento. Nesse caso, diz Locke:

> Se o pensamento depender do movimento de suas partes, todos os pensamentos devem ser inevitavelmente acidentais e limitados; desde que todas as partículas que causam pensamento por meio do movimento são, cada uma delas, em si mesmas, sem qualquer pensamento e não podem regular seus próprios movimentos, e ainda menos serem reguladas pelo pensamento do todo; desde que o pensamento não é a causa do movimento (pois deveria, então, ser antecedente a este e, assim, seria sem

> este), mas sua consequência; pelo que a liberdade, o poder, a escolha e todo pensamento ou ação racionais e sábias seriam totalmente excluídos; de sorte que tal ser pensante não seria nem melhor nem mais sábio que a pura matéria cega; pois reduzir tudo aos movimentos acidentais e desgovernados da matéria cega, ou ao pensamento dependente de movimentos desgovernados da matéria cega, é a mesma coisa; para não mencionar a estreiteza de tais pensamentos e do conhecimento que devem depender do movimento de tais partes. (E IV.x.17: 627)

Esse argumento, o que quer que esteja fazendo, evidentemente não assume que a mecânica do impacto de século XVII deve ser a verdade final na física, ou que as leis que governam o muito pequeno devem ser as mesmas que as leis que governam as coisas grandes; assim, ele possui duas vantagens em relação ao argumento de Leibniz. Mas como ele opera?

O argumento pode ser considerado como que afirmando a existência de algum tipo de regularidade ou ordenação, tal que: (1) o pensamento digno do nome deve possuí-la; (2) algo que a possui não pode ser causado por algo que não a possui; e (3) nenhum movimento de partes da matéria pode possuí-la, a não ser que estejam sob a orientação do pensamento.

Para avaliar o argumento, devemos saber que tipo de regularidade Locke tem em mente. Não pode ser meramente regularidade. Locke sabia perfeitamente que existem sistemas ordenados e regulares de matéria que não são guiados por mentes – por exemplo, relógios. Nem poderia haver um grau muito elevado de complexidade ordenada, ou algo do tipo. Locke deveria saber que a complexidade ordenada do comportamento de um sistema material depende simplesmente da complexidade ordenada de sua estrutura, e Locke parece não acreditar que possa existir, em princípio, qualquer limite superior a ela; ele apenas infere que não é "*provável* [...] que um cego concurso fortuito de átomos, não guiado por um agente dotado de entendimento, pudesse *frequentemente* constituir os corpos de alguma espécie de animal" (E IV.xx.15: 716; itálicos meus). A possibilidade de tal ocorrência seria suficiente, de acordo com essa interpretação, para destruir o argumento de Deus.

Se o argumento procede, Locke deve ter em mente algum *tipo* de regularidade. O único candidato plausível que posso encontrar é o tipo *teleológico*. Nesse caso, o argumento segue assim: (1) o mental envolve essencialmente a teleologia, pois a mente se orienta pelos possíveis futuros que levam as pessoas a fazer coisas com o intuito de provocar vários fins, o que a dota, pois, de "liberdade, poder, escolha"; a natureza teleológica do mental é a fonte da possibilidade "do pensamento e da ação racionais e sábios; (2) não pode existir qualquer finalidade orientada concernente aos movimentos da matéria que não seja guiada por pensamentos – os "movimentos desgovernados acidentais da matéria cega"; portanto, (3) nenhum tal movimento poderia ser uma causa suficiente para o mental.

O argumento é válido, e muitos filósofos da atualidade endossariam sua primeira premissa: o tipo de mentalidade que está aqui em questão repousa na crença e no desejo; a crença unicamente não pode realizar o trabalho; o desejo é essencialmente teleológico. Mas agora parece que a segunda premissa é falsa: embora ainda reste um trabalho a ser feito sobre isso, acredita-se, de modo amplo e correto, que pode existir um comportamento teleológico, um comportamento que persegue uma finalidade, que seja mecanicamente explicável (veja, por exemplo, Dennett 1978; Bennett 1976).

Não digo que Locke tenha apresentado seu argumento contra a dependência com plena consciência do que ele estava fazendo. Quando ele explica que todos os animais possuem percepção, mas que nenhuma planta a possui, ele chega quase a dizer, embora não afirme explicitamente, que a teleologia aparente das plantas não é real, como se poderia esperar, caso ele sustentasse conscientemente que a teleologia é suficiente para a produção do mental (E II.ix.11: 147-48). E quanto a teleologia ser necessária para o mental: vimos que Locke, em sua explicação da condição humana, despende bastante esforço em uma teoria da volição que parece apontar para uma redução do papel da teleologia, ou pelo menos da efetividade teleológica.

Todavia, o argumento de Deus parece ter sido guiado pela ideia subliminar de que a matéria não pode causar padrões teleológicos que são necessários para o pensamento. Se não for isso, não conheço outro modo de supor o desenvolvimento do argumento.

Mentes e substâncias

A famosa explicação de Locke sobre a identidade pessoal (E II.xxvii.9-29: 335-48) é, com efeito, uma explicação do que é, para uma mente singular, perdurar através do tempo, ou, para dois eventos mentais, constituírem episódios na vida de uma mente singular. Sua brilhante explicação sobre a "mesma planta" é estendida ao "mesmo animal", que ele assume também se entender ao "mesmo homem". Ou, antes, isso é como ele entende "homem" no início de II.xxvii.8; no final da seção, ele parece permitir que "homem" inclui identidade mental bem como identidade animal, o que provavelmente representa uma transposição da explicação de "mesmo homem", que ele ofereceu na primeira edição do *Ensaio*; e existem complexidades adicionais nas Seções 21-25 (para detalhes e discussão, veja Curley 1982).

Seu tratamento da identidade da "pessoa", por outro lado, é conduzido inteiramente em termos mentalísticos. Para Locke, um homem não é o mesmo que uma pessoa. É o homem que agora caminha em frente à minha casa, o mesmo homem com quem falei ontem ao meio-dia? Isso depende de – e somente de – existir um determinado tipo de continuidade animal que vincula o homem de ontem ao de hoje. Mas, de acordo com Locke, se a pessoa que agora caminha em frente à minha casa é a pessoa com quem falei ontem ao meio-dia, isso depende de um vínculo mental que não possui qualquer ligação conceitual com a continuidade animal. Mesmo que existisse apenas um homem, seria possível existir duas pessoas, e também não é absolutamente impossível que existissem diversos homens e a mesma pessoa. Por causa do modo em que Locke se centra no vínculo mental, seu tratamento da identidade pessoal é, na realidade, uma explicação do que significa para a mente que pensou X em t_2 ser a mente que pensou Y em t_1.

Locke precede seu tratamento da identidade pessoal com uma discussão acerca da identidade de átomos, plantas e animais. Para cada tipo K, ele inicia com uma explicação sincrônica acerca do que é ser um K – uma explicação que omite dizer o que é, para um K, perdurar através do tempo, o que constitui uma explicação diacrônica acerca do que é ser um K. Em cada caso, ele pretende inferir a explicação diacrônica a partir da explicação sincrônica; as inferências não são rigorosamente válidas, mas talvez nem pretendessem ser. A discussão acerca da identidade pessoal inicia da mesma maneira, com um enunciado sincrônico sobre o que é ser uma pessoa:

> é um ser pensante inteligente, que possui razão e reflexão, e que pode considerar a si mesmo como o mesmo ser pensante em diferentes tempos e lugares; assim ele faz, devido unicamente àquela consciência que é inseparável do pensamento e que, como a mim me parece, lhe é essencial; pois é impossível que alguém perceba [algo] sem perceber que percebe. (E II.xxvii.9: 335)

Tendo enfatizado o caráter essencial do pensamento em relação à pessoalidade e da autoconsciência em relação ao pensamento, Locke segue para inferir que a unidade da consciência é necessária e suficiente para a identidade pessoal através do tempo:

> Pois, uma vez que a consciência sempre acompanha o pensamento, e que é isso o que faz com que cada um seja aquilo que denomina de *si mesmo* e, desse modo, se distinga de todas as outras coisas pensantes, é nisso somente que consiste a *identidade pessoal*, a saber, na mesmidade de um ser racional; e até onde essa consciência pode retroceder em direção a qualquer ação ou pensamento passado, aí chega a identidade dessa *pessoa*. (ibid.)

Essa é outra tentativa para obter a explicação diacrônica a partir da explicação sincrônica; não funciona muito bem, todavia Locke tem mais a dizer em defesa de sua explicação diacrônica da identidade pessoal.

A explicação diacrônica, com efeito, considera uma pessoa que perdura no tempo como um tipo especial de agregado de momentos-pessoa (não que Locke empregue tal terminologia). Diferentemente de Hume, Locke não trata cada momento-pessoa como um tipo especial de agregado de itens subpessoais. Hume constrói conceitualmente uma mente que perdura através do tempo, primeiramente por compor momentos-mentais a partir de "percepções" e depois por compor mentes a partir de momentos-mentais. O primeiro passo é omitido por Locke, cuja explicação do que é uma pessoa inicia-se com "um ser pensante inteligente", sem qualquer sugestão de que tal item poderia ser construído a partir de itens subpessoais, e sem qualquer tentativa de dizer o que significa, para dois pensamentos sincrônicos, pertencer à mesma pessoa.

O reexame mais poderoso já realizado sobre a explicação de Locke da identidade pessoal é mais radical do que Locke em relação a esse aspecto. Refiro-me ao "Personal Identity", de H. P. Grice, que é amplamente lockeano naquilo que diz acerca do que faz dois "estados temporários totais" contar como estados diferentemente datados de uma pessoa singular, mas não lockeano quando tenta dizer como dois estados tornam-se estados síncronos de uma pessoa singular (Grice 1941). Locke, por sua vez, parece considerar a unidade e a singularidade de uma pessoa no tempo como originárias, não como um resultado do modo como certos componentes subpessoais se relacionam entre si.

Entretanto, ele trata uma pessoa que perdura no tempo como um agregado de momentos-pessoa. Ele dedica vinte seções a duas coisas: uma bateria de argumentos contrários à pretensão de estabelecer a identidade da pessoa sobre a identidade da substância pensante; e o desenvolvimento de uma concepção positiva sobre o que faz com que os diferentes momentos temporais perseverem juntos como momentos de uma pessoa singular.

Negando que a identidade da pessoa requer a identidade da substância, Locke infere que pessoas não são substâncias. Não obstante, seu significado básico para "substância" é justamente o de "coisa", e ele firmemente diz que uma pessoa é uma coisa pensante. Isso parece ser uma contradição, como mostrou Thomas Reid. A dificuldade se estende mais além. A identidade diacrônica de uma árvore de carvalho não implica a mesmidade da substância, diz Locke, pois um pinheiro pode ter átomos que saem e entram dele ao longo da duração de sua existência; mas é claro que, em outros contextos, Locke classificaria uma árvore como uma substância (veja, por exemplo, E II.xxiii.3: 296 e E II.xxiii.6: 298).

Nesse contexto, um átomo é, evidentemente, uma substância, enquanto uma árvore não é. Parece que aqui, embora em nenhuma outra passagem do *Ensaio*, uma "substância" é um tipo básico de coisa. A distinção geral básico/não básico possui várias espécies, das quais a única que mais provavelmente deve ser relevante aqui é a distinção simples/composto: árvores não são substâncias pela razão que Leibniz antes apontou, a saber, elas são compostos ou possuem partes.[4] Árvores, podemos dizer de modo anacrônico, são quantificadas por Locke unicamente em um nível não básico de sua metafísica, enquanto que substâncias materiais, átomos, pertencem ao nível básico. Ele está dizendo que, o que quer que possam ser coisas pensantes não agregadas, fundamentais, não existe uma forte razão para crer que uma pessoa singular contenha apenas uma dessas coisas. Uma pessoa singular que perdura no tempo poderia consistir ou resultar de um fluxo contínuo de substâncias pensantes, tal como um carvalho consiste de um fluxo de átomos.

No caso da árvore de carvalho de Locke, sabemos que a realidade subjacente é aquilo que conceitualizamos quando dizemos "este é o mesmo carvalho", ou seja, sabemos o que está envolvido na existência continuada de uma árvore de carvalho; sabemos, assim, que isso não envolve a persistência de uma ou mais substâncias. Por outro lado, no caso da pessoa que perdura no tempo, nós não sabemos o que a realidade subjacente é. Pois tudo que sabemos, diz Locke, é que é possível que, de fato, cada pessoa envolva uma única substância pensante ao longo de sua existência; e ele declara que "a opinião mais provável" é que a identidade pessoal envolve "uma substância imaterial individual" (E II.xxvii.25: 345). Não sou capaz de encontrar qualquer base sólida que ele pudesse oferecer para essa opinião, e talvez nem mesmo Locke pudesse encontrar, pois ele segue prontamente a dizer: "mas deixe que os homens, de acordo com suas diversas hipóteses, se decidam como lhes aprouver". Sua "opinião mais provável" pode ter sido simplesmente uma tentativa para acalmar os conservadores indignados entre seus leitores.

Uma nota sobre "uma substância imaterial individual". Locke deveria permitir – e o *Ensaio* IV.x.15 sugere que ele poderia permitir – a possibilidade de que a identidade pessoal fosse conduzida por uma substância material singular, um átomo de matéria que permaneceu no corpo animal

---

4 A ideia geral é explorada em Alston & Bennett 1988; as espécies simples/compostas são discutidas em Chappell 1990.

da pessoa, entre todo o escoamento dos outros átomos. Locke deveria dizer que Deus poderia, se Ele assim decidisse, dotar um átomo com a capacidade para o pensamento, e poderia, assim, permitir um único átomo conduzir a história mental de uma única pessoa. Mas essa não parece ser uma possibilidade sobre a qual ele tenha dedicado atenção.

Em relação à suposição mais plausível de que o que pensa é (uma parte de) um animal: Locke considera que se isso estiver correto, então certamente a identidade da pessoa não envolve a identidade da substância:

> aqueles que situam o pensamento numa constituição puramente material e animal, vazia de uma substância imaterial, [...] concebem a identidade pessoal como algo preservado em algo mais que a identidade da substância; tal como a identidade animal é preservada na identidade do vivente e não na identidade da substância. (E II.xxvii.12: 337)

Se, de fato, é o animal que pensa, e assumindo que Locke está correto em relação aos animais, existe tal coisa como uma substância pensante? Considere um animal pensante em um momento – desconsiderando questões sobre a persistência através do tempo, ou seja, a identidade diacrônica – e pergunte: não estaremos aqui diante de um momento transitório de uma substância pensante? Penso que a resposta de Locke seria negativa, apoiada na premissa de que um animal em um momento não constitui uma substância em um momento, pois ele é um agregado e, por isso, não é básico. Mas não estou seguro acerca disso e não posso encontrar qualquer evidência de que Locke se pôs tal questão.

Embora ele pareça sustentar que a suposição "uma pessoa [é] uma substância" somente é razoavelmente defensável se a substância for imaterial, Locke firmemente nega o condicional converso (E II.xxvii.12: 337). A mera hipótese de que pessoas envolvem essencialmente substâncias imateriais não implica que cada pessoa envolve apenas uma única substância imaterial, diz ele, a não ser que possamos "mostrar por que razão a identidade pessoal não pode ser preservada na mudança das substâncias imateriais ou na variedade das substâncias imateriais particulares". Ele está a sugerir que uma pessoa poderia ser como uma monarquia, na qual diferentes reis reinassem, um de cada vez, ou então como uma comissão, na qual o poder é exercido, em cada momento, por certo número de membros. Ou, é claro, ela poderia ser como ambas ao mesmo tempo, o que seria uma perfeita comparação com o modo como uma árvore se relaciona com seus átomos constituintes.

A MESMA MENTE

Vimos o bastante sobre aquilo que, conceitualmente, a identidade pessoal, ou mental, não é. O que, de acordo com Locke, ela é? Bem, ele diz que a identidade de uma pessoa (ou de uma mente) através do tempo depende de algum tipo de unidade da consciência. Ele parece estar seguro de que essa consideração se ajusta melhor a certas intuições pessoais sobre esse tópico. Na seguinte passagem, por exemplo, temos aparentemente a expectativa de encontrar a linha de pensamento intuitivamente irresistível:

> Embora a mesma substância imaterial, ou a alma por si só, [...] constitua o mesmo homem, é claro que a consciência, tão longe quanto possa se estender até época passadas, reúne, numa mesma pessoa, existências e ações muito distantes no tempo, bem como o faz em relação às existências e ações do momento imediatamente anterior. Assim, o que quer que a consciência possua de ações presentes e passadas, é à mesma pessoa que ambas as ações pertencem. Tivesse eu a mesma consciência de ter visto a Arca e o dilúvio de Noé, como tenho de que vi uma inundação do Tamisa no último inverno, ou como tenho ao escrever neste momento, não poderia ter qualquer dúvida de que eu, que agora escrevo isto, que vi a inundação do Tamisa no último inverno e que presenciei a inundação cataclísmica do dilúvio, seria o mesmo *eu* – situe esse *eu* na substância que quiser –, tal como eu que agora escrevo isto sou o mesmo *eu próprio* neste momento enquanto escrevo [...]. (E II.xxvii.16: 340-41)

O que torna isso plausível, ao que parece, é o seguinte raciocínio: tenho reminiscência de tais e tais experiências; que outro fundamento posso ter para considerar essas experiências como minhas, mais do que lembrá-las agora – ou seja, o fato de existir uma consciência singular que reconhece ambas, as minhas reminiscências e o meu presente estado de consciência? "Se excluirmos totalmente a consciência de nossas ações e sensações, especialmente as do prazer e da dor, e do interesse que as acompanham, será difícil saber onde situar a identidade pessoal" (E II.i.11: 110).

De certo modo, a análise de Locke da identidade pessoal é muito forte, pois ela implica que a pessoa que é F em t_1 não é a pessoa que é G em t_2, a menos que a pessoa que é G em t_2 tenha a reminiscência em t_2 de ter sido F em t_1. (Existe uma virtual unanimidade entre os leitores de Locke de que aquilo que ele denomina unidade de consciência entre um tempo anterior e um tempo posterior é meramente a memória episódica.) Isso torna a identidade pessoal demasiado restrita para se ajustar às nossas ideias e intuições normais sobre ela, pois sabemos muito bem que esquecemos coisas que experienciamos.

Como Butler e Reid notaram, essa característica da análise interfere mesmo com a transitividade da identidade: existe uma multidão de casos em que a teoria implica que X é Y e Y é Z, mas X não é Z. Em suma, a identidade é transitiva desde que alguma relação, tal como "lembrar" ou "é uma reminiscência de", seja não transitiva, e, por isso, esta última não pode constituir toda a verdade analítica sobre a primeira.

Uma defesa contra isso foi desdobrada na revisão de Grice da teoria de Locke (Grice 1941). Ela enfraquece o *analisan*, em primeiro lugar, por requerer não a consciência de ser F em t_1, mas apenas a consciência de ser, em algum estado, em t_1, e então, em seguida, por incorporar a transitividade na consciência. Penso que é plausível supor que cada um desses passos constituía parte da intenção de Locke. A análise resultante diz que

> Se (i) a pessoa que é G em t_2 recorda em t_2 ter tido algum estado mental s em t_1, e se (ii) S em t_1 era parte da mesma consciência momentânea que aquela que incluía ser F em t_1, então (iii) a pessoa que é G em t_2 é a pessoa que era F em t_1.

Acrescente, como parte da análise, que a identidade é transitiva, e os piores contraexemplos irão desaparecer. Para obter o resultado de que o general aposentado não é a pessoa que foi açoitada por roubar maçãs quando era menino, precisamos sustentar não somente que o general não pode agora recordar o incidente, mas que ele não pode recordar qualquer estado de si mesmo anterior àquele em que ele estava no momento quando ele podia recordar o açoitamento, ou que ele existia em um momento em que ele podia recordar um estado ainda anterior ao que ele se encontrava no momento em que ele recordava o açoitamento, ou [...], e assim por diante. Não seria exasperadamente implausível dizer que, se o general está tão separado do açoitamento, não foi ele que foi açoitado.

A segunda defesa possível é dizer meramente que a pessoa que é F em t_1 é a pessoa que é G em t_2, se a pessoa que é G em t_2 *puder* recordar ter sido F em t_1. (Ou isso poderia ser acrescentado ao enfraquecimento discutido. Ou seja, uma análise singular poderia envolver a transitividade, a coconsciência em um tempo singular, *e* a possibilidade.) O que parece ser, por vezes, a concepção real de Locke, como se evidencia nas seguintes passagens:

> ter uma consciência que não pode alcançar além desse novo estado. (E II.xxvii.14: 338)

> a consciência, tão longe quanto possa ser estendida [no tempo], [...] reúne existências e ações [...] numa mesma pessoa [...]. (E II.xxvii.16: 340)

> Aquilo com que a *consciência* dessa coisa pensante presente pode se juntar, produz a mesma *pessoa* [...]. (E II.xxvii.17: 341)

> Se existir qualquer parte da sua existência que eu não possa unir, por meio da memória, com essa consciência presente [...]. (E II.xxvii.24: 343)

> suponha um homem que é punido agora pelo que ele fez numa outra vida, da qual ele não podia ter, de modo algum, consciência [...]. (E II.xxvii.26: 347)

Os modais nessas e em outras expressões sugerem que a análise pretendia não depender de uma consideração acerca da consciência real, mas de sua possibilidade. Isso poderia permitir que a análise satisfizesse uma série de contraexemplos que, de outro modo, ela estaria sujeita.

Se a análise faz isso, e de que modo o faz, depende de que tipo de modal está envolvido. Pode ser lógico, conceitual. Mas a única base que posso encontrar para isso é o significado de "reminiscência", do qual se extrai o enunciado analítico: se recordo ter sido F em t_1, então eu era F em t_1. Isso deve implicar a verdade do enunciado: se eu não era F em t_1, então eu *não posso* recordar ter sido F em t_1 – o que é equivalente ao enunciado: se algo não possui três lados, então *não pode* ser um triângulo; e assim, por contraposição, obtemos: se eu posso recordar ter sido F em t_1, então eu era F em t_1. Essa leitura da análise a reduz, entretanto, a uma circularidade viciosa: ela se propõe a nos oferecer "Sou eu que era F em t_1" por meio de "Eu posso recordar ter sido F em t_1", mas a verdade desta última pode ser conhecida somente por meio do conhecimento de que eu era F em t_1.[5]

Por isso, a modalidade em questão deveria ser causal; a tese deverá ser: para a pessoa que é F em t_1 ser a aquela que é G em t_2, depende do que é causalmente possível para a pessoa que é G em t_2 recordar ter tido alguma experiência em t_1.

Essa noção acerca do que a mente pode fazer em um determinado momento deveria ser parte de qualquer explicação sobre o mental. É uma noção que Locke possui de modo demonstrativo, não somente em relação ao que uma dada mente pode fazer em um determinado momento, mas também em relação a suas capacidades e incapacidades mais permanentes. É manifesto em sua polêmica contra o inatismo, em que ele diz que "os homens, apenas pelo uso de suas faculdades naturais, podem obter todo o conhecimento que possuem" (E I.ii.1: 48), que aquilo que "as almas dos homens [...] trazem com elas ao mundo" não são ideias, mas apenas "suas faculdades inerentes" (E I.ii.2: 491) e que "existem tendências naturais impressas na mente dos homens" (E I.iii.3: 67). Tudo isso deve ser entendido, presumivelmente, em termos causais.

Locke não está bem situado para nos falar sobre os poderes causais da mente, especialmente sobre quais são as características intrínsecas da mente em virtude das quais ela possui esses poderes. Esse é uma daquelas questões que ele decididamente é relutante em se "intrometer"; e ela envolve essencialmente uma questão que ele diz não poder responder, ou seja, se um momento-mental é um momento de uma substância imaterial, ou de uma substância material (um átomo), ou de um animal.

5 Esse é um dos vários pontos bem assinalados por Flew 1951.

Assim como a análise de Locke sobre a identidade pessoal, por um lado, parece ser muito forte, por outro lado, ela é muito fraca. Isso implica que, se X tem a experiência F em t_1, e Y em t_2 é consciente de ter experienciado F em t_1, então X é Y. De acordo com uma interpretação, isso significa que, se

> Y estiver em um estado ulterior que traz todas as marcas internas de ser um estado da memória e que representa uma experiência semelhante a F,

então [...] etc. Isso torna a tese sobre a identidade pessoal demasiadamente generosa, pois podemos pensar que meu estado de memória contém uma representação de uma experiência que [p. 112] era anteriormente sua, não minha. De acordo com outra interpretação, significa que, se

> Y realmente recordar ter experienciado F em t_1,

então [...] etc. Isso torna a tese verdadeira, mas lhe subtrai todo o potencial para elucidar a identidade pessoal; pois "Y realmente recorda F em t_1" implica que Y experienciou F em t_1, ou seja, que a pessoa que experienciou F em t_1 *foi Y*, de modo que o *analisans* tem contido dentro de si mesmo todo o *analisandum*.

A melhor maneira de satisfazer essa acusação de indevida fraqueza é modificar a análise, de modo a se dizer que, se

> o estado de Y em t_2 incluir uma representação do tipo F, cuja ocorrência na mente de Y é um efeito da ocorrência de F na mente de X,

então [...] etc. Isso poderia ser um primeiro passo em direção a uma teoria causal da memória, a qual, quando acrescentada ao restante do que Locke possui, gera uma teoria causal da identidade pessoal.[6] Penso que essa teoria causal possui uma chance favorável de ser verdadeira, embora não possa

---

6 Para as teorias causais contemporâneas da memória e da identidade pessoal, veja, respectivamente, Martin & Deutscher 1966 e Perry 1976.

encontrar o menor indício dela nos textos de Locke. Em todo caso, ele somente poderia tê-la apresentado de uma maneira resumida e esquemática, pois ele se recusa a ter qualquer opinião sobre a natureza da mente.

A CONTINUIDADE DA MENTE

Descartes sustentava que o pensamento constitui toda a essência da mente, enquanto a extensão, toda a essência da matéria. Isso o comprometia com dois bicondicionais, a saber: para todos os valores de X, é necessário que

> X é uma mente quando e somente quando X pensa
> e
> X é uma parte de matéria quando e somente quando X é espacialmente extenso.

Locke aceita metade de cada um desses dois bicondicionais e rejeita a outra metade. Concordando que toda matéria deve ser extensa, ele diz que é possível existir coisas extensas que não são materiais, a saber, extensões de espaço vazio. Concordando que tudo aquilo que pensa é uma mente, ele nega que tudo aquilo que é uma mente no tempo t deve estar pensando durante o tempo t, isto é, que "o pensamento real é inseparável da alma, assim como o é a extensão real em relação ao corpo" (E II.i.9: 108). Mesmo se o pensamento for "a ação própria da alma", não se segue, e não é verdade, que a alma está "sempre pensando, sempre em ação" (E II.i.10: 108).

Esse ponto encontra-se perto do início do *Ensaio* II.i.10-19, onde Locke se empenha em argumentar que "a alma não pensa sempre". Acerca dessa questão, Locke está disposto a tomar, como seu ponto de partida, seu próprio conhecimento de que, na noite passada, ele sonhou enquanto dormia; durante esse tempo, diz ele, sua alma não estava pensando.

Entramos novamente aqui na questão que Locke não pode responder: que tipo de coisa é uma alma ou uma mente? Quando ela está inativa, ou não está "em ação", em que consiste sua realidade? Locke não responde a essa questão, e suspeito que nem mesmo a tenha levantado. Ou seja, ele parece não trabalhar com qualquer ideia forte de alma, mente ou pessoa, como uma coisa que existe continuamente. Em seu tratamento da identidade pessoal, ele emprega uma frase como: "se o mesmo *eu* persiste na mesma ou em substâncias diferentes" (E II.xxvii.9: 335) e "continua em uma sucessão de diversas substâncias" (E II.xxvii.10: 336; veja, também, E II.xxvii.25: 345-46 e E II.xxvii. 29: 348). Contudo, não posso encontrar nesse capítulo (E.II.xxvii), ou em qualquer outra passagem do *Ensaio*, alguma noção operante de continuidade mental que vai além da mera possibilidade de reidentificação de uma mente, alma ou pessoa singular em diferentes momentos. O conceito de *pessoa* poderia permitir essa reidentificação por meio de uma diferença ontológica; e, embora eu não possua qualquer evidência de que Locke acreditava que existam tais diferenças, nada parece refletir, em seu pensamento, uma sólida convicção de que não existam.

Quando a identidade diacrônica de outros tipos de coisas está em questão, a história é diferente:

> um átomo, isto é, um corpo contínuo sob uma superfície imutável, [...] deve continuar a ser enquanto sua existência perdurar. (E II.xxvii.3: 330)
>
> uma determinada organização dessas partes, ajustada para receber e distribuir o alimento, de modo a continuar e formar a madeira, a casca, as folhas etc. de um carvalho [...], que continua sendo a mesma planta enquanto participar da mesma vida [...], partes essas da mesma planta durante todo o tempo que existirem unidas nessa organização continuada. (E II.xxvii.4: 331)
>
> o que constitui um animal e faz com que continue sendo o mesmo. Temos algo semelhante a isso nas máquinas [...]. Se supuséssemos essa máquina como um corpo contínuo, cujas partes estivessem todas reparadas [...] por uma constante adição ou separação de partes imperceptíveis, com uma vida comum, então teríamos algo muito semelhante ao corpo de um animal. (E II.xxvii.5: 331)

Em relação a átomos, plantas e animais, Locke insiste na continuidade através do tempo. Isso se põe em contraste com seu tratamento da identidade diacrônica da mente, no qual a continuidade não é mencionada e, a partir dos exemplos de Locke, parece não ser requerida. Assim, se solicitássemos a Locke que nos dissesse de que modo coisas podem possuir uma mente quando esta não está pensando – por exemplo, quando seu possuidor está sonhando –, sua resposta estaria em concordância com o matiz geral de sua filosofia da mente se ele dissesse: "Enquanto o homem está dormindo e não está sonhando, não existe qualquer tal objeto como sua mente ou sua alma. A realidade fundamental naquele momento consiste em um animal dormente que pode, quando recebe certos estímulos, começar novamente a pensar". Isso representa a abreviação de um longo caminho do tipo de materialismo que encontra aprovação na maioria dos filósofos anglófonos atuais, mas um passo avante nesse caminho.

Além disso, representa um passo que pode ser dado de modo consistente com o dualismo de propriedades e de conceitos que Locke herdou de Descartes. Mesmo mantendo essa forma de dualismo, Locke poderia ter tomado a posição de que não existe tal coisa como uma mente, e que os usos coloquiais de "mente" consistem apenas de maneiras de falar sobre a vida mental dos animais.[7]

[7] Para uma exploração mais extensa de algumas das questões aqui discutidas, veja Perry 1975.

5 A filosofia da linguagem

Paul Guyer

I

A primeira referência de Locke à linguagem na "Carta ao Leitor", no início de seu *Ensaio sobre o Entendimento Humano*, sugere meramente uma insistência baconiana, pragmática, de que devemos nos esforçar por clareza na linguagem, uma vez que a obscuridade da fala é uma fonte frequente, ainda que evitável, de confusão teórica: "A maioria das questões e querelas que causam perplexidade ao gênero humano depende do uso duvidoso e incerto das palavras ou (o que é o mesmo) de ideias indeterminadas que se designam com palavras" (E Epis: 13). Essa afirmação não implica que alguém precisa de uma teoria sobre a linguagem para evitar tais problemas, mas apenas de um grau especial de cuidado em seu uso ordinário. Outras passagens poderiam também ser consideradas como sugerindo uma posição baconiana, livre de qualquer teoria linguística específica:

> Com efeito, os homens têm concepções grosseiras e confusas, às quais aplicam as palavras vulgares da sua língua; e tal uso vago que fazem das palavras serve-lhes bastante bem em seus discursos e ocupações habituais. Mas isso não é suficiente para as investigações filosóficas. O conhecimento e o raciocínio exigem ideias determinadas e precisas. [...] A multiplicação e a obstinação das disputas, que causaram tanto estrago no mundo intelectual, não são devidas a nada mais senão a esse mau uso das palavras. (E III.x.22: 503-4)

De fato, existe muito mais em relação à concepção de Locke acerca da linguagem do que tais observações sugerem. Locke não recomenda, meramente, cuidado no uso das palavras. Antes, ele propõe uma teoria que pretende mostrar que certos tipos de confusão situam-se em uma deficiência inerente na própria natureza da linguagem e da classificação, e que essa "imperfeição" da linguagem somente pode ser reparada se esse fato for claramente entendido. A discussão teórica de Locke acerca da natureza da linguagem e da classificação e sua discussão acerca das imperfeições da linguagem e seus remédios não constituem dois temas separados, mas partes de um único argumento.

A discussão de Locke acerca do significado das palavras é, em geral, parte de seu ataque às ideias platônicas que estavam sendo retomadas no século XVII. Sua discussão específica acerca da classificação é parte essencial de seu ataque à visão de mundo aristotélica que ele, junto com todos os grandes cientistas e filósofos do século XVII, estava tentando solapar. De acordo com a concepção de Locke acerca da classificação, a confusão não surge do mero desmazelo no discurso, mas de falsas suposições sobre o significado dos termos gerais. O projeto de Locke no Livro III do *Ensaio* é substituir suposições tanto platônicas quanto aristotélicas com uma descrição mais precisa do significado de nomes, especialmente de termos gerais e de conceitos classificatórios que eles conotam (capítulos II-VI).[1] Com base nessa teoria, Locke então diagnostica "imperfeições" no uso da linguagem que realmente são inerentes ao modo em que ela opera (capítulo IX), catalogando a seguir meros "abusos" que não dependem de uma particular teoria da linguagem (capítulo X) e, por fim, prescreve estratégias para limitar essas inevitáveis imperfeições, ainda que elas não possam ser evitadas simplesmente como meros abusos (capítulo XI). Assim, a estratégia de Locke é complexa: ele pretende remover as confusões filosóficas que surgem a partir de uma falsa concepção da linguagem, especialmente da linguagem classificatória, mas ele também pretende mostrar-nos que uma concepção verdadeira acerca de seu uso revela as deficiências inerentes ao ideal de comunicação perfeita por meio da linguagem – entretanto, não dispomos, é claro, de qualquer outro meio para a comunicação.

---

[1] Locke não assume realmente que todas as palavras são nomes, e dedica um capítulo (VII) do Livro III aos termos sincategoremáticos ou "partículas", em vez de nomes. Tal capítulo, no entanto, não contribui muito para a principal linha teórica e de diagnóstico do Livro III, que pode ser entendida mais adequadamente como uma teoria de nomes do que como uma teoria do significado linguístico em geral (veja Kretzmann 1968: 178-80). Não tratarei sobre o capítulo VII neste ensaio.

O ataque de Locke ao aristotelismo procede, particularmente, em duas frentes principais. Em primeiro lugar, Locke ataca a suposição subjacente de que as qualidades dos objetos que são mais manifestas em nossa experiência perceptiva também deveriam ser as mais fundamentais na explicação científica. A teoria aristotélica dos elementos, por exemplo, colocou as propriedades perceptivamente manifestas, como o quente e o frio, o úmido e o seco, na base de suas explicações; Locke argumenta, entretanto, com base na hipótese corpuscular, que essas características perceptivamente manifestas de nossas ideias dos objetos não podem ter qualquer semelhança com as características dos objetos que causam nossas ideias acerca deles. Uma ideia como a de frio pode não representar uma qualidade positiva dos objetos, mas somente uma privação de outra qualidade (o calor), e, em geral, ideias tais como temperatura de qualquer grau, bem como cor, paladar, odor, e assim por diante, não carregam qualquer semelhança com as qualidades primárias, ou com os aspectos de forma, tamanho, número e movimento das partículas imperceptíveis, que constituem as supostas causas de nossas ideias acerca dos objetos (veja E II.viii: 132-43). A explicação científica, argumenta Locke, deve operar, pelo menos em princípio, em termos de qualidades primárias, mesmo que as assim chamadas qualidades secundárias sejam mais manifestas em nossa experiência atual.

Em segundo lugar, Locke ataca a suposição aristotélica de que a classificação de objetos naturais em classes ou espécies reflete a existência natural ou objetiva de um número determinado de "formas substanciais" fixas ou imutáveis (E III.vi.10: 445), ou de um "certo número de formas ou moldes, nos quais todas as coisas naturais existentes são moldadas e dos quais todas, igualmente, participam" (E III.iii.17: 418). Locke argumenta que, quando usamos termos gerais para agrupar coisas em classes ou espécies, nós não pretendemos descobrir determinadas espécies que existem independentemente de nossa própria atividade classificatória, mas estamos escolhendo, entre as muitas inumeráveis semelhanças (como também, é claro, dessemelhanças) que são encontradas entre os objetos particulares que compõem a natureza, aquelas que serão centrais em nosso próprio esquema classificatório. Locke declara:

> Não queria que imaginassem que esqueço, e muito menos que nego, que a natureza, na produção das coisas, as faz, a muitas delas, semelhantes; nada é mais óbvio, sobretudo nas raças dos animais e em todas as coisas que se propagam por semente. Apesar disso, penso que podemos dizer que a classificação das coisas de acordo com nomes é *obra do entendimento, o qual aproveita a ocasião da similitude* que observa entre elas para formar ideias gerais abstratas e fixá-las na mente, com nomes que lhe são anexados, como modelos ou formas [...] aos quais as coisas particulares existentes, enquanto se encontram conformes, tornam-se de tal ou tal espécie. (E II.iii.13: 415)

Somente pelo reconhecimento do papel que nossas próprias escolhas dos critérios definidores desempenham na constituição das espécies, conclui Locke, poderemos vir a perceber como as disputas científicas e filosóficas originam-se, muitas vezes, de definições rivais da espécie em discussão, e como é importante não somente o devido cuidado, mas também o acordo com os outros em relação à definição – e, portanto, à constituição – das espécies.

Pode parecer que existe um conflito entre o primeiro golpe de Locke contra o aristotelismo e este segundo golpe. Pois, enquanto o ataque de Locke contra a concepção aristotélica da explicação científica nega qualquer privilégio às qualidades perceptivelmente manifestas dos objetos, sua alternativa à concepção aristotélica da classificação científica parece insistir no emprego de características perceptivelmente manifestas dos objetos em vez de alguma forma substancial pela qual os objetos são classificados. Locke insiste que "as próprias coleções que os homens fazem de qualidades sensíveis constituem as essências dos diversos tipos de substâncias" (E III.vi.24: 452), que "nós não poderíamos razoavelmente pensar que a classificação de coisas sob nomes gerais fosse regulada por [suas] reais constituições internas, ou por outra coisa que por suas aparências manifestas" (E III.vi.25: 452). Veremos que uma consequência da descrição convencionalista de Locke acerca da relação entre palavra e objeto – uma descrição que, na realidade, retrocede ao próprio Aristóteles – é que os significados das palavras devem ser constituídos por propriedades conhecidas de objetos, e não por propriedades desconhecidas, e assim, em um estado de conhecimento científico muito imperfeito, por características óbvias da aparência sensível, mais do que por qualquer outra coisa; mas veremos também que uma consequência da descrição de Locke acerca da generalidade é que ainda devemos decidir, por nós mesmos, quais são as propriedades dos objetos que devem ser reconhecidas quando os classificamos no interior de espécies, sem importar o quanto podemos vir a conhecer sobre eles e nem o quanto podemos ulteriormente aprender acerca de suas propriedades não manifestas: mesmo que (*per impossibile*, como Locke, de modo pessimista, supõe) estivéssemos completamente cientes do nível mais diminuto da constituição atômica das coisas, ainda teríamos que escolher quais as características dessa constituição iremos assumir como base de nossas classificações. A doutrina de Locke, então, é a de que, embora nossos sistemas de classificação sempre estejam baseados naquilo que atualmente conhecemos sobre os objetos, sem importar o quanto conhecemos, nunca encontraremos qualquer coisa que nos remova do fardo da escolha no que tange à própria constituição dessas classificações. Sua teoria da generalidade e da classificação permanece, pois, implacavelmente antiaristotélica.

II

Locke começa a estabelecer as premissas para sua argumentação sobre a linguagem com uma insistência na importância da comunicação entre os seres humanos: sua suposição mais fundamental é a de que "o bem-estar e as vantagens da sociedade não são realizáveis sem a comunicação de pensamentos" (E III.ii.1: 405). Disso ele infere que um usuário da linguagem requer não somente a capacidade de produzir uma variedade de sons articulados repetíveis, o que, afinal, um mero papagaio possui, mas também "que ele pudesse ser capaz de utilizar esses sons como sinais de concepções internas e os estabelecesse como marcas das ideias no interior de sua própria mente, por meio das quais essas ideias poderiam se tornar conhecidas aos outros" (E III.i.2: 402). Dizendo isso, Locke está insistindo em um ponto que remonta ao próprio Aristóteles, que afirmou que "os sons articulados são símbolos das afecções na alma, e as marcas escritas são símbolos dos sons articulados" (Aristóteles 1984: 1:25). Mas o uso que Locke faz dessa concepção tradicional tem como finalidade solapar a suposição acrescentada por Aristóteles, a saber, que, embora os "sons articulados" "não sejam os mesmos para todos os homens", "aquilo que, primariamente, esses sinais – das afecções da alma – referem, é o mesmo para todos os homens" (ibid.). Locke argumentará que, uma vez que nossas palavras são, em primeira instância, expressões de nossas próprias concepções sobre as coisas, não podemos simplesmente assumir que significamos automaticamente a mesma coisa que outros falantes de nossa língua, mas devemos ter grande cuidado para assegurar que esse resultado altamente desejável, mas também contingente, se realize.

Locke estabelece a base para esse argumento no capítulo II do Livro III do *Ensaio*. Em primeiro lugar, ele enuncia uma premissa que está implícita na afirmação de Aristóteles – que talvez tenha sido dirigida contra a concepção do *Crátilo* de Platão –, a saber, que não existe qualquer "conexão natural" entre "sons articulados particulares e determinadas ideias", mas unicamente uma conexão convencional, feita pelo homem, ou uma "imposição voluntária, por meio da qual uma determinada palavra é tomada arbitrariamente como a marca de uma determinada ideia" (E III.ii.1: 405).[2] No entanto, Locke acrescenta a essa concepção aristotélica uma inferência que será de grande importância: se as palavras não possuem significados naturais, mas apenas aqueles significados que nós falantes atribuímos a elas, então seu significado não pode assentar em algo que é desconhecido para nós, mas deve ser extraído a partir de nosso próprio estoque de

---

2 A afirmação de que o significado das palavras é convencional, antes que natural, pode ser traçada até Aristóteles (veja Ashworth 1988: 155-57). A concepção convencionalista do significado foi aceita durante o período escolástico, enquanto a concepção alternativa, de que as palavras possuem um único e determinado significado natural – às vezes denominada "teoria adâmica do significado", que supõe que Adão, antes da queda, deve ter falado a verdadeira linguagem natural –, foi brevemente popular nos séculos XVI e XVII, antes que Locke recolocasse novamente o convencionalismo na corrente principal da filosofia. Locke argumenta contra a teoria adâmica (cf. Aarsleff 1982 e Brandt 1988), mas esse não é o seu ponto principal; seu ponto principal é, antes, que a concepção aristotélica da convencionalidade do significado tem, em si mesma, implicações antiaristotélicas, principalmente acerca da classificação.

conhecimento. "Uma vez que as palavras são sinais voluntários, elas não podem ser sinais voluntariamente atribuídos por um falante a coisas que ele desconhece" (E III.ii.2: 405).

Em segundo lugar, Locke afirma – seguindo o argumento de Thomas Hobbes, embora não a terminologia – que não existe apenas um uso que se pode fazer com nomes, mas dois: "os homens utilizam essas marcas, quer para registrar os seus próprios pensamentos, a fim de auxiliar sua própria memória, quer para revelar suas *ideias* e as apresentar aos outros" (ibid.).[3] A partir dessa dupla alegação sobre a finalidade do uso dos nomes, Locke extrai, então, a inferência de que "*as palavras, em sua imediata e primária significação, nada significam senão as ideias na mente de quem as usa*" (ibid.). Aparentemente, sua inferência é que, se as palavras são utilizadas para registrar e evocar nossas ideias ou para comunicar nossas ideias aos outros, então elas somente podem fazer isso em razão de serem sinais daquelas ideias que elas registram ou comunicam; e se registrar e comunicar são as principais funções da linguagem, então representar ideias deve ser a principal função das palavras, qualquer outra função sendo secundária e presumivelmente dependente desta.

Essa inferência provocou uma grande quantidade de críticas a Locke, até mesmo a ironia de críticos como John Stuart Mill, que argumentou que, "quando digo 'o Sol é a causa do dia', eu não significo que a minha ideia de Sol causa ou excita em mim a ideia de dia" (Mill 1973-74: 25). O ponto é que, mesmo se admitirmos que a nossa posse de ideias é uma condição necessária do uso de sons articulados com significado,

---

3 Hobbes argumentava que usamos nomes, em primeiro lugar, como um instrumento de auxílio à memória, de modo a recordar à mente pensamentos anteriores e, em segundo lugar, como instrumento de comunicação, de modo a revelar os nossos próprios pensamentos aos outros. Ele chamou esses "registros" do primeiro tipo de "marca" e os do segundo tipo de "sinais", apesar de não naturais ou convencionais, antes que sinais naturais – a fumaça é um sinal natural do fogo; o som de um alarme é um sinal não natural ou convencional (Hobbes 1981: 192-97). Locke segue Hobbes na substância de sua doutrina, mas não em sua terminologia, pois que ele emprega os termos "marca" e "sinal" de modo intercambiável.

certamente não é o caso de que estejamos, normalmente, a falar *sobre* essas ideias ou a elas fazendo *referência*. Com efeito, pode-se argumentar que, mesmo se nosso propósito é o de comunicar as nossas ideias para os outros (a função que as palavras têm de registrar ideias fica, de modo geral, de fora dessa discussão), são as nossas ideias *sobre as coisas* que estamos, usualmente, tentando comunicar, e esse propósito será cumprido de modo mais satisfatório com as palavras que se referem a *essas coisas*. E mesmo nos raros casos em que realmente desejamos chamar a atenção dos outros para as nossas próprias ideias, esse objetivo parece ser mais bem realizado por meio da utilização de palavras que significam as coisas às quais nossas ideias se referem, talvez porque os outros somente podem aprender sobre os significados de nossos termos por meio das conexões desses termos com objetos publicamente acessíveis. De modo mais geral, alega-se que a tese de Locke tem consequências metafísicas e epistemológicas implausíveis. Primeiro, ela nos compromete com a ideia de que o nosso uso de termos com significado sempre deve ser acompanhado por um fluxo de ideias que a introspecção nem sempre revela. E, no que concerne à epistemologia, a concepção de Locke parece conduzir a um ceticismo radical. Para saber que outro falante significa algo por meio de suas palavras, devemos saber que ele possui ideias; e para conhecer o que ele quer significar, devemos conhecer quais são as ideias que ele possui. Mas as ideias dos outros estão "todas no interior de cada um, invisíveis e escondidas dos outros" (E III.ii.1: 405) – com efeito, é por isso que precisamos, antes de mais nada, de palavras –, e isso significa que jamais podemos conhecer o que outra pessoa pretende significar ou mesmo se ela pretende significar alguma coisa.

É bastante evidente que Locke não afirma que nossas palavras se referem *apenas* às nossas ideias antes que às próprias coisas, e pode ser que, ao dizer que nossas palavras "significam" ou "representam" nossas ideias, ele efetivamente não está dizendo que essas palavras se refiram às nossas ideias. Antes, Locke está argumentando que nos referimos às coisas por meio das ideias sobre elas que associamos com os nossos nomes para as coisas. Ele deixa isso claro em uma passagem que não é tão frequentemente citada como a famosa declaração de III.ii.2:

> o objetivo da linguagem em nossa conversação com os outros consiste principalmente em três coisas: primeiro, dar a conhecer os pensamento ou ideias de um homem a outro; segundo, fazer isso com tanta facilidade e rapidez quanto possível; e, terceiro, por meio disso, conduzir ao conhecimento sobre as coisas. A linguagem é mal utilizada ou deficiente quando falha em qualquer uma dessas três finalidades. (E III.x.23: 504)

Comentadores recentes têm sugerido fundamentos tanto filológicos como filosóficos para uma interpretação da descrição de Locke da significação em torno dessa linha. Mas agora iremos considerar alguns dos elementos da concepção de Locke que deixam claro que sua afirmação não é, de modo algum, tão disparatada como pensam alguns de seus críticos. Para isso, devemos lembrar um ponto que os mais recentes defensores de Locke não enfatizaram. Embora Locke claramente creia que nossas palavras se refiram a objetos, e não apenas a ideias, e que transmitir informações sobre tais objetos constitui um uso fundamental das palavras, ainda que não sua "significação primária", é também parte central de sua tese que a conexão entre palavras e coisas é indireta ou secundária, antes que primária. Como os críticos têm observado, isso tem uma consequência cética: se as nossas palavras significam imediatamente somente nossas próprias ideias, e representam os objetos exteriores, bem como as ideias dos outros, apenas de modo indireto, então nós jamais poderemos ter, realmente, a certeza de que os outros significam exatamente a mesma coisa que nós, ou que estão dizendo a mesma coisa que nós sobre um objeto, e seria melhor ter cuidado em assumir apressadamente que eles assim o fazem. Mas essa consequência cética dificilmente constitui uma refutação da concepção de Locke: em vez disso, ela constitui exatamente a lição prática que Locke deseja que aprendamos com a sua investigação teórica.

A pesquisa histórica recente tem deixado claro que o termo de Locke "significação" não significa o mesmo que o nosso termo contemporâneo "referência"; não se deve supor, pois, que Locke pretendesse argumentar que nossas palavras se *referem*, primariamente, às nossas próprias ideias. Em vez disso, "significar" (*significare*) é um termo técnico da tardia filosofia medieval da linguagem, um termo que significa algo muito geral, a saber, representar algo de algum modo para a faculdade cognitiva, o que inclui, pois, funções como *expressar*, *manifestar* ou *tornar conhecido*, que se aplica tanto ao significado quanto à referência (Ashworth 1981: 309-11, 314). O elemento específico da direcionalidade, a intenção do falante de chamar a atenção do ouvinte para um objeto específico, que faz parte de nosso conceito de referência, não fazia parte da noção geral de significação. Autores escolásticos argumentaram que existiriam vários significados possíveis para as palavras, ou coisas que as palavras poderiam tornar conhecidas, incluindo a própria palavra, o falante, a ideia do falante e o objeto referido pelo falante, ainda que a atenção estivesse focada nestes dois últimos, a ideia e a coisa da qual a ideia está relacionada (Ashworth 1981: 310). Diferentes autores divergiam sobre a ordem de prioridade entre esses significados das palavras, alguns argumentavam que um falante torna sua ideia conhecida primeiramente por tornar uma coisa conhecida para outro, enquanto outros autores sustentavam que um falante torna uma coisa conhecida por tornar sua ideia conhecida, caso em que a ideia seria o significado primário e a coisa, o significado secundário. No século XVII, muitos autores preferiram a última concepção, embora nem sempre oferecessem quaisquer argumentos acerca disso; assim, Franco Burgerdijk, um autor utilizado por Locke, sustentava que "proferimentos articulados significam, primária e imediatamente, conceitos da mente; pois significam também coisas, mas por intermédio de conceitos" (Ashworth 1981: 324). Locke é atualmente considerado como vinculado a essa tradição. Assim, sua alegação seria a de que as palavras, que em nosso sentido podem muito bem *referir* a coisas, *tornam conhecidas*, com isso, quais ideias um falante possui, a saber, as ideias das coisas às quais as palavras se referem; e, com efeito, esse é o único modo que as palavras dão a conhecer os objetos que o falante tem a intenção de referir – assim, a significação das ideias é primária, enquanto a significação das coisas é secundária, no sentido de que a primeira é o meio para a última. Mas Locke, certamente, não estaria inferindo que um falante pretende, de modo explícito, fazer referência as suas próprias ideias e, tampouco, que ele não poderia fazer referência a nada senão as suas próprias ideias.

Devemos destacar dois pontos sobre essa concepção. Em primeiro lugar, não parece provável que Locke tenha meramente adotado uma concepção que ele encontrou nos manuais mais recentes de sua época; em vez disso, sua preferência pela concepção de que a palavra está relacionada, enquanto sua significação primária, com a ideia e, enquanto sua significação secundária, com as coisas, radica-se no nível mais fundamental de sua filosofia, em sua própria teoria das ideias, ou seja, na alegação de que as ideias são os objetos imediatos de nosso pensamento. Em segundo lugar, o fato de uma palavra significar uma coisa somente pela mediação de uma ideia não é meramente uma trivialidade técnica, mas explica por que não podemos automaticamente assumir que as ideias que alguém associa com suas palavras necessariamente expressam, de modo preciso, seja as ideias dos outros, seja a natureza das coisas.

O primeiro ponto, mas não o segundo, tem sido enfatizado em recente comentário filosófico sobre a tese de Locke. Tem-se, pois, argumentado que, apesar do argumento de Locke a partir dos objetivos da comunicação não ser bem-sucedido em inferir que nossas palavras se referem somente, ou mesmo primariamente, às ideias, sua teoria representativa das ideias implica que as ideias são sempre os objetos imediatos de nosso pensamento, ademais de elas mesmas constituírem, ao mesmo tempo, sinais das coisas – sinais naturais, antes que convencionais –, por meio dos quais as palavras que estão associadas com as ideias não somente podem se tornar, mas também inevitavelmente se tornam, sinais das coisas.

A alegação geral de Locke sobre a natureza representativa das ideias compreende duas teses: (1) que as coisas nunca nos são apresentadas diretamente, mas somente por meio de ideias intervenientes, como também (2) que as ideias, naturalmente e evidentemente, representam coisas além delas mesmas, embora não necessariamente a totalidade ou mesmo os aspectos mais importantes da natureza das coisas. Diz Locke: "chamo *ideia* a tudo aquilo que a mente percebe em si mesma, ou que é objeto imediato da percepção, do pensamento ou do entendimento" (E II.viii.8: 134); disso ele infere que "é evidente que a mente não conhece as coisas imediatamente, mas somente pela intervenção das ideias que possui acerca delas" (E IV.iv.3: 563; veja, também, E IV.xxi.4: 721). Assim, a representação das coisas sempre é, na melhor das hipóteses, indireta, e uma vez que nunca poderemos pensar sobre coisas senão de modo indireto, é óbvio que não podemos usar sinais para recordá-las ou referi-las aos outros senão também de modo indireto. Não obstante, ao mesmo tempo, as ideias (pelo menos as ideias simples e as ideias complexas cuidadosamente formadas a partir de ideias simples) representam intrinsecamente coisas distintas de si mesmas: "as ideias simples [...], uma vez que a mente não pode, de modo algum, formá-las por si própria, [logo] devem necessariamente ser o produto das coisas que operam sobre a mente de maneira natural e que nela produzem percepções ordenadas e ajustadas pela Sabedoria e Vontade de nosso Criador. Disso se segue que [...] as ideias simples representam para nós as coisas de acordo com as aparências que estão ajustadas a produzir em nós" (E IV.iv.4: 563-64). Ideias são sinais naturais das coisas, e as palavras, que são sinais convencionais das ideias, tornam-se, assim, sinais convencionais dos sinais naturais das coisas: as ideias às quais nossas palavras estão conectadas por convenção nos sugerem naturalmente os objetos que as produzem.

Entretanto, a qualificação de Locke de que as ideias nos representam coisas somente "de acordo com aquelas aparências às quais elas estão ajustadas a produzir em nós", tem a intenção de nos lembrar que nossas ideias não nos revelam, sobre seus objetos, tudo aquilo que poderia ser revelado a outros tipos de observadores, por exemplo, os detalhes das qualidades primárias das partículas imperceptíveis. As nossas ideias são, certamente, efeitos de objetos, enquanto estes são suas causas, mas elas não se assemelham as suas causas em todos os modos possíveis e, por isso, nos transmitem uma informação limitada e indireta sobre a natureza de seus objetos. A teoria representativa das ideias implica, portanto, que as palavras, enquanto sinais de ideias, também são sinais de objetos, mas como sinais de ideias, não são necessariamente sinais de objetos que revelam tudo aquilo que gostaríamos de saber sobre esses objetos. A teoria representativa das ideias justifica nosso uso das palavras como sinais das coisas e, ao mesmo tempo, nos adverte para o uso cuidadoso das palavras.

Não pode haver qualquer dúvida de que a tese de Locke sobre o significado das palavras pretende inferir que (1) nada podemos dizer sobre as coisas sem possuirmos delas ideias e (2) *aquilo* que podemos dizer sobre as coisas é determinado por *aquelas* ideias que podemos ter das coisas.

A última implicação é de grande importância em sua teoria dos termos gerais, como logo veremos, pois exige que tomemos bastante cuidado em nossa interpretação daquilo que realmente dizemos sobre as coisas quando as designamos pelo nome de uma espécie. Todavia, de modo mais geral, sua afirmação de que nossas ideias constituem a significação primária de nossas palavras, e seu corolário implícito de que as coisas são apenas secundariamente significadas, de modo que nossa referência às coisas é indireta, nos mostram onde se encontra a brecha para o erro. Locke deixa isso claro ao passar imediatamente de sua tese de que as ideias são as significações primárias das palavras para os dois perigos fundamentais, ou "referências secretas", no uso das palavras. Como diz Locke,

> Embora as palavras, tal como são usadas pelos homens, não possam significar, de modo próprio e imediato, nada mais que as *ideias* que estão na mente daquele que fala, no entanto, os homens, em seus pensamentos, atribuem-lhes uma secreta referência a duas outras coisas.
>
> *Em primeiro lugar, eles supõem que suas palavras sejam as marcas das* ideias *também nas mentes de outros homens com quem se comunicam*; pois, de outro modo, falariam em vão e não poderiam ser compreendidos [...] Mas os homens, de modo geral, não se detêm normalmente para examinar se a ideia que têm na mente é a mesma que aquela que está na mente daqueles com quem conversam; pensam que é suficiente empregar a palavra de acordo com o sentido corrente que tem na língua em que falam, o que acreditam fazer; [...]
>
> *Em segundo lugar*, uma vez que os *homens* não pensam que falam *simplesmente* de suas próprias imaginações, mas sim das coisas como realmente são, eles *frequentemente supõem*, portanto, *que suas palavras significam também a realidade das coisas*. (E III.ii.4-5: 406-7)

Assim, Locke diz que, embora as palavras dos falantes individuais signifiquem, "de modo próprio e imediato", somente as ideias desses falantes, nós também supomos, por uma "referência secreta", que as palavras signifiquem tanto as ideias em nossos interlocutores quanto a realidade das coisas. Alguns interpretam isso como a maneira desajeitada de Locke dizer que as palavras, indiretamente, mas de modo legítimo, expressam ideias compartilhadas por uma comunidade de falantes e se referem a coisas exteriores a essas ideias. Entretanto, essa interpretação enfraquece a afirmação de Locke de que, embora possamos, certamente, ser bem-sucedidos em comunicar as nossas ideias aos outros e em fazer referência a coisas, bem como a ideias, nós estaremos abertos à possibilidade de grave erro se assumíssemos que nossas palavras significam o mesmo para os outros que para nós mesmos e que elas expressam a real natureza das coisas, não a existência. A natureza indireta da conexão entre as palavras, por um lado, e as coisas bem como as ideias, por outro, constituiu a imperfeição natural da linguagem, o que exige cuidadoso remédio; mas estamos prontos a ignorar esses problemas se atribuirmos às palavras uma "referência secreta", em vez de assegurar, de modo explícito e cuidadoso, sua correspondência com as ideias dos outros e com a real natureza das coisas – o tanto quanto possível.

O capítulo "Da imperfeição das Palavras" (capítulo IX do Livro III do *Ensaio*) se baseia sobre essa crítica da "referência secreta" de nossas palavras. A tese geral do capítulo é a de que "a própria natureza das palavras torna quase inevitável que muitas delas sejam duvidosas e incertas em suas significações" (E III.ix.1: 475-76). Locke retoma, então, sua original dupla caracterização dos usos da linguagem e diz que, embora exista pouco lugar para o erro quando um indivíduo usa palavras apenas para registrar seus próprios pensamentos, o uso comunicativo da linguagem, de modo inerente, é passível de erro precisamente porque as palavras possuem somente uma conexão convencional com nossas ideias, bem como uma conexão indireta com as coisas:

> O objetivo principal da linguagem na comunicação é o de se ser entendido; por isso, as palavras não servem muito bem para esse fim, nem no discurso civil nem no discurso filosófico, caso alguma palavra não excitar naquele que ouve a mesma ideia que ela representa na mente daquele que fala. Ora, uma vez que os sons não possuem qualquer conexão com nossas ideias, mas toda sua significação é dada a partir da imposição arbitrária dos homens, o que há de *duvidoso* e incerto *em sua significação*, que é a imperfeição que estamos aqui a falar, tem a sua causa mais nas ideias que eles significam do que em qualquer incapacidade que existe em um som, mais do que em outro, para significar alguma ideia: [...] Como as palavras não têm naturalmente significação alguma, aqueles que querem trocar seus pensamentos e manter uma conversação inteligível com os outros homens devem aprender e reter a *ideia* que cada palavra significa. (E III.ix.4-5: 476-77)

Justamente porque não existe uma conexão natural entre uma palavra e a ideia que ela significa, ou qualquer conexão imediata entre uma palavra e a coisa que ela pode referir, não podemos simplesmente assumir que, quando alguém utiliza uma mesma palavra, essa pessoa pretende significar a mesma ideia e, assim, que pretende significar a mesma coisa que nós.

O fato de nossas palavras não possuírem conexões naturais com as coisas, senão que as significam unicamente por meio das ideias sobre as quais essas palavras são voluntariamente impostas, enquanto tais ideias estão escondidas dentro da mente de cada um de nós, constitui a primeira razão pela qual, embora nossa linguagem seja nosso único instrumento para a comunicação das ideias, nós jamais poderemos considerá-la como um meio transparente: a linguagem não pode dar-nos acesso direto às ideias dos outros. Mas existe outro sentido no qual a linguagem constitui uma "imposição voluntária" sobre a realidade: a fim de nos comunicarmos, devemos chegar a um acordo sobre um sistema de classificação, mas a natureza jamais nos ditou tal sistema, e, consequentemente, devemos garantir, por nossos próprios esforços, o acordo no uso de tal sistema. Aqui, também, devemos evitar atribuir simplesmente a nossas palavras uma "referência secreta" à realidade das coisas e, em vez disso, devemos reconhecer a nossa própria atividade. Isso constitui o cerne do argumento de Locke em sua discussão dos termos gerais.

III

Locke inicia sua discussão "Dos Termos Gerais" (capítulo III do Livro III do *Ensaio*) com a observação de que, "uma vez que todas as coisas que existem são particulares, poder-se-ia talvez razoavelmente pensar que as palavras, que devem estar em conformidade com as coisas, também deveriam ser particulares, quero dizer, quanto ao seu significado" (E III.iii.1: 409). A premissa de que existem unicamente particulares na natureza é a base de todo o argumento subsequente de Locke (veja, também, E III.iii.11: 414). Mas, dada sua descrição subjacente dos usos da linguagem, Locke rejeita a inferência de que a nossa linguagem deveria consistir, pois, unicamente de nomes próprios. Primeiramente, empregar tal linguagem, mesmo para registrar os próprios pensamentos de alguém, excederia os limites da capacidade humana – um general capaz de lembrar os nomes de todos os seus soldados sempre será um prodígio, mas nem sequer o "mais amplo entendimento" poderia ser capaz de lembrar os nomes próprios de cada folha ou de cada grão de areia (E III.iii.2: 409). Mas, o que é muito mais importante, o uso apenas de nomes próprios frustraria o propósito comunicativo da linguagem: pelo uso de um nome próprio, eu não seria capaz de comunicar qualquer ideia sobre um particular para outra pessoa a menos que essa pessoa esteja "familiarizada, do mesmo modo que estou, com todas essas mesmas coisas particulares" (E III.iii.3: 410) e, além disso, que ela tenha atribuído os mesmos nomes que também atribuí; mais ainda, por meio unicamente do uso de nomes particulares, alguém jamais seria capaz de comunicar – ou aprender – alguma nova informação sobre particulares e, assim, o uso da linguagem não poderia promover "*o progresso do conhecimento*" (E III.iii.4: 410). Portanto, de modo a realizar suas funções de registrar e comunicar a informação, a linguagem deve empregar nomes gerais e nomes particulares.

Segue-se da tese geral de Locke sobre a significação que nomes ou termos gerais devem significar seus objetos por meio das ideias que estão associadas com esses nomes; mas, além disso, se a natureza contém somente coisas particulares e nenhum objeto, que é ele mesmo geral, então os termos gerais somente podem designar as coisas particulares pela mediação de uma ideia que tem a possibilidade de introduzir a generalidade. Tal ideia é uma ideia abstrata e, assim, Locke argumenta que

> As palavras tornam-se gerais quando são estabelecidas como sinais de ideias gerais; e as ideias tornam-se gerais quando as separamos das circunstâncias de tempo, de lugar e de qualquer outra ideia que possa determiná-las a esta ou àquela existência particular. Por essa via de abstração, elas tornam-se capazes de representar mais do que um indivíduo; cada um dos quais, estando em conformidade com certa ideia abstrata, é (como denominamos) de certa espécie. (E III.iii.6: 410-11)

Como essa concepção acerca das ideias abstratas é a base para o argumento de Locke no restante do Livro III, ademais de ser também controversa – Berkeley a rejeitou violentamente (Berkeley 1948-57: 2:32-33) –, será útil nos deter sobre ela. De acordo com a descrição de Locke, uma ideia abstrata é uma concepção formada por omitir, da própria ideia complexa que constitui a experiência de um objeto particular, características que a determinam a um tempo ou lugar particular, descartando, assim, as características que podem ser compartilhadas com outros objetos particulares que existem em outros tempos e lugares. Locke ilustra isso dizendo que uma criança pode começar com as ideias particulares de sua ama e de sua mãe, nomeadas "ama" e "mamãe", as quais são realmente "como retratos", e, então, observar gradualmente "conformidades de forma e de várias outras qualidades" que essas pessoas possuem entre si, assim como com outros objetos, por exemplo, o pai; desse modo, a criança alcança concepções como a de mulher e, então, de modo mais geral, de ser humano (E III.iii.7: 411). Para fazer isso, a criança deve abstrair, isto é, omitir de sua ideia as características de tamanho, de forma e de cor, por exemplo, que podem distinguir sua mãe de sua ama e, então, de características adicionais, tais como características sexuais secundárias que distinguem essas duas pessoas de seu pai. Locke diz que, na formação de ideias abstratas, separamos de nossas ideias particulares as circunstâncias de tempo e lugar, mas obviamente isso também deve incluir todos os tipos de características que delas dependem, por exemplo, características de estatura e cor do cabelo, as quais não somente diferem entre indivíduos, mas também diferem durante o curso da vida de um mesmo indivíduo.

É claro que esse processo de abstração é completamente ilimitado, pois nada nos diz, de antemão, o quanto de semelhanças entre os objetos particulares, se muito ou pouco, incluir em alguma dada ideia abstrata. O processo de abstração pode ser levado tão longe, de modo a produzir uma única ideia simples que uma variedade de particulares compartilha, tal como sua cor ou odor, ou então pode ser logo interrompido. Mas se o processo é logo interrompido, então existe um número qualquer de lugares que ele poderia parar. Como sugere o exemplo de Locke, o processo de abstração pode revelar características compartilhadas por mulheres, ou continuar a separar somente aquelas características manifestadas em comum por mulheres e por homens;

além disso, esse processo de abstração pode formar ideias do menor número de propriedades compartilhadas, digamos, por seres humanos e por primatas, e de modo mais geral, por seres humanos e por animais, ou mesmo, de modo mais geral ainda, por plantas e por animais, designada pelo "termo mais abrangente, *vivente*", e pode, então, alcançar igualmente as noções mais gerais, como a de corpo, de substância e, finalmente, a ideia de ser (E III.iii.9: 412). O processo de abstração que produz ideias abstratas é uma atividade da mente limitada somente pelos limites últimos das ideias simples irredutíveis; e, assim, as ideias abstratas e, portanto, os termos gerais podem ser criados, os quais irão distinguir alguma similitude que pode ser encontrada entre os particulares, agrupando-os em classes de indivíduos que manifestam essas semelhanças. Termos gerais envolvem, pois, uma "imposição voluntária" em dois sentidos: a conexão entre a palavra e a ideia é somente convencional; todavia, o que é ainda mais importante, a própria ideia abstrata deve ser uma reflexão de nossa própria escolha intelectual de semelhanças relevantes entre objetos individuais. A natureza nos oferece similitudes, mas não pode nos dizer quais delas distinguir com nossas ideias abstratas.

Nossas ideias abstratas definem, pois, classes de objetos individuais que manifestam similaridades naquelas propriedades incluídas na ideia abstrata, e a designação de um particular pelo nome, ou seja, por um termo geral, associado com uma dada ideia abstrata, indica que ele possui aquelas propriedades que estão incluídas nessa ideia abstrata. Ser membro de uma "classe de coisas" ou, como diz Locke, "se a palavra latina agradar mais", de uma espécie (E III.iii.12: 414), significa que um indivíduo manifesta as características que foram selecionadas por alguma ideia abstrata designada por um termo geral. Assim, Locke pode inferir que "*geral* e *universal* não pertencem à existência real das coisas, mas *constituem invenções e criaturas do entendimento*, formadas por ele para seu próprio uso, *que se relacionam somente a sinais*, sejam palavras ou ideias. [...] Quando, portanto, deixamos de lado os pormenores, os gerais que restam são apenas criações de nossa própria atividade, e sua natureza geral nada mais é que a capacidade, que o entendimento lhes comunica, de significar ou representar muitos particulares" (E III.iii.11: 414). E, uma vez que é a ideia abstrata, associada com termos gerais, que define as classes de coisas, e que somos nós que definimos as ideias abstratas, somos nós, portanto, que delimitamos as classes de coisas: "as classes de coisas e, por conseguinte, a classificação das coisas é obra do entendimento, uma vez que é o próprio entendimento que abstrai e forma essas ideias gerais" (E III.iii.12: 415).

Como diz Locke em seu próximo parágrafo (anteriormente citado), "a natureza, na produção das coisas, as faz, a muitas delas, semelhantes" (E III.iii.13: 415); portanto, existe uma base objetiva para nossa observação de "similitudes" entre as coisas. Mas a natureza produz um número indefinidamente vasto de semelhanças entre as coisas. A ama e a mãe são semelhantes entre si de vários modos, em alguns dos quais elas também se assemelham a uma pequena menina, que, por sua vez, de diferentes modos, se assemelha a um pequeno menino, que, por sua vez, de diferentes modos, se assemelha a seu pai, que, por sua vez, ainda de diferentes modos, se assemelha a sua esposa e à ama, os quais, todos eles, de determinados modos, se assemelham a gorilas, e assim por diante, ao que parece, *ad infinitum*. Nada parece existir para nos interromper na proliferação das ideias abstratas que capturam semelhanças entre indivíduos – mas é evidente que devemos parar o processo, de outro modo nossa criação de ideias abstratas e termos gerais tornar-se-ia tão inútil quanto o projeto de nomear somente particulares. Assim, devemos decidir onde parar e quais espécies reconhecer em nosso sistema de classificação. E isso significa que existem semelhanças naturais entre particulares, mas nenhuma classe natural. Somos nós que devemos decidir ignorar, por exemplo, todas as diferenças de tamanho, forma, cor, textura, e assim por diante, entre homens e mulheres e meninos e meninas, quando definimos a espécie "ser humano", e escolher, em vez disso, como nosso critério para pertencer ou ser membro de uma única espécie, algo como o potencial para um acasalamento fértil.

A conclusão de Locke de que as espécies se constituem na operação do entendimento é derivada unicamente da lógica de sua análise sobre a força dos termos gerais, e não possui qualquer relação com suas alegações substantivas acerca das classes de semelhanças que realmente são obtidas entre os indivíduos na natureza ou mesmo com os limites específicos de nosso conhecimento científico acerca dos objetos naturais.[4] A discussão mais detalhada de Locke sobre os nomes gerais de substâncias, no capítulo VI, não deixa isso claro, o que levou seus contemporâneos, assim como comentadores mais recentes, a não entenderem a lógica de sua afirmação. Antes que possamos elucidar a conclusão de Locke, devemos introduzir um conceito que tem sido suprimido dessa discussão, a saber, o conceito de essência.

IV

Locke introduz inicialmente o conceito de essência unicamente em conexão com a ideia de pertencer a (ou ser membro de) uma espécie. "Ter a essência de alguma espécie", estipula Locke, é o que "faz alguma coisa ser dessa espécie"; ele infere, então, a partir de seu argumento que vincula o pertencimento a uma espécie a nossas ideias abstratas, que é "a conformidade à ideia a qual o nome [da espécie] é anexado" que "dá uma correção a esse nome". Assim, "ter a essência" de uma espécie é a mesma coisa que possuir as propriedades que se conformam àquelas propriedades selecionadas pela ideia abstrata que constitui o significado do nome da espécie, e "as *essências* das *espécies*" são, elas mesmas, equivalentes às ideias abstratas que

---

4 Muitos estudiosos têm sugerido que a teoria lockeana da classificação segue de sua suposição de uma grande cadeia do ser no plano das propriedades fenomênicas, ou mesmo, de modo ainda mais direto, de sua aceitação, como parte da hipótese corpuscular, da ideia de que existe uma gradação infinita de diferenças entre os objetos no nível microscópico (veja, particularmente, Ayers 1981a). Mas a tese de Locke não é a de que devemos traçar arbitrariamente linhas entre as espécies porque elas formam naturalmente um *continuum*; sua posição é, antes, a de que, uma vez que a natureza contém unicamente muitos particulares semelhantes, em muitos aspectos, uns aos outros, somos nós que devemos decidir quais as diferenças entre os vários objetos, se aquelas inteiramente evidentes ou se aquelas que dificilmente se manifestam, iremos incluir em nossas ideias abstratas desses objetos e, portanto, em nossas definições dos termos gerais. Sua posição pode ter sido motivada pela hipótese corpuscular ou pela ideia da grande cadeia do ser, ou ainda por ambas, mas ela não é logicamente dependente de qualquer uma delas.

definem os nomes das classes (E III.iii.12: 414). Locke logo admite, entretanto, que existem "vários significados da palavra *essência*", e ele define, então, dois sentidos diferentes do termo. Primeiro, ele afirma que "*essência* pode ser considerada como o próprio ser de alguma coisa, por meio do qual a coisa é o que é". Esse é um conceito explicativo, como é evidente a partir do fato de que, de modo geral nas substâncias, "a constituição real, interna e desconhecida das coisas, da qual dependem as qualidades que nela se podem descobrir, pode, nesse sentido, ser denominada sua *essência*". Locke sugere que quando falamos da essência de coisas particulares, sem referência a qualquer classificação que as inclua, nós estamos falando da essência nesse sentido, embora ele não diga explicitamente que esse é o único caso em que empregamos corretamente esse sentido do termo "essência". Em todo caso, Locke designa esse sentido de essência como *essência real*. O segundo sentido de "essência" tem como base aquilo que permite que "as coisas sejam ordenadas de acordo com nomes no interior de classes ou espécies"; e já foi argumentado que isso é feito com base na concordância ou na manifestação das propriedades especificadas por "certas ideias abstratas, às quais anexamos esses nomes". Locke reitera, assim, sua conclusão anterior de que, nesse sentido, "a essência de cada gênero, ou espécie, nada mais é que a ideia abstrata, significada pelo nome geral ou específico". Essência, nesse sentido, Locke denomina *essência nominal* (E III.iii.15: 417).

Locke faz imediatamente duas considerações adicionais acerca dessa distinção entre essência real e essência nominal. Primeiro, ele observa que existem duas teorias diferentes sobre a essência real ou explicativa. Uma teoria é a de que existe um "certo número" de tais essências que constituem "formas ou moldes em que todas as coisas naturais que existem são moldadas"; assim, os fatos que explicam a natureza das coisas individuais também determinam uma única classificação delas em espécies. A outra teoria é a de que a real constituição dos particulares, o que explica suas características, não determina exclusivamente, por si mesma, sua classificação: "todas as coisas naturais [...] possuem uma constituição real, embora desconhecida, de suas partes imperceptíveis, a partir da qual emergem aquelas qualidades sensíveis de que nos servimos para distinguir essas coisas uma das outras, de acordo com a ocasião que temos para agrupá-las em espécies sob denominações comuns". Essa é, certamente, a "opinião mais racional", que Locke defende (E III.iii.17: 418). De acordo com essa descrição, embora certamente seja a essência real de um particular que explica – ou deveria explicar, se nosso conhecimento científico fosse mais perfeito – por que ele possui as propriedades que possui, é somente a concordância de algumas dessas propriedades com uma ideia abstrata ou essência nominal associada com o nome de uma espécie que torna o particular um membro da espécie.

A seguir, Locke observa que a essência real e a essência nominal dos modos mistos "*são sempre as mesmas*", mas a essência real e a essência nominal das substâncias "*são sempre muito diferentes*". A interpretação dessa afirmação tem gerado considerável controvérsia, mas uma breve descrição terá aqui de ser feita.[5] No caso de uma ideia simples, tal como a ideia de branco, Locke parece querer dizer que é uma e mesma coisa o que faz uma coisa ser branca e a autoriza ser classificada sob o nome "branco". No caso de um modo, especialmente de um modo misto (isto é, uma propriedade atual ou possível de uma substância que é representada por uma ideia complexa, antes que por uma ideia simples; veja E II.xii.6: 165), tal como a ideia de gratidão ou de triangularidade, Locke parece querer dizer que a conjunção de propriedades que define o que é ser daquela classe, por exemplo, no caso de um triângulo, ser uma figura plana delimitada por três linhas retas, explica também tudo o mais que é verdadeiro acerca de um caso que pertence a esse modo, por exemplo, ter os ângulos internos iguais a dois ângulos retos. No caso de uma substância, entretanto, o que a explica, de acordo com a hipótese corpuscular de Locke, é "a real constituição de suas partes imperceptíveis", e não ocorre o mesmo com a ideia abstrata formada a partir de propriedades sensíveis, tais como, no caso de um pedaço de ouro, "sua cor, peso, fusibilidade, fixidez etc.", cuja concordância confere ao particular [uma peça particular de ouro] "uma adequação para esse nome ['ouro'], o que constitui, pois, sua essência nominal" (E

5 Para alguma discussão acerca dessa questão, veja Woolhouse 1971: 115-49 e Bolton 1976b: 488-513.

III.iii.18: 419). Com efeito, não podem ser a mesma, pois, afirma Locke, nós "não conhecemos" a constituição real do ouro (pelo menos em certo detalhe), mas certamente conhecemos sua essência nominal, uma vez que ela constitui nossa própria ideia abstrata.

Esse conjunto de alegações parece confuso e equivocado. No caso de muitas ideias simples, a alegação de identidade entre essência real e essência nominal parece ser enfraquecida pela própria distinção de Locke entre qualidades primárias e qualidades secundárias: o que explica por que um particular é branco é uma disposição das qualidades primárias de suas partículas imperceptíveis, disposição essa que não possui qualquer semelhança com a aparência percebida, consoante a qual chamamos esse particular de "branco". No caso de modos mistos, embora existam alguns casos, por exemplo, casos geométricos como aquele do triângulo, onde estaríamos dispostos a dizer que tudo aquilo que é verdadeiro acerca de um triângulo, enquanto triângulo, procede a partir de suas características definidoras, podemos não estar dispostos a dizer o mesmo de um caso como a gratidão ou o assassinato (outros dos exemplos de Locke). Podemos perceber aqui que existe muita coisa que é importante sobre, digamos, assassinatos, enquanto tal, que não procede da definição da espécie, mas que somente pode ser empiricamente descoberta através da criminologia. Porém, o que é mais importante, a ênfase de Locke no fato de que a essência real e a essência nominal das substâncias não podem ser idênticas, porque a primeira é desconhecida enquanto a segunda deve ser conhecida, poderia sugerir que a distinção fracassaria caso a essência real fosse conhecida, de modo que, somente se tivéssemos um conhecimento melhor acerca da essência real da substância, não teríamos que basear nossa classificação das substâncias em ideias abstratas de nossa própria construção. Todavia, a análise básica de Locke acerca do significado dos termos gerais implica outra coisa: mesmo se conhecêssemos perfeitamente a constituição real das partes imperceptíveis das coisas individuais na natureza, seu argumento implica que tudo aquilo que descobriríamos seria um grande número de semelhanças adicionais entre as propriedades desses objetos, das quais teríamos que selecionar algumas para construirmos as ideias abstratas que darão sentido aos nossos termos gerais.

Para enfatizar esse ponto, Locke sugere, a seguir, que a dupla distinção entre essência real e essência nominal deveria ser substituída por uma tripla distinção que esclarecesse que a classificação de indivíduos em espécies sempre depende de nossa própria criação de ideias abstratas, não importando o quanto conhecemos sobre a constituição real dos objetos. Ele faz isso quando redefine essência real como "a constituição real de alguma coisa, constituição que é o fundamento de todas aquelas propriedades que lá estão combinadas e que constantemente se encontram coexistindo com a *essência nominal*", e afirma que "*essência*, mesmo nesse sentido, *refere-se a uma classe* e supõe uma *espécie*" (E III.vi.6: 442). O ponto parece ser que, enquanto a *constituição real* de um particular consiste da totalidade das características de suas partículas imperceptíveis, o que explica a totalidade de suas qualidades sensíveis (ou deveria explicar, se estivéssemos cientificamente mais avançados), uma *essência real* é aquele *aspecto* da constituição real de um particular, que explica a posse daquelas qualidades que foram selecionadas, entre suas qualidades sensíveis, como contendo a *essência nominal* da espécie que está sendo classificada pelo termo geral por que é denominada. No exemplo de Locke, "supondo que a essência nominal do ouro seja um corpo de certa cor e peso, com maleabilidade e fusibilidade, a sua essência real é aquela constituição das partes de matéria de que dependem essas qualidades e sua união".[6] Locke sugere, assim, que o conceito de constituição real de uma coisa é não relacional, que a constituição não depende, de modo algum, de nossa própria atividade mental, enquanto que o conceito de sua essência real é relativo, dependente de nossa construção de uma essência nominal. As constituições reais existem de modo independente de nossa própria atividade classificatória, mas não as essências reais; assim, semelhanças, mas não espécies, existem de modo independente dos sistemas de classificação que produzimos.

---

[6] Locke também insiste na terminologia, dizendo que a essência real é "a constituição real da qual dependem as propriedades, [...] propriedades que pertencem apenas à *espécie*, não a indivíduos" (E III.vi.6: 442). O contraste linguístico entre as propriedades e as meras qualidades que uma coisa possui, independentemente de sua classificação, já não é mais óbvio, nem mesmo na época de Locke.

A caracterização relacional que Locke faz da essência real sugere, de modo explícito, que é certo aspecto da constituição real dos particulares, aquilo que explica a presença das características *sensíveis* comuns que são requeridas para pertencer ou ser membro de uma espécie singular, por exemplo, que é certo aspecto da constituição real de algumas peças de ouro, o que explica a presença de características sensíveis de cor e peso, com base nas quais nós as chamamos todas de "ouro", mas não outros aspectos sensíveis nos quais essas peças podem diferir. É evidente, entretanto, que a posição básica de Locke acerca da generalidade implica, mesmo se estivéssemos tratando diretamente com as características não sensíveis e explicativas da constituição real das coisas, que ainda é preciso fazer escolhas entre elas antes que possamos falar de sua classificação em espécies. Contrariamente às expectativas de Locke, nós conhecemos atualmente muita coisa acerca da real constituição de muitos tipos de matéria, e podemos agora distinguir, entre suas "partículas imperceptíveis", nêutrons e prótons, entre outras coisas. Mas, o que nos obriga a classificarmos duas peças em matéria, em cuja constituição real existem os mesmos números de prótons, mas diferentes números de nêutrons, como dois isótopos diferente da mesma substância, em vez de duas substâncias diferentes? Nada mais senão nossa própria decisão em usar o número de prótons, em vez de nêutrons, como a base de nosso sistema de classificação dos tipos de matéria – uma escolha da qual nós (ou Mendeleyev) poderíamos ter tido muito boas razões, porém que, todavia, permanece um produto de nossa própria atividade intelectual, porém que não se impõe, simplesmente, a nós em razão de similaridades objetivas na natureza. Portanto, mesmo quando conhecemos as constituições reais, as essências reais ainda dependem das essências nominais, de nossas próprias ideias abstratas, e, assim os limites das espécies continuam sendo "obra do entendimento".

Devemos considerar agora o argumento de Locke em algumas seções subsequentes do capítulo VI, nas quais ele trabalha para obscurecer essa conclusão antes de retornar a uma notável ilustração acerca dela. Começando na Seção 14, Locke estabelece uma série de exigências que deveria ser satisfeita de modo a justificar a suposição de que nosso sistema de classificação reflete a existência de "certas *essências* ou *formas* precisas das coisas, por meio das quais todos os indivíduos existentes são, por natureza, distinguidos em *espécies*" (E III.vi.14: 448). Ele afirma, primeiramente, que deveríamos saber que os produtos da natureza permanecem objetivamente dentro de limites bem-definidos: especificamente, deveríamos saber "que a natureza, na produção das coisas, sempre as organiza de modo a participarem de certas *essências* reguladas e estabelecidas" (E III.vi.15: 448), que a "natureza sempre realiza essa *essência*" (E III.vi.16: 448) e que ela não produz "*monstros*" que poderiam violar os limites dessas espécies (E III. vi.17: 448-49). Em segundo lugar, que nosso sistema de classificação deveria apoiar-se no conhecimento atual das essências reais, que determinam os limites bem-definidos das espécies: "As *essências reais* das coisas que distinguimos em *espécies*, e assim distinguidas, depois as nomeamos, deveriam ser conhecidas; isto é, deveríamos ter ideias acerca delas" (E III.vi.18: 449); além disso, se nossa classificação das coisas, de acordo com suas propriedades sensíveis, deve ser fundada em um sistema de essências reais, então precisaríamos de "ideias complexas e perfeitas" das "propriedades das coisas", de acordo com as quais nós as classificamos, na prática, como "derivando de suas diferentes essências reais", que são subjacentes, em princípio, a essa classificação (E III.vi.19: 449; veja, também, E III.x.21: 502). Porém, argumenta Locke, nenhuma dessas condições é satisfeita. Com efeito, a natureza, em sua produção de indivíduos, não se fixa a limites bem definidos, mas está constantemente lançando criaturas defeituosas e "produções monstruosas" que põem fim a qualquer limite concebível – por exemplo, "indivíduos entre nós que possuem perfeitamente a nossa aparência, mas que lhes falta a razão" (E III.vi.22: 450); "a mistura [reprodutiva] de um touro com uma égua"; e o "cruzamento de uma gata com um rato [...], em que parecia que a natureza não havia seguido o padrão de nenhuma dessas espécies, mas que as tinha misturado" (E III.vi.23: 451). Ainda mais, embora a hipótese corpuscular possa nos fornecer uma conjectura geral, certamente ela não nos oferece um conhecimento detalhado sobre as essências reais das coisas e sua produção das qualidades sensíveis. E mesmo se nos fornecesse, essas essências reais não podem, possivelmente, constituir a base de nossos sistemas de classificação bem-estabelecidos, "uma vez que a linguagem, em todos os países, foi estabelecida muito tempo antes que as ciências" (E III.vi.25: 452). Portanto, conclui Locke, "é evidente que as próprias coleções de qualidades sensíveis, coleções produzidas pelos homens, constituem as essências dos vários tipos de substâncias; e que suas estruturas internas reais não são sequer consideradas pela maior parte dos homens ao classificá-las" (E III.vi.24: 452).

Por meio desses argumentos, Locke faz parecer que sua posição de que as espécies consistem na operação do entendimento repousa em uma combinação de alegações factuais (que a natureza é irregular) e de pessimismo epistemológico (que nós não conhecemos o bastante acerca da base real das diferenças sensíveis entre as coisas na natureza). Leibniz, no *Novos ensaios sobre o entendimento humano*, em seu comentário ao *Ensaio* de Locke, respondeu a essa aparência com objeções que ainda continuam sendo dirigidas contra Locke. Leibniz expressa reservas acerca das histórias de Locke sobre monstros, sugerindo que podem existir explicações científicas de desastres ontogênicos que são compatíveis com a existência de limites geralmente bem definidos à reprodução humana e animal (Leibniz 1981: 315-17). Assim, sugere Leibniz, as similaridades objetivas na natureza entre membros contemporâneos e sucessivos de uma espécie singular são bem-definidas, mais do que reconhece Locke. Desse modo, Leibniz argumenta que a nossa ignorância acerca da real constituição das coisas não constitui, por si mesma, um impedimento para a classificação com base na essência real: significa apenas que as classificações em uso num determinado momento são "conjecturais" e "provisórias" (Leibniz 1981: 311). "Se tivéssemos a acuidade de alguns espíritos mais elevados", argumenta Leibniz, "e conhecêssemos suficientemente as coisas, talvez pudéssemos encontrar, para cada espécie, um conjunto fixo de atributos que fosse comum a todos os indivíduos dessa espécie e que sempre se conservasse em um organismo vivo singular, quaisquer que sejam as mudanças ou metamorfoses que lhe possam ocorrer". Nós não possuímos tal conhecimento, pelo menos ainda não, "de modo que nos valemos dos atributos que a nós aparecem como os mais convenientes", a saber, as qualidades sensíveis. Mas, diz Leibniz, "esses atributos sempre têm um fundamento na realidade", e o fato de que possuímos apenas um "conhecimento empírico" acerca deles implica unicamente que devemos reconhecer que "nossas definições são, todas elas, meramente provisórias" e sujeitas a revisão à luz do conhecimento aperfeiçoado (Leibniz 1981: 310 e 300). Em relação à alegação de Locke de que nossas classificações não podem basear-se no conhecimento de essências reais porque a linguagem ordinária é temporalmente anterior à ciência, Leibniz confiantemente responde que "as pessoas que estudam um assunto retificam as noções populares" (Leibniz 1981: 319).

A resposta de Leibniz para Locke seria completamente irretorquível se a base do argumento de Locke consistisse apenas em suas alegações sobre a irregularidade da natureza e sobre os limites de nosso conhecimento. Todavia, como temos visto, o argumento de Locke não depende dessas alegações, mas de sua teoria subjacente acerca da conexão entre nomes gerais e ideias abstratas, a qual implica que, qualquer que seja a extensão da similaridade objetiva existente entre as entidades naturais e o quanto conhecemos [p. 137] sobre elas, nós ainda devemos escolher quais semelhanças tomaremos como a base de nosso sistema de classificação. Isso é válido mesmo se pudéssemos conhecer a constituição microscópica das coisas, e mesmo se as coisas que podem se autorreproduzir o fizessem de modo tão efetivo e sem qualquer obscurecimento dos limites evidentes entre seus óbvios agrupamentos.

Em um exemplo "bastante familiar", senão surpreendente, no capítulo VI, Locke deixa claro que mesmo o conhecimento perfeito sobre a constituição interna das coisas não resolve automaticamente, por si mesmo, as questões de classificação. Considerando o caso de um tipo de artefato semelhante a relógios, ele pergunta: "o que é que basta, no maquinismo interior, para fazer uma nova *espécie*?". Locke continua:

> Existem alguns relógios que são feitos com quatro movimentos giratórios, outros com cinco; é isso uma diferença específica para o artífice? Alguns têm cordas e fusos, outros não; alguns têm o pêndulo solto, enquanto outros são regulados por uma mola em espiral ou ainda por meio de cerdas de porco. Seriam suficientes algumas dessas diferenças, ou todas elas, para constituir uma diferença específica, na constituição interna dos relógios, para o artífice que conhece cada um desses e vários outros dispositivos diferentes? É certo que cada um desses relógios tem uma diferença real em relação aos demais; mas saber se é ou não uma diferença essencial e

> específica, diz respeito unicamente à ideia complexa à qual é dado o nome *relógio*: contanto que todos eles concordem na ideia que esse nome significa e que esse nome, como um nome genérico, não inclua espécies diferentes, elas não são, nem essencialmente, nem especificamente, diferentes. Mas se alguém quiser fazer divisões mais minuciosas das diferenças que conhece na estrutura interna dos relógios, e dar nomes que prevaleçam a tais ideias complexas e precisas, então essas diferenças irão constituir novas espécies. (E III.vi.39: 463-64)

Locke nunca negou que existam semelhanças e diferenças objetivas e perfeitamente bem-definidas entre objetos particulares em qualquer nível de descrição; ele apenas argumenta que nenhuma semelhança ou diferença constitui os limites de uma espécie, a não ser que escolhamos usá-las para tal propósito. Uma vez que esse ponto segue unicamente da lógica dos termos gerais, isso vale tanto para objetos naturais quanto para artefatos:

> Ninguém duvidará que as rodas ou molas (se posso assim dizer) que operam interiormente são diferentes em um *homem racional* e em um *imbecil*, não menos que a diferença existente entre a forma de um *macaco* e de um *imbecil*. Mas se uma, ou ambas, dessas diferenças é essencial, ou específica, só poderíamos saber pelo acordo, ou desacordo, de tais diferenças com a ideia complexa que o nome *homem* significa; pois é somente por isso que se pode determinar se um desses, ou ambos, ou nenhum, é ou não um homem. (E III.vi.39: 464)

Locke e Leibniz concordam que ninguém ainda possui conhecimento das rodas e molas que diferenciam humanos normais, humanos "anormais" e gorilas, mas concordam também que devem existir bases objetivas para tais diferenças. Contudo, o que Locke percebeu, mas não Leibniz, foi que, mesmo com o aperfeiçoamento do conhecimento, nós ainda devemos decidir onde traçar os limites que definem nosso esquema conceitual, de que nada pode nos desobrigar do ônus da "imposição voluntária" de sentido sobre a particularidade da natureza.

Com efeito, embora não pareça reconhecer, Leibniz tacitamente admitir o ponto fundamental de Locke de que sempre estaremos incumbidos da escolha dos critérios para a distinção das espécies. Como vimos, Locke e Leibniz tinham uma disputa efetiva sobre a reprodução, Locke argumentando que ela não está sempre confinada a limites bem definidos, enquanto Leibniz responde que, de modo geral, ela está sim confinada a limites bem definidos e que, portanto, constitui um fundamento objetivo para a especiação, independentemente de qualquer escolha nossa. Mesmo assim, Leibniz não poderia evitar escrever como se o emprego da propagação reprodutiva de descendentes semelhantes para definir os limites das espécies animais fosse mesmo, logicamente falando, uma questão de escolha. Desse modo, ele escreve: "quando os homens determinam espécies físicas [...], são eles que devem dizer se uma massa de matéria, à qual eles detêm a capacidade de restituir a sua forma anterior, continua a ser da mesma 'espécie' tão logo seja referida. E [...] no caso de corpos orgânicos – isto é, as espécies de plantas e de animais – definimos a espécie pela geração, de modo que dois indivíduos semelhantes pertencem à mesma espécie se eles provêm, ou podem provir, da mesma origem ou semente. No caso do homem, exigimos não somente a geração humana, mas também a qualidade de ser um animal racional" (Leibniz 1981: 309). A linguagem de Leibniz ilustra, precisamente, o ponto de Locke: a natureza pode nos apresentar todos os tipos de semelhanças, mas somos *nós* que definimos os limites das espécies animais por meio de fatos sobre a geração, e somos *nós* que exigimos a racionalidade, ademais da origem humana, no caso da espécie humana. Nenhum fato sobre a natureza pode livrar-nos da obrigação de escolher nossos critérios para a diferenciação das espécies por meio de uma "imposição voluntária" de sentido sobre os nossos termos gerais.

Locke insiste que uma diferença fundamental entre o nosso uso de nomes gerais para modos mistos e o nosso uso de nomes gerais para para substâncias é que, enquanto o primeiro pode ser definido à vontade, no caso da definição de nomes gerais de substâncias, nós tentamos capturar a coocorrência real e regular das propriedades entre indivíduos reais; neste caso, a natureza fixa um padrão para nossas definições: "embora essas *essências nominais de substâncias* sejam produzidas pela mente, elas *não* o são *de modo tão arbitrário como as essências nominais dos modos mistos*" (E III.vi.28: 455). Mas, argumenta Locke, o padrão ao qual tentamos conformar nossas definições de substâncias é determinado pelas propriedades sensíveis dos objetos individuais, tais como voz, figura, cor e peso, não por suas características ocultas, não manifestas: "As *ideias simples*, que encontramos *coexistindo nas substâncias*, sendo aquilo que seus nomes imediatamente significam, quando reunidas em diversos tipos de coisas, *constituem* os *padrões* apropriados aos quais os seus nomes são referidos e pelos quais suas significações podem ser mais bem ajustadas" (E III.ix.13: 482). Ele reconhece que as pessoas assumem tipicamente que deve existir uma constituição interna singular em todos os objetos que manifestam um conjunto compartilhado de qualidades sensíveis, e que, por essa razão, elas são tentadas a atribuir aos nomes de substâncias uma "referência secreta" às supostas essências reais das espécies:

> a mente [...] as faz [as palavras] significar, por uma secreta suposição, algo que possui uma essência real, como se, fazendo isso, se aproximasse mais dela. Pois, embora a palavra *homem*, ou *ouro*, não signifique efetivamente senão uma ideia complexa de propriedades unidas em um tipo de substância, dificilmente encontra-se alguém que, no uso dessas palavras, não suponha que cada uma delas significa algo que possui a essência real de que dependem essas propriedades. (E III.x.18: 500)

Alguns, como se continuassem a partir de onde Leibniz parou, perguntam por que Locke não aceitou isso como uma descrição do significado de nomes de espécies de substâncias, uma descrição de acordo com a qual usaríamos as qualidades sensíveis normalmente reconhecidas de um tipo de objeto como um guia para nomeá-lo, mas na qual nossa intenção seria a de designar rigidamente, como membros de uma espécie singular, todos os objetos, e somente aqueles, que possuem a real constituição singular que subjaz àquelas propriedades sensíveis, o que quer que possam via a ser (veja Mackie 1976: 93-100). Entretanto, na concepção de Locke, designar com tal intenção é um "claro abuso" de linguagem, ou seja, tentar fazer com que nossas palavras "signifiquem algo de que não podem, de modo algum, ser o sinal, uma vez que o nome que usamos não está em nossa ideia complexa" (E III.x.18: 500).

De modo geral, entramos em dificuldades quando falamos sobre aquilo que não conhecemos detalhadamente. Porém, de modo mais específico, a análise de Locke acerca do significado implica que tal abordagem encobriria os tipos de decisões sobre classificações que, todavia, nós devemos fazer mesmo que aprendêssemos mais sobre a real constituição dos objetos. Locke afirma que "qualquer um que observa suas diferentes qualidades dificilmente pode duvidar que muitos dos indivíduos denominados pelo mesmo nome são, em sua constituição interna, tão diferentes uns dos outros como vários daqueles que estão classificados sob diferentes nomes específicos" (E III.x.20: 501-2). Talvez Locke exagere, além daquilo que poderíamos tolerar, o grau da diferença descoberta entre a constituição real dos membros de uma espécie: quando descobrimos que dois pedaços de metal são tão diferentes em suas constituições reais quanto a constituição do ouro é diferente da constituição da pirita, podemos sentir um anseio muito forte para classificá-los como membros de espécies distintas, desconsiderando o quão semelhantes podem ser no aspecto macroscópico. Mas, embora essa decisão possa ser fácil, ainda é nossa decisão; e certamente, em muitos casos, as diferenças na constituição real serão muito menos globais, e a necessidade de decidirmos quais diferenças iremos assumir como diferenças específicas, e quais iremos ignorar, será mais aparente. Nós não apenas toleramos "isótopos diferentes do mesmo elemento" (Mackie 1976: 93), mas decidimos isso, e nós sempre teremos que tomar tais decisões, mesmo se nosso sistema de classificação tenha a intenção de capturar as diferenças no plano microscópico, mais do que no macroscópico. De acordo com a descrição de Locke, não podemos pretender que nosso sistema de classificação designe rigidamente as diferenças da essência real microscópica, não somente porque somos – ou éramos – largamente ignorantes de tais diferenças, mas simplesmente porque nenhuma delas existe. Certamente, existem inúmeras diferenças na *constituição* microscópica real, mas somos nós que devemos decidir, todavia, quais delas iremos assumir como determinantes dos limites de espécies distintas de substâncias, qualquer que seja nosso conhecimento sobre elas.

V

Podemos agora retornar à teoria lockeana das imperfeições da linguagem. Locke certamente acredita que existem certos "abusos" de linguagem que não têm qualquer fonte mais profunda que o mero descuido e que não exigem, como remédio, mais do que cuidado.[7] Contudo, mais importante que isso, seu argumento mostrou que existem certas "imperfeições" inerentes à própria natureza da linguagem que, em certa medida, podemos corrigir, mas que simplesmente não podemos evitar. Vimos que o fato de que as palavras significam imediatamente somente as ideias de seus próprios falantes, enquanto significam as ideias dos outros e as coisas somente de modo mediato, implica que jamais podemos simplesmente assumir que entendemos os outros, embora devamos ter o cuidado que pudermos para assegurar que assim o fazemos. Todavia, no uso de termos gerais, especialmente de nomes de modos mistos e de substâncias, necessariamente enfrentamos dificuldades adicionais. No caso de nomes de ideias simples, nosso problema é que não podemos defini-los, porque não podemos analisar sua significação em algum complexo de ideias simples (E III.iv. 7: 422). Mas podemos usualmente assegurar um acordo sobre seu significado por meio de atos de exibição, chamando a atenção do outro para percepções "singulares" que são "muito mais facilmente obtidas e mais claramente conservadas do que as ideias complexas" (E III.ix.18: 487). Os nomes de

---

[7] Locke enumera esses abusos no capítulo X do Livro III do *Ensaio*. São eles: (1) a tendência a usar palavras sem qualquer ideia clara de seus significados completos (Seção 2); (2) a inconstância na atribuição de significado às palavras que alguém profere (Seção 5); (3) "*obscuridade afetada*" (Seção 6); (4) tomar palavras por coisas, ou seja, supor que todas as expressões, mesmo aquelas como "*almas vegetativas*" ou "*espécies intencionais*", significam necessariamente alguma coisa real (Seção 14); (5) empregar palavras para falar sobre aquilo de que não temos ideias, tal como falar de essências reais (Seção 17-21); e (6) assumir que deve existir uma conexão necessária entre as palavras e seus significados, de modo que todos os falantes deveriam significar, necessariamente, as mesmas coisas por meio das mesmas palavras (Secção 22). Somente os dois últimos "abusos" dependem, de alguma maneira, dos argumentos teóricos de Locke; os outros podem ser evitados por qualquer falante cuidadoso, mesmo sem a compreensão da teoria lockeana da linguagem.

modos mistos e de substâncias, por sua vez, podem ser definidos, mas o problema aqui é que não existem padrões naturais capazes de produzir automaticamente um acordo em relação as suas definições.

Uma vez que a essência real e a essência nominal dos modos mistos coincidem, tudo o que precisamos conhecer acerca dos modos misto pode, em princípio, ser aprendido a partir de suas definições. Todavia, pode existir, na prática, um grau elevado de confusão acerca dos significados dos nomes de modos mistos, porque as ideias complexas que dão sentido a esses nomes podem ser muito complicadas (E III.ix.6: 478), e porque, uma vez que essas ideias são feitas de acordo com a vontade e não de acordo com algum padrão natural, elas podem ser compostas de diferentes modos por diferentes falantes. "Elas tiram a sua união e combinação somente do entendimento que as une sob um nome; mas como ele as une sem qualquer regra ou padrão, é forçoso que a significação do nome que representa essas coleções voluntárias seja, frequentemente, diferente na mente de diferentes homens" (E III.ix.7: 479). No caso dos nomes de substâncias, tem-se a intenção de definir espécies com base em padrões fornecidos pela natureza, mas, mesmo que nos restringíssemos às propriedades sensíveis, em vez de pretender operar distinções com base em propriedades que não nos são manifestas, ainda devemos decidir quais, das inúmeras propriedades sensíveis dos objetos, iremos utilizar para fins classificatórios – e aqui a natureza não nos fornece regra alguma. Portanto,

> Uma vez que essas ideias simples coexistem e estão unidas no mesmo objeto, sendo muito numerosas, e todas com o mesmo direito de entrar na ideia complexa específica, cujo nome específico deve designar, ocorre que, embora se proponham a considerar o mesmo objeto, os homens formam ideias muito diferentes acerca dele; e, por isso, o nome que usam para designá-lo possui, inevitavelmente, para diferentes homens, significados muito diferentes. [...] Cada um tem seu padrão na natureza, ao qual apela e, com razão, pensa que tem o mesmo direito de incluir em sua ideia complexa [...] aquelas qualidades que, na experiência, ele encontrou unidas; assim como outro, que não a tenha examinado tão bem, deve excluí-las de sua ideia; ou ainda um terceiro, que tenha feito outras experiências, terá de incluir outras. (E III.ix.13: 482-83)

De todo modo, ainda que estejamos em uma posição de basear nossa classificação das substâncias de acordo com características macroscópicas e microscópicas, nós devemos, todavia, decidir quais as características iremos selecionar para essa finalidade. Diferentes falantes podem, então, decidir definir os nomes de substâncias de maneiras diferentes, e dois falantes que empregam diferentes definições podem fazer referência, pois, a diferentes conjuntos de objetos ou dizer coisas diferentes sobre os objetos que estão referindo, sem mesmo perceberem o que estão fazendo, e produzirem, assim, grande confusão em relação aos objetos, da química à teologia.

Por vezes pode parecer que Locke está defendendo um individualismo no uso da linguagem, quando ele enfatiza o modo como diferentes falantes da mesma língua podem definir seus termos de maneiras diferentes, especialmente os nomes de substâncias: "E, portanto, *diferentes homens* omitem ou incluem, diferentemente de outros, diferentes ideias simples, [...] terão, assim, *diferentes essências de ouro*" (E III.vi.13: 458-59). Mas Locke não está defendendo que cada um de nós utiliza palavras públicas para construir uma linguagem privada, ou definições e classificações idiossincráticas; em vez disso, ele está argumentando que existe uma deficiência inevitável na natureza da linguagem, que pode somente produzir confusão, a não ser que tomemos providências para evitá-la.

Mas quais providências nós podemos tomar para evitar tal confusão? Devemos, obviamente, tentar determinar o modo como os outros definem os termos de nossa linguagem corrente e conformar o nosso próprio uso ao deles. Ainda que, em princípio, todos nós tenhamos a mesma liberdade que Adão teve na criação de definições, deveríamos, na prática, renunciar a essa liberdade em favor do interesse de uma comunicação bem-sucedida: "A mesma liberdade que teve Adão de afixar um nome novo a qualquer ideia, essa mesma liberdade todos ainda temos, [...] mas apenas com esta diferença: que nos lugares onde os homens, em sociedade, já estabeleceram uma língua entre eles, os significados das palavras somente devem ser alterados com muito cuidado e moderação" (E III.vi.51: 470-71). "As palavras, especialmente das línguas já estabelecidas, não sendo posse privada do homem, mas a medida comum do comércio e da comunicação, não cabe a ninguém, a seu bel-prazer, modificar a marca característica que as faz de uso comum"; em vez disso, os falantes de uma língua comum "*devem* também ter o cuidado de *aplicar as suas palavras*, tão próximas quanto possível, *às ideias a que o uso comum as anexou*" (E III.xi.11: 514).

Contudo, Locke é demasiado sutil para pensar que o "uso comum" pode garantir automaticamente uma comunicação de ideias livre de confusão. Em primeiro lugar, o uso comum baseia-se em crenças e conhecimentos, passados e atuais, ainda que o conhecimento avance e a linguagem esteja aberta a modificações: "porque os homens, no aperfeiçoamento de seu conhecimento, acabam por ter ideias diferentes das do uso corrente, [...] eles devem ou criar novas palavras [...] ou, então, *devem* usar as antigas com um novo significado" (E lll.xi.12: 515). Uma investigação cuidadosa sobre a "história natural" das coisas irá "retificar e fixar a ideia complexa pertencente a cada nome específico" (E III.xi.24: 521), mas não irá automaticamente garantir que todos estejam de acordo em seus usos, uma vez que estes, todavia, são necessariamente comunicados por meio da própria linguagem, tipicamente por meio da modificação do significado de termos já correntes.

Em segundo lugar, não pode existir qualquer determinação não circular do uso comum: o uso comum é, afinal, apenas um resumo das ideias anexadas pelos outros as suas palavras, e o acesso de alguém a essas ideias permanece sempre indireto. O uso comum não pode livrar-nos de nosso acesso indireto, por meio de suas palavras, às ideias dos outros. Portanto, "é verdade que o uso comum, que é a regra da correção, pode nos fornecer aqui algum auxílio para a fixação da significação da linguagem; e não se pode lhe negar isso, embora só o faça em certa medida. [...] a regra e a medida da correção, não sendo estabelecidas em lugar algum, são muitas vezes motivo de controvérsia sobre se esta ou aquela maneira de utilizar uma palavra é correta ou não" (E III.ix.8: 479). Embora, certamente, alguns falantes sejam mais cuidadosos que outros, ninguém pode estar em uma posição privilegiada para revelar o uso comum da linguagem. Qualquer enunciado sobre o uso comum é um enunciado sobre quais ideias os outros anexam ou anexaram a suas palavras, e, de acordo com a natureza das coisas, ninguém pode jamais ter evidência direta acerca disso.

As duas afirmações de Locke acerca da linguagem – sua afirmação de que o significado imediato de uma de palavra de um falante é, em qualquer caso, unicamente suas próprias ideias e sua afirmação de que as espécies são obra do entendimento – se associam para estabelecer uma concepção preventiva da linguagem. O propósito da linguagem é o de expandir o conhecimento de cada um de nós, permitindo-nos comunicar nossas ideias para os outros, especialmente as nossas ideias gerais, e deles adquirir novas ideias; mas, como não temos acesso direto às ideias dos outros e tampouco alguma maneira de determinar um esquema de termos gerais sem a nossa própria escolha dos critérios que definem os limites das espécies, não podemos ter garantia alguma de que iremos usar nossa linguagem para dizer as mesmas coisas sobre os mesmos objetos e que iremos, pois, ser bem-sucedidos na comunicação que pretendemos de nossas ideias. Certamente, nenhum simples recurso ao "uso comum" pode escapar da imperfeição da linguagem. Mas isso não é, para Locke, motivo de desespero: "o sentido do discurso, se não houver intenção de sofisma, será suficiente para levar, na maior parte das vezes, os sinceros e inteligentes" falantes de uma linguagem comum "ao seu verdadeiro significado" (E III.xi.27: 524). Contanto que lembremos que o sentido de nossa linguagem é a nossa própria "imposição voluntária".

6 A teoria do conhecimento

Roger Woolhouse

No andamento de seu longo conteúdo, o *Ensaio sobre o Entendimento Humano* trata sobre muitos tópicos; mas seu tema principal é o conhecimento e a capacidade humana para adquiri-lo. "Meu propósito", diz Locke, é o de "investigar a origem, a certeza e a extensão do conhecimento humano, juntamente com os fundamentos e os graus da crença, da opinião e do assentimento" (E I.i.2: 43). O que é o conhecimento e como é adquirido? Existem limites àquilo que podemos conhecer? Existem coisas sobre as quais podemos ter somente crenças e coisas sobre as quais somos necessariamente ignorantes? Qual é, realmente, a diferença entre conhecimento e crença? Como seu próprio título indica, o *Ensaio* coloca tais questões em relação ao processo de conhecimento e de crença do homem, mais do que sobre aquilo que é conhecido e crido. O que podemos, com nossas mentes, conhecer? No primeiro passo de sua investigação sobre o conhecimento, Locke planeja "inspecionar nosso próprio entendimento, examinar os poderes que possui e ver a que coisas esses poderes foram adaptados" (E I.i.7: 47).

Subjacente a essas questões situa-se um debate então contemporâneo, originado a partir de um grande número de argumentos contra a própria possibilidade do conhecimento, argumentos que foram encontrados em uma exposição do ceticismo grego escrita por Sextus Empiricus (fl. 200 d.C), as *Hipotiposes Pirrônicas* [*Outlines of Pyrrhonism*]. Ao enfatizar que as pessoas discordam entre si, esses argumentos céticos desafiam todo aquele que considera que a verdade pode ser encontrada a dizer quem é o juiz legítimo ou o real descobridor da verdade. Enfatizando que os nossos sentidos são falíveis e que nossos raciocínios muitas vezes se equivocam, esses argumentos questionam os meios pelos quais se pretende descobrir a verdade.

Embora Locke esteja frequentemente tratando questões desse tipo, o seu interesse último não é meramente acadêmico, mas concerne com a condição humana, com nosso lugar no esquema total das coisas. Uma forte característica de seu pensamento como um todo é a profunda preocupação com o modo como devemos conduzir nossas vidas aqui e agora, neste mundo, como criaturas de Deus e à luz de alguma expectativa de uma vida em outro mundo. Assim, desde que nos foi dada a capacidade de raciocinar e pensar, a questão é como nos situamos enquanto conhecedores e sustentadores de crença. O objetivo básico de Locke é o de "descobrir aquelas regras por meio das quais uma criatura racional, posta nessa situação, a que o homem se encontra neste mundo, pode e deve governar suas opiniões e ações que delas dependem" (E 46).

Existe algum desacordo quanto à maneira como as respostas de Locke aos desafios dos argumentos céticos tradicionais estão relacionadas às repostas de alguns de seus contemporâneos.[1] Mas não pode haver dúvidas de que essas respostas, e seu interesse subjacente em como devemos organizar nossas vidas e pensamentos, constituem uma unidade e formam uma imagem coerente.

Sua resposta, tal como exposta em termos gerais no início do *Ensaio* e confirmada por todos os seus detalhes, é a de que, em grande medida, os céticos estão certos. Existem coisas que nós não conhecemos, coisas sobre as quais podemos somente formar crenças e coisas sobre as quais somos ignorantes. Mas conhecemos algumas coisas e nossas crenças não são frequentemente sem fundamento. Sobre esta terra, "estamos aqui", Locke registra em seu diário, "em um estado de mediocridade, criaturas finitas, providas com poderes e faculdades muito bem ajustados para alguns propósitos, mas muito desproporcionais para a vasta e ilimitada extensão das coisas" (Journal 1677: B MS Locke f.2: 126).

As coisas que conhecemos, ou ainda, as coisas que cremos justificadamente, atendem as nossas verdadeiras necessidades e os nossos reais inte-

---

1 A discordância é sobre se Locke deve ser situado na tradição do "ceticismo construtivo" (veja Van Leeuwen 1963: 121, 124; Woolhouse 1983: 14; e, em oposição, Ferreira 1986: 211-22).

resses. "Por mais restrito que seja o conhecimento [humano], comparado com uma compreensão universal e perfeita do que quer que seja, ainda assim esse conhecimento assegura as principais preocupações dos homens" (E I.i.5: 451). Em suma, não somos ignorantes de nossos deveres e obrigações para com os outros e para com Deus; ou seja, podemos conhecer aquilo que precisamos conhecer em vista da salvação. Quanto aos aspectos práticos da vida neste mundo, podemos aprender o suficiente em vista de nosso conforto quotidiano. Os homens deveriam estar "bastante satisfeitos com o que Deus pensou que lhes era conveniente, uma vez que ele [...] colocou ao alcance de nossa descoberta a provisão suficiente para esta vida e o caminho que conduz para uma vida melhor" (ibid.).

Não somente não temos qualquer necessidade de conhecer muito daquilo que não conhecemos, mas, além disso, nós não estamos habilitados a conhecê-lo. Uma atitude cética seria evitada se as pessoas reconhecessem "a fronteira [...] entre o que podemos e o que não podemos compreender" (E I.i.7: 47). Se a reconhecessem, elas "não estariam inclinadas [...] ao [...] desespero de nada conhecerem; [...] nem renunciariam a todo conhecimento porque algumas coisas não podem ser entendidas" (E I.i.6: 46). Não é surpresa nenhuma que as pessoas considerem que a verdade como um todo situa-se para além de sua compreensão quando estão concernidas com questões às quais elas não estão habilitadas. "Não é de admirar que os homens, estendendo suas investigações para além de suas capacidades, [...] levantem questões [...] que nunca chegam a qualquer solução clara e que servem somente, afinal, para confirmar suas dúvidas em um perfeito ceticismo" (E I.i.7: 47).

Na imagem que Locke faz das coisas, nossas capacidades e habilidades nos são dadas por Deus. Assim, não somente devemos agradecê-Lo por aquilo que temos, mas também devemos ser menos ávidos e "mais cautelosos em meter-nos com coisas que excedem [nossa] compreensão" (E I.1.4: 45). Existe um egoísmo pretensioso e ingrato na tentativa de conhecer aquilo que não estamos habilitados a conhecer e na queixa de que nosso conhecimento possui limites. Deveríamos aceitar pacientemente nossas limitações.

Quando Locke diz que não devemos nos queixar das limitações e dos limites ao conhecimento, os quais são postos pela própria natureza de nosso entendimento, ele não quer dizer que não devemos visar à obtenção daquilo que pode ser alcançado por nós. Rejeitando qualquer caráter inato ao conhecimento, sua concepção é a de que aquilo que Deus nos forneceu não foi o conhecimento que nos é útil e necessário, mas sim os meios para o adquirirmos. Ele fala sobre o benefício para a humanidade da invenção da imprensa, da bússola do marinheiro e da descoberta do quinino, enfatizando que ele não está a dizer que "despreza ou desaconselha o estudo da natureza", mas somente "que não devemos deixarmo-nos persuadir precipitadamente pela opinião ou pela expectativa de conhecimento, onde não se pode obtê-lo" (E IV.xii.12: 647).

Para a substancialização e ilustração dessa imagem geral, devemos retornar para os detalhes da investigação de Locke acerca da origem e da extensão do conhecimento humano. "Numa palavra", a origem, a "fonte do conhecimento", é a *experiência*: "na qual todo o nosso conhecimento é fundado e, a partir da qual, em última instância, todo o nosso conhecimento é derivado" (E II.i.2: 104). Mas essa concepção, que o conhecimento é "fundado na" e que, "em última instância, ele deriva da experiência, pressupõe uma distinção entre o conhecimento como tal e as ideias que são "os materiais do conhecimento" (E II.i.25: 118).

Em uma versão preliminar do *Ensaio*, Locke enfrenta uma objeção que, segundo ele, ocasionalmente tem se deparado: nem todo o conhecimento poderia provir da experiência; algumas coisas que conhecemos não poderiam ter sido aprendidas "a partir de nossos sentidos". Sabemos que todo número inteiro é par ou ímpar. Mas "não podemos, de modo algum, por meio de nossos sentidos, assegurar" esse fato, "pois nem os nossos sentidos e nem os nossos pensamentos estão familiarizados com todos os números" (Draft A 43: D I: 74-75).

A resposta de Locke deixa claro que sua alegação não é que todo conhecimento "ocorre em nós por meio de nossos sentidos", sem qualquer auxílio, por eles mesmos. Isso seria ignorar o fato de que os seres humanos possuem entendimento; seria ignorar nossa racionalidade, "aquilo que, por uma determinada sucessão daquelas ideias recebidas dos sentidos ou da sensação, considero que pode se tornar [...] um conhecimento [...] que os nossos sentidos nunca poderiam ter revelado". Sua alegação é, antes, a de que todas as ideias, todos os materiais, a partir dos quais o conhecimento é moldado por nossa razão, são derivadas da experiência. Não aprendemos através da experiência que todo número é par ou ímpar. A partir da experiência, nós obtemos as ideias dos números e das propriedades da paridade e da imparidade; e assim, por meio de nossa razão, chegamos a conhecer que todo número é par ou ímpar. Essa insistência em que o uso da razão está envolvido, de alguma maneira, na aquisição do conhecimento é algo que mostra a necessidade de cautela quanto à caracterização comum de Locke como um empirista.

Locke explica que, por detrás dessa equivocada objeção a sua alegação de que a experiência é a "fonte do conhecimento", subjaz a concepção de que uma parte de nossos conhecimentos não é adquirida, que tampouco provém de algum lugar durante a nossa vida, mas que é inata. O Livro I do *Ensaio* elabora um extenso ataque a essa concepção inatista sobre a origem do conhecimento; devemos considerá-la antes de dirigirmos nosso olhar para a descrição positiva de Locke acerca da produção das ideias pela experiência e, a partir desses materiais, da produção do conhecimento pela razão. "É uma opinião estabelecida entre alguns homens", diz ele, "de que há, no entendimento, determinados *princípios inatos* [...] – como se estivessem impressos sobre a mente do homem –, os quais a alma recebe em seu próprio ser e os carrega consigo quando vem ao mundo" (E I.ii.1: 48). Esses supostos princípios inatos foram classificados em "prático", ou moral e religioso (por exemplo, o mandamento "*os pais devem proteger e cuidar de seus filhos*" [E I.iii.12: 73]), e "especulativo", ou teórico (por exemplo, "É impossível para a mesma coisa ser e não ser" [E I.ii.4: 49]). A identidade exata daqueles que acreditavam que tais princípios "estavam inscritos na mente" não é completamente evidente.[2] Mas as razões para essa crença são mais fáceis de se identificadar.

Uma razão para crer no caráter inato dos princípios especulativos já foi mencionada. É que o caráter inato desses princípios explica o modo como podemos alcançar verdades que não poderíamos ter aprendido a parir da experiência. Mesmo após a leitura dos ataques de Locke, esse é exatamente o modo como James Lowde defendia a natureza inata do conhecimento. Ele argumentava que

2 Duas discussões clássicas sobre essa questão aparecem em Gibson 1917: 39-44 e Yolton 1956: 26-71.

possuímos conhecimentos que, "de modo algum, dependem da observação", concluindo, pois, que devem ser inatos ou "naturalmente inscritos":

> Nossas almas possuem uma capacidade inata de encontrar ou inventar tais princípios ou proposições, cuja verdade ou conhecimento não depende, de modo algum, da evidência dos sentidos ou da observação: assim, o conhecimento do que se entende por *todo* e do que se entende por *parte* origina naturalmente a verdade dessa proposição [o todo é maior do que as partes], sem o ser obrigado, de modo algum, pelos sentidos. (Lowde 1694: 53)

Outra razão para crer no caráter inato dos princípios especulativos é que a hipótese do conhecimento inato fornece uma explicação necessária sobre por que algumas coisas deveriam parecer obviamente verdadeiras, fora de qualquer dúvida e sem qualquer necessidade de apoio. Algumas pessoas, diz Locke, pensam que seria suficiente, para provar o inatismo dos princípios, a existência de algumas proposições a que "todos os homens, inclusive crianças, dão seu assentimento tão logo escutem e entendam os termos. Pois, desde que os homens nunca erram, após terem uma vez entendido as palavras, para reconhecê-las como verdades indubitáveis, eles deveriam inferir que, certamente, essas proposições foram inicialmente fixadas no entendimento [...] sem qualquer aprendizado" (E I.ii.17: 56). Lowde fornece um exemplo dessa maneira de pensar em sua resposta a Samuel Parker, que, juntamente com Locke, foi um crítico do inatismo. De acordo com Parker, não há necessidade de um conhecimento inato. Por que deveria Deus imprimir verdades óbvias em nossas mentes? Uma verdade evidente não precisa desse suporte artificial. A resposta de Lowde deixa claro que existe algo a ser explicado: "essas verdades, em grande medida, devem sua clareza e evidência ao fato de serem assim impressas [...]; a desnecessidade da *impressão* de tais noções evidentes não pode ser argumentada a partir de sua clareza presente, pois o que as torna evidentes é serem assim impressas ou conaturais com nossas mentes" (Lowde 1694: 571).[3]

[3] Lowde está respondendo a Parker 1666.

Dado que Locke concorda que algumas proposições (entre as quais aquelas indicadas pelos inatistas) parecem evidentemente verdadeiras para o entendimento de todos aqueles que as consideram, e dado que ele está seguro de que isso não deve ser explicado pela apelação a uma "inscrição natural" inata, ele está correto, apesar do que diz Parker, em reconhecer que será preciso que ele ofereça uma explicação alternativa (E I.ii.11: 52-53).

Vários argumentos subjazem a sua convicção de que o inatismo não é a resposta (veja Barnes 1972). O inatismo não explica adequadamente, ou não é a única coisa que pode explicar aquilo que ele pretende explicar. Ele é muito liberal: que "branco não é preto" seria prontamente aceito, mas ninguém desejaria especificar tal proposição como inata, o que somente poderia ser o caso, o que é implausível, se suas ideias constituintes, "branco" e "preto", fossem inatas (E I.ii.18-21: 57-60)

Diferentes considerações são levantadas contra o suposto caráter inato dos princípios práticos e morais. Aqueles que os admitem, o fazem sem questioná-los, diferentemente dos princípios especulativos, os quais não são admitidos por todos. Qualquer um que tenha "um conhecimento razoável sobre a história da humanidade" sabe disso (E I.iii.2: 66). A pronta aceitação de princípios práticos por aqueles que os aceitam não pode, portanto, ser explicada pelo inatismo. Pela mesma razão, não pode, certamente, ser explicada pela apelação, que o próprio Locke faz no caso dos princípios especulativos, a alguma outra característica geral da mente humana.

O que explica a cega adesão das pessoas a seus princípios morais, pensa Locke, é que, como crianças, elas acreditaram neles e, em seguida, devido à preguiça, à falta de tempo ou à timidez, nunca os examinam. Os princípios morais são "instilados nas mentes desprevenidas e sem preconceitos" de crianças que, "à medida que crescem, continuam a confirmá-los, quer pela aceitação aberta ou consentimento tácito daqueles com quem convive" (E I.iii.22: 81) e que, como pessoas crescidas, "tornam-se presas às ocupações necessárias do dia a dia, ou entregues à busca de prazeres" (E I.iii.25: 82), ou que, temendo questionar aquilo que é comumente aceito em sua sociedade, continuam a aceitá-los. A conclusão do diagnóstico de Locke é o irônico ardil de que as pessoas esquecem o modo como elas chegaram a esses princípios e, por isso, os supõem inatos!

Embora os princípios morais variem de grupo para grupo, e embora sua inquestionabilidade signifique somente que eles são cegamente aceitos, Locke não pensa que não existe alguma verdade moral ou que não podemos encontrá-la. Existem verdades morais, mas elas não nos são ditadas. Elas são, veremos adiante, como qualquer outra coisa que venhamos a conhecer, produzidas pelo "raciocínio e pelo discurso, por alguma aplicação da mente" (E I.iii.i: 66).

Após argumentar que nenhuma parte do nosso conhecimento é inata ou tem sua origem na impressão divina, Locke nos apresenta sua própria descrição positiva. Uma vez que o conhecimento pressupõe ideias, que são os seus materiais, ele as examina em primeiro lugar.

Existe muito a ser dito acerca das "ideias" na filosofia do século XVII (veja Ashworth 1972, McRae 1965 e Yolton 1975a), e o capítulo 2 deste livro diz muito sobre a própria teoria lockeana das ideias. Precisamos aqui apenas mencionar seus pontos principais. Tendo definido uma ideia como sendo "tudo aquilo que é o objeto do entendimento quando um homem pensa" (E I.i.8: 47), Locke segue Descartes e usa "pensar" para cobrir não apenas o raciocínio, mas também todas as outras atividades mentais, tais como sentir, perceber, lembrar, imaginar. Assim, ideias não somente figuram no pensamento e na compreensão da linguagem, mas são também identificadas com percepções de objetos e de suas qualidades e com sensações, como a dor.

Vimos anteriormente que a origem das ideias é, sem exceção, a "experiência". Assim, por exemplo, "*nossos sentidos*, em suas relações com os objetos sensíveis particulares, *introduzem na mente* várias *percepções* distintas das coisas. [...] E, assim, chegamos a possuir essas ideias que temos de *amarelo*, *branco*, *calor*, *frio*, *mole*, *duro*, *amargo*, *doce*" (E II.i.3: 105). Anteriormente à experiência, a mente é um "papel em branco, vazio de qualquer marca, sem quaisquer ideias" (E II.i.2: 104). Todo o conteúdo de nosso pensamento deve, em última instância, ser derivado a partir da experiência. "Todos aqueles pensamentos sublimes, que se elevam acima das nuvens e chegam tão alto como o próprio céu, têm aí a sua origem e o seu fundamento" (E II.i.24: 118). Isto não significa necessariamente que não podemos ter ideia de algo de que não tivemos experiência. Mas, tal ideia deve ser uma ideia complexa, derivada por diversas operações mentais de "ampliação, composição e abstração" (E II.i.22: 117) sobre ideias que provêm da experiência.

Como o conhecimento é produzido a partir desses materiais? Supor que o conhecimento em si mesmo, antes do que propriamente as ideias, "nos é produzido por nossos sentidos", sem qualquer auxílio e por si mesmos, como referido anteriormente, equivale a "não deixar lugar algum para a razão, para aquilo que, por uma determinada sucessão daquelas ideias [...] pode se tornar [...] conhecimento" (*Draft* A 43: D I: 75). De que maneira a razão produz, então, conhecimentos a partir de ideias?

O conhecimento é definido como "*a percepção da conexão e acordo, ou do desacordo e incompatibilidade, em quaisquer de nossas ideias*" (E IV.i.2: 525). O pensamento básico é que algumas ideias estão conectadas com outras, e várias verdades refletem essas conexões. O conhecimento dessas verdades consiste na "percepção", no reconhecimento dessas conexões através de nosso entendimento. Os ângulos internos de um triângulo são iguais a dois ângulos retos; e a ideia dessa igualdade é conectada com a ideia dos três ângulos do triângulo. Conhecer essa verdade sobre triângulos consiste em "perceber" a conexão entre essas ideias. Nosso conhecimento consiste na "percepção" "de que a igualdade a dois ângulos retos necessariamente concorda, e é inseparável, com os três ângulos de um triângulo" (ibid.).

Essas ligações, algumas vezes, são diretas e imediatas; outras vezes, são indiretas, como no caso do triângulo. Temos conhecimento intuitivo quando "a mente percebe o acordo ou desacordo de duas *ideias* imediatamente, por elas mesmas, sem a intervenção de qualquer outra ideia"; assim, podemos perceber diretamente "que três é maior que dois e é igual a um mais dois" (E IV.ii.1 530-31). Essa noção de uma compreensão intuitiva

---

4 Observe que o termo "coexistência" é algumas vezes tomado para referir-se não só, por exemplo, à concomitância universal das propriedades do ouro em geral (sobre as quais, como veremos, temos pouco conhecimento), mas também à coinstanciação das propriedades de um pedaço particular de ouro em um momento particular (sobre o que, diz Locke [E IV.xii.9: 644], temos conhecimento "certo", um conhecimento presumivelmente "sensível" (E IV.iii.29: 560).

de uma conexão imediata e direta entre ideias derivadas originalmente da experiência é, certamente, o substituto que Locke ofereceu para a doutrina do conhecimento inato, que consiste em sua explicação de nosso conhecimento de proposições que "a mente, de modo imediato, entende e dá seu assentimento" (E I.ii.17: 56).

Temos conhecimento demonstrativo quando a conexão entre duas ideias é indireta e mediada por outras ideias. "Por meio de uma visão imediata", nós não podemos saber que os ângulos de um triângulo são iguais a dois ângulos retos. Uma prova é necessária. Nossa mente tem de "encontrar alguns outros ângulos, para os quais os três ângulos de um triângulo mantêm uma igualdade; e, por verificar que esses ângulos são iguais a dois retos, a mente começa a conhecer que os três ângulos são iguais a dois retos" (E IV.ii.2: 532). Uma linha reta sobre um vértice de um triângulo e paralela ao lado oposto irá produzir esses "outros ângulos". Dos três ângulos nessa linha, que, tomados conjuntamente, são iguais a dois ângulos retos, um deles é um dos ângulos do triângulo e os demais, conjuntamente, são iguais aos outros dois ângulos do triângulo; e, assim, os três ângulos do triângulo são iguais a dois ângulos retos.

Ademais dos dois "graus" de conhecimento – a intuição e a demonstração –, Locke menciona um terceiro, o conhecimento sensível. Esse conhecimento é um conhecimento que diz respeito à "existência de objetos externos particulares, por meio da percepção e consciência que temos da entrada atual das ideias que deles provêm" (E IV.ii.14: 537-38). Enquanto os dois primeiro "graus" (à exceção do conhecimento intuitivo sobre nossa própria existência e do conhecimento demonstrativo sobre Deus) concernem a generalidades (tais como a de triângulos possuírem a soma de seus ângulos internos igual a dois retos), o conhecimento sensível diz respeito a particularidades (tal como a realidade do que agora está acontecendo diante de meus olhos). Outra diferença, e associado a essa, é que esse "grau" de conhecimento não se ajusta na definição oficial de Locke. O conhecimento sensível não é um conhecimento de alguma ligação entre duas ideias, mas um conhecimento da existência atual de alguma coisa no mundo que corresponde a nossas ideias ou percepções atuais. Examinaremos isso mais adiante, no detalhamento da explicação de Locke acerca da extensão de nosso conhecimento sobre verdades gerais.

Esses três "graus" de conhecimento atravessam uma quádrupla classificação do acordo ou conexão entre as ideias, cuja percepção constitui conhecimento, em "tipos" de conexão (E IV.i.3: 525): "*identidade* ou *diversidade*"; "*relação*"; "*coexistência* ou *conexão necessária*"; e "*existência real*". Os quatro tipos de proposições que essas conexões geram são, respectivamente e de modo aproximado, proposições, tais como "branco é branco" ou "três é maior que dois" (que são intuitivamente conhecidas); proposições gerais, tais como aquelas sobre figuras geométricas (que são intuitivamente ou demonstrativamente conhecidas); proposições gerais sobre as propriedades de substâncias, tais como o ouro (sobre as quais, como veremos, temos pouco conhecimento); e, deixando de lado proposições intuitiva e demonstrativamente conhecidas de que nós e de que Deus realmente existimos, proposições conhecidas por meio dos sentidos.

Agora é plausível dizer que nosso conhecimento das propriedades dos triângulos em geral não é "produzido por nossos sentidos" e se baseia em nossa compreensão intelectual das conexões entre ideias. Mas não é plausível afirmá-lo acerca de nosso conhecimento da prata ou do ouro em geral (por exemplo, que se dissolve em ácido nítrico, no caso da prata, e que não se dissolve, no caso do ouro). Nesses casos, não existe qualquer conexão que se possa descobrir entre nossas ideias, e somos "deixados unicamente à observação e à experiência" (E IV: iii.28: 558); parece que nosso conhecimento "nos é produzido por nossos sentidos" e não pela aplicação de nosso raciocínio sobre as ideias. A posição de Locke sobre isso é, simplesmente, que esses casos não constituem conhecimento. Conhecimento é a percepção de conexões entre ideias, de modo que quando fazemos outra coisa que perceber tais conexões, nós não temos conhecimento. O que temos é o que ele denomina "crença" ou "opinião" (E IV.xv.3: 655).

Na ausência de conhecimento intuitivo ou demonstrativo, devemos exercer um juízo sobre probabilidades e sobre em que acreditar; assim, Locke dedica alguns capítulos à investigação dos "fundamentos e graus da crença, da opinião e do assentimento" (E I.i.2: 43). Não encontramos nesses capítulos uma antecipação daquilo que poderíamos esperar. Nesses capítulos, Locke não está muito interessado na extensão em que a "observação e a experiência" justificam crenças e expectativas gerais acerca das propriedades de substâncias materiais que vão além dessa observação, e tampouco ele está interessado no modo como nós decidimos quais crenças gerais deveríamos formar sobre essa base. Existe pouco interesse naquilo que se tornou conhecido como o problema de Hume da indução, e não existe qualquer coisa como os cânones da lógica indutiva, elaborados posteriormente por John Stuart Mill. Locke reconhece que sua experiência de que este pedaço de ouro é maleável, "não me dá a certeza que seja assim em todas ou quaisquer outras" coisas amarelas, pesadas e fusíveis (E IV.xii.9: 644). Mas sua referências à "experiência comum" e ao "curso ordinário da natureza" (E IV.xvi.9: 663), e àquilo que "nossa própria *observação constante*, e a dos outros homens, sempre encontra manifestado da mesma maneira" (E IV.xvi.6: 661), não é para ele problemática do modo como seria para a filosofia posterior. Seu interesse, compartilhado com seus contemporâneos, incluindo os filósofos naturais da Royal Society, situa-se, antes, na diferente questão acerca da extensão que nossa própria experiência, o testemunho dos outros e de registros escritos emprestam apoio à probabilidade de crenças sobre a possibilidade de diversos eventos particulares, tanto ordinários quanto milagrosos (veja Shapiro 1983: Cap. 2).

Existe uma estreita relação entre a noção de Locke acerca de "conhecimento" e a mais recente noção sobre "conhecimento *a priori*", ou "conhecimento conceitual". Locke diz que, "em algumas de nossas ideias, existem certas relações, hábitos e conexões tão visivelmente incluídas na natureza das próprias ideias, que não podemos concebê-las separadas deles, por qualquer poder que seja. E somente nessas ideias somos capazes de conhecimento certo e universal" (E IV.iii.29: 559), e isso corre paralelo com o que é atualmente dito sobre a explicação do conhecimento de tipo *a priori*, tal como o que temos na matemática e na geometria.

Existe uma relação igualmente estreita entre a noção de Locke acerca de "crença" – aquilo que se baseia na "observação e na experiência" por causa da "falta de uma *conexão detectável* entre as ideias que possuímos" (E I.iii.28: 558) – e a noção sobre "conhecimento *a posteriori*" do tipo que temos, em uma forma sistemática, nas ciências empíricas, como a química. Mas assim como Locke não poderia denominar tais conhecimentos empíricos como "conhecimento", mas sim como "crença", ele também não pôde denominar a química (e outras partes do que era então conhecido como "filosofia natural") como "uma ciência": uma "ciência" é um corpo de "conhecimentos", não um corpo de "crenças". Assim, embora a geometria e a aritmética sejam ciências para Locke, e embora – diz ele – a moralidade pudesse tornar-se uma ciência, a "filosofia natural não é capaz de se tornar uma ciência" (E IV.xii.10: 645). Esses fatos – ou seja, que Locke não está pensando em termos de dois tipos de conhecimento e que ele considera a geometria, mas não a filosofia natural, como uma ciência – são sintomáticos das diferenças que subjazem à semelhança entre a sua distinção conhecimento/crença e a distinção mais recente entre conhecimento *a priori* e conhecimento empírico. Retornaremos a isso posteriormente.

Em alguns casos, nossos entendimentos percebem, então, conexões necessárias entre nossas ideias, em outros casos, não as percebem. Em alguns casos, temos "conhecimento" e, em outros, somente "crença" ou "opinião". Mas por quê? Porque, em alguns casos, nossas ideias (o que Locke denomina de "essências nominais") são ideias de "essências reais" (como Locke as denomina) e, em outros casos, não as são. Mas isso precisa de explicação.

Ao afirmar que todas as ideias provêm da experiência, Locke faz uma distinção entre ideias simples e ideias complexas. Ao mesmo tempo, ele classifica as ideias complexas em ideias de substâncias e ideias de modos (entre outras). A primeira dessas distinções foi tratada no segundo capítulo deste livro, enquanto a segunda foi tratada no quinto capítulo, mas algo mais precisa ser dito sobre elas aqui. Elas são importantes para Locke à luz da teoria do conhecimento, como é evidente a partir do fato de que figuras geométricas (sobre as quais podemos ter "conhecimento") são modos, enquanto coisas, como o ouro e o chumbo (aquelas coisas cujas propriedades são do interesse do filósofo natural e sobre as quais ele possui "crenças") são substâncias.

A essência nominal de alguma coisa, seja modo ou substância, é a nossa ideia dessa coisa. Assim, a essência nominal de um triângulo ou do ouro é aquilo que significamos com a palavra "triângulo" ou "ouro", no sentido de ser uma descrição ou um conjunto de características que algo deve possuir de modo a ser tomado como um "triângulo" ou "ouro". "Nada mais é", diz Locke, "que a *ideia abstrata à qual o nome é anexado*; de modo que tudo que está contido nessa *ideia* é essencial a essa espécie" (E lll.vi.2: 439). A essência real de algo é o seu "próprio ser [...], aquilo pelo qual ela é o que é" (E III.iii.15: 417); constitui aquilo "sobre o qual depende essa essência nominal e todas as propriedades dessa espécie" (E III.iv.2: 439), aquilo "sobre o qual dependem todas as propriedades da espécie e, a partir do qual, unicamente, todas emergem" (E III.v.14: 436-37).

O relógio admiravelmente elaborado da Catedral de Estrasburgo fornece a Locke uma boa ilustração para essa distinção. Em Estrasburgo, durante o dia, a "admiração de um aldeão" (E III.vi.3: 440) seria excitada pela representação dos planetas em movimento, das figuras que se movem sobre as horas, do galo mecânico que canta ao meio-dia e de outras características desse famoso relógio. Ele indubitavelmente estaria inclinado a aceitar que deve existir algo (provavelmente algum mecanismo de algum tipo, presumiria ele) sobre o relógio que dá origem a todas essas características pelas quais ele o reconhece. Mas ele nada conheceria do complexo sistema de engrenagens e rodas, que é aquilo que o relógio da Catedral seria para um relojoeiro. Com efeito, as ideias que o aldeão e o relojoeiro têm sobre o relógio, suas essências nominais, são, pois, fundamentalmente diferentes. A ideia do aldeão é de algumas das características observáveis do relógio; a do relojoeiro é a de sua essência real, daquilo que dá origem àquelas características observáveis e, por isso, o que explica a presença dessas características no relógio.

Admitir que alguma coisa possui uma essência real é admitir que existe algo que é de modo fundamental e que dá origem, ou explica, suas características distintivas e propriedades. Se sentíssemos que tudo que existisse fosse as características distintivas, e não aceitássemos que pudesse haver algo mais na coisa que fosse fundamental a ela e que produzisse ou explicasse suas características, então a noção de uma essência real não teria lugar aqui.

Locke faz uma aplicação relativamente fácil dessas considerações a substâncias como o chumbo ou o ouro. Por um lado, existem as propriedades familiares, observáveis e detectáveis dessas coisas – sua cor particular, sua maleabilidade, sua solubilidade em alguns ácidos e não em outros.

Por outro lado, ou assim é natural de se pensar, existe algo além dessas propriedades que constitui realmente o chumbo ou o ouro, algo de que essas propriedades dependem e que pode ser usado para explicar por que o chumbo e o ouro as possuem. Recorrer às mais recentes teorias químicas poderia fornecer-nos os detalhes sobre o que é o chumbo ou o ouro e por que essas substâncias possuem as propriedades que apresentam. Aqueles menos versados nas ciências naturais, mas não totalmente ignorantes, poderiam pensar, de modo um pouco vago, em termos de movimentos de partículas elementares.

A teoria química alterou-se por trezentos anos desde Locke, mas os nossos pensamentos sobre essas coisas têm uma continuidade fundamental com as suas ideias. De modo específico, sua concepção da essência real de uma substância é modelada sobre o funcionamento do relógio de Estrasburgo. Ele supõe que aquilo que o ouro é, fundamentalmente, seja uma coleção de pequeníssimas partículas, "corpúsculos imperceptíveis" (E IV.iii.25: 555), que possui unicamente as, assim chamadas, qualidades primárias de solidez, tamanho, forma e movimento. É em termos do arranjo e do rearranjo dessas partículas que as propriedades observáveis do ouro, tais como sua maleabilidade e solubilidade em certos ácidos, devem ser explicadas e entendidas. As diferenças nas qualidades de diferentes substâncias resultam de diferenças na forma, tamanho, disposição e movimento dos corpúsculos imperceptíveis que compõem sua "real constituição" corpuscular (E III. ix.12: 482).

Embora essa seja a imagem geral que Locke oferece da essência real ou constituição interna das substâncias, ele não pensa que pode completar os detalhes (do modo como os químicos atuais pensam que podem, ou como poderia o relojoeiro da catedral em relação ao relógio de Estrasburgo). Deus, certamente, pode completá-los, e os anjos possivelmente também podem (E III.vi.3: 440), mas, em relação às substâncias, nós humanos somos todos como o aldeão em relação ao relógio. Nossas essências nominais das substâncias, as ideias que temos das substâncias, não são ideias de suas essências reais.

A imagem de Locke da matéria está em continuidade não somente com a nossa imagem, mas também com a dos atomistas clássicos da antiguidade, Leucipo, Demócrito e Epicuro, cuja teoria acerca das condições em que os fenômenos do mundo material devem ser entendidos foi retomada e revitalizada no século XVII por Galileu, Gassendi e Hobbes; substancialmente, essa teoria foi aceita por Locke. Mas essa concepção sobre o que é a "essência real" de uma substância, e como dá origem às qualidades características da substância, contrasta e substitui uma concepção bastante diferente e que encontrava certa circulação no século XVII. Como diz Locke: "No que diz respeito às essências reais das substâncias corporais, [...] existem [...] duas opiniões". A sua própria opinião, a "opinião mais racional", supõe que "todas as coisas naturais possuem uma constituição real, mas desconhecida, das partes imperceptíveis, a partir das quais decorrem aquelas qualidades sensíveis que nos servem para distinguir essas coisas umas das outras, de acordo com a ocasião que temos para classificá-las em espécie, sob denominações comuns". A outra opinião, que ele rejeita, supõe "certo número de formas ou moldes, nos quais todas as coisas naturais que existem são feitas e nos quais participam" (E III.iii.17: 417-18).

Essa descrição da essência, que Locke recusa, pertence à descrição hilemórfica aristotélica das coisas materiais. Enquanto aqueles na tradição do atomismo consideram uma coisa material como uma coleção de corpúsculos, os aristotélicos a consideram como um composto de "forma" (*morphé*) e "matéria" (*hylé*), por analogia com o modo como um artefato humano, tal como uma estátua de bronze, é um composto de matéria, o bronze, e de uma determinada forma ou figura. É em razão de alguma coisa possuir naturalmente a "forma" (ou "essência", ou "natureza") que possui que a torna o tipo de coisa que ela é, e que a faz possuir as propriedades características que possui. Diante disso, poderia parecer que existe pouca diferença entre uma "essência real" corpuscular e uma "forma" escolástica. Afinal, ambas possuem a função de explicar e de ser a fonte das propriedades características dos vários tipos de coisa. Mas, pelo menos para seus oponentes, a caracterização detalhada que os escolásticos fazem dessas formas (por exemplo, "o homem é um animal racional") parecia consistir em meras definições verbais, antes que descrições daquilo que certas coisas realmente são, uma aparência que foi encorajada por regras estritas para a construção dessas definições. Havia um sentimento geral entre os "novos filósofos" do século XVII de que a teoria hilemórfica aristotélica era inútil como um meio de entendimento do mundo. Ela tem, diz Locke, "confundido muito o conhecimento das coisas naturais" (E III.iii.17: 418). A estrutura das coisas materiais era, então, considerada em termos da teoria atômica, e não em termos do hilemorfismo aristotélico.

Vimos anteriormente – para agora passar das substâncias para os modos – que a essência nominal de uma figura geométrica, tal como o triângulo, é a ideia que temos dessa coisa. Presumivelmente, para a maioria das pessoas, algo será tido como um triângulo se esse algo for "uma figura limitada por três linhas retas". O que é a sua essência real? Obviamente, não pode ser uma constituição corpuscular, ou um arranjo de partículas – pois o triângulo não é uma coisa material, mas antes uma forma, ou um modo no qual as coisas materiais podem ser arranjadas. Mas não é imediatamente óbvio o que a essência real poderia ser. Isso pode parcialmente explicar por que algumas pessoas são menos entusiasmadas com a ideia de essência real modal.[5] O que também pode parcialmente explicar isso é que Locke, algumas vezes, refere-se aos modos como se fossem algo diferente de um todo unido com uma coerência que independe da mente – o que é, parece, aquilo que algo com uma essência real deveria parecer. Assim, Locke refere-se a eles como se fossem simplesmente aquilo que nós, de acordo com nossa conveniência, os fazemos ser: eles são compostos de "*ideias* dispersas e independentes", conectadas apenas pela mente (E II.xxii.1, 2, 5: 288-89, 290; e E III.v.8, 10: 433, 434). Constitui um erro, todavia, pensar que os modos não possuem realmente essências reais. Locke, de maneira muito clara, não pensa assim, e sua teoria do conhecimento depende de os modos possuírem essências reais. Além disso, a ideia pode fazer considerável sentido.

O que se requer é uma distinção entre as propriedades características de um modo e uma essência a partir da qual as propriedades resultam. Locke considera, de maneira clara e plausível, que essa exigência pode ser

---

5 Veja, por exemplo, Aronson & Lewis 1970: 195-97 e o quinto capítulo deste livro. Para referências adicionais, veja Woolhouse 1983: 122-24.

satisfeita em relação a figuras geométricas. A essência real de um triângulo, diz ele, é "uma figura que encerra um espaço entre três linhas retas". Essa é "a própria *essentia*, ou o ser da própria coisa, o fundamento a partir do qual procedem todas as suas propriedades e ao qual todas estão inseparavelmente ligadas" (E III.iii.18: 418). Locke propõe um paralelo entre (de um lado) o ouro, que possui determinadas propriedades características decorrentes de sua matéria ser de uma determinada constituição corpuscular, e (por outro lado) um triângulo, que possui determinadas propriedades decorrentes de um triângulo ser uma figura limitada por três lados. Os casos são diferentes somente pelo fato de que, enquanto somos aldeões em relação ao ouro, ignorantes em relação àquilo em que precisamente consiste sua essência real, nós possuímos conhecimento da essência real de um triângulo.

Esse último fato é o que está por trás da observação de Locke de que "nas espécies de [...] *modos*, elas [a essência real e a essência nominal] *são sempre as mesmas*; mas, *nas substâncias*, são sempre totalmente diferentes" (ibid.). Essa observação não deve ser tomada como uma definição, como uma verdade necessária sobre substâncias e modos. Pois, como admite Locke, é possível ser ignorante acerca da essência real de uma elipse – que diz respeito a sua relação com dois pontos, que são chamados seus "focos" – e, ainda assim, possuir uma essência nominal diferente dela, construída exclusivamente em termos de algumas das propriedades mais óbvias do modo (E II.xxxi.10-11: 382).

Embora a ideia de essência real modal possa fazer sentido, existem problemas com ela. Algumas pessoas consideram que é arbitrário dizer que "figura delimitada por três lados" constitui a essência real do triângulo, aquilo que um triângulo é, e que a propriedade de possuir a soma dos três ângulos iguais a dois retos é uma propriedade que decorre dessa essência. Uma vez que todas e somente aquelas figuras delimitadas por três lados têm a soma de seus ângulos igual a dois ângulos retos, essa propriedade possui, consideram eles, igual direito de constituir a essência real. Outro problema é que, com outros modos, tais como "procissão" (E III.v.13: 436) e "parricídio" (E II.xxii.4: 190), a maneira como se poderia tentar distinguir entre essência e propriedades dependentes não é nada óbvia.

Em suma, nossas ideias (essências nominais) de substâncias não são ideias de suas essências reais; enquanto nossas ideias (essências nominais) de modos, pelo menos frequentemente, são ideias de suas essências reais. Por que isso implica que a "filosofia natural não é capaz de tornar-se uma ciência" (E IV.xii.10: 645), enquanto na geometria podemos fazer deduções sistemáticas? Porque, simplesmente, uma vez que nossa ideia de ouro não é uma ideia de sua essência real, a partir da qual suas propriedades procedem, não existe qualquer conexão discernível entre nossas ideias de ouro e nossas ideias de suas propriedades. Seria muito diferente caso nossa ideia de ouro fosse a de sua essência real. Por outro lado, nossa ideia de um triângulo é a de sua essência real da qual procedem as suas propriedades e, por isso, tais propriedades são dedutíveis a partir de nossa ideia de triângulo (E II.xxxi.6: 378-80).

Assim, quando nossas ideias são ideias de essências reais, nós podemos alcançar "conhecimento certo e universal" (E IV.iii.29: 559) por meio de métodos *a priori* de intuição e demonstração. É por essa razão que Locke afirma que "*a moral é capaz de demonstração*, bem como as matemáticas" (E IV.xii.8: 643). Pois "as ideias que concernem à ética" (ibid.) são, acredita ele, modos cujas essências reais nós conhecemos, ou poderíamos conhecer. Por sua vez, quando, como no caso da filosofia natural, nossas ideias não são de essências reais, nós não podemos recorrer, todavia, à demonstração e adquirir conhecimento efetivo, mas dependemos de crenças formadas na experiência.

> As substâncias oferecem pouca matéria para um conhecimento geral; e a simples contemplação de suas *ideias* abstratas não nos conduzirá muito longe na busca da verdade e da certeza. [...] *Aqui, a experiência deve ensinar-me* o que a razão não pode: é somente por meio da experiência que posso certamente saber que outras qualidades coexistem com as de minha ideia complexa, por exemplo, se esse corpo amarelo, pesado e fusível, a que chamo *ouro*, é ou não maleável; essa experiência [...] não me fornece a certeza que seja assim em todos ou quaisquer outros corpos amarelos, pesados e fusíveis, exceto naqueles de que tenho experiência. [...] Porque as outras propriedades desses corpos que não dependem dessas, mas da desconhecida essência real de que estas tais propriedades dependem, não nos permitem descobrir, por elas mesmas, o restante. (E IV.xii.9: 644)

Existe um contexto contemporâneo à concepção de Locke, de que o método adequado à filosofia natural e à investigação das propriedades das substâncias é basicamente o da observação. Uma expressão tangível dessa orientação foi a Royal Society, ou a Sociedade Real de Londres para o Avanço do Conhecimento Natural, fundada em 1660. Ela incluía entre seus membros, além de Locke, vários homens que figuram nas histórias do desenvolvimento da ciência moderna, aos quais Locke se refere como "arquitetos" da "comunidade do conhecimento" (E Epist: 9): Robert Boyle, Christiaan Huygens e Isaac Newton. Eles sustentam que a filosofia natural deve basear-se em uma cuidadosa observação e elaboração das chamadas "histórias naturais", descrições de propriedades observadas – como Boyle faz em seu *General History of the Air* [*História Geral do Ar*]. Robert Hooke, em sua descrição das coisas vistas sob o microscópio, que ele mesmo havia inventado, diz que o importante em filosofia natural é "a clareza e a diligência das observações sobre as coisas materiais e óbvias" (Hooke 1665: Prefácio).

A Royal Society foi conscientemente antiescolástica e sua recomendação para a filosofia natural daquilo que Locke chamou de "método histórico" (E I.i.2: 44) estava conjugada com sua rejeição da ideia aristotélica de *scientia*. De acordo com essa doutrina, *scientia* é um conhecimento estruturado de maneira a fornecer um entendimento de por que certas coisas são necessariamente do modo que são. Alguém teria "entendimento científico" de algo, digamos, o fato do ouro ser maleável, se esse alguém tivesse demonstrado a necessidade de que seja assim, por deduzi-lo a partir de primeiros princípios, como a conclusão de determinados argumentos silogísticos que devem ser construídos de acordo com estritas regras formais. Entre esses primeiros princípios estariam coisas que devem ser conhecidas como condição de se conhecer qualquer outra coisa – "máximas", tais como a que afirma que é impossível para a mesma coisa ser e não ser. Entre esses princípios também estaria uma definição, entendida de acordo com a teoria hilemorfista, da "forma" ou "natureza" ou "essência real" da espécie da coisa, cujas propriedades estivessem sob investigação. Locke e muitos de seus contemporâneos perceberam que, com a possível exceção da geometria, uma "ciência", assim concebida, jamais havia sido ou poderia ser produzida. Em particular, as rigorosas exigências silogísticas em relação à estrutura da *scientia* e sua associação com uma inaceitável descrição da "essência real" não são convenientes para o estudo dos fenômenos naturais. Ela desvia a atenção, troca coisas por palavras.[6]

Havíamos tratado das semelhanças entre a distinção de Locke entre conhecimento e crença e a distinção mais recente entre dois tipos de conhecimento, *a priori* ou conceptual e *a posteriori* ou empírico. Vejamos agora as diferenças. De acordo com os positivistas lógicos do século XX, todo conhecimento *a priori* é, em última instância, insignificante e vazio de conteúdo. Locke negaria que isso é verdadeiro em relação a tudo o que ele denomina de "conhecimento" (E IV.viii.8: 614).

Mas Locke não negaria que isso é verdadeiro em relação a alguns conhecimentos. Dada uma ideia de ouro como algo que é amarelo e maleável, existe uma conexão necessária a ser percebida entre ser ouro e ser maleável; podemos estar certos de que o ouro (aquilo que consideramos como ouro) é maleável. Mas, na opinião do Locke, nem todas as conexões necessárias entre as ideias são de tipo insignificante. A conexão necessária que supomos existir entre a essência real, ou a constituição corpuscular do ouro, e a maleabilidade do ouro, com efeito, não é insignificante; tampouco o é, de acordo com sua opinião, a conexão que poderíamos efetivamente perceber entre a essência real de um triângulo como uma figura delimitada por três lados e a propriedade de possuir a soma de seus ângulos igual a dois retos. A certeza de que um triângulo possui essa propriedade é – na concepção de Locke – informativa. Essa certeza contrasta com a certeza verbal vazia de que figuras triangulares possuem três lados. Se Locke está ou não correto, depende da simpatia que temos em relação a sua teoria da essência real, uma teoria com a qual o positivismo lógico mostra alguma impaciência.

---

6 O ataque de Locke a várias partes dessa doutrina pode ser encontrado ao longo do *Ensaio* – veja Woolhouse 1983: 65-80. Sua recusa do conhecimento inato pode ser vista como uma faceta disso, pois, embora divergindo de Aristóteles a esse respeito, alguns defensores seiscentistas da *scientia* consideravam os "axiomas", ou "princípios especulativos", como inatos.

Uma antipatia em relação às essências reais subjaz a uma diferença adicional entre a distinção lockeana e a distinção mais recente. A ideia de que todo conhecimento *a priori* é insignificante e desprovido de conteúdo, possui uma afinidade natural com a ideia de que a razão pela qual as propriedades das substâncias não são conhecidas de modo *a priori*, a razão pela qual a filosofia natural não é (nos termos de Locke) uma ciência, situa-se na natureza das coisas e não (como Locke afirma) na natureza de nosso entendimento. De acordo com a maneira de pensar dos positivistas, o mundo natural é totalmente contingente; por isso, não poderia haver outra maneira de adquirir conhecimento do que pela observação e pela experiência. Mas, de acordo com a maneira de pensar de Locke, existem relações necessárias no mundo; pois as substâncias possuem essências reais, a partir das quais as suas propriedades características resultam. Nossa confiança na observação e na experiência é simplesmente uma consequência de nossa ignorância sobre essas essências.

> Se tivéssemos nós essas *ideias* de substâncias, se pudéssemos conhecer que constituição real produz as qualidades sensíveis que nelas encontramos, [...] poderíamos, por meio das ideias específicas de suas essências reais que teríamos em nossas próprias mentes, descobrir suas propriedades de modo mais certo [...] do que podemos agora por meio de nossos sentidos; e para conhecer as propriedades do *ouro*, não seria mais necessário que o ouro existisse e que fizéssemos experimentos sobre ele, tal como não é necessário, para o conhecimento das propriedades de um triângulo, que um triângulo exista em alguma matéria; a ideia que teríamos em nossas mentes serviria em ambos os casos. (E IV.vi.11: 585)

Ademais de antecipar uma distinção mais recente, a distinção de Locke entre conhecimento e crença também retoma uma distinção mais antiga: a distinção aristotélica entre "conhecimento científico" e "opinião". Conhecimento, tal como definido e descrito na tradição aristotélica, trata daquilo que necessariamente é e não pode ser de outro modo; e, também para Locke, "conhecimento" é "certo e universal" (E IV.iii.29: 559). Vimos, entretanto, que enquanto para os aristotélicos o conhecimento tem uma estrutura que provém de seu desenvolvimento e aquisição com base em silogismos que possuem máximas e definições como premissas, para Locke, não é assim. "Ciência", para ele, é um corpo de conhecimentos relacionados dedutivamente, mas ele não atribui qualquer valor específico aos métodos silogísticos e às máximas abstratas.

Quanto à "opinião", de acordo com a concepção tradicional, ela diz respeito a contingências, a coisas que poderiam ser de outro modo. Vimos, entretanto, que esse não é o caso de Locke. É verdade que, para ele, a filosofia natural, uma coleção de "crenças" sobre substâncias e suas propriedades, não é uma ciência ou um corpo de conhecimento. Mas isso é devido à natureza de nosso entendimento, e não à natureza das coisas. Assim, enquanto que, de acordo com a tradição escolástica, a "opinião" diz respeito a contingências, para Locke, ela diz respeito àquilo que nos aparece como contingências, mas que, na realidade, poderia constituir certezas universais.

Uma característica da tradição escolástica era a de que a busca pela *scientia* constitui o uso característico da razão humana. O homem é um animal racional, e isso significava que ele é um raciocinador silogístico. A opinião não merece e nem mesmo é capaz de uma atenção séria e sistemática. Com efeito, falar de "sistema", concernente à opinião, é descabido, pois implicaria um arranjo estruturado por demonstrações silogísticas a partir de primeiros princípios. Mas Locke pensa que a "opinião" merece ser sistematicamente investigada. Pode existir um corpo de opiniões, a "filosofia natural". Mesmo para Locke, a filosofia natural não é, certamente, uma "ciência"; e, nessa medida, Locke está sob certa influência da tradição antiga. Mas, como nas atividades de muitos de seus colegas da Royal Society, ela pode ser sistematicamente investigada; e, nessa medida, e tal como é testemunhado por sua designação ocasional das crenças da filosofia natural como "conhecimento experimental" (E IV.iii.29: 560; E IV.vi.7: 582), ele está livre dessa influência da tradição antiga.

Embora não tenhamos conhecimento na filosofia natural, a geometria e a matemática não são as únicas áreas em que temos conhecimento. Ao comentar que tem sido "geralmente aceito como certo que apenas as matemáticas são capazes de certeza demonstrativa" (E IV.ii.9: 534), Locke diz que essa suposição é falsa. Em virtude das ideias relevantes serem modos, cujas essências reais nós conhecemos ou podemos vir a conhecer, ele pensa, talvez de modo surpreendente, que pode ser possível "colocar *a moral entre as ciências capazes de demonstração*; não tenho dúvidas de que as medidas do certo e do errado poderiam ser deduzidas a partir de proposições autoevidentes, por consequências necessárias, de modo tão incontestável como nas matemáticas" (E IV.iii.18: 549). Essa ciência da moral seria fundada sobre duas ideias. Em primeiro lugar, haveria a ideia de Deus. Essa ideia, de "um Ser Supremo, infinito em poder, bondade e sabedoria" (ibid.), não é, certamente, inata, mas construída com base na experiência (E II.xxiii.33: 314; E IV.x.1: 619). Trata-se de um fundamento para a ética, pois as regras morais são simplesmente os ditames de tal ser supremo: "Deus forneceu uma regra pela qual os homens devem se governar. [...] Esse é o único critério verdadeiro da retidão moral" (E II.xxviii.8: 352). A segunda ideia básica seria a ideia de nós mesmos enquanto seres com entendimento e racionalidade, criados por Deus e dele dependentes. Disso se segue, de modo evidente, que podemos entender a vontade de Deus e que devemos obedecê-la: "sabemos, com igual certeza, que o homem deve honrar, temer e obedecer a Deus, assim como sabemos que três, quatro e sete somam menos que quinze" (E IV.xiii.3: 651).

Com efeito, também precisamos saber que, ademais de nossa ideia de Deus, Ele realmente existe; e Ele mesmo nos proveu com os meios para isso, criando-nos com a capacidade da razão e, portanto, com a capacidade de demonstrar a sua existência. Locke diz (E IV.x.7: 622) que a prova ontológica tradicional não deveria ser utilizada como o único argumento para tal importante conclusão; posteriormente, ele realmente a recusou (Deus: L II: 133-39). Sua objeção é a de que a existência de algo dificilmente pode ser provada a partir de uma mera ideia, mas unicamente a partir da existência de outras coisas. Sua prova preferida não está aberta a essa objeção: partindo de nosso conhecimento intuitivo do fato de que existimos como coisas inteligentes, ele conclui que somente um ser inteligente e eterno poderia ter-nos criado (E IV.x.1: 619-21).

Locke reconhecia que ninguém ainda havia produzido uma moral demonstrativa e, apesar da exortação de seu amigo William Molyneux, ele mesmo não tentou. Mas, para Locke, isso não significa que a razão humana tenha sido completamente mal-sucedida em "sua extensa e peculiar ocupação acerca da moral" (W VII: 140), pois nós possuímos algum conhecimento moral obtido dessa maneira (E I.iii.4: 65-66, 68; E II.xxviii.8: 352). Mas, como ele deixa particularmente claro em *The Reasonableness of Christianity* [*A Razoabilidade do Cristianismo*], esse processo não é fácil, o conhecimento moral é arduamente alcançado. Existe, porém, outra fonte de conhecimento moral, alternativa à nossa razão e entendimento, uma fonte à qual aqueles que não têm tempo nem habilidade podem, felizmente, recorrer. "O Evangelho", explica Locke, "contém um corpo tão perfeito de ética, que a razão pode ser dispensada dessa investigação" (Letter 2059: C V: 595). Segue-se, naturalmente, que nossa relação a qualquer um dos princípios morais assim alcançados, ou seja, a partir dos versículos revelados pelos Evangelhos e não por meio de nossa razão e da percepção das conexões entre as ideias, somente pode ser uma relação de crença, não de conhecimento.

Vimos que por detrás do que Locke tem a dizer sobre a origem e a extensão do conhecimento estava o debate provocado por Sextus Empiricus. É dentro desse contexto que, em particular, ele fala sobre o lugar da razão na descoberta da verdade moral e religiosa, bem como da importância dos Evangelhos como uma fonte de conhecimento moral. Uma particular arena onde esse debate se desenvolveu foi as controvérsias religiosas da Reforma. A concepção era que as verdades religiosas haviam sido determinadas pelas tradições da igreja católica e deveriam ser procuradas em seu interior, nos decretos papais e nos concílios da Igreja. O desafio de Martinho Lutero foi o de que as verdades religiosas foram determinadas pelas Escrituras e poderiam ser aí encontradas. Existe alguma evidência de que foi essa questão específica acerca das fontes do conhecimento religioso e moral que, inicialmente, levou Locke a escrever o *Ensaio*.

No curso de sua recusa do inatismo, Locke censura aqueles "crédulos, que fazem um mau uso de sua capacidade de assentimento, que submetem suas mentes, por preguiça, à dominação e aos ditames dos outros em doutrinas que eles mesmos teriam o dever de realizar um cuidadoso exame" (E I.iv.4: 99; EW. l7: 718-19). Assim, para Locke, as possíveis fontes da verdade moral e religiosa se reduzem a duas: a da própria razão e a das

Escrituras, "a luz da Natureza ou a voz da Revelação" (E II.xxviii.8: 352). O ponto central de sua discussão da relação entre essas origens da verdade moral e religiosa é que a razão tem supremacia sobre a revelação. Mas isso não significa simplesmente que o conhecimento racional é superior ao da fé, ou da crença fundada na revelação. Significa, também, que a revelação se ajusta à razão.

Algumas verdades morais podem ser descobertas tanto pela razão quanto por uma leitura dos Evangelhos (E IV.xviii.4: 690-91). Mas as revelações dos Evangelhos não podem nos tornar mais certos acerca das descobertas da razão. Precisamos saber que estamos diante de uma revelação genuína e que não podemos estar tão certos sobre ela quanto estamos em relação ao nosso conhecimento fundado na razão. "O conhecimento que temos de que essa revelação partiu originalmente de Deus jamais pode ser tão certo como o conhecimento que temos a partir da percepção clara e distinta da concordância ou da discordância entre nossas próprias ideias" (E IV.xviii.4: 691). Do mesmo modo, no caso de alguma divergência, devemos seguir a razão, antes que a suposta revelação. "Seria subverter os princípios e os fundamentos de todo o conhecimento [...] se [...] aquilo que conhecemos com certeza desse lugar àquilo em que, eventualmente, podemos nos enganar" (E IV.xviii.5: 692).

Mas o entendimento humano possui limites, e algumas verdades supostamente reveladas (por exemplo, "que os mortos se levantarão e voltarão a viver" [E IV.xviii.7: 694]) estão "acima da razão" e não podem ser descobertas pela razão. Isso ainda não significa, porém, que a razão não possui qualquer relevância para a nossa aceitação das verdades reveladas. Se algo é uma revelação de Deus, então certamente deve ser verdade: "Mas se é ou não uma revelação divina, aí a razão deve julgar" (E IV.xviii.10: 695).

Outro modo de entender que a revelação das verdades que estão "acima da razão" não coloca qualquer restrição ao primado da razão é que a crença nessas verdades não é necessária para a salvação. Tudo o que é necessário para a salvação pode ser alcançado por meio de nossas faculdades naturais. Deus, diz Locke, tem "dado a toda a humanidade uma luz da razão tão suficiente, de modo que aqueles a quem a palavra escrita [a Bíblia] nunca chegou não possam (sempre que se propusesse a procurar) duvidar da existência de Dele, e tampouco da obediência que lhe é devida" (E III. ix.23: 490).

A regulação da revelação pela razão distingue a fé daquilo que foi denominado de "entusiasmo" – um entusiasta religioso é alguém que, "renunciando à razão, sem ela, pretende estabelecer a Revelação" (E IV.xix.3: 698). A recusa de Locke do entusiasmo, junto com sua atribuição de um papel central à razão na moral e na religião, reserva-lhe um lugar na história do desenvolvimento do deísmo. Esses tópicos serão discutidos no capítulo 7 deste livro.

Nossa discussão acerca da extensão do conhecimento havia tratado das proposições gerais concernentes aos primeiros três tipos de "conexão ou concordância" entre as ideias – "*identidade* ou diversidade", "*relação*" e "*coexistência*" ou "conexão necessária". Passemos agora para o quarto tipo de concordância e, assim, para o nosso conhecimento de "existências reais" particulares. Temos conhecimento intuitivo de nossa própria existência e conhecimento demonstrativo da existência de Deus, mas o conhecimento que temos da "existência de qualquer outra coisa" é um conhecimento sensível (E IV.xi.1: 630). O ponto fraco da definição oficial de Locke de conhecimento já foi anteriormente mencionado. O conhecimento sensível de alguma existência real não é o conhecimento de uma conexão entre duas ideias, mas, antes, o conhecimento da existência de algo na realidade que corresponde às nossas percepções ou ideias.

Existem, certamente, argumentos céticos tradicionais contrários à possibilidade de tal tipo de conhecimento. Locke os repete: embora possamos ter a certeza de que temos uma ideia em nossa mente, nós não podemos "disso inferir com certeza a existência de alguma coisa fora de nós que corresponda a essa ideia, [...] porque os homens podem ter tais ideias em suas mentes mesmo que tal coisa não exista" (E IV.ii.14: 537). Mas ele não se contém. Embora admita que a certeza que ele tem do "testemunho de meus olhos" não seja tão perfeita ou absoluta quanto àquelas da intuição ou da demonstração, ela ainda "*merece o nome de conhecimento*" (E IV.xi.2-3: 631). Ele nos adverte para reconhecermos que as ideias que temos na percepção verídica são apenas qualitativamente diferentes daquelas da memória, por exemplo. O cético sentiria que isso ocasiona uma petição de princípio, pois como poderíamos saber com quais percepções as percepções verídicas são semelhantes, quando o problema é saber se temos alguma percepção verídica? Não parece suficiente dizer, como faz Locke, que "o recebimento atual de ideias a partir do exterior [...] produz em nós o conhecimento de que algo existe, em tal momento, fora de nós que causa essa ideia em nós" (E IV.xi.2: 630). Como podemos saber que efetivamente estamos a receber ideias "a partir de fora" e não a sonhar? Mas as preocupações e interesses intelectuais de Locke são muito diferentes dos propósitos céticos daqueles que colocavam tais questões. Sua resposta aos céticos se ajusta com aquilo que mencionamos no início, ou seja, seu interesse em relação ao modo como devemos viver nossas vidas: "ninguém pode, a sério, ser tão cético quanto a duvidar da existência das coisas que vê e sente" (E IV.xi.3: 631). Enfrentando a questão com sarcasmo e impaciência, ele conclui que "sabemos, de modo certo, que o prazer e a dor seguem da aplicação sobre nós de certos objetos cuja existência percebemos, ou sonhamos que percebemos, por meio de nossos sentidos, e essa certeza é tão grande quanto a nossa felicidade, ou miséria, para além da qual o conhecimento ou a existência não nos interessa" (E IV.ii.14: 537).

Na opinião de Locke, portanto, embora estejamos capacitados para conhecer algumas coisas, não estamos capacitados para conhecer tudo. A limitação mais óbvia e extensa é a ausência de conhecimento científico na filosofia natural, mas existem outras limitações mencionadas por Locke – todas elas envolvidas em problemas frequentemente citados na filosofia do século XVII. Nós jamais saberemos de que maneira as mudanças físicas no corpo produzem ideias na mente, e jamais saberemos como a mente opera sobre o corpo para movê-lo – "Estamos tão longe de conceber como um determinado pensamento produz um determinado movimento no corpo, como estamos de conceber como um determinado corpo produz um determinado pensamento na mente" (E IV.iii.28: 559). Nunca saberemos se uma mente imaterial é requerida para o pensamento ou se o pensamento poderia ser uma possibilidade "dada a alguns sistemas de matéria adequadamente dispostos" (E IV.iii.6: 540), e estamos completamente no escuro quanto ao "modo como as partes sólidas dos corpos mantêm-se unidas, ou como coerem conjuntamente para produzir extensão" (E II.xxiii.23: 308).

Mas não nos acontece simplesmente possuirmos as faculdades e habilidades que possuímos. Elas são as que Deus escolheu nos dar, e nós "temos motivo suficiente para glorificar a bondade de nosso Criador por essa porção e grau de conhecimento que ele nos concedeu" (E I.i.5: 45). Locke não explica por que razão é preciso que a geometria seja uma ciência, já que as regras de construção, tal como as utilizadas por engenheiros, são suficientes para propósitos práticos. Claramente, não lhe interessa que a filosofia natural nunca será uma ciência. Não precisamos do conhecimento, em sentido estrito, das propriedades e características das substâncias materiais a fim de adquirir "o que quer que seja necessário para as conveniências da vida" (ibid.): a partir de "experimentos e observações históricas [...], podemos colher vantagens de bem-estar e de saúde e, com isso, aumentar o nosso suprimento de comodidades para esta vida" (E IV.xii.10: 645).

Não há dúvida na mente de Locke de que tais questões práticas são importantes. Ele fala com paixão da ignorância dos índios americanos quanto à utilização do ferro (E IV.xii.11: 646). Mas, pretender ir além de questões de importância prática, é querer algo que não nos oferece "qualquer vantagem efetiva, que tampouco nos ajuda a tornar mais felizes nossas vidas", e que constitui "nada mais que uma ocupação desnecessária de cérebros ociosos ou demasiadamente curiosos que se deleitam entre coisas sobre as quais eles não podem, de nenhuma maneira, extrair qualquer benefício real" (Journal 1677: B MS Locke f.2: 46).

Mas nosso objetivo aqui neste mundo não é apenas viver uma vida confortável, ter "uma vida tranquila e próspera". Isso é secundário em relação a nossa real preocupação que é a de encontrar nosso caminho para a outra vida. "Uma vez que nosso principal interesse e ocupação é em relação aos Céus, o conhecimento que pode para lá nos conduzir constitui, certamente, o estudo que, primeiramente e acima de tudo, deveria ocupar nossos pensamentos" (Journal 1677: B MS Locke f.2: 92-93). Os homens têm motivos para agradecer a Deus, já que "bastam-lhes suas próprias luzes para levá-los ao conhecimento de seu Criador e também ao conhecimento de seus próprios deveres" (E I.i.5: 45). Assim, diz Locke, "creio que posso concluir que a moral é a principal ciência e ocupação da humanidade em geral" (E IV.xii.11: 646).

7 A filosofia da religião

Nicholas Wolterstorff

A filosofia da religião de John Locke é uma das realizações mais criativas da história da filosofia da religião no Ocidente, e tem sido poderosamente influente; é provável que quase todos os intelectuais ocidentais modernos, pelo menos até recentemente, sigam as ideias de Locke quando estão a pensar sobre as interconexões entre razão, responsabilidade e convicções religiosas. É preciso imediatamente acrescentar, entretanto, que Locke, em sua época, não era, de modo algum, o único a pensar sobre essas questões; embora fosse um gênio, Locke não foi um gênio *solitário*. A verdade é que Locke articulou, melhor do que ninguém, um modo filosófico de pensar a religião que estava se tornando corrente por volta do final do século XVII e início do século XVIII no noroeste da Europa.

A filosofia lockeana da religião é quase que inteiramente uma *epistemologia* do conhecimento e da crença religiosos; nessa epistemologia da religião, Locke regularmente distingue entre a religião *natural* e a religião *revelada* – o cristianismo sendo, obviamente, a "religião revelada", sobre a qual ele principalmente reflete. Na época de Locke, a distinção entre religião natural e religião revelada era corrente entre aqueles que escreviam e falavam sobre religião; a distinção, certamente teria sido vista como descendente da distinção entre os *preâmbulos* da fé e os *artigos* da fé, encontrada em filósofos medievais, como Tomás de Aquino. Mas qual a razão da concentração na epistemologia? Ora, porque as reflexões filosóficas gerais de Locke, deixando de lado sua filosofia política, eram determinadas, quase que inteiramente, por duas questões principais: (1) qual é o alcance do conhecimento humano? e (2) como devemos, na falta conhecimento, regular nosso assentimento? Por sua vez, o fato de que os pensamentos filosóficos de Locke centraram-se em torno da política e da epistemologia reflete a situação social e cultural de sua época. Locke foi um filósofo engajado. Consideremos as condições que moldaram o viés epistemológico de suas reflexões.

Por centenas de anos, intelectuais ocidentais consideraram o conjunto de textos legado por "pagãos", judeus, cristãos e muçulmanos como apresentando, em sua maior parte, um corpo de saberes altamente articulado e coeso. Exceções devem ser feitas; existiam heresias e outros tipos de equívoco. Contudo, de modo amplo, acreditava-se que, uma vez que esses pontos não muito substanciais de equívoco fossem eliminados, desapareceriam quaisquer divergências que pudessem surgir e, então, um corpo ricamente articulado de verdades revelar-se-ia, com a condição de que estratégias adequadas de interpretação fossem utilizadas e que distinções corretas fossem operadas. São Paulo e Virgílio, Aristóteles e Agostinho, todos eles seriam vistos em um acordo mútuo. E caso, em algum momento da vida, alguém se encontrar em um dilema em questões éticas ou religiosas, ou mesmo cosmológicas, o melhor recurso seria o de consultar essa venerável tradição e deixar-se guiar por sua coerente sabedoria. Muitos filósofos medievais também sustentavam que uma apropriação dialética dessa tradição era o melhor modo de preparar-se para o exercício na mais alta das atividades intelectuais, a prática da *scientia*.

Na época de Locke, na Inglaterra e na Holanda da última metade do século XVII, essa concepção da tradição textual havia se tornado completamente implausível e, de modo geral, era rejeitada. Dificilmente alguém iria supor que aquilo que diziam os protestantes, em suas diversas seitas, fosse algo que pudesse compor alguma unidade maior, ou então que pudesse existir um acordo mútuo entre o que diziam os protestantes e o que diziam os católicos. E mesmo a concepção de que a tradição cristã pré-Reforma constituía um corpo unificado de verdades havia se tornado cada vez mais difícil de ser defendida, em face dos modos humanistas de interpretação dos textos e do ataque luterano-calvinista ao papado.

Mas se, em situações de dilema, não se pode consultar a sabedoria de uma tradição unificada, então é obvio que existe na agenda cultural a questão de como iremos decidir em que acreditar, de como iremos conduzir nosso entendimento. E se a cultura apresenta repetidamente questões que são intensamente debatidas sem qualquer acordo, então a sugestão que provavelmente vem a surgir é que existe algum equívoco sobre essas questões. Uma possibilidade é que essas questões estão relacionadas com problemas que se situam além dos limites do conhecimento humano. E as questões de Locke eram exatamente essas: existem limites para o conhecimento humano? Em caso afirmativo, quais são esses limites? De que maneira alguém deve conduzir seu entendimento quando trata de questões que se situam para além desses limites? Em sua "Epístola ao Leitor", no início do *Ensaio sobre o Entendimento Humano*, Locke diz que

> Se me é permitido incomodá-lo [o leitor] com a história deste ensaio, diria que, em certo dia, reunido com cinco ou seis amigos em meus aposentos e discorrendo sobre um assunto bem afastado do tema presente, ficamos perplexos por conta das dificuldades que surgiam de todos os lados. Após estarmos confusos por certo tempo, sem que nos aproximássemos de qualquer solução acerca das dúvidas que nos tinham deixado perplexos, surgiu em meus pensamentos a ideia de que tomamos o caminho errado; e assim, antes de iniciarmos em investigações dessa natureza, seria necessário examinar nossas próprias capacidades e averiguar quais objetos são adequados, ou quais não os são, para serem tratados por nossos entendimentos. Foi o que propus a meus companheiros, que prontamente concordaram; e desde logo ficou combinado que essa deveria ser a nossa primeira investigação. (E Epis: 7)

Sabemos, a partir de uma anotação de Tyrrell, que os amigos estavam a discutir questões acerca da moral e da religião revelada (Cranston 1957: 140-41). A incessante insistência de Locke sobre as insuficiências da tradição deixam pouca dúvida de que ele se percebeu filosofando em uma situação de crise cultural e social; ele decide se colocar diante dessa crise.

Mas, afinal, que parte do pensamento de Locke eu estou a designar, nos comentários precedentes, como sua "filosofia da religião"? Uma característica marcante do pensamento de Locke é que as considerações religiosas penetram em todas as partes de seu pensamento; a filosofia de Locke, como um todo, oferece facilmente a ocasião para ser considerada uma filosofia cristã (Ashcraft 1969). É artificial isolar parte de seu pensamento, como a sua filosofia da religião. Pior, é equivocado fazê-lo. Nossa prática comum de tratar os filósofos europeus dos séculos XVII e XVIII como se eles fossem filósofos seculares nos oferece um contorno muito ruim da maioria deles.

Mas devemos estabelecer aqui limites; nosso projeto não é discutir todo o conjunto da filosofia de Locke. Assim, concentrar-me-ei sobre a parte do pensamento de Locke que atualmente tenderíamos a chamar de sua "filosofia da religião" – sem, contudo, examinar a correção dessa tendência. Não irei discorrer sobre aquilo que hoje seria chamado de sua teologia. Tampouco irei falar sobre o que ele tem a dizer sobre o tema da tolerância religiosa. Nem mesmo tratarei sobre o que ele diz acerca do tópico da teoria moral, embora o que ele aí diz esteja tão estreitamente interligado com considerações religiosas que torna inútil qualquer tentativa de separação (veja Colman 1983). Irei focar exatamente em torno daquilo que ele diz quando está a falar *sobre* a religião natural e a religião revelada – e junto com isso, focar aquelas passagens em que ele está, *por nossas luzes*, a falar sobre religião enquanto filósofo, antes que enquanto teólogo.

Não pertencia à maneira de pensar de Locke a noção de que a ciência, a arte, a religião, a política, as relações pessoais etc. possuem seus modos próprios e peculiares de conhecimento, e que cada um desses modos possui seus próprios fundamentos para a crença, de modo que cada um requer sua própria e peculiar epistemologia particular. Para Locke, importava o conhecimento, não o objeto do conhecimento, e os fundamentos da crença eram, por toda parte, do mesmo tipo. A epistemologia lockeana do conhecimento e da crença religiosos era, pois, deliberadamente, uma aplicação de sua epistemologia geral ao campo particular da religião. Para entender sua filosofia da religião devemos, então, começar com essa epistemologia geral. Serei sucinto, com receio de que não tenhamos tempo para a aplicação.

A distinção de Locke entre *conhecimento* e *assentimento* (*crença*) era fundamental em sua epistemologia. Entretanto, estamos diante de uma diferença entre o modo oficial e visionário, no qual Locke faz a distinção, e seu modo qualificado e não oficial. No curso de sua discussão, Locke encontrou-se forçado a admitir que seu modo oficial de operar a distinção não era satisfatório. No entanto, o modo oficial permanece no texto; Locke não o apaga e o confina a apontamentos preliminares. Penso que devemos concluir que certa imagem elegante e poderosa de conhecimento e de crença nunca deixou de causar fascinação sobre a mente de Locke – apesar de negar isso quando imerso na tentativa de trabalhar nos detalhes. Aqui, como em muitas passagens dos textos de Locke, para entender o modelo de sua filosofia, deve-se distinguir tanto a concepção quanto qualificações; perder de vista uma das duas é ignorar uma dimensão fundamental de seu pensamento. É claro que poderíamos juntar forças com a grande quantidade de comentadores que se estendem sobre as incoerências de Locke. Mas fazer isso e parar aí, não ver o modelo de concepção apresentado e modelo subtendido, equivale a esquecer ambos os lados do gênio de Locke. Locke foi tanto um visionário filosófico quanto um filósofo profissional. O que ele nunca conseguiu fazer foi juntar esses dois lados de seu gênio.

Quanto à doutrina oficial, conhecimento e assentimento são, fundamentalmente, fenômenos distintos. Com efeito, Locke considerava que o assentimento sempre acompanha o conhecimento; mas negava o que se tornou um princípio fundamental da epistemologia em nossa época, a saber, que o conhecimento é uma espécie de assentimento. O assentimento, ou crença, diz Locke, é a *consideração* de que algumas proposições devem ser verdadeiras, enquanto o conhecimento é a *visão* de que devem ser verdadeiras. Conhecer equivale a reconhecer diretamente algum fato, ser imediatamente ciente dele, percebê-lo; ou, para colocar o ponto a partir do outro lado, o conhecimento ocorre quando algum fato é apresentado diretamente à mente.

A questão que se levanta é acerca de quais tipos de fatos nós, seres humanos, podemos diretamente conhecer; qual é o potencial alcance do conhecimento. Aqui também devemos distinguir entre a resposta oficial e a resposta não oficial de Locke. Sua resposta oficial é a de que somente podemos ter conhecimento daquilo que atualmente (depois de Kant) chamaríamos de *verdades conceituais*. Daí a famosa abertura do Livro I do *Ensaio*: o conhecimento é "*nada mais que a percepção da conexão e do acordo, ou da discordância e do desacordo, entre quaisquer de nossas ideias*. É unicamente nisso que ele consiste. Onde essa percepção existir, há conhecimento, onde não existir, embora possamos imaginar, conjecturar ou acreditar, nunca poderemos alcançar o conhecimento" (E IV.i.2: 525).

Eu diria que essa é a doutrina oficial de Locke quanto ao alcance da apreensão. No curso de sua discussão, encontramos Locke concedendo que a apreensão ultrapassa esses estreitos limites. Encontramos Locke concedendo que nós "vemos", frequentemente, que estamos engajados neste ou naquele ato mental, nesta ou naquela ideia – onde "ideia" agora denota não apenas aquilo que hoje chamaríamos de conceitos, mas também objetos mentais em geral. Também encontramos Locke admitindo que, muitas vezes, nós "vemos" várias relações não necessárias entre nossas ideias e entre nossos atos mentais. E o encontramos a conceder que cada um de nós "vê" que si mesmo existe. Além desses casos, porém, não há apreensão. Tem-se apreensão somente em relação à existência da mente, em relação às ideias e aos atos mentais e em relação às inter-relações entre estes. Os representantes da longa tradição, fortemente articulada já por Platão, que sustentavam que temos uma apreensão de todo o reino da necessidade que existe independentemente de nós, sentir-se-iam profundamente claustrofóbicos se pensassem e imaginassem seu caminho de acordo com a imagem de Locke.

O conhecimento é a consciência sobre algum fato; a crença ou assentimento, por sua vez, é a consideração de que algo seja um fato. Essa é a doutrina oficial de Locke. E quanto à doutrina não oficial? Locke sustentava que o conhecimento é *certo*; e que a certeza constituía o ponto mais alto de uma escala em um *continuum*, na qual se encontra, na extremidade positiva inferior desse *continuum*, a probabilidade. A respeito *de que* é esse *continuum*? Ou seja, quais são as entidades que carregam a propriedade de possuir um grau particular de certeza ou de probabilidade? Em relação à probabilidade, a resposta é clara: aquilo que pode ser mais ou menos provável são crenças e assentimentos. E o que dizer em relação à certeza? Bem, Locke fala da certeza como sendo uma adição de probabilidade sobre o *continuum*; e, não raramente, ele fala do assentimento que acompanha a apreensão. A sugestão óbvia é que o *continuum* seja constituído de assentimentos e crenças. Mas se essa sugestão estiver correta, então, uma vez que Locke identifica o conhecimento que alguém possui de P com o estado de certeza que esse alguém possui de P, segue-se que o conhecimento é uma espécie de assentimento.

Em certa medida, essa é uma revisão importante, embora não destrutiva, da doutrina lockeana oficial do conhecimento. Dado que Locke considera a apreensão como sendo sempre acompanhada por um assentimento que possui certeza, então, apesar de sua preferência oficialmente enunciada seja a de discorrer sobre as apreensões apenas como conhecimento, uma implicação dessa sua imputação de certeza ao conhecimento é a de que o *assentimento* que acompanha a apreensão é o que constitui o conhecimento. Mas esse não é o fim da questão. A certeza adquire uma vida própria. Nos detalhes dessa discussão, Locke cita casos de assentimento que, apesar de possuírem certeza, não acompanham apreensões. Isso anula a sugestão, que Locke faz ocasionalmente, de que a apreensão é o que explica a certeza. Pior: tais casos o colocam diante de uma escolha inoportuna. Será que ele mantém sua identificação do conhecimento com a apreensão e concede que o assentimento pode possuir certeza mesmo sem ser acompanhado de conhecimento, ou ele irá manter sua alegação de que uma característica marcante do conhecimento é a certeza e concederá que alguns casos de assentimento sejam casos de conhecimento, mesmo embora não sejam acompanhados de apreensões? Será que ele conclui que a certeza ultrapassa o conhecimento, ou que o conhecimento ultrapassa a apreensão?

Sua escolha é clara: o conhecimento ultrapassa a apreensão. Que essa é a escolha de Locke, torna-se mais evidente em sua discussão sobre a memória. Locke afirma que algumas de nossas reminiscências constituem conhecimento. Por exemplo, alguns, embora não todos, modos de rememoração de um fato que uma vez se percebeu, são exemplos que contam como um conhecimento desse fato, mesmo que não se esteja, atualmente, percebendo o fato. Com efeito, o próprio Locke denomina tal conhecimento de "habitual", quando o distingue do conhecimento "efetivo", aquele que se ajusta a sua fórmula oficial. Uma vez que Locke faz essa concessão, está livre para dizer que não temos somente um conhecimento imediato dos fatos, mas que possuímos também um conhecimento *demonstrativo* – este último (tipicamente) envolvendo uma mistura de apreensões presentes e apreensões passadas, ou reminiscências (cf. E IV.ii.7: 533-34). E isso, por sua vez, lhe permite sustentar que exemplos de determinados modos de rememoração daquilo que uma vez se demonstrou, e não somente daquilo que uma vez foi imediatamente percebido, são exemplos de conhecimento.

Locke nunca explora as implicações dessa concessão; o que reflete, assim me parece, a relutância com que ele a faz. O que nunca deixou de moldar o pensamento de Locke foram as convicções visionárias de que, em certos pontos, nós, seres humanos, temos apreensão direta dos fatos da realidade, e que todo assentimento e crença que não acompanha diretamente tal apreensão deve *basear-se sobre* tais apreensões. As qualificações que ele introduz não apenas refinam essa concepção, mas a enfraquecem; mesmo que ele nunca se renda a ela.

Todavia, se o conhecimento é para ser identificado com a apreensão, ou com o assentimento que possui certeza, era claro para Locke que, para a nossa vida, é indispensável que tomemos como certo que algumas coisas são verdadeiras sem qualquer apreensão, ou ainda que, sendo certas essas coisas, as tomemos como verdadeiras. As operações de nossas faculdades formadoras de crença e de assentimento devem, entretanto, ser governadas. Não as deixamos realizar suas operações sem supervisão e direção. Devemos intervir.

Mas por quê? Porque existe um determinado objetivo, em relação aos nossos assentimentos e crenças, que cada um deveria tentar fazer o melhor para alcançar; e se permitirmos que nossas faculdades formadoras de crença e de assentimento operem de modo não dirigido, nós não estaremos tentando fazer o nosso melhor. Qual é esse objetivo? Infelizmente, Locke nunca apresenta uma formulação clara e decisiva. Está relacionado com o mérito que consiste da proposição crida ser verdadeira, e com o demérito que consiste da proposição crida ser falsa. Mas muitas concepções alternativas são possíveis acerca de qual seria nossa obrigação concernente a esse mérito e a esse demérito; algumas frases que Locke aprecia, por exemplo, que estamos em busca da verdade unicamente pela verdade, ou que devemos manter-nos afastados do engano e do erro, raramente apontam para essas alternativas. Pode-se lembrar aqui o epistemólogo contemporâneo Roderick Chisholm, que também defende que cada um de nós, precisamente pelo fato de sermos um ser intelectual capaz de crer e de sustentar crenças a partir de proposições, possui uma obrigação. Em suas *Foundations of Knowing*, Chisholm formula essa obrigação como "o requisito geral para a tentativa de possuir o maior conjunto possível de crenças logicamente independentes, tal que as crenças verdadeiras superem as crenças falsas" (Chisholm 1982: 7). Em sua anterior *Theory of Knowledge*, Chisholm sugere que a exigência é a de que cada pessoa "tente fazer seu melhor de modo que, para qualquer proposição *h* que considere, ela admita *h* se e somente se *h* for verdadeira" (Chisholm 1977: 14).

É meu palpite – pois não posso citar evidências textuais decisivas – que Locke, quando confrontado com essa opção e outras semelhantes, escolheria a última das duas propostas de Chisholm. Com uma exceção muito relevante, todavia: Locke não pensa que alguém possui essa obrigação concernente a *todas* as proposições que considera. Assim, iremos adaptar a sugestão de Chisholm e dizer que alguém tem a obrigação da verdade (obrigação *alética*) concernente a uma determinada proposição P, em um determinado tempo, somente no caso de essa pessoa ser obrigada, nesse determinado tempo, a tentar ao máximo para que ele ou ela admita P, se e somente se P for verdadeira.

A questão que nos deparamos é, pois, a seguinte: se alguém tenta o melhor, o que se tentará fazer? Como alguém deveria conduzir seu entendimento? Foi essa questão de *epistemologia regulativa* que Locke enfrentou na segunda principal parte do livro IV do *Ensaio* – do capítulo XIV até o final. O melhor resumo do que ele pretende dizer aparece quando ele começa a discutir a relação entre fé e razão – sendo a fé, para ele, uma espécie de assentimento:

> A fé não é outra coisa senão um assentimento firme da mente, o qual, se estiver bem regulado, como é nosso dever que esteja, não pode agarrar-se a nada que não esteja apoiado em boa razão, e assim não pode opor-se a ela. Aquele que acredita sem ter qualquer razão para acreditar pode estar enamorado de suas próprias fantasias; mas nem busca a verdade, como deveria buscá-la, e tampouco presta a devida obediência ao seu Criador, que quer que ele faça uso das faculdades de discernimento que Ele lhe deu para mantê-lo longe do engano e do erro. Aquele que não faz isso até o limite de suas forças, por mais vezes que encontre a verdade, está no bom caminho, mas só por acaso; e não sei se a sorte do acidente desculpará a irregularidade de seu procedimento. Isto pelo menos é certo, que ele deve ser responsável pelos erros em que incorra, enquanto aquele que faz uso da luz e das faculdades que

> Deus lhe deu e procura sinceramente descobrir a verdade, pelos meios e habilidades que possui, é capaz de ter a satisfação em cumprir seu dever como criatura racional; mesmo que não consiga alcançar a verdade, nem por isso deixará de alcançar a sua recompensa. Pois aquele que governa corretamente seu assentimento e o estabelece como deveria, em qualquer que seja o caso ou assunto, acredita ou não acredita de acordo com o que a razão lhe indica. Aquele que procede de outro modo transgride sua própria luz e faz mal-uso das faculdades que lhe foram dadas com a finalidade de procurar e seguir a evidência mais clara e a maior probabilidade. (E IV.xvii.24: 687-88)

Antes de tentarmos entender o que Locke está aqui a dizer, uma palavra deve ser dita acerca de sua interpretação da *obrigação*, uma vez que sua doutrina sobre esse tópico pode ser certamente considerada como parte de sua filosofia da religião. "Entre as ideias simples que recebemos da sensação e da reflexão, muito notáveis são a dor e o prazer" (E II.xx.1: 229). E ele continua, dizendo que as coisas "são boas ou más unicamente em relação ao prazer ou à dor. Chamamos *bom* àquilo que é capaz de causar ou aumentar em nós o prazer, ou diminuir em nós a dor; ou àquilo que é capaz de alcançar ou conservar-nos a posse de algum bem ou a ausência de algum mal. E, ao contrário, denominamos *mal* aquilo que é capaz de produzir ou aumentar em nós alguma dor, ou diminuir em nós algum prazer; ou aquilo que é capaz de infringir-nos algum mal ou privar-nos de algum bem" (E II.xx.2: 229). A discussão subsequente de Locke deixa claro que seu uso dos termos "dor" e "prazer", enquanto nomes para os fenômenos que ele toma em consideração, é equivocado. Locke, sugiro, está enfatizando o fato fundamental de que grande parte de nossa experiência é fenomenologicamente "carregada": gostamos de algumas coisas de que temos experiência, não gostamos de algumas outras. Pode-se facilmente ver que isso é diferente do contraste prazer-dor ao observar, por exemplo, que as pessoas, ocasionalmente, gostam da dor. Locke diz que "por *prazer* e *dor* [...] quero que todos entendam [...] que me refiro não somente à dor e ao prazer corporais, mas a qualquer deleite ou inquietação sentido por nós, quer resultem de alguma sensação ou de alguma reflexão, agradável ou desagradável" (E II.xx.15: 232).

Assim entendidos, o bem e o mal participam decisivamente da explicação de Locke acerca da natureza da moralidade. A moralidade de uma ação voluntária – o âmbito da moralidade é constituído por tais ações – é determinada por sua conformidade, ou falta de conformidade, a um tipo determinado de regra – a saber, a uma regra que é uma lei (E II.xxviii.4-5: 350-51). Uma regra para uma ação voluntária constitui uma lei caso aquele que quer que essa regra seja seguida tenha o poder de fixar recompensas e punições – ou seja, o bem e o mal – em vista do cumprimento ou do descumprimento da regra. "*O bem e o mal moral* consistem, pois, apenas na acordo ou desacordo de nossas ações voluntárias em relação a alguma lei, segundo a qual o bem ou o mal nos são impostos pela vontade e poder do legislador; esse bem e mal, prazer ou dor, atendendo ao nosso cumprimento ou descumprimento da lei constituída pelo decreto do legislador, é o que chamamos *recompensa* e *castigo*" (E II.xxviii.5: 351). "O dever não pode ser entendido sem relação a uma lei; nem uma lei pode ser conhecida, ou sequer suposta, sem um legislador, ou sem uma recompensa e um castigo" (E I.iii.12: 74).

Locke passa então a distinguir três tipos de regras morais, ou leis: "1. A lei *divina*; 2. A lei *civil*; 3. A lei da *opinião* ou *reputação*, se assim a posso denominar. Pela relação que estabelecem com a primeira, os homens julgam se as suas ações consistem de pecados ou de obediências; pela segunda, se são criminosas ou inocentes; pela terceira, se suas ações consistem em virtudes ou vícios" (E II.xxviii.7: 352). Quando nos defrontamos com a lei divina, entramos no domínio não apenas da moral, mas da *obrigação* moral.

E o que é a lei divina? A lei divina é "aquela lei que Deus estabeleceu para as ações dos homens, quer seja promulgada pela luz da natureza, quer pela voz da revelação" (E II.xxviii.8: 352.). Locke não tinha qualquer dúvida de que existe uma lei que é divina. "Que Deus tenha fornecido uma regra pela qual os homens devem se governar, penso que ninguém seja tão imbecil a ponto de negar", diz ele. Deus "tem o direito de o fazer, somos suas criaturas; Ele tem a bondade e a sabedoria para guiar as nossas ações para o que é melhor, e Ele tem o poder de obrigar por meio de recompensas e punições, de peso e duração infinitos, na outra vida: pois ninguém pode escapar de Suas mãos". Locke mais uma vez enfatiza, assim, seu ponto principal: "Esse é o único critério verdadeiro de *retidão moral*; e, ao comparar suas ações a essa lei, os homens julgam acerca do bem ou do mal moral dessas ações; ou seja, quer sejam obrigações ou pecados, elas provavelmente lhes trarão a felicidade ou a infelicidade que provém das mãos do Todo-Poderoso" (ibid.).

Locke nunca defende sua concepção de que cada um de nós possuiu aquilo que tenho denominado de "obrigação da verdade" concernente a diversas proposições. Ou seja, ele nunca defende sua concepção de que, para cada um de nós, existem certas proposições, tais que, se fizermos o máximo para realizar o que delas acreditamos, se e somente se elas forem verdadeiras, Deus nos recompensará caso, e nos punirá caso não o fizermos. Entretanto, é a essa concepção que Locke está aludindo quando, na passagem citada de E IV.xvii. 24, ele diz que aquele que procura sinceramente descobrir a verdade, mesmo que não consiga obtê-la, "nem por isso deixará de alcançar a sua recompensa".

Uma vez mais, então: o que alguém deve fazer para realizar suas obrigações em relação à verdade, ou suas obrigações *aléticas*? Apresentarei a resposta de Locke na forma de quatro princípios. O primeiro é o seguinte:

> *Princípio da crença imediata*: deve-se crer imediatamente em algo somente se houver certeza em relação a isso – ou seja, somente se esse algo for conhecido.

Locke muitas vezes diz que cremos imediatamente em algo somente se o percebemos. Mas, como vimos, ele se vê forçado a afastar-se da posição recomendada.

Os demais princípios, em vista de *alguém tentar fazer o máximo*, dizem respeito ao assentimento *mediato* a proposições. Locke dedica especial atenção àqueles casos de assentimento mediato a algumas proposições que são conhecidas demonstrativamente. O princípio é que, se alguém sabe que determinada proposição é implicada por algo que conhece de modo imediato, então é obrigado a crer nessa proposição com firmeza quase absoluta. Todavia, esse princípio é implicado, de modo geral, pelos princípios de Locke para a crença mediata; por isso, não irei destacá-los para uma atenção especial.

Como Locke nunca cansou de ressaltar, para a maior parte das proposições que encontramos, é impossível *conhecer* se elas são ou não verdadeiras. Então, o que se deve fazer, em vista de se *tentar o melhor*, concernente à crença mediata, quando alguém é capaz de perceber que a proposição em questão não é implicada ou não pode ser deduzida a partir do que ele conhece? A passagem em que Locke oferece a melhor exposição da maior parte dos elementos de sua concepção é a seguinte:

> *a mente, se proceder racionalmente, deve examinar todos os graus da probabilidade* e verificar se eles são mais ou menos *favoráveis ou desfavoráveis* a qualquer proposição provável, antes de lhe conceder ou negar o assentimento; e, após uma devida ponderação do todo, rejeitá-la ou admiti-la com um assentimento mais ou menos firme, proporcional à preponderância dos maiores graus de probabilidade para um lado ou para o outro. (E IV.xv.5: 656)

Fazer o melhor no que diz respeito a uma proposição da qual não se tem conhecimento imediato exige uma adequação entre a firmeza do assentimento à proposição e a probabilidade dessa proposição em relação à evidência. Portanto, é com a evidência que se deve começar. É claro que Locke não pensa que podemos proceder com qualquer evidência que nos ocorra. A evidência deve ser de uma qualidade que a torne satisfatória. E a evidência deve consistir das coisas que alguém conhece. A crença deve basear-se no conhecimento, na certeza: idealmente, na apreensão. Caso contrário, ela oscila vagamente e nos deixa à deriva – ou, mudando a metáfora, vagueamos pelas trevas. O "princípio da evidência" de Locke, como podemos chamá-lo, pode ser formulado, então, como segue:

> *Princípio de Evidência*: não se deve crer mediatamente em algo até que se tenha evidência acerca disso, de tal modo que cada elemento da evidência seja algo conhecido e que a totalidade da evidência seja satisfatória.

Locke concebe a tarefa de coletar a evidência suficiente como uma tarefa grandiosa e assustadora, que exige considerável dispêndio de tempo e energia. É por essa razão que cada um de nós possui uma responsabilidade *alética* que diz respeito somente a uma proporção relativamente pequena das proposições que nos deparam. Para a maioria das proposições que nos deparamos, não podemos nem devemos tentar fazer o máximo para realizar o que delas acreditamos, se e somente se elas forem verdadeiras. Com efeito, muitas vezes somos *obrigados a não tentar fazer o melhor*. Tentar fazer o melhor exigiria a desconsideração de outras obrigações mais importantes. No entanto, Locke pensava que "nenhum homem está tão empenhado na procura dos meios de subsistência que não tenha algum tempo livre para pensar em sua alma e instruir-se em assuntos de religião" (E IV.xx.3: 708). Cada pessoa possui uma obrigação *alética* em relação a questões morais e religiosas, e também em relação a questões imediatamente práticas. Essas obrigações são, pois, da maior importância para todos; e todos os seres humanos, não importando o quão ocupados ele ou ela possam estar, possuem tempo para "tentar fazer o melhor" em relação a essas questões. Locke deixa claro que a obrigação *alética* é muito mais ampla em seu escopo para alguém que pertence à classe ociosa do que para alguém que pertence à classe trabalhadora.

Quando a evidência satisfatória já estiver disponível, o que o *tentar fazer o melhor* exige? Exige a determinação da probabilidade da proposição em questão à luz da evidência. Chamemos esse requerimento de "princípio de avaliação". Ele pode ser formulado da seguinte maneira:

> *Princípio de Avaliação*: não se deve crer mediatamente em alguma proposição até que, tendo evidência satisfatória, se examine a evidência para determinar a sua força lógica e se "perceba" qual é, à luz da evidência, a probabilidade da proposição.

Locke pensa a probabilidade em termos de frequência; ou, de modo mais preciso, em algumas passagens ele claramente pensa a probabilidade em termos de frequência e em nenhuma passagem ele claramente pensa a probabilidade de outra maneira. Ele considera dois tipos, em geral, de evidência para a determinação da probabilidade: nossas próprias observações relativas à frequência de alguma propriedade ou evento em alguma "população"; e o testemunho concernente a tal frequência. Antes que um elemento de testemunho seja aceito, deve-se avaliar a probabilidade do testemunho ser verdadeiro. Em tal avaliação, deve-se considerar: "1. o número; 2. a integridade; 3. a proficiência das testemunhas; 4. a intenção do autor, quando o testemunho consiste da citação extraída de um livro; 5. a coerência das partes e as circunstâncias do relato; 6. os testemunhos contrários" (E IV.xv.4: 656).

Uma vez que a probabilidade da proposição em questão foi determinada de acordo com a evidência satisfatória, então se está pronto para aplicar o último princípio – chamemos-lhe o "princípio de proporcionalidade":

> *Princípio de Proporcionalidade*: tendo-se determinada, de acordo com a evidência satisfatória, a probabilidade da proposição, deve-se então adotar um grau de confiança à proposição proporcional de sua probabilidade, de acordo com a evidência.

Onde a razão entra em tudo isso? Repetidas vezes, Locke diz que, na regulação de nossas crenças, permitimos que a razão seja o nosso guia – ou, em outra metáfora, ouvimos a voz da razão. Mas, com efeito, a razão está diante de nós, embora sem ter sido mencionada. Locke considera a razão como uma faculdade, uma faculdade que produz apreensões; de modo mais específico, a faculdade que produz apreensões acerca das relações lógicas entre as proposições – entendendo a propriedade de uma proposição ter uma ou outra probabilidade à luz de um determinado corpo de evidências, como uma relação lógica entre a proposição e essa evidência. Para Locke, dizer que tomamos a razão como nosso guia na regulação de nosso assentimento equivale a dizer, pois, que nessa regulação fazemos uso dos pronunciamentos de nossa faculdade concernentes à apreensão das relações de implicação e de probabilidade entre as proposições. É certo que Locke pressupõe que assim fazemos, na maneira especificada nos princípios de evidência, avaliação e proporcionalidade.

Estamos agora preparados para considerar o modo como Locke aplica essa epistemologia geral – uma epistemologia descritiva concernente à natureza do conhecimento e uma epistemologia regulativa concernente à regulação da crença – ao conhecimento religioso e à crença religiosa. Talvez seja importante dizer aqui, de início, que Locke, em suas crenças, era uma pessoa profundamente religiosa, de convicção anglicana latitudinarista. Que Deus nos chama à obediência é essencial à estrutura geral da convicção de Locke. Na verdade, é bastante claro que, em suas concepções teológicas, Locke foi um sociniano (unitarista) nos último quinze anos de sua vida. Em seu último livro, *The Reasonableness of Christianity* [*A Razoabilidade do Cristianismo*], Locke omitiu totalmente questões cristológicas e trinitarianas, argumentando apenas que o ensino dos Evangelhos é o de que Jesus era o Messias; quando esse padrão de argumentação levou a suspeita, ele limitou-se a insistir que ele nunca afirmou o socinianismo. Mas essa heterodoxia concernente à Trindade não conduziu, de modo algum, à indiferença perante o Cristianismo e suas Escrituras. O texto de *A Razoabilidade do Cristianismo* é instruído por uma leitura cuidadosa dos Evangelhos, assim como suas posteriores paráfrases de algumas das cartas de São Paulo são instruídas por uma leitura cuidadosa de passagens do Novo Testamento; e, embora o conteúdo moral do Novo Testamento lhe pareça muito amplo, Locke nunca deixou de considerar o cristianismo como uma mensagem de salvação. Pode-se acrescentar que sua virada em direção à exegese e à exposição das Escrituras, em sua última década de vida, foi uma consequência de sua crescente convicção de que uma verdadeira *scientia* da moralidade, embora possível em princípio, não era visível, de fato, em lugar algum. Para conhecer a vontade plena de Deus em relação a nós, devemos, de fato, nos dirigir para o Novo Testamento. (Para a melhor discussão sobre a religião e a teologia pessoais de Locke, veja Marshall 1990.)

Locke sustenta que certas verdades conceituais envolvem o conceito de que Deus pode ser conhecido *imediatamente* – por exemplo, que Deus poderia nos oferecer tão somente o que é verdadeiro para nossa crença sobre a palavra de Deus. Mas, em relação a qualquer proposição que implica a existência de Deus, Locke era o que tem sido chamado de um *evidencialista*. Deixe-me explicar.

O evidencialismo aparece sob muitas formas, mas no cerne de todas as suas formas está a noção de *evidência satisfatória requerida* – evidência sendo entendida como consistindo de *proposições* que são *conhecidas*, ou, pelo menos, que são objetos de crença. (Existem outros fenômenos, ademais de proposições cridas, que bem podem ser chamados de "evidências";

por exemplo, a evidência que alguém possui para a sua crença de que sente vertigens é o sentimento da vertigem que ele ou ela sente.) Pois, primeiro, existe uma diversidade de estados ou condições para os quais, pode-se alegar, a evidência satisfatória é requerida: o estado de ser *implicado* a crer em algo, o estado de estar *justificado* a crer em algo, o estado de *conhecer* algo, e assim por diante. Em segundo lugar, é em relação a *certos tipos* de proposições que a evidência satisfatória, assim alega-se, deve ser requerida: para proposições concernentes a objetos físicos, para proposições que implicam a existência de Deus. Em terceiro lugar, a alegação será a de que a evidência deve estar relacionada com o estado ou condição de uma maneira determinada: para ser implicado a crer em P, deve-se *possuir* uma evidência satisfatória de P, ou deve-se crer em P *com base na* evidência satisfatória, e assim por diante. Também haverá, obviamente, uma diversidade de pontos de vista sobre o que torna a evidência satisfatória.

Locke era um evidencialista concernente a todas as proposições que implicam a existência de Deus – denominemos essas proposições de "proposições teístas". Sua alegação era que a evidência satisfatória é necessária tanto para se conhecer tais proposições quanto para assentir a tais proposições. E Locke, de modo muito claro, assumiu que, para conhecer ou assentir a tais proposições, não se deve meramente *ter* evidência satisfatória, mas se deve conhecer ou crer na proposição *com base na* evidência satisfatória.

A forma particular do evidencialismo de Locke concernente a proposições teístas segue diretamente de sua epistemologia fundacionalista geral, somada a sua afirmação de que todos possuem a obrigação *alética* em relação a tais proposições. Todos possuem o tempo, aos domingos, pelo menos, para recolher evidência satisfatória a favor de tais proposições e avaliar a força lógica dessa evidência; e a grande importância dessas proposições para o bem-estar temporal e eterno tem como consequência que a obrigação de aplicar os princípios de evidência, de avaliação e de proporcionalidade não é revogável.

A doutrina de Locke, lembremos, era a de que os únicos fatos que podemos diretamente "perceber" são fatos que concernem à existência da mente e suas modificações. Do mesmo modo, sua doutrina afirmava que, ademais do assentimento ou da crença que acompanham tal "percepção", as únicas crenças imediatas que possuem certeza são as crenças da memória concernentes àquilo que foi percebido. Deus nunca está diretamente presente à mente; essa suposição é fundamental para a epistemologia lockeana da religião. A *ideia* de Deus, o conceito de Deus, está diretamente presente à mente de alguém; mas não Deus. A concepção sacramental, a de que pelo menos alguns de nós, seres humanos, em alguns momentos de nossas vidas, experienciamos Deus, não era uma suposição assumida por Locke. Se indagado acerca disso, ele a teria firmemente rejeitado. E não somente não temos experiência direta de qualquer fato do qual Deus é um componente, como nenhum assentimento imediato a tal fato possui certeza. Locke também assume que nenhum de nós tem experiência direta da existência de outro ser humano, ou de um objeto físico; e que nenhum assentimento a um fato de que tal entidade é um constituinte possui certeza. Apenas a mente e seus atos e objetos estão diretamente presentes à mente; e os únicos casos de assentimento imediato que possuem certeza são aqueles que acompanham a percepção que alguém tem dos fatos que consistem da existência e da inter-relação dessas entidades, ademais da memória que esse alguém possui de ter percebido tais fatos. Na medida em que conhecemos ou assentimos à crença em qualquer outra coisa, esse conhecimento ou assentimento provém da inferência a partir de tais fatos, e requer que a coisa ausente seja "representada" por alguma "ideia". Crer imediatamente em alguma proposição teísta, ou nela crer com base em uma evidência menos que satisfatória, é agir irresponsavelmente, é desrespeitar as obrigações dadas por Deus.

Embora o conhecimento imediato de proposições teístas não esteja disponível a nós, seres humanos, Locke não pensa que a religião é constituída exclusivamente de crença, e nenhum conhecimento. Muito pelo contrário: ele sustenta que uma boa parte da teologia natural pode ser conhecida por demonstração. O que pode ser demonstrado é que existe um ser eterno, todo-poderoso e que tudo conhece – "e pouco importa que alguém lhe denomine Deus ou não" (E IV.x.6: 621); e, "a partir dessa ideia, devidamente considerada, será fácil deduzir todos aqueles outros atributos que devemos atribuir a esse Ser eterno" (ibid.).

Apesar da demonstração da existência de Deus "exigir pensamento e atenção", e embora "a mente deva aplicar-se a uma dedução regular dessa demonstração, partindo de alguma parte de nosso conhecimento intuitivo, ou então ficaremos tão incertos e ignorantes dessa como de outras proposições que são em si mesmas capazes de demonstração" (E IV.x.1: 619), a demonstração, pensa Locke, é bastante óbvia, todavia. Ela é, de fato, "a verdade mais óbvia que a razão descobre" (ibid.), de modo que nem podemos, "com justeza, nos queixar de nossa ignorância acerca dessa importante questão, uma vez que Ele [Deus] nos proveu plenamente dos meios para descobri-lo e conhecê-lo, na medida em que requer o desígnio de nosso ser e a possibilidade de nossa felicidade" (ibid.) "A coisa é evidente", diz Locke (E IV.x.6: 621). Em outra passagem, Locke afirma que "é tão certo que existe um Deus, como serem iguais os ângulos opostos produzidos pela intersecção de duas linhas retas" (E I.iv.16: 94-45), acrescentando que "jamais existiu qualquer criatura racional que, dedicando-se sinceramente a examinar a verdade dessas proposições, deixou de assentir a elas".

Locke reconhece que nem todas as pessoas, de fato, se dedicam a examinar sinceramente o argumento em questão. Mas, para ele, não é crível a ideia de que a todas as pessoas carece o conhecimento da existência de Deus: "as marcas visíveis da Sabedoria e do Poder extraordinários são tão aparentes em todas as obras da criação, que uma criatura racional, que reflita seriamente sobre elas, não pode deixar de descobrir uma *Divindade* [...]; parece-me mais estranho que se possa encontrar toda uma nação de gente tão bruta que careça da noção de um Deus, do que encontrar alguma que carecesse da noção de número ou da noção de fogo" (E I.iv.9: 89).

A demonstração que Locke tem em mente começa, para cada pessoa, com "*a percepção clara de sua própria existência*" (E IV.x.2: 619). A seguir,

> o homem sabe, por uma certeza intuitiva, *que o nada não pode produzir um ser real, tal como não pode ser igual a dois ângulos retos.* [...] Portanto, se sabemos que existe algum ser real e que a não existência não pode produzir qualquer ser real, é uma demonstração evidente que desde a eternidade houve tal coisa; pois o que não proveio da eternidade teve um início, e o que teve um início deve ter sido produzido por alguma coisa mais. (E IV.x.3: 620)

O que resta ser estabelecido é que esse ser eterno é onipotente e onisciente. "É evidente", diz Locke, "que o que teve o seu ser e início a partir de outro ser deve também ter deste tudo quanto contém o seu ser e tudo quanto deste pertence. Todos os poderes que possui devem ser devidos e recebidos a partir da mesma origem. Essa origem eterna de todo o ser deve também constituir, pois, a fonte e a origem de todo o poder; e, assim, *esse ser eterno deve ser também o mais poderoso*" (ibid.). Deve-se notar que o que Locke pretende ter provado é apenas que existe um ser eterno mais poderoso que qualquer outro ser – não um ser eterno tal que um ser mais poderoso não possa ser concebido, nem um ser eterno tal que nenhum ser mais poderoso seja possível.

Do modo similar, esse ser é o mais sábio, o ser que mais pode conhecer – não o mais sábio possível, nem o mais sábio que se pode conceber, mas apenas mais sábio do que qualquer outro ser. "Um homem encontra em si mesmo percepção e conhecimento", diz Locke. Assim,

> houve uma época, quando não havia ser cognoscente, em que o conhecimento começou a existir; ou, então, existiu *um ser cognoscente desde a eternidade*. Se disser que houve uma época em que nenhum ser possuía qualquer conhecimento, quando esse ser eterno era destituído de todo entendimento, eu respondo que, então, é impossível que existisse alguma vez qualquer conhecimento; uma vez que é tão impossível que as coisas totalmente vazias de conhecimento, operando cegamente sem qualquer percepção, produzam um ser cognoscente, como é impossível que um triângulo tenha seus três ângulos maiores do que dois retos; pois é tão repugnante a ideia de uma matéria sem sentidos que possa incluir em si mesma sensação, percepção e conhecimento, como é repugnante a ideia de um triângulo que possa pôr em si mesmo ângulos maiores que dois retos. (E IV.x.5: 620-21)

E assim, diz Locke, "a partir da consideração de nós próprios e do que infalivelmente encontramos em nossa própria constituição, a nossa razão nos conduz ao conhecimento dessa verdade certa e evidente: *que há um ser eterno, poderosíssimo e sapientíssimo*" (E IV.x.6: 621). A existência de Deus é uma condição de nossa própria existência.

Quando comparada a outras variantes, e a formulações de variantes, do argumento cosmológico a favor da existência de Deus, esta versão seguramente está entre as mais fracas, ao fazer uso, em vários pontos, de premissas cuja questionabilidade a discussão subsequente de Locke nada faz para eliminar, e ao fazer inferências que são falaciosas ou dependentes de premissas duvidosas e não enunciadas. Todavia, não penso que seja conveniente expor o argumento em detalhe e avaliar seus vários elementos. Será melhor passar para a epistemologia lockeana da religião revelada. Fazer isso é entrar na discussão de Locke sobre a fé e a razão.

Locke se encontra nessa longa linha de reflexão cristã, de acordo com a qual a *fé* é entendida como correlato da *revelação*. "A fé [...] é o assentimento a alguma proposição [...] com base na confiança do proponente, como proveniente de Deus por algum modo extraordinário de comunicação. A esse modo de descobrir verdades aos homens denominamos *revelação*" (E IV.xviii.2: 689). Para Locke, a consideração decisiva que estabelece que a fé, assim entendida, não constitui conhecimento é que a fé carece da certeza requerida para o conhecimento. Em sua carta a Stillingfleet, bispo de Worcester, Locke diz que "a certeza da fé, se o senhor considera que seja adequado chamá-la assim, não tem nada que ver com a certeza do conhecimento. E falar da certeza da fé, como falar do conhecimento daquele que crê, me parece tudo a mesma coisa; uma maneira de falar que a mim não é fácil de entender" (W IV: 146). Locke fala, na mesma passagem, sobre "convicção da fé" e diz, acerca de seu assentimento a um artigo de fé, que "firmemente invisto tudo por ela" (ibid.). Mas, o que quer que Locke queira dizer com isso, ele insiste que a "fé se baseia em seus próprios fundamentos", os quais são diferentes daqueles fundamentos do conhecimento. "Os seus fundamentos estão tão longe de serem os mesmos, ou de possuírem algo em comum; quando é levada à certeza, a fé é destruída; então, é conhecimento, e não mais fé" (ibid.).

Devemos, assim, fazer uma tripla distinção no modo como os seres humanos mantêm crenças teístas. Algumas vezes, elas são sustentadas como uma questão de *opinião* que se baseia na tradição, ou no que seja. Outras vezes, tais crenças são mantidas de modo a constituir aquela forma especial de opinião que constitui a *fé*. E, então, em terceiro lugar, como vimos, é possível *conhecer* um pouco acerca de Deus – embora apenas demonstrativamente, e não de modo imediato.

A fé não é um modo de conhecimento. Ela consiste em crer em algo com base na crença de que isso foi revelado por Deus, não em algo que se baseia nas premissas de alguma demonstração – supondo que não existe qualquer proposição, tal que se possa *demonstrar*, que Deus a tenha revelado. Devemos deixar claro que não é a proposição "que Deus revelou P" que é o objeto da fé (a não ser que se acredite que tenha sido revelado que P foi revelado – veja E IV.xviii.6: 693). Antes, é a própria proposição P, a proposição que se acredita ter sido revelada por Deus, que é o objeto da fé. É importante notar que, embora a fé não seja e não possa ser uma espécie de conhecimento, Locke, não obstante, assume que a mesma proposição pode ser sustentada pela fé e pela razão – e, também, por uma forma de opinião que não é a fé. Entretanto, imagino – não encontrei qualquer passagem explícita sobre a questão – que Locke concordaria com Tomás de Aquino em que uma determinada pessoa não pode, num dado momento, acreditar em algo com base em uma demonstração e, ao mesmo tempo, acreditar nisso com base na revelação. A razão sobrepuja a fé.

Devemos distinguir dois tipos de revelação. Na *revelação original*, uma impressão "é feita imediatamente por Deus na mente" de alguém (E IV.xviii.3: 690). A *revelação tradicional*, por sua vez, ocorre quando alguém comunica à outra pessoa aquilo que foi inicialmente revelado a si próprio ou a outrem. A fé, em resposta a esse último tipo de revelação, consiste em aceitar como tendo sido revelado por Deus aquilo que a pessoa comunica como tendo sido revelado (originalmente) a alguém.

Podemos ter certeza de que tudo o que Deus revela é verdadeiro. Sabemos disso de modo imediato. "Tudo o que Deus revelou é certamente verdadeiro", diz Locke, "não pode haver qualquer dúvida acerca disso" (E IV.xviii.10: 695). Locke nunca considerou a possibilidade de que Deus pudesse nos levar a crer em coisas que não são, estritamente falando, verdadeiras, mas que nos serviriam, todavia, para nos orientar em nossa vida. Ele apenas assume como uma verdade necessária que, se Deus revela P, então P é verdadeira. Mas que Deus, de fato, em alguma ocasião, revela algo, não se pode conhecer, nem se pode conhecer o que ele revelou. Sobre tais questões, somente a crença é possível, não o conhecimento. Em três momentos de E IV.xviii.4-5, Locke fala como se *conhecêssemos* que Deus revelou algo. Mas penso que devemos considerar essas passagens como um lapso de sua escrita, pois elas entram em conflito com sua reiterada e enfática insistência de que a certeza exigida para o conhecimento está ausente nesses casos. Além disso, se *tivéssemos*, ocasionalmente, certeza de que Deus revelou P, então, dado que também temos certeza de que, se Deus revelou P, P é verdadeira, também parece ser o caso de que deveríamos, ou poderíamos, ter certeza *de P*. Mas, então, não seria mais um caso de fé – pois, como vimos, é próprio da fé que ela *careça* de certeza. Não podemos ter certeza seja de que uma ocorrência da revelação ocorreu, seja de que temos corretamente interpretado o conteúdo de alguma suposta ocorrência da revelação. A crença de que Deus revelou P sempre carece da certeza que se requer para o conhecimento.

E, assim como não podemos ter certeza de *que Deus revelou P*, assim também o assentimento a P jamais pode possuir certeza quando aceitamos P com base em P ter sido revelada por Deus. "Pois qualquer que seja a verdade que venhamos a descobrir claramente, a partir do conhecimento e da contemplação de nossas próprias ideias, ela será sempre mais certa para nós do que aquelas verdades que nos são transmitidas por uma *revelação tradicional*. Pois o conhecimento que possuímos de que essa revelação veio primeiramente de Deus jamais pode ser tão certo como o conhecimento que nos provém da percepção clara e distinta do acordo ou desacordo das nossas próprias ideias" (E IV.xviii.4: 690-91). O que Locke diz aqui concernente à revelação tradicional é o que ele pretende dizer em relação à revelação em geral.

Ao decidir se aceitamos P com base em P ter sido revelada por Deus, devemos avaliar a probabilidade de acordo com a evidência satisfatória da proposição de *que Deus revelou P*. Somente se, de acordo com tal evidência, essa proposição for mais provável que sua negação, nós estaremos autorizados a crer em P – a não ser que, é claro, tenhamos alguma razão independente para aceitar P. Locke deixa claro que ele não está insistindo que precisamos de evidência em favor de P – em favor do conteúdo da suposta revelação – para termos o direito de aceitar P. Muito pelo contrário; o caráter próprio da revelação é que, por esse meio, Deus pode nos mostrar coisas que não seríamos obrigados a acreditar por meio do emprego desassistido de nossas próprias faculdades. O que é requerido não é a evidência satisfatória diretamente em favor de P, mas a evidência satisfatória em favor da proposição de *que Deus revelou P*. Pode-se acrescentar, todavia, que o projeto de Locke em *The Reasonableness of Christianity* [*A Razoabilidade do Cristianismo*] não era o de mostrar que é provável, de acordo com a evidência satisfatória, que o Novo Testamento registre a revelação a partir de Deus, mas mostrar que uma grande parte do *conteúdo* da revelação ali registrado pode ser alcançada pela razão – ou seja, pode ser demonstrado ou pode ser mostrado que é provavelmente verdadeira.

Crenças sobre a ocorrência e a interpretação da revelação não devem, contudo, ser tratadas como totalmente independentes de crenças sobre o conteúdo da revelação. Se a proposição supostamente revelada P contradiz (de modo autoevidente) algo sobre o qual se possui certeza, então se deve rejeitar a proposição de *que Deus revelou P*.

> Desde que nenhuma evidência de nossas faculdades, pelas quais recebemos tais revelações, pode exceder a certeza de nosso conhecimento intuitivo, nunca poderemos receber como verdadeiro nada que seja diretamente contrário ao nosso conhecimento claro e distinto. [...] Portanto, nenhuma proposição pode ser recebida como revelação divina, ou obter o devido assentimento, caso seja contrária ao nosso conhecimento claro e intuitivo. Pois isso seria subverter os princípios e os fundamentos de todo o conhecimento, evidência e assentimento, quaisquer que sejam. (E IV.xviii.5: 691-92)

E sobre o caso em que, apesar de P não ser falsa de modo autoevidente, a evidência satisfatória for, todavia, *impossível*, enquanto a proposição de *que Deus revelou P* for provável de acordo com a evidência satisfatória? Não deveria eu como que comparar a força da evidência a favor da proposição de *que Deus revelou P* contra a força da evidência contrária a P e prosseguir com a mais forte (lembrando que, para determinar a primeira, devo considerar não apenas a força da evidência a favor da proposição que estou a confrontar com uma ocorrência da revelação, mas também a força da evidência a favor da proposição de que estou interpretando corretamente o conteúdo dessa suposta ocorrência)? Embora Locke esteja longe de ser claro sobre essa questão, penso que sua resposta é afirmativa – aliás, como deveria ser em seu sistema. Ele diz que, "uma vez que Deus, ao dar-nos a luz da razão, não atou suas próprias mãos para nos proporcionar, quando ele considera oportuno, a luz da revelação em quaisquer daqueles assuntos, acerca dos quais as nossas faculdades naturais são capazes de nos dar uma determinação provável, então, a *revelação*, onde Deus aprouver concedê-la, *deve pesar mais do que as prováveis conjecturas da razão*" (E IV.xviii.8: 694).

Existe ainda uma conexão adicional entre conteúdo e apresentação. Embora Locke regularmente refira-se à segurança da fé, isso é uma segurança moderada. A firmeza com que cremos em P não deve exceder a firmeza com que somos implicados a crer *que Deus revelou P*. No caso da fé, "nosso assentimento não pode ser racionalmente superior à evidência acerca de se tratar ou não de uma revelação, e acerca de qual é o significado das expressões nela proferidas. Se a evidência acerca de se tratar ou não de uma revelação, ou acerca de seu verdadeiro sentido, baseia-se somente em provas prováveis, o nosso assentimento não pode ultrapassar a segurança ou confiança decorrentes da maior ou menor probabilidade aparente das provas" (E IV.xvi.14: 667-68).

E o que, afinal, Locke está disposto a aceitar como evidência favorável à ocorrência da revelação? Foi por tratar desse ponto que Locke inseriu, na quarta edição do *Ensaio*, um ataque vigoroso e mordaz aos entusiastas que "se lisonjeiam com a persuasão de uma relação imediata com a divindade e com as comunicações frequentes com o Espírito Divino" (E IV.xix.5: 699). Antes de dirigirmos nosso olhar para a própria concepção positiva de Locke acerca daquilo que deveria constituir uma evidência satisfatória favorável à revelação, será conveniente vermos, mesmo que rapidamente, o modo como ele conduz esse ataque aos entusiastas.

Ele não nega – aliás, ele afirma – que Deus "pode iluminar, e talvez ilumine mesmo, às vezes, as mentes dos homens na apreensão de certas verdades ou incita-os a boas ações pela influência imediata e auxílio do Espírito Santo" (E IV.xix.16: 705). "Não se pode negar que Deus é capaz de iluminar o entendimento através de um raio lançado, imediatamente a partir da fonte de luz, para a mente" (E IV.xix.5: 699). Mas Locke estava confiante de que, no caso dos entusiastas, não era a iluminação de Deus que explicava suas convicções, mas uma psique desordenada, um "cérebro acalorado e jactancioso" (E IV.xix.7: 699). As pessoas que sucumbem ao entusiasmo são aquelas "em quem a melancolia se misturou com a devoção", juntamente com aqueles "cujo conceito de si próprios os elevou até a uma opinião de uma maior familiaridade com Deus e a uma admissão mais próxima a seus benefícios do que aqueles concedidos aos outros" (E IV.xix.5: 699). "Às suas mentes, assim preparadas, qualquer opinião infundada que venha a estabelecer-se firmemente em suas fantasias é considerada como uma iluminação do Espírito de Deus e, assim, de autoridade divina; e qualquer ação estranha que se vejam inclinados a realizar, concluem que esse impulso é um chamamento ou mandamento proveniente do céu e que deve, pois, ser obedecido" (E IV.xix.6: 699).

Assim, Locke acusa os entusiastas de irresponsabilidade. Ele reitera seu ponto geral de que, se alguém pretende crer responsavelmente que Deus revelou tais e tais coisas em tais e tais ocasiões, então essa crença será de acordo com os "ditames da razão". E ele assume que a única alternativa a sua própria opinião acerca do que devemos fazer com os ditames da razão é uma política de "tudo vale" – antinomianismo na crença religiosa.

> Deus, quando fez o profeta, não desfez o homem. Ele deixou todas as suas faculdades em seu estado natural, para Lhe permitir julgar as suas inspirações, quer sejam ou não de origem divina. Quando Ele ilumina a mente com a luz sobrenatural, ele não extingue a luz natural. Se Ele quer que concedamos assentimento à verdade de alguma proposição, ele ou evidencia essa verdade pelos métodos usuais da razão natural, ou então faz com que se saiba que é uma verdade à qual quer que concedamos o nosso assentimento pela sua autoridade, e convence-nos que provém Dele, por meio de alguns sinais, acerca dos quais a razão não pode enganar-se. A razão deve ser o nosso último juiz e guia em tudo. Não quero dizer que devamos consultar a razão e examinar se uma proposição revelada por Deus pode ser estabelecida por meio de princípios naturais e que, se não puder, poderemos então a rejeitar; mas consultar a razão, isso devemos, e por meio dela examinar se se trata de uma revelação de Deus ou não; e se a razão considerar que se trata de uma revelação de Deus, então a razão declara-se favorável, da mesma maneira que se declara a favor de qualquer outra verdade, e converte essa revelação em um de seus dogmas. Toda concepção que excita diretamente nossa fantasia deve ser tomada como uma inspiração, caso não exista nada senão a força de nossas persuasões para julgar essas mesmas persuasões: se a razão não puder examinar sua verdade por algo extrínseco a suas próprias persuasões, então as inspirações e as ilusões, a verdade e a falsidade, terão a mesma medida, e não será possível distingui-las. (E IV.xix.14: 704)

Mas está claro que os entusiastas adeptos estão mesmo violando os princípios de Locke para uma crença responsável? Sua experiência religiosa não lhes fornece a evidência necessária? Locke pensa que não. Pois, quando interpretamos as metáforas dos entusiastas, vemos que, questionados sobre o porquê creem que Deus lhes tenha falado, a resposta é simplesmente que eles acreditam piamente.

> Se eles dizem que sabem que é verdade, porque é uma revelação de Deus, a razão é boa: mas, então, pergunta-lhes como sabem que é uma revelação de Deus. Se disserem que é por causa da luz que ela traz consigo e que brilha em suas mentes e que não lhe podem resistir, rogo-lhes que considerem se isso significa alguma coisa mais do que aquilo que já havíamos considerado, a saber: que é uma revelação por que acreditam fortemente que seja verdadeira. Pois toda a Luz de que falam não é senão uma forte, embora infundada, persuasão de suas próprias mentes de que isso é uma verdade. (E IV.xix.11: 702)

Em suma, "sua confiança é mera presunção, e essa luz que tanto os ofusca não é senão um *ignis fatuus* que os encerra nesse círculo: *é uma revelação porque eles firmemente acreditam nisso*, e *acreditam nisso porque é uma revelação*" (E IV.xix.10: 702). É lamentável que, além desse ataque altamente tendencioso aos entusiastas, Locke nunca explora a possibilidade de que a experiência religiosa, qualquer que seja, possa fornecer evidência para a crença teísta.

Se não a experiência interior, o que, então, estaria Locke disposto a aceitar como evidência favorável à ocorrência de uma revelação? Milagres. Mas, ele lamentavelmente oferece à questão uma curta confissão:

> Vemos que os homens santos do passado, que receberam revelações de Deus, tinham algo mais do que essa luz interior de convicção em suas próprias mentes para lhes assegurar que era uma revelação de Deus. Eles não eram deixados somente às suas próprias persuasões de que essas persuasões provinham de Deus, mas tinham sinais externos para convencê-los acerca do Autor dessas revelações. E, quando iam convencer os outros, tinham um poder que lhes era dado para justificar a verdade do encargo celeste, e por sinais visíveis certificavam a autoridade divina de uma mensagem da qual eram portadores. (E IV.xix.15: 705)

Locke prossegue em fornecer, então, vários exemplos de milagres biblicamente relatados. Ele assume que, se fizermos como se deve e submetermos o testemunho dos textos evangélicos aos mesmos testes evidenciais aos quais submetemos qualquer outro testemunho (E IV.xviii.4: 690-91), chegaremos à conclusão de que tal testemunho é confiável. Em particular, Locke nunca duvidou de que os atos de Jesus, os quais os textos evangélicos testemunham e que foram interpretados como milagres, fossem, de fato, milagres; e, além disso, que esses milagres autenticam o estatuto profético de Jesus: "a evidência, que vem do céu, da missão de nosso Salvador é tão grande, na multidão de milagres que ele fez diante de todo tipo de gente, que aquilo que ele proferiu não pode senão ser recebido como o oráculo de Deus e como verdade inquestionável. Pois os milagres que ele fez foram tão ordenados pela providência e sabedoria de Deus, que eles jamais foram e nem poderiam ser negados por qualquer um dos inimigos ou opositores do cristianismo" (W VII: 135).

Essa concepção, embora tradicional, de que os milagres constituem evidência favorável à revelação divina, encrespa-se com problemas. Para mencionar apenas um: o quanto daquilo que uma pessoa alega ser divinamente revelado é confirmado ser divinamente revelado por meio de sua realização de um milagre? Locke nunca abordou esses problemas, e tampouco colocou a si próprio a questão levantada por Hume: em que circunstâncias, se alguma, estamos autorizados a aceitar o testemunho no sentido de que um milagre tenha ocorrido?

Nossa inspeção da epistemologia lockeana do conhecimento e da crença religiosa está completa. Locke considerava a "filosofia natural" que estava nascendo em sua época, no trabalho de pessoas como Boyle e Newton, como uma aplicação paradigmática de sua epistemologia regulativa. O modo pelo qual devemos conduzir o nosso entendimento era o modo como eles o conduziam; e esse modo é especificado em seu princípio da crença imediata, junto com seus princípios de evidência, de avaliação e de proporcionalidade. Mas a visão de Locke sobre a crença religiosa de sua época era profundamente diferente de sua visão da nova filosofia natural. Com a exceção, talvez, das crenças de um pequeno grupo de latitudinarianistas, Locke considerava sua epistemologia regulativa como sem igual na religião. Ele apresentou sua epistemologia como um ataque contra a crença religiosa corrente, como uma crítica. O ataque foi mais severo quando Locke atacou a função da experiência nas crenças dos entusiastas; sua retórica teria sido não menos mordaz, no entanto, se ele tivesse dedicado um capítulo àqueles que aceitam suas crenças religiosas com base no dizer dos outros, ou dedicado um capítulo àqueles que acolhem suas crenças religiosas com base na autoridade não examinada da Bíblia ou da tradição dos concílios da Igreja.

Esse assumido contraste entre o estatuto epistêmico das ciências naturais e o estatuto epistêmico da religião não deixou de lançar seu encanto sobre os intelectuais ocidentais no tempo que se situa entre nós e Locke. As ciências naturais, como a conhecemos, ilustram a crença responsavelmente regulada; a religião, como a conhecemos, representa a carência de uma crença responsavelmente regulada. O cientista tem escutado responsavelmente a voz da razão; o religioso não a tem escutado de modo responsável. Muitos, se não os intelectuais mais reflexivos do mundo ocidental moderno, têm compartilhado com Locke a convicção de que a única alternativa ao fundacionalismo de tipo lockeano é o antinomianismo. Eles concordam com Locke que o dogmatismo arbitrário é gêmeo do antinomianismo. E eles concordaram que a crença religiosa, na maior parte das vezes, não consegue obter os requerimentos do fundacionalismo lockeano.

Mas as coisas estão mudando. Ao longo dos últimos vinte e cinco anos, filósofos e historiadores da ciência têm olhado com cuidado para o modo como a nossa ciência natural, de fato, procede, em vez de produzirem suposições sobre o modo como ela procede; com base nessa análise, eles têm concluído que, em aspectos importantes, ela não segue o modelo lockeano. Tal fato coloca-lhes, e a nós também, diante de uma escolha: será que devemos dizer que tanto pior para nossa ciência natural ou, então, que tanto pior para o modelo lockeano? Não conheço ninguém que tenha escolhido a primeira alternativa – enquanto, pelo contrário, quando se discerniu uma discrepância entre a religião e o modelo lockeano, muitos, se não a maioria, dos intelectuais ocidentais concluíram que tanto pior para a religião. Durante praticamente esses mesmos vinte e cinco anos, desenvolvimentos na filosofia sistemática levaram a poderosos ataques e a uma rejeição generalizada do fundacionalismo de tipo lockeano.

Esses dois desenvolvimentos juntaram forças para tornar a epistemologia evidencialista lockeana da crença religiosa questionável a muitos. Locke estava certo sobre o seguinte: as crenças religiosas, com raras exceções, não satisfazem suas exigências evidencialistas. Mas, enquanto a resposta dominante era, previamente, ou a de considerar a crença religiosa como incurável, na violação da responsabilidade intelectual, ou a de tentar revisá-la ou fundamentá-la para que ela se torne aceitável, atualmente, um número significativo de filósofos começam a sugerir que, antes, são as exigências evidencialistas de Locke que deveriam ser impostas à religião, bem como à ciência e a outros campos. "Epistemólogos reformados" (eu mesmo incluído) têm sugerido que, em determinadas situações, não raras, é inteiramente adequado crer imediatamente em certas proposições teístas. E "wittgensteinianos" têm argumentado que a prática da religião não tem necessidade de um fundamento, nem é aberta a quaisquer objeções, na linha sugerida por Locke; ela está pronta da forma como ela é.

Assim, no que diz respeito à epistemologia em geral e à epistemologia da crença religiosa em particular, estamos vivendo em uma nova situação intelectual; nenhum de nós tem qualquer ideia de qual é a feição que essa nova situação irá eventualmente assumir. Todavia, a inquietação que Locke enfrenta permanece atualmente conosco: quando a tradição transmitida é fraturada e pluralizada, de modo que não se pode mais ordenar a vida e a crença pela sabedoria de uma tradição unificada, a que, então, se deve recorrer? A resposta que Locke articulou e defendeu de modo visionário e com sutileza filosófica foi que se deve apelar para os pronunciamentos da razão – ou, de modo amplo e fundamental, para aqueles pontos de apreensão direta dos fatos da realidade. Essa resposta, em minha opinião e na de muitos outros, é inaceitável. Mas, uma vez que rejeitamos a resposta de Locke, retornamos a sua pergunta: quando a tradição é fragmentada, a que se deve recorrer para a ordenação da vida e da crença?

8 A filosofia moral

J. B. Schneewind

Os fracassos de Locke são, por vezes, tão importantes quanto suas realizações bem-sucedidas. Suas concepções sobre a moralidade constituem um caso relevante. Ele publicou pouco sobre o assunto, e o pouco que publicou levantou mais problemas para seus leitores do que soluções. Algumas das dificuldades que seus contemporâneos perceberam na teoria ética de Locke são indicadas em uma réplica feita por um crítico que foi provocado pela sugestão de Locke de que a crítica fazia parte de uma conspiração contra sua pessoa:

> Quanto à tempestade de que você fala, da preparação contra você, não sei de nada [...]; mas não posso censurar ninguém que deseja que tais princípios do *entendimento humano* pudessem dar-lhes provas e segurança contra um tal sistema como esse: matéria pensante, uma alma mortal, um Deus maniqueísta (ou um Deus sem atributos morais), e uma lei arbitrária do bem e do mal. [...] A maneira fácil de evitar tal tempestade é oferecer uma explicação clara de seus princípios, sem arte ou chicana, que pudesse curar e remover quaisquer receios dessa natureza. (Burnet 1697: 11)

Amigos e críticos solicitaram a Locke, por diversas vezes, que lhes desse uma "explicação clara" de sua teoria moral, mas, em seus textos publicados, ele não o fez, e sua recusa em atender as solicitações de seus amigos poderia provocar irritação.[1] Apesar de um ou dois dos conhecidos de Locke

---

1 Veja a carta a Tyrrell, de 4 de agosto de 1690 (Letter 1309: C IV: 110-13). Suas respostas a Burnet foram também mordazes e inúteis.

souberem que ele havia escrito longamente sobre o direito natural quando ele era ainda um jovem senhor em Oxford, sugestões de que ele revisou ou renunciou ao texto inicial passaram despercebidas. Não há dúvida de que Locke assumiu com condescendência que as exigências da moralidade devem ser importantes para a felicidade que podemos alcançar nesta vida e indispensáveis para a recompensa na próxima vida. Algumas de suas observações indicam, além disso, que ele pensou que possuía uma teoria ética compreensiva capaz de explicar como a razão pode mostrar quais as exigências morais que devemos satisfazer; mas ele deixou que seus leitores inferissem, a partir de uma série de passagens breves, dispersas e, por vezes, enigmáticas, o que tal teoria poderia ser.

As declarações de Locke sobre a ética na primeira obra publicada, que ele abertamente reivindicou como de sua autoria, o *Ensaio sobre o entendimento humano*, geraram, em mais de um crítico, as preocupações expressadas na citação precedente. Neste ensaio, começo com uma revisão daquilo que Locke nos diz sobre a moralidade no *Ensaio* e, em seguida, explico por que suas observações parecem levantar esses problemas. Na terceira seção, esboço os desenvolvimentos que, no pensamento filosófico sobre a moralidade, geraram os problemas que Locke pensava ter resolvido. Depois disso, considero brevemente algumas das afirmações que Locke faz acerca da moralidade em suas outras obras. E, na conclusão, indico a importância histórica das dificuldades que os leitores de Locke encontraram em sua teoria da moralidade.

I

Como parte de seu ataque geral sobre as ideias inatas no Livro I do *Ensaio*, Locke especificamente negou que a moralidade tenha qualquer aspecto inato. Princípios ou máximas morais encontram menos acordo que os princípios especulativos, de modo que, se o desacordo mostra que estes últimos não são inatos, existe ainda menos razão para sustentar que os primeiros são inatos (E I.iii.1-2: 65-66). Alguns princípios especulativos, embora não sejam inatos, são, pelo menos, autoevidentes e não necessitam de prova. Entretanto, em relação a qualquer princípio prático, podemos acertadamente indagar a razão; e isso não seria possível se esses princípios fossem inatos (E I.iii.4: 68). O acordo geral de que a virtude é louvável pode ser explicado como um resultado da opinião geral de que a virtude é útil para a sociedade (E I.iii.6: 69). Dado que existem muitas maneiras diferentes, outras que a leitura daquilo que está "escrito em seus corações", pelas quais os homens podem aprender os princípios da moral, não existe necessidade de afirmar que os princípios são inatos na consciência. A consciência é simplesmente a opinião de alguém acerca da correção ou incorreção de sua ação, e essa opinião pode vir da educação, do costume ou da convivência que a pessoa mantém (E I.iii.8: 70). As pessoas frequentemente transgridem regras morais básicas sem qualquer sentimento interior de vergonha ou de culpa, o que mostra, pois, que as regras não são inatas (E I.iii.9-i 3: 70-75). Por fim, ninguém tem sido capaz de estabelecer essas regras alegadamente inatas. As tentativas de fazê-lo ou não são capazes de suscitar acordo ou, então, contêm proposições expressamente vazias que não são capazes de dirigir a ação. Não adianta sustentar, por exemplo, que o princípio "os homens devem arrepender-se dos seus pecados" é inato, a não ser que o conhecimento forneça os detalhes daquilo que conta como pecado – e ninguém tem mostrado que ele é capaz disso (E I.iii.14-19: 76-80).

Nessas poucas páginas, Locke atacou uma concepção largamente sustentada acerca da fonte do conhecimento moral e estabeleceu alguns testes pelos quais qualquer substituição satisfatória dessa concepção deveria passar. O ataque foi profundamente ofensivo para a opinião recebida, não somente porque ia de encontro às entrincheiradas trivialidades filosóficas, mas também porque foi tomado como uma interpretação polêmica do suporte bíblico para essas trivialidades, o proferimento de São Paulo em Romanos 2,14-15:

> Quando, pois, os gentios que não têm lei procedem por natureza em conformidade com a lei, não tendo a lei, servem eles de lei para si mesmos; mostram a norma da lei escrita em seus corações, testemunhando-lhes também suas consciências. [...]

Todo teórico do direito natural, de Tomás de Aquino em diante, cita essa passagem como uma justificativa autoritária para a afirmação de que existe uma lei moral que a razão é capaz de descobrir. Mas Locke parece opor-se a São Paulo. Além disso, enfatizando a enorme função desempenhada pelo costume, pela educação, pela opinião corrente e pela superstição na criação das variadas crenças morais que as pessoas realmente sustentam, ele parece estar lançando dúvidas sobre a existência de qualquer moralidade universal justificável. Locke enfaticamente afirma que ele não está negando a verdade dos princípios morais básicos (E I.iii.13: 75; Letter 1309: C IV: 112-23). Contudo, para dar a mais forte refutação possível a seus críticos, ele precisava oferecer uma efetiva demonstração das regras; mas, para os padrões de uma demonstração satisfatória, implícitos em suas objeções às concepções inatistas, isso seria claramente difícil.

Ao fornecer uma razão adicional para sua recusa dos princípios morais inatos, Locke indicou algumas características centrais de seu próprio entendimento acerca da moralidade. As ideias requeridas para a formação e para a compreensão dos princípios morais não são inatas. Pois a moralidade concerne a leis e a obrigações, e estas requerem conceitos que somente podem ser entendidos em termos de um legislador. O primeiro legislador envolvido na moralidade é Deus. Sua capacidade de obrigar-nos exige uma vida depois desta vida observável, pois é claro que Ele não nos faz obedece-Lhe por recompensas e punições na nossa presente vida (E I.iv.8: 87-88; E I.iii.12: 74). Princípios morais somente poderiam ser inatos, então, se as ideias de Deus, de direito, de obrigação, de punição, de imortalidade, e assim por diante, fossem inatas, e isso, argumenta Locke, manifestamente não é o caso.

Subjacente às objeções técnicas às ideias inatas está a crença de Locke de que Deus nos forneceu uma faculdade da razão que é suficiente para nos permitir descobrir todos os conhecimentos necessários para seres como nós. Para Deus, teria sido inútil, pois, nos ter dado ideias inatas ou um conhecimento inato. Deus quis que pensássemos por nós mesmos (E I.iv.12: 91). Alegar que determinados princípios são inatos equivale a alegar que não existe necessidade de reflexão adicional acerca das questões que eles cobrem; e isso, por sua vez, constitui uma excelente tática para quem deseja certos princípios tomados da autoridade, sem investigação. Mas Deus não poderia ter pretendido que nossas faculdades racionais fossem assim bloqueadas (E I.iv.24: 101-2). O tema da importância de se pensar por si mesmo era tão central à visão de Locke sobre a personalidade moral quanto sua crença de que estamos sujeitos às leis de Deus e a Ele devemos obediência.

Sabemos que o *Ensaio* desenvolveu-se a partir das discussões sobre a moralidade (ver Aaron 1936: xii), mas o tema não tem lugar privilegiado dentro dele. Locke explica as ideias e crenças morais em termos que são adequados a todas as nossas outras ideias e crenças, e estas últimas constituem a sua principal preocupação. Ele não afirma que alguma faculdade separada ou operação mental está envolvida na obtenção de ideias morais ou na derivação do conhecimento moral. Nossas ideias de bem e de mal são construídas a partir de nossas ideias de prazer e de dor: bem é o que causa prazer, mal é o que causa dor (E II.xx.2: 229). As ideias distintamente morais de bem e de mal, embora mais complexas, todavia não implicam qualquer nova faculdade. Designar uma ação voluntária como moralmente boa é marcar sua conformidade a uma lei que o legislador se serve para fixar o bem natural à condescendência e o mal à desobediência, ou seja, para o oferecimento de recompensas ou a ameaça de punição (E II.xxviii.5: 351).

Locke prossegue em apontar os tipos de regras ou leis pelas quais os homens, de fato, usualmente julgam as ações: a lei divina, a lei civil e a lei da "opinião ou reputação" (E II.xxviii.7: 352). Devemos referir a esses tipos de lei, pensa Locke, para explicar como chegamos a ter diferentes ideias morais. Se julgarmos pela lei divina – a lei que Deus torna conhecida ou por revelação ou pela luz da razão –, teremos ideias de atos como pecados ou obrigações. A aplicação das leis de nosso país nos dá as ideias de atos criminosos ou inocentes. E quando consideramos atos como submetidos à estimativa geral dos outros em nossa sociedade, temos as ideias desses atos como virtuosos ou viciosos (E II.xxviii.8-10: 352-54). Locke insiste que ele somente está explicando como adquirimos certas ideias e quais as regras que realmente utilizamos. Todavia, ele faz uma pausa para sugerir a garantia de um conjunto de regras, as leis divinas. Ninguém pode negar que Deus nos deu uma lei, que é o "único critério verdadeiro de *retidão moral*".

> Ele tem o direito para fazê-lo; nós somos as suas criaturas. Ele tem a bondade e a sabedoria para orientar as nossas ações para o que é melhor; e Ele tem o poder de obrigar por meio de recompensas e castigos, com peso e duração infinitos na outra vida, pois ninguém pode nos tirar de suas mãos. (E II.xxviii.8: 352)

A ciência da ética, afirmava Locke, nos ensina as regras que nos conduzem à felicidade (E IV.xxi.3: 720). Uma vez que a questão é melhorar a prática, as regras devem constituir guias efetivos para a ação. O que, então, nos move à ação? Locke era um hedonista acerca da motivação, sustentando que somente as perspectivas de prazer e de dor podem motivar-nos. A partir da segunda edição do *Ensaio* em diante, ele forneceu uma versão sofisticada dessa concepção. O desejo é despertado unicamente pela perspectiva da própria felicidade ou prazer do agente (E II.xxi.41-42: 258-59). Mas nós não somos mecanicamente movidos por desejos. Somos agentes livres, e nossa liberdade consiste em nossa capacidade de suspender a ação, na medida em que consideramos os diferentes desejos e aversões que sentimos, para decidir quais deles satisfazer e, então, agir de acordo com a nossa decisão. Somente a pessoa, e não a própria vontade, é apropriadamente livre. A vontade é o poder de considerar ideias e de suspender e decidir sobre a ação, e não faz sentido falar de um poder como livre (E II.xxi.5: 236; E II.xxi.8-14: 237-40; E II.xxi.21-28: 244-48).[2]

---

2 Alguns comentadores afirmam que existe uma incoerência entre a teoria hedonista lockeana da motivação e a ética "racionalista", segundo a qual "a razão unicamente pode determinar o que é realmente bom" (Aaron 1971: 257), ou entre o hedonismo de Locke e sua concepção voluntarista de que as leis se originam das ordens de Deus (Laslett 1967: 82n). Mas mesmo se o bem consistir em prazer, não há qualquer inconsistência em afirmar que a razão deve ser utilizada para nos dizer onde o bem deve ser encontrado, pois é fácil ter concepções equivocadas acerca do que nos trará maior prazer a longo prazo. Não encontro qualquer sugestão clara e inequívoca de algum racionalismo intuicionista sobre as leis da moralidade na obra publicada de Locke. E se obediência às ordens de Deus conduz, em última análise, à nossa própria maior felicidade, então nós podemos ser levados a obedecê-las de acordo com uma concepção egoísta e hedonista da motivação, apesar de os comandos dependerem unicamente da vontade de Deus.

Assim, o que nos move à ação voluntária é, em última instância, a nossa própria escolha; e a escolha é determinada, pensava Locke, por um sentimento presente de intranquilidade. Podemos ou não ficar intranquilos conforme o pensamento de algum possível bem futuro. Não nos preocupamos, todos nós, com as mesmas coisas. Uma pessoa pode gostar de caçar; outra, de jogar xadrez, e outra, de beber vinho. Cada uma dessas ações é agradável, ainda que nem todas sejam iguais para o gosto de cada um. A partir dessas observações acerca da diversidade de gostos e desejos, Locke extrai duas importantes conclusões.

Primeiro, não há qualquer relevância na discussão acerca do bem supremo, ou do *summum bonum*, como discutida pelos antigos filósofos. Estes se perguntavam sobre qual o modo de vida poderia nos dar a maior felicidade. Locke conhecia o esforço de Gassendi para revisar a resposta epicurista de que a vida boa consiste no prazer e na ausência de dor. Ele concordou com Gassendi acerca da importância do prazer e da dor, mas discordou de Epicuro em que este não oferece qualquer conselho sobre um modo de vida particular que possa trazer um e evitar o outro. Para Locke, "prazer" é simplesmente a realização de "tudo aquilo que você tem inclinação ou preferência". A maior felicidade consiste, então, em ter aquilo que causa prazer e evitar aquilo que produz dor; porém, uma vez que "essas coisas são muito diferentes para diferentes homens" (E II.xxi.55: 269), a questão dos antigos não pode ser respondida de um modo que seja válido em geral e que seja útil para orientar a ação.

Em segundo lugar, a vontade não é determinada por nossas crenças sobre qual o curso de ação poderia nos trazer a maior quantidade de bem. Se ela fosse assim determinada, argumenta Locke, ninguém pecaria, uma vez que a perspectiva da felicidade ou do tormento eternos superaria todas as outras. Nós podemos sentir mais intranquilidade por causa de uma falta presente de comida do que por causa de um desejo de transcendência, e a vontade incita-nos a agir para aliviar a inquietação mais forte (E II.xxi.31-38: 250-56). Todavia, somente pensamentos de prazer e de dor podem suscitar intranquilidade; desse modo, leis não apoiadas por sanções seriam completamente inúteis. Não poderiam mover-nos à ação.

Locke usa essas considerações para mostrar que os elementos que ele toma como necessários para explicar nossas ideias morais – as ideias de Deus, lei, bem, vontade, recompensa e felicidade – podem, todos eles, ser obtidos a partir dos dados fornecidos pela experiência. Não precisamos de outras ideias para construir nosso complexo repertório de conceitos morais. Um exemplo ilustrará o ponto. A ideia de assassinato envolve as seguintes ideias: a ideia de ato que aniquila a vida humana, a ideia de fazer isso de modo voluntário e intencional, e a ideia de ação desaprovada pela maioria das pessoas em minha sociedade ou proibida pela lei civil ou divina. Assim como todas as outras ideias complexas, essa ideia de assassinato é formada a partir de ideias simples "originalmente recebidas dos sentidos ou da reflexão" (E II.xxviii.14: 358).[3]

Um ponto de importância considerável para Locke é que as ideias morais consistem de ideias complexas do tipo que ele denomina de "modos mistos". Essas ideias são construídas por nós, não copiadas a partir da observação das ideias complexas dadas. Elas não pretendem espelhar ou se adequar a alguma realidade externa, como fazem as ideias de substâncias. Antes, elas são "arquétipos produzidos pela mente para distinguir e denominar as coisas", e somente podem errar se existir alguma incompatibilidade entre os elementos que nelas reunimos (E II.xxx.4: 373-74; E II.xxxi.3-4: 376-77). Consequentemente, se tivermos um perfeito enten-

---

[3] Em *An Introduction to the History of Particular Qualities* [*Uma Introdução à História das Qualidades Particulares*] (1671), Robert Boyle escreveu:

> existem algumas coisas que têm sido tomadas como qualidades que devem ser consideradas antes como estados da matéria, ou complexões de qualidades particulares, como animal, não animal, saúde, beleza etc., cujos últimos atributos parecem ser constituídos pela forma, simetria, ou proporção adequada, e pela agradabilidade das cores de partes particulares do rosto. (Boyle 1979: 97)

Boyle sugere aqui uma explicação naturalista e reducionista da beleza, do mesmo tipo que Locke fornece para as ideias morais. Locke, ao explicar o que ele significa por "modo", fornece como um exemplo a ideia de beleza, "que consiste em certa composição de cor e figura que causa deleite no observador" (E II.xii.5: 165).

dimento sobre as ideias morais que nossas palavras representam, então nós conheceremos não apenas a essência nominal, mas também a essência real das entidades morais (E II.iii.18: 418; E III.xi.15: 516). Essa característica das ideias e dos termos morais é o que permite Locke a fazer sua mais forte alegação sobre a demonstrabilidade da moral (E III.xi.17-18: 516-17; E IV.xii.8: 643).

Apesar de os homens comumente olharem, na elaboração de suas concepções morais, para a lei da opinião e para a lei civil, a verdadeira lei da moralidade é a lei que Deus estabeleceu para nós. Essa lei diz respeito a nós mais do que qualquer outra, pois a nossa felicidade ou miséria eterna é determinada pela extensão de nossa conformidade a ela. Como, então, podemos conhecer aquilo que a lei de Deus nos diz para fazer? Em uma famosa passagem, Locke nos diz que tipo de resposta se pode esperar para essa questão:

> A ideia de um Ser supremo, de infinito poder, bondade e sabedoria, que nos fez e de quem dependemos, bem como a ideia de nós mesmos, como criaturas inteligentes e racionais, são ideias tão claras para nós que, se devidamente consideradas e seguidas, nos forneceriam, suponho, os fundamentos de nossos deveres e regras de ação, de tal modo que se poderia situar *a moral entre as ciências capazes de demonstração*. Não duvido que as medidas do certo e do errado possam ser estabelecidas a partir de proposições autoevidentes, por consequências necessárias, de modo tão incontestável como as que se encontram nas matemáticas. (E IV.iii.18: 549)

A existência de Deus, considerado como um ser eterno, poderosíssimo e sapientíssimo, pode ser demonstrada, diz Locke no *Ensaio* IV.x, e é óbvio que, enquanto suas criaturas, somos dependentes de Deus. Então, se considerarmos simplesmente as ideias de dois desses seres, iremos "certamente descobrir que o ser inferior, finito e dependente está sob a obrigação de obedecer ao Ser supremo e infinito", do mesmo modo que veremos que "dois mais dois é maior que três", se considerarmos essas ideias (E IV.xiii.3: 651).

Locke fornece um exemplo para mostrar de que modo as demonstrações de outras verdades especificamente morais devem ser construídas. Considere algum conceito moral, como o conceito de injustiça. Ele contém como parte o conceito de propriedade, o qual, por sua vez, consiste da ideia de algo do qual alguém possui um direito. "Injustiça" é o nome dado à ideia de violação do direito de alguém a algo – uma ideia de modo misto. Segue-se demonstrativamente que não existe injustiça onde não existe propriedade. Aqui está um modelo para outras demonstrações de regras morais. É-nos permitido o esforço para a produção de outras (E IV.iii.18: 549).

Locke admite que existam dificuldades particulares nisso. As ideias morais são mais difíceis de clarificação, e "comumente mais complexas", do que as ideias envolvidas nas matemáticas.[4] Interesses privados e alianças grupais levam os homens a querelas acerca das demonstrações morais, mas não sobre matemáticas (E IV.iii.20-21: 552-53).[5] Contudo, Locke pensa ter mostrado como as demonstrações morais podem produzir certeza, que nada mais é que "a percepção do acordo ou desacordo entre nossas ideias". Mesmo que nenhuma pessoa virtuosa jamais existisse, é ainda demonstrativamente certo que um homem justo nunca viola os direitos de outro. É claro que devemos estar de acordo em relação às ideias às quais nós anexamos nomes. Se Deus tivesse definido alguns nomes morais, diz Locke, "não seria seguro empregá-los ou utilizá-los de outro modo"; mas quando estamos a tratar apenas de definições humanas, o pior que pode acontecer é a impropriedade verbal. E se trabalharmos com as próprias ideias complexas em vez de utilizarmos apenas nomes, podemos sempre obter demonstrações (E IV.iv.7-10: 565-68).

Em várias passagens, Locke nos diz que o nosso principal interesse é viver bem e nos preparar para o além. A lei moral provê a indispensável orientação para essa tarefa. Locke enfatiza bastante as limitações de nossa capacidade para obter conhecimento especulativo. Mas o que mais importa é a nossa capacidade para conhecer as leis práticas da moral (E I.i.5-6: 45-46; E II.xxiii.12: 302).

---

4 Os "discursos da religião, do direito e da moral" são do mais alto interesse e, também, constituem "a maior dificuldade" (E III.ix.22: 489).

5 Entre esses interesses e alianças estão os interesses envolvidos em disputas acerca da correta doutrina e prática religiosas, disputas que comprometeram Locke em seus escritos sobre a tolerância.

II

Não é difícil ver como Thomas Burnet poderia ter sido levado a dizer que Locke estava apresentando "um Deus sem atributos morais". A bondade moral, de acordo com a consideração de Locke, é aquilo que predicamos de uma ação que está em conformidade com uma lei apoiada por sanções. Ninguém poderia impor tal lei a Deus, por isso suas ações não podem ser moralmente boas ou más. Similarmente, seus atos não podem constituir pecados e nem deveres, uma vez que ambos pressupõem leis apoiadas por sanções divinas. Além disso, em várias passagens, Locke insiste que não existe nada na natureza que corresponda a nossas ideias morais de modo misto (E III.ix.5: 477; E III.ix.11: 481; E III.xi.9: 513). Portanto, não existe nada na natureza que possa estabelecer um limite moral para a vontade de Deus. Se nem a lei, nem a natureza podem constranger o Deus de Locke, então Locke está assumindo a posição voluntarista de que a vontade de Deus, por si só, torna justos os atos corretos. O poder de Deus o torna, certamente, uma causa de prazer e de dor, e assim Ele pode ser considerado bom ou mau de um modo amoral. Mas isso dificilmente ajuda a questão. A posse de um poder ilimitado permite simplesmente que Deus seja, na melhor das hipóteses, um déspota benevolente, e, na pior das hipóteses, um tirano. Parece ser uma boa defesa para a alegação de Burnet que, de acordo com a concepção de Locke, as leis que Deus estabeleceu para nós são "completamente arbitrárias".

Locke poderia refutar a acusação se ele pudesse mostrar que Deus possui não somente um poder e um conhecimento ilimitados, mas também uma bondade ilimitada – que o objetivo de Deus é o de causar tanto bem e prazer para suas criaturas quanto possível. E, como indica a citação do *Ensaio* II.xxviii.8, tal é a crença de Locke.[6] Mas a prova que ele oferece da existência de Deus não mostra que Deus é naturalmente bom.

[6] Veja, também, E IV.xiii.3: 651, onde Locke diz que nós podemos ver que somos dependentes de um ser que "é eterno, onipotente, perfeitamente sábio e bom".

Colocado de modo breve, o argumento é o seguinte. Sabemos que nós próprios existimos e que podemos perceber e conhecer. A única explicação possível desse fato é a de que nós fomos criados por um Ser eterno poderosíssimo e inteligentíssimo (E IV.x.3-5: 620-21). Locke afirma que, "a partir dessa ideia devidamente considerada, será fácil deduzir todos os outros atributos que devemos atribuir a esse Ser eterno" (E IV.x.6: 621). Nem no desenvolvimento dessa prova, que ocupa o restante desse capítulo, nem em qualquer outra passagem do *Ensaio*, Locke mostra como deduzir a benevolência essencial de Deus. Se a dedução parecia-lhe fácil, assim não parecia a seus leitores.[7]

A concepção de Locke em como demonstrar verdades morais torna as coisas piores, pois ela sugere que não pode existir uma demonstração de um princípio moral que satisfaça os próprios padrões exigidos por Locke, que insistia, como tenho notado, que um princípio deve oferecer uma orientação genuína; não deve ser trivial ou vazio, um mero enunciado verbal que não nos permite discernir os atos corretos. Embora Locke tenha dito que devemos iniciar nossas demonstrações morais a partir de princípios autoevidentes, ele também disse que não existem princípios morais autoevidentes com conteúdo substancial. A demonstração consiste, diz Locke, em tornar explícitas as ideias reunidas em um modo complexo e mostrar, talvez por meio do uso de uma ideia complexa intermediária, a sua literal sobreposição com as ideias

---

7 A biografia de Lord King imprime um manuscrito datado de 7 de agosto de 1681, no qual Locke argumenta que, uma vez que Deus é absolutamente perfeito e nada necessita que não possa usar seu poder para seu próprio bem, portanto ele deve empregá-lo para o bem de suas criaturas (LI: 228-30). Quaisquer que sejam os méritos desse argumento – que, se levado a sério, levantaria todas as dificuldades do problema do mal –, Locke não o publicou. Em *A Razoabilidade do Cristianismo*, Locke diz que "as obras da natureza mostram a sabedoria e o poder [de Deus]: mas é o seu peculiar cuidado para com a humanidade, que é descoberto de modo mais notável em suas promessas, o que mostra a sua generosidade e bondade" (W VII: 129). Como, então, as promessas de Deus são conhecidas? Se pela razão, como sugere Locke quando diz que "Deus havia, pela luz da razão, revelado a toda a humanidade [...] que ele era bom e misericordioso" (ibid.), o original problema permanece não resolvido.

reunidas em outro modo complexo. Como salientou um crítico contemporâneo, é difícil ver como isso poderia render muito mais do que o tipo de proposição "insignificante" ou vazia que Locke atribui aos inatistas.[8] E o problema aumenta, dada a alegação de Locke de que nós mesmos reunimos os elementos das ideias morais. Que garantias nós temos de que as ideias morais que construímos irão nos informar sobre a vontade de Deus em relação a nós? É inútil dizer, como faz Locke, que é possível que Deus tenha construído algumas ideias complexas morais que ignoramos por nossa conta e risco, a não ser que possamos determinar quais são essas ideias morais; e, pelo menos no *Ensaio*, Locke não nos mostra como fazer isso.

A psicologia moral de Locke reúne todas essas dificuldades. Locke deixa claro que somente aquilo que afeta a nossa própria felicidade pessoal provê razões motivadoras. Com efeito, nós podemos dispor os nossos interesses no bem-estar dos outros, assim como podemos encontrar a nossa felicidade em uma variedade de objetivos e realizações que não têm qualquer relação com os outros. Todavia, embora admita que possamos ter uma preocupação imediata em relação ao bem-estar de outros, Locke não enfatiza esse ponto. Sua explicação do papel da vontade mitiga, ligeiramente, o aparente egoísmo. Ela permite que uma presente intranquilidade sentida após madura reflexão seja o que nos determina quando agimos, e não um máximo de benefício calculado, isto é, um benefício para si mesmo. Mas sua constante insistência, de que somente as sanções poderão assegurar o cumprimento das leis da moralidade, parece implicar que ele considera que a concepção da motivação estritamente egoísta seja acurada para a maioria das pessoas, ou mesmo, talvez, a todas. Um soberano legislador desimpedido, dando direção arbitrária a uma população egoísta, parece realmente emergir como seu modelo das relações morais entre Deus e os seres humanos. E se for concedido, como

8 Henry Lee (Lee 1702: 252) faz uma objeção à trivialidade das conclusões que o método de Locke nos permitiria deduzir, observando que tais proposições, "de acordo com seus próprios princípios, seriam inúteis, pois elas são *idênticas* em sentido". O problema é discutível.

faz notoriamente Locke (E IV.iii.6: 539-43), que a matéria poderia pensar, como se poderia ter a esperança de se obter a certeza acerca da imortalidade da alma que, de acordo com a concepção de Locke, é tão necessária para nos induzir à obediência das leis de Deus?

III

As dificuldades que Locke enfrenta na construção de um entendimento da moralidade adequado para seus propósitos emergem a partir de sua análise dos problemas da moral e da política então correntes em sua época. As circunstâncias da vida de Locke o forçaram a uma consciência das reais possibilidades de caos político e desintegração social. Controvérsias e conflitos sobre propriedade e religião pareciam impossíveis de serem suprimidos, embora eles devessem ser eliminados se houvesse alguma esperança de sustentação de sociedades decentes. O ceticismo moral do tipo que Montaigne havia dado grande circulação e as certezas dogmáticas dos entusiastas religiosos pareciam igualmente incapazes de promover a solução pacífica das disputas. A moralidade que afirmava a imaterialidade da existência e da providência de Deus seria socialmente ineficaz e era particularmente inaceitável para Locke. Seu pensamento sobre a moralidade refletia todos essas limitações.

Ele não era o único a ver os problemas da moral nesses termos. Seu reiterado elogio ao trabalho de Pufendorf sobre o direito natural indica seus compromissos.[9] Embora Locke tenha utilizado e valorizado o grande tratado de Richard Hooker, *Of the Laws of Ecclesiastical Polity* [*Sobre as Leis da Política Eclesiástica*] (1593-1661), e embora Hooker inicie seu tratado com uma magistral exposição de uma teoria do direito natural, Locke nunca aceitou essa versão da teoria. Hooker acreditava que as leis da natureza pudessem ser

---

[9] Veja TE 186: 239; também "Some Thoughts concerning Reading and Study for a Gentleman", onde o grande tratado sobre direito natural de Pufendorf é descrito como "o melhor livro do gênero" (W III: 296).

conhecidas pela razão, porque elas estariam escritas em todas as consciências, e que o acordo geral da humanidade sobre o que essas leis exigem fornece evidência da origem divina de nossas convicções morais básicas. Locke rejeitou a primeira concepção e duvidou da própria existência do *consensus gentium* pressuposta na segunda. A teoria de Hooker era de estirpe tomista, assim como aquela publicada na Inglaterra em 1652 por Nathanael Culverwell, que seguiu de perto a exposição da doutrina tomista do direito natural realizada pelo jesuíta espanhol Francisco Suárez (1612). Protestantes, de modo geral, não sentiram necessidade de desaprovar essa parte do ensinamento católico. Clérigos ilustres da Igreja da Inglaterra do século XVII, como Robert Sanderson e Jeremy Taylor, tomaram a teoria tomista do direito natural como fundamento para suas elaborações sobre a consciência e a casuística. Locke conhecia o trabalho de Sanderson e de Culverwell, mas a concepção sobre o direito natural que ele usou em seus escritos políticos não era tomista. Quando Locke recomenda Pufendorf, ele estava se associando a um de tipo de pensamento sobre o direito natural que havia começado a se desenvolver, em seu próprio século, no trabalho do jurista holandês Hugo Grócio.[11]

Grócio utilizou um vocabulário tomista do direito natural, ainda que tenha removido grande parte do que estava anteriormente nele subentendido. Ele retratou o homem como sociável, não somente porque necessitamos da ajuda de outrem, mas também porque simplesmente desfrutamos a companhia de outrem.[12] Ao mesmo tempo, Grócio sustentava que somos autointeressados e competitivos. A lei natural, de acordo com sua concep-

10 Veja Laslett 1967: 56-57 e as referências aí dadas.

11 Desse modo, discordo de von Leyden, que trata como irrelevante a afiliação de Locke a Grócio, bem como a Selden, e que pensa que Locke tinha pouco em comum com Pufendorf (von Leyden 1954: 37-39).

12 Compare isso com o modo como Tomás de Aquino mostra que somos animais sociais. O homem não pode assegurar as necessidades da vida por si mesmo; portanto, é natural para o homem viver em associação com seus semelhantes. Além disso, o homem conhece, somente de modo geral, o que ele necessita para prosperar; somente a colaboração com os outros pode aumentar e tornar mais específico o conhecimento do homem; e, "por isso, é necessário viver em sociedade". A nossa capacidade de linguagem é apresentada simplesmente como um aspecto de nossa capacidade para a ajuda mútua (Aquinas 1988: 14-15).

ção, não tem qualquer relação com harmonias cósmicas, e tampouco mostra aos indivíduos como eles podem alcançar a própria perfeição ou bem supremo. (Grócio, de fato, nada diz sobre o bem supremo e rejeita toda a questão acerca da melhor maneira de se viver em menos de uma frase.)[13] Antes, a lei natural fornece a solução para o problema de como os seres racionais, constituídos do modo como somos, podem conviver. Cada um de nós, dizia Grócio, é naturalmente possuidor de certos direitos. Podemos renunciar a alguns ou a todos os nossos direitos, o que permite, assim, a negociação de vantagens quando consideramos entrar ou permanecer dentro de uma comunidade. A lei fundamental da natureza é que nenhum direito pode ser violado. A violação de direitos constitui injustiça, e somente leis positivas que evitam injustiças são válidas. Deus faz e aplica leis para proteger nossos direitos, porém os direitos são anteriores tanto às leis positivas quanto às sociedades humanas que construímos pela concessão de alguns desses direitos para aqueles que governam e que devem, portanto, proteger a posse daqueles direitos que nós não cedemos. A proteção é necessária, porque, dada a sociabilidade insociável de nossa natureza, a competição e o conflito continuarão inevitavelmente, mesmo na sociedade mais bem-ordenada.[14] A moralidade é o que define as regras básicas para essa competição e as ações do soberano para manter a sociedade.

Grócio foi, antes de tudo, um jurista de direito internacional, preocupado com litígios entre nações protestantes e católicas. Para prover uma base para a solução de tais disputas, ele tentou inventar um modo de raciocínio sobre questões morais e políticas que evitasse o ceticismo, que recorresse, em matéria de religião, apenas às crenças compartilhadas por todas as pessoas razoáveis, e que permitisse que os fatos observáveis determinassem as leis da natureza. Ele elaborou o primeiro código bem-sucedido de direito internacional, sem, contudo, elaborar em detalhes os fundamentos

---

13 "Como, de fato, existem muitos modos de vida, uns melhores que outros, de tantos modos de se viver, cada um é livre para escolher qual preferir" (Grotius 1925: 104).

14 A frase "sociabilidade insociável" é empregada por Kant em sua obra "Ideia de uma História Universal" (Kant 1963: 15).

que ele considerava necessários. Assim, Grócio nunca esclareceu o tipo de atributo que constitui um direito; ele distingue entre, de um lado, avisar ou aconselhar alguém sobre como seria bom fazer algo e, de outro, obrigar esse alguém a executar a ação, mas ele não ofereceu uma teoria da obrigação; e sua alegação de que Deus apenas sancionou leis que garantem direitos independentes parecia relegar a divindade a um lugar secundário na moralidade. Sua considerável influência na filosofia moral era, em grande parte, uma consequência do fato de que muitos pensadores posteriores aceitaram suas suposições sobre as exigências que uma teoria satisfatória da moralidade deveria observar. Os esforços desses pensadores para elaborar a problemática grociana produziram diversos resultados.

Hobbes era, em muitos aspectos, um teórico grociano. Ele viu os impulsos competitivos como uma ameaça permanente à sociedade; mas ele estava mais interessado na política do que nos detalhes da moralidade individual. Ele elaborou, de modo mais completo do que Grócio, uma ética filosófica, mas ele o fez de uma forma que chocou gerações de europeus, o que lhes incentivou a procurarem termos menos drásticos, com consequências políticas menos apavorantes, para tratar a tendência humana para o conflito. Hobbes proporcionou algo que Grócio não tinha, a saber, uma teoria da obrigação; mas, ao mesmo tempo, ele foi tomado como tendo levado ao extremo o afastamento grociana da religião – Deus torna-se quase que irrelevante para a vida moral. E se estava claro que os grocianos necessitavam de uma teoria da obrigação, também ficou claro, a partir das respostas a Hobbes, que nenhuma concepção que deixasse Deus de fora da moralidade poderia obter um acordo geral.

Podemos perceber algumas das dificuldades que os grocianos pós-hobbesianos enfrentaram na elaboração de uma teoria compreensiva, abrangente, em um breve exame das concepções de Pufendorf.[15] Pufendorf

---

[15] Para uma discussão mais extensa e para uma bibliografia adicional, veja Schneewind 1987. Dr. Fiametta Palladini apontou para alguns erros nesse artigo; mas que não prejudicam, todavia, a presente discussão.

– de longe, o mais lido de todos os grocianos –, ao adotar uma concepção voluntarista medieval sobre o estatuto da lei natural, estabelece Deus, de início, na moralidade.[16] A criação de Deus do universo físico, sustentava Pufendorf, é conceitualmente diferente de sua criação da moralidade. Esta última foi imposta pela vontade de Deus após a primeira ter sido terminada. Assim como Deus, os humanos também podem criar entidades morais – instituições e pessoas, representadas em conceitos normativos –, mas nossa criação de tais entidades é limitada pela legislação anterior de Deus, ao passo que Deus é totalmente desimpedido quando estabelece leis para nós.[17] A moralidade somente existe, porque Deus quis que agíssemos de determinados modos. Afirmar algo mais – acreditar que a soberania de Deus poderia ser limitada por algo externo a ele próprio – seria ímpio.

Existe uma segunda maneira na qual Deus é indispensável para a moralidade. As leis da natureza foram destinadas por Deus a indicar os tipos de ações que nos permitiriam conviver de modo pacífico e proveitoso. Nós podemos descobrir quais são essas leis por meio de um exame empírico da natureza humana. Temos apenas que observar as principais características de nossa natureza, tais como a nossa capacidade para o uso da linguagem, e tomá-las como indicando a vontade de Deus em relação a nós. Se dirigirmos nossos atributos especiais para bons propósitos, estaremos agindo de acordo com o que Deus quer que façamos. Mas, a não ser que haja mais do que isso a se dizer, a moralidade seria apenas uma questão acerca dos conselhos de Deus sobre como podemos prosperar. Se a obrigação e a lei entrarem em cena, as indicações da vontade de Deus, dadas por nossa natureza, devem ser apoiadas pela ameaça de sanções em caso de descumprimento. Uma vez que Deus proporciona essa ameaça, Pufendorf explica a obrigação como a necessidade de executar uma ação comandada por um superior legítimo que tem poder suficiente para obrigar inferiores à obediência.

16 Uma concepção também sustentada por Descartes, que afirmou que Deus criou as verdades eternas da matemática, bem como as da moral. Descartes, entretanto, não desenvolveu uma ética filosófica ou uma teoria do direito abrangente.

17 Essa pode ser uma das fontes da concepção de Locke acerca das ideias morais como ideias de modo misto construídas por nós.

Pufendorf estava ciente das dificuldades tradicionais com a posição voluntarista. Se a vontade de Deus é totalmente desimpedida na criação das entidades morais, não seria Ele nada mais do que um poderoso tirano? E se a obrigação é simplesmente a necessidade de realizar um ato comandado por esse tirano e apoiado por sanções, não estaríamos nós presos ao pior aspecto da concepção hobbesiana da moral, entendida como preceitos de autointeresse que se tornam obrigatórios, e podem ser realizados, somente quando são transformados em comandos obrigatórios de um soberano político? Pufendorf sugere que podemos ver, a partir de evidências empíricas, que Deus é benevolente, de modo que devemos ser gratos por Sua bondade em relação a nós. A gratidão, portanto, nos dá uma razão para agir do modo como Deus determina, não a mesma razão que o medo egoísta da punição. Ainda assim, ele admite que a maioria das pessoas não seria movida pela gratidão e que sanções são necessárias para se alcançar suficiente obediência de modo a tornar possível uma sociedade. E isso deixou Pufendorf com outro problema. Ele não pensa que a razão unicamente, não auxiliada pela revelação, poderia assegurar-nos de que existe uma vida futura em que as penas e as recompensas são distribuídas com base no comportamento que se teve nesta vida. No entanto, sem essa convicção, ninguém, de acordo a concepção de Pufendorf, poderia saber que existem outras obrigações além daquelas da lei positiva. Tal admissão ameaçou todo o projeto grociano de derivar uma lei moral natural a partir de proposições que podem ser apoiadas em bases empíricas.

Outra linha de pensamento foi seguida por Richard Cumberland, cujo tratado sobre o direito natural foi publicado no mesmo ano que o de Pufendorf. Cumberland, que se declara um admirador de Grócio, argumentava que as sanções das leis de Deus são construídas no curso ordinário da natureza: transgrida, e você irá sofrer, assim como você sofre de dores de cabeça quando bebe muito vinho. Assim, a obrigação pode ser explicada sem o apelo a sanções desconhecidas em outra vida. Pode-se facilmente descobrir a própria lei natural a partir dos fatos ordinários e, então, podemos ver que a obediência é proveitosa e que a desobediência não é proveitosa. O problema, claro, é que, enquanto tal arranjo do mundo natural e nossa relação com ele podem mostrar a benevolência de Deus, isso não Lhe atribui realmente qualquer papel ativo na manutenção da moralidade. Uma vez que o mundo é criado, a moralidade seria como um mecanismo autossustentado, assim como os movimentos dos corpos celestes. Um deísta, ou mesmo um ateísta, poderia aceitar uma concepção cumberlandiana da ética. Locke, profundamente comprometido com um entendimento de Deus como alguém que exige obediência enquanto nosso criador pessoal, não poderia.

IV

Podemos ver que Locke estava consciente dos problemas que Pufendorf e Cumberland haviam se deparado ao olharmos alguns de seus outros escritos sobre a moralidade.[18] Somente três deles posso aqui tratar: a primeira obra publicada, que seu primeiro editor intitulou *Essays on the Law of Nature* [*Ensaios Sobre a Lei da Natureza*];[19] o segundo dos *Two Treatises of Government* [*Dois Tratados Sobre o Governo*]; e sua última obra, *The Reasonableness of Christianity* [*A Razoabilidade do Cristianismo*].

Os *Ensaios Sobre a Lei da Natureza* não fornecem uma teoria ética completamente coerente.[20] Em duas ou três passagens, por exemplo, Locke fala da lei moral como inata (EL I: 117; QL I: 113), não obstante dedicar bastante esforço para argumentar que o conhecimento moral não pode ser inato. Um de

---

18 Veja Colman 1983 para uma extensa discussão, e o texto de John Marshall, extraído de sua dissertação de doutorado em Johns Hopkins (Marshall 1990).

19 Trata-se da edição de W. von Leyden, publicada em 1954. Sigo von Leyden quanto à referência a essa obra como "Ensaios". Uma nova edição e tradução, por Robert Horwitz, Jenny Strauss Clay e Diskin Clay (1990), intitula a obra de "Questions concerning the Law of Nature" ["Questões concernentes à Lei da Natureza"]. Em sua introdução para essa edição, Horwitz argumenta que Locke escreveu uma *disputatio* em um estilo medieval de debate, corrente em Oxford, na época em que ele ainda era estudante. Isso pode muito bem ser verdade, mas não estou convencido da alegação de Horwitz (Horwitz 1990: 55) de que isso seria de grande importância para a nossa interpretação da obra. (Citarei, não obstante, as edições de von Leyden e de Horwitz em minhas referências a essa obra, utilizando as abreviações "EL" e "QL", respectivamente. E citarei a partir da tradução da última, feita por Diskin Clay.)

seus objetivos, com efeito, é explicar como podemos derivar um conhecimento sobre a lei natural a partir da experiência ordinária. Nisso, como em muitas outras coisas, os argumentos dos *Ensaios* apresentam, em forma rudimentar, o que Locke veio a dizer, de modo mais completo, sobre o conhecimento em sua obra principal; mas, sobre um tópico – a natureza da obrigação –, Locke desenvolve maiores detalhes, mais do que viria posteriormente a fazer. Uma vez que Locke recusou-se a publicar os *Ensaios*, não é claro o quanto daquilo que dizem podemos supor representar a sua própria opinião. Ainda assim, os *Ensaios* certamente nos mostram algumas das questões em teoria ética, às quais ele dedicou atenção considerável, e nos permitem ver alguns problemas que ele encontrou nessa fase inicial de seu desenvolvimento.

No *Ensaio Sobre o Entendimento Humano*, Locke não diz que as ideias simples são combinadas para produzir a ideia de obrigação, uma ideia de modo misto (E II.xxii.1: 288). Um dos *Ensaios* nos ajuda, entretanto, porquanto Locke argumenta a favor de uma resposta afirmativa à questão de se a lei de natureza é obrigatória para todos os homens (EL VI; QL VIII). A explicação da obrigação que ele oferece no curso de sua discussão é a concepção corrente da época. A obrigação é "o vínculo da lei de natureza pelo qual todo mundo é obrigado a resgatar uma dívida natural", ou seja, um débito que decorre da natureza humana e não de leis civis.[21] O termo "obrigação" não se refere ao ato que um sujeito é obrigado a realizar, mas à própria obrigação. Por isso, Locke pode falar da obrigação de nosso dever, pois o nosso dever é o ato específico que devemos realizar, enquanto a obrigação é o vínculo que nos amarra a realizá-lo ou a sofrer a penalidade pela desobediência.[22]

---

20 A melhor discussão sobre os *Ensaios* está em Colman 1983: 29-50.

21 A palavra latina traduzida como "vínculo" nessa citação é *vinculum*, que significa "corda", "grilhão", bem como "vínculo".

22 No próprio *Ensaio* existem apenas cerca de catorze seções em que o termo "obrigação" ocorre. Locke fala da obrigação de regras ou da obrigação de obedecer a leis ou da obrigação de obedecer a Deus (E I.iii.6-8.11: 69-70, 72-73; E I.iv.8: 87; E II.xxviii.3: 350; E IV.xiii.3: 651; e E IV.xx.11: 714). Como nos *Ensaios*, "obrigação" aqui significa algo como "aquilo que constrange alguém a obedecer ou executar" (e não o ato ou classe de atos cuja execução alguém é obrigado). Em E II.xxviii.2: 349, Locke fala, pois, das "obrigações de vários deveres entre os homens".

Locke imediatamente acrescenta que "ninguém pode obrigar ou constranger-nos a fazer qualquer coisa a não ser que tenha direito e poder sobre nós" (EL VI: 181-83; QL VIII: 205), e a explicação desse direito é dada prontamente:

> essa [tipo de] obrigação parece derivar, por vezes, da sabedoria divina do legislador e, outras vezes, a partir daquele direito que o criador tem sobre sua criação. Pois cada [tipo de] obrigação pode, em última instância, ser referida a Deus, ao comando de cuja vontade devemos mostrar-nos obedientes. Nós somos obrigados, porque recebemos dele tanto nosso ser quanto nossa distinta obrigação, de quem ambos irão depender, e devemos, assim, respeitar o limite que ele prescreveu. Tampouco seria menos apropriado se fizéssemos aquilo que foi decidido por aquele que é onisciente e supremamente sábio. (EL VI: 183; QL VIII: 205-7)

No início da discussão, Locke (seguindo Suárez, bem como Grócio e Pufendorf) distingue aquilo que é aconselhável à luz de nossos próprios desejos ou propósitos, daquilo que é obrigatório porque foi ordenado por outrem. Contra Hobbes, Locke afirma que a obrigação não poderia surgir unicamente a partir de um desejo de autopreservação. Somente a vontade do outro cria obrigação. Mas esse outro, insiste Locke na passagem acima citada, deve possuir autoridade ou direito, bem como poder suficiente, para compelir à obrigação. A obrigação não se origina unicamente do poder coercivo: "não é o medo da punição que nos vincula, mas nossa determinação do que é correto" (EL VI: 185; QL VIII: 207).[23] Quando transgredimos, nossa consciência nos julga e nos diz que merecemos a punição, e não meramente que a tememos.

Dois fundamentos para a autoridade de Deus são, assim, indicados. Um deles é a sabedoria. Deus tem propósitos e, sendo onisciente, certamente escolhe os melhores meios para seus fins. Não estamos em posição

---

[23] A frase latina aqui é *recti ratio nos obligat*: "a razão certa nos obriga". Veja, também, T II.xvi.186-87: 410-11, onde Locke diz que a força, unicamente, não cria a obrigação a um governante terreno.

de discuti-los. Isso, por si só, poderia, com efeito, ser verdade no caso de um deus tirânico, mas Locke deixa claro que ele não considera Deus como um tirano. Ele diz que obedecer a um rei meramente por medo de seu poder de nos obrigar "seria estabelecer o poder de tiranos, ladrões e piratas" (EL VI: 189; QL VIII: 213). De modo a evitar a acusação de tirania contra Deus, Locke recorre ao princípio de que um criador tem o direito de controlar suas criações.

Locke sustentou ao longo de toda a sua vida o princípio do direito do criador (E II.xxviii.8: 352).[24] Mas nem nos *Ensaios*, nem em qualquer outro texto, ele tentou justificá-lo.[25] O princípio, talvez, lhe parecesse tão evidente, que prescindia de qualquer justificação; mas, em sua filosofia madura, como logo foi notado, ele não admite a existência de princípios morais autoevidentes. E, se o seu pensamento ulterior for consistente, existem dois problemas adicionais acerca do conceito de obrigação.

Primeiro, existe a questão se Locke pode fornecer uma explicação do que ele entende por termos como "direito" e "autoridade". Todas as ideias provêm dos sentidos ou da percepção interior dos sentimentos e operações mentais. A partir dessas ideias, Locke pensa que podemos obter as ideias de prazer e dor, o que lhe permite definir as ideias de bem e mal em seu sentido "natural". Mas o sentido moral dos termos, como vimos, depende da lei, e a lei requer autoridade e direito. A partir da introspecção, alcançamos a ideia de poder (E II.xi.4: 235), mas essa ideia, por si mesma, não é suficiente para dar conta da ideia de autoridade. Locke não admite outros sentidos que nos forneçam ideias simples. Ele não oferece uma explicação explícita da ideia de autoridade, nem da ideia de direito, e é difícil ver como ele poderia fazer isso sem mostrar muito claramente que sua episte-

---

24 Veja Colman 1983: 46, e as valiosas discussões em Tully 1980.

25 Encontramos nos *Ensaios* exatamente a mesma transição que (como anteriormente notado) existe no *Ensaio*, a saber, da conclusão empírica que um agente poderoso e sábio criou o mundo para a conclusão de "que existe alguma autoridade superior a quem devemos obediência" – e, do mesmo modo, a transição não é explicitada (EL IV: 153-54; QL V: 163).

mologia não contém os recursos que lhe permitam estabelecer a distinção que ele necessita entre essas ideias e a ideia de poder.

O segundo problema diz respeito à motivação. Nos *Ensaios*, parece claro que Locke não pensa que o medo da punição, por si só, serve para nos mover à obediência das leis naturais de Deus. De algum modo, o simples reconhecimento das leis legítimas de Deus é suficiente para nos mover. Ora, de acordo com a concepção madura de Locke, o que nos move está sempre conectado (ainda que indiretamente) com nossa antecipação do prazer ou da dor. Uma nota manuscrita tardia indica sua consciência do problema que isso coloca para qualquer posição semelhante a sua própria concepção inicial sobre a lei natural:

> O que muito tem causado perplexidades nos homens em relação à vontade e suas determinações tem sido a confusão da noção de retidão moral com a denominação de bem moral. O prazer que um homem tem em relação a qualquer ação, ou que espera como uma consequência de sua ação, constitui um bem, em si mesmo, capaz e adequado para mover a vontade. Mas a retidão moral, considerada em si mesma, não é boa nem má, e tampouco move a vontade, senão que ou acompanha, como o prazer e a dor, a própria a ação, ou é considerada como uma consequência da ação. O que é evidente a partir das punições e recompensas que Deus anexou à retidão moral, ou à depravação, como motivos adequados para mover a vontade, o que seria inútil se a retidão moral fosse boa em si mesma e a depravação moral má.[26]

Alguém sujeito a regras pode conhecer o que são as leis sem saber qual o benefício que sua obediência trará, uma vez que as próprias leis não especificam qual seria esse benefício. Que motivo se teria, então, para obedecer? O hedonismo tardio de Locke torna a resposta inevitável: o medo da punição, a esperança da recompensa. O esboço inicial da lei natural não oferece qualquer escapatória da inaceitável concepção sobre a motivação moral humana sugerida no *Ensaio Sobre o Entendimento Humano*.

---

[26] *Voluntas*: B MS Locke c.28: 114 (citado por von Leyden 1954: 72-73; também citado por Colman 1983: 48-49).

A obra inicial também não ajuda muito a explicar como chegamos a conhecer o que é que Deus nos determina fazer. Locke argumenta que aprendemos isso a partir da experiência, e não a partir da revelação direta, da tradição, de ideias inatas ou do consenso geral. A experiência nos mostra que existe um "poderoso e sábio criador" de todas as coisas, a quem estamos naturalmente dispostos a venerar (EL IV: 153; QL V: 161); ela mostra que tendemos a nos preservar; e ela mostra que estamos dispostos a viver socialmente e que, pela nossa posse da linguagem, estamos equipados a fazê-lo. Mas não é claro como exatamente devemos passar daí para o conhecimento das leis que governam nossos deveres para com Deus, para com nós mesmos e para com os outros.[27]

Os *Dois Tratados Sobre o Governo* não nos ajudam na elaboração dos detalhes de uma teoria lockeana sobre a natureza da obrigação ou da motivação, mas apontam para uma elaboração da concepção de Locke acerca de como podemos chegar a conhecer quais as ideias de modo misto morais Deus pretendeu que tornemos centrais em nossas vidas e sociedades. Esse não é o foco principal dos *Dois Tratados*, mas existem indícios, no *Segundo Tratado*, de uma linha de argumentação que os contemporâneos de Locke teriam considerado familiar. Nesse texto, Locke diz que Deus fez o homem de maneira que "não seria bom para o próprio homem viver só". Deus, portanto, "colocou o homem sob fortes obrigações de necessidade, de conveniência e de inclinação para impeli-lo à sociedade", provendo-o com razão e linguagem, o que tornaria possível sua vida social (T II.vii.77: 336). Se essas características especiais e bastante distintivas dos seres humanos indicam a vontade de Deus em relação a nós, então, também seria Sua vontade que nós fizéssemos aquilo que é necessário para realizá-las. Locke sugere que, nos primeiros estágios da história humana, não se exigia muito

[27] Que as características manifestas da natureza humana são indicadoras das intenções de Deus em relação a nós e que essas três características constituem as nossas principais características manifestas é uma doutrina que remonta, como nota von Leyden (von Leyden 1954: 159.111), a Tomás de Aquino. Os *Ensaios* de Locke precedem Pufendorf, mas, como sugerido anteriormente, teriam sido fortalecidos por sua obra: veja Schneewind 1987: 134-38.

da moralidade. Os membros das famílias se acomodavam naturalmente uns aos outros; na "Idade de Ouro", a vida pessoal e social seria tão simples e tão carente de bens materiais que o conflito não teria sido um grande problema (T II.viii.110-11: 359-61). Todavia, a nossa propensão natural para aumentar nosso nível de bem-estar conduz, inevitavelmente, a uma maior riqueza e à competição. Para regular isso, argumenta Locke, somos levados a construir organizações políticas.[28]

A filosofia política de Locke não é o nosso tema aqui. Faço-lhe alusão para indicar como ela poderia ter auxiliado a resolver o problema de determinar quais as ideias complexas morais Deus pretende que utilizemos. Deus espera, Locke poderia ter dito, que utilizemos aquelas ideias que precisamos para viver de acordo com o que as especificidades de nossa natureza nos mostram que Ele quer que vivamos: socialmente e com um grau crescente de prosperidade realizada, em parte, precisamente pela competitividade autointeressada que nos dificulta a convivência mútua. Os conceitos de justiça e de propriedade, em sentido amplo, assumem, pois, um lugar evidente nos planos de Deus em relação a nós. Se isso torna pelo menos provável que devemos utilizar essas ideias como básicas, a pergunta que permanece é a de saber se esse tipo de argumento pode fundamentar a "obrigação de amor mútuo entre os homens", que Locke toma, juntamente com a máxima da justiça, como fundamental (T II.ii.5: 288). Locke diz pouco sobre isso em sua obra publicada, e embora, como já anteriormente notado, ele admita que possamos assumir uma preocupação desinteressada e direta em relação ao bem-estar dos outros, todavia ele é mais enfático acerca das fontes da discórdia em nossa natureza do que sobre nosso amor mútuo. O amor efetivo aos outros, chegando mesmo ao autossacrifício, não é uma característica manifesta de nossa constituição, a ponto de Locke considerar a nossa natureza como claramente apontando para caridade, assim como também para a justiça.

---

28 Existem sugestões, em Pufendorf, de uma evolução histórica em direção ao governo e à propriedade privada, e Locke pode estar aqui assimilando algumas delas. Veja Hont 1987.

Deve-se notar que Locke não afirma que o argumento do *Segundo Tratado* tinha a pretensão de completar a sua teoria moral. Todavia, podemos lê-lo dessa maneira; porém, como Locke não reconhece a autoria do tratado, não é certo que ele pretendia isso. Ademais, pode muito bem ser que, como afirma Colman, a impossibilidade de fornecer esse tipo de fundamento para a grande máxima da caridade foi o que impediu Locke de concluir e publicar uma teoria moral demonstrativa (Colman 1983: 204). Entretanto, mais uma vez, não possuímos qualquer afirmação publicada por Locke a esse respeito, nem qualquer evidência de que seus leitores consideraram a falta de tal argumento como trazendo dificuldades em relação ao pouco que ele disse sobre filosofia moral. Retornarei a esse ponto após salientar uma característica da teoria ética lockeana que emerge unicamente em *A Razoabilidade do Cristianismo*. No curso de sua argumentação de que o cristianismo exige de seus seguidores somente a crença mínima de que Jesus é o Messias, ou o Salvador, Locke levanta a questão: "Qual a necessidade de um Salvador? Quais as vantagens que obtemos de Jesus Cristo?" (W VII: 134). A questão surge porque Locke havia argumentado que a razão poderia ensinar mesmo aqueles que não assumem as revelações judaicas e cristãs como rudimentos cruciais da verdade religiosa. A razão poderia mostrar, por exemplo, que a lei natural exige que perdoemos nossos inimigos. Assim, a razão poderia ensinar que o autor dessa lei – cuja existência, recordemos, pode ser aprendida pela razão – irá nos perdoar, caso nos arrependamos de nossas transgressões e decidamos melhorar. Mas a crença de que nós podemos ser perdoados é uma contraparte de pré-revelação à crença de que Jesus é o Messias, e assim essa crença tornaria os pagãos elegíveis para a salvação (W VII: 133). Por que, então, foi necessária a vinda real de Cristo?

Parte da resposta é que a razão unicamente não poderia ter prevalecido na maioria das pessoas, de modo suficiente, para ensinar-lhes a existência de Deus, enquanto que a presença pessoal de Cristo permite a difusão da crença. Outra, é que a raça humana necessita de um conhecimento da moral mais claro do que a razão tem sido capaz, unicamente, de oferecer. Os filósofos pagãos não descobriram todas as leis da natureza, ou mesmo as mais importantes, e, em geral, parece, diz Locke, "que é uma tarefa muito difícil, para a razão desassistida, estabelecer a moralidade em todas as suas partes, mesmo seu verdadeiro fundamento, com uma luz clara e convincente" (W VII: 139). Mas suponha que um compêndio de ensino moral não cristão tenha sido produzido, incluindo até mesmo a sabedoria de Confúcio, e suponha que tenha sido incluído aquilo que é ordenado pelas leis da natureza: o que acontece, então? "A lei de natureza é também a lei de conveniência"; não é de se admirar, portanto, que "os homens de dever" descubram aquilo que é correto simplesmente por sua beleza e conveniência.[29] Contudo, assim descobertos e ensinados, os preceitos ainda deveriam ser considerados apenas como conselhos ou recomendações de um homem sábio acerca de como viver uma vida feliz. Os preceitos não poderiam ter sido ensinados como leis que obrigam. Somente o conhecimento de que os preceitos constituem o comando de um legislador supremo, que recompensa e pune, poderia transformá-los em leis morais; e os pagãos não possuem adequadamente esse conhecimento, que deve ser, então, ensinado por Cristo (W VII: 140-43).

Uma vez que Cristo deixou claro que Deus estabelece leis, e nos disse quais são as leis de Deus, podemos mostrar, então, que elas são razoáveis e, por isso, chegamos a pensar que nós mesmos poderíamos tê-las descoberto. Todavia, mesmo que a razão pudesse ter descoberto e provado a totalidade da lei de natureza, demonstrações racionais não seriam suficientes para levar os cidadãos a agir moralmente. "A maior parte da humanidade deseja o ócio ou, então, um habilidade para a demonstração; [...] você poderia esperar que todos os trabalhadores e comerciantes, fiandeiras e leiteiros, sejam tão perfeitos, tanto em matemática quanto em ética", apresentando-lhes as provas das leis morais. "Escutar comandos claros", continua Locke, "é o único e seguro modo de levá-los à obediência e prática. A maior parte não pode conhecer e, portanto, deve acreditar." A vinda de Cristo, na glória do céu, é necessária para convencer a maioria das pessoas a se ajustar com as leis de natureza (W VII: 146).

As dúvidas de Locke sobre a capacidade da razão para descobrir e ensinar efetivamente as leis da natureza não contradiz sua crença de que essas

[29] E veja E I.iii.6: 69 para um enunciado mais breve acerca desse ponto.

leis, uma vez reveladas, podem ser racionalmente demonstradas. Mas essas dúvidas exigem que interpretemos cautelosamente aquelas passagens em que Locke diz que a lei de natureza é "simples e inteligível para todas as criaturas racionais" (T II.ix.124: 369). Isso não representa qualquer deslize na alegação racionalista de que as leis são autoevidentes. Nem, tampouco, na alegação de que o conhecimento das leis de natureza está igualmente disponível para todos. As leis são suficientemente claras para que o trabalhador e a fiandeira possam obedecer, uma vez que tenham sido instruídos. Mas eles não serão necessariamente capazes de ver por si mesmos a razão pela qual as leis lhe são obrigatórias. Obedecerão a Deus pela obediência a outros homens.

V

Locke, venho sugerindo, estava empenhado em combater tanto as dúvidas céticas acerca da moralidade quanto as alegações entusiastas. Ambos, o ceticismo e o entusiasmo, contrariavam a possibilidade de construção de uma sociedade estável e decente. Um naturalismo empirista parecia-lhe a única resposta que poderia enfrentar ambos os perigos. E somente um entendimento da moralidade em que Deus fosse essencial poderia conquistar o assentimento da vasta maioria dos europeus. Por essas razões, Locke pretendia mostrar, recorrendo, não obstante, apenas ao conhecimento humano natural, que a moralidade exigia a participação ativa de Deus. Ele compartilhou esses objetivos com os pensadores do direito natural que viram em Grócio aquele que deu origem aos problemas sobre os quais eles trabalhavam. Se Locke fez menos do que outros para apresentar um sistema detalhado da lei natural, ele dedicou, no entanto, mais atenção do que eles na elaboração de uma epistemologia do conhecimento moral.

Sua concepção, como já indiquei, era a de que o melhor modo de se naturalizar o conhecimento moral seria mostrar que ele é explicável da mesma maneira que o conhecimento empírico ordinário. Isso vincularia firmemente o conhecimento moral com o conhecimento científico e matemático, e também com o conhecimento que Locke pensava que poderíamos ter de Deus – excetuando a revelação. Recorrendo à informação adquirida pelos sentidos, nós poderíamos explicar os conceitos morais e alcançar conclusões morais ao mostrarmos o modo como as ideias envolvidas em crenças morais estão necessariamente conectadas uma à outra. Assumindo a suposição de que as pessoas percebem, desfrutam e raciocinam sobre o mundo basicamente da mesma maneira, esses movimentos, se bem-sucedidos, deveriam excluir efetivamente as pretensões das apreensões especiais do entusiasta e o niilismo dos relativistas ou céticos.

O que atualmente consideramos como reducionismo na ética pareceu a muitos filósofos como um empreendimento desesperado, e um naturalismo não reducionista não parece ter sido uma opção que Locke tenha considerado. (Ele a rejeitaria, com efeito, como uma mera e sutil abertura para o entusiasmo.) O problema que os leitores de Locke tinham em relação a sua concepção redutora não era a objeção levantada pelos críticos do século XX do naturalismo ético, a saber, que esse tipo de teoria transgride os significados das palavras. O problema que tinham era que o naturalismo forçar-nos-ia a uma interpretação errônea acerca de nossas relações com Deus. Locke não poderia retratar a autoridade de Deus sobre nós, a não ser como fundada em seu poder e capacidade como criador. Ele poderia admitir a inexistência de qualquer diferença entre o decreto de Deus e o de um déspota benevolente, exceto com o custo de permitir, em seu esquema, conceitos que não poderiam ser explicados em termos extraídos da experiência de nossos sentidos.

Vimos como Thomas Burnet coloca a questão.[30] E sabemos, a partir dos *Ensaios sobre a Lei da Natureza*, que Locke precisava afirmar que Deus possui atributos morais, que Ele não é meramente um tirano poderoso, que é também, embora não possa ser provado, benevolente. Existem, certamente, difi-

30 Leibniz, criticando Pufendorf alguns anos mais tarde, coloca a objeção dizendo que o fracasso de uma explicação como a de Pufendorf (aqui muito próxima à de Locke) tornar-se-á óbvio quando "prestarmos atenção para o seguinte fato: que Deus é louvado porque ele é justo". Incapazes de explicar esse fato, tais teorias não conseguem explicar a autoridade como distinta do poder, e nos deixam, portanto, sujeitos a um tirano, que não realiza aquilo que um Deus justo e misericordioso nos determinou na realização de objetivos que todos nós podemos entender e compartilhar (Leibniz 1988: 71-73).

culdades para Locke em dar um argumento pufendorfiano que parta das características específicas da natureza humana para inferir uma intenção divina, de que cumpramos a grande máxima da caridade; mas elas não são muito maiores do que as dificuldades com os argumentos pufendorfianos que partem das características específicas para inferir outras leis, e Locke parece ter aceitado alguma versão dessa argumentação. Não foi o problema da caridade, sugiro, que fez Locke se recusar a publicar uma ética dedutiva. Foi o seu embaraço em sua inabilidade para oferecer a Burnet uma explicação satisfatória de como poderíamos mesmo dizer e significar que Deus é um soberano justo (e muito menos provar). Ele não poderia fazer concessão ao tipo de relação, entre Deus e suas criaturas, que muitos cristãos – inclusive ele mesmo – acreditavam existir.

A importância do fracasso de Locke foi considerável. Ela chamou a atenção para as consequências morais do empirismo de uma maneira que os éticos empiristas anteriores não tinham feito. Podemos ver a razão disso ao compararmos a importância relativa da epistemologia e da ética na obra de Locke com sua consideração em outros escritores na tradição grociana.

Hobbes forneceu os elementos de um empirismo reducionista, mas sua epistemologia foi massivamente ofuscada por suas concepções políticas extremamente contenciosas, e ele parecia, aos seus leitores, ser profundamente irreligioso.[31] Sua obra, portanto, levantou problemas mais urgentes do que aqueles que poderiam surgir a partir de uma conexão entre empirismo e voluntarismo religioso. Pufendorf foi um voluntarista que, como Locke posteriormente, rejeitou as ideias inatas e sustentou que todo o conhecimento baseia-se na experiência.[32] Seu empirismo lhe permitiu afirmar que o raciocínio que ele empregou para derivar as leis particulares da natureza era neutro do ponto de vista religioso, e que qualquer um poderia conferir seus dados e seus argumentos. Todavia, Pufendorf não desenvolveu uma teoria geral acerca da derivação de conceitos a partir da experiência, e tampouco tentou mostrar que o conheci-

---

31 Seu nominalismo, junto com seu dedutivismo, pode também ter obscurecido o forte elemento empirista de sua teoria.

32 Veja a consideração de Pufendorf acerca de Romanos 2.14-15 em *Sobre a Lei da Natureza e das Nações* II.iii.13 (Pufendorf 1934: 201-2).

mento que necessitamos acerca das leis morais pode ser enunciado e provado em termos da experiência. Seu interesse estava no desenvolvimento detalhado de um código de lei natural, utilizável como um guia para a legislação positiva. Os leitores poderiam rejeitar o voluntarismo de Pufendorf e a sua teoria das entidades morais – o que, de fato, ele omitiu de seu breve livro –, mas, ainda assim, eles poderiam aceitar seu código.

Com Locke era diferente. Ele estava mais interessado na epistemologia da lei natural do que na elaboração de um código. Como resultado, a conexão entre voluntarismo e empirismo se distingue mais rigorosamente em sua concepção de ética, ainda que de modo fragmentado, do que na concepção de Pufendorf. A conexão parece clara. Locke pretendia explicar todas as ideias, mostrando de que modo elas podem ser construídas a partir de ideias atômicas simples derivadas da experiência. A experiência nos mostra como são as coisas e nos ensina aquilo que nos agrada. Ela não produz, de modo inerente, quaisquer ideias normativas. As normas provêm unicamente da vontade, mas as únicas ideias que dispomos para a compreensão da operação de produção da lei, que pertence à vontade, são as ideias de poder e de sanção. A epistemologia empirista elimina qualquer outra fonte de força normativa. A vontade de Deus, portanto, somente pode ser entendida como arbitrária.

Uma vez que a epistemologia constituía, de modo tão óbvio, o centro da teoria de Locke, seus leitores dificilmente poderiam evitar a consideração de que, se admitirem, como o próprio Locke, o empirismo reducionista de conceitos morais como uma maneira de excluir o autoritarismo e o entusiasmo religiosos, então eles seriam compelidos ao voluntarismo – a não ser que deixassem Deus totalmente fora da moralidade. O voluntarismo de Locke, como o de Pufendorf, possuía, indubitavelmente, uma profunda motivação religiosa. Mas uma consequência inesperada de sua obra foi a de deixar claro, mais ainda do que em Hobbes, que, se um voluntarismo forte é inaceitável por causa de suas consequências morais, então o empirismo também é inaceitável.[33]

[33] O voluntarismo de Descartes não era, obviamente, uma consequência de alguma concepção empirista. Mas, tampouco – como Leibniz deixa claro –, o voluntarismo é implicado pelo racionalismo.

É um fato notável que depois de Locke nenhum grande pensador tentou elaborar uma teoria grociana da lei natural em termos voluntaristas. A lei natural grociana continuou – em grande parte graças à enorme popularidade dos escritos de Pufendorf – a ser uma força importante na cultura europeia, da Rússia às colônias americanas. Mas os filósofos pós-lockeanos moveram-se, todos eles, para novos modos de se tentar entender a moralidade. Mesmo aqueles que estavam preocupados, tanto quanto Locke, em mostrar que a verdadeira moralidade era aquela que o cristianismo sempre havia ensinado não tentaram isso à maneira lockeana. Eles interpretavam o cristianismo de maneira diferente e encontraram novas maneiras de acomodá-lo às capacidades naturais da razão humana. O *Ensaio* de Locke foi uma das obras filosóficas mais amplamente lidas do período. Creio que as principais direções inovadoras, tomadas pela filosofia moral após Locke, podem ser, proveitosamente, vistas como esforços para responder ao insucesso do projeto grociano, o que, evidentemente, o trabalho de Locke havia tentado.

9 A filosofia política

Richard Ashcraft

A filosofia política de Locke tem sido apresentada e avaliada, de modo geral, em termos de certas conclusões extraídas a partir de poucas premissas básicas. Uma vez que a teoria política de Locke não foi construída de acordo com os pressupostos da filosofia analítica, tal abordagem interpretativa sobre o seu pensamento político parece melhor concebida para retratar Locke como um pensador inconsistente e obscuro do que para fornecer ao leitor dos *Two Treatises of Government* [*Dois Tratados sobre o Governo*] um entendimento daquilo que Locke estava tentando fazer quando escreveu essa obra.

Proponho, neste ensaio, seguir outro caminho interpretativo, começando pela conclusão de Locke, a saber, que "é legítimo para o povo [...] resistir a seu rei" (T II.xix.232: 437), e perguntar como e por que ele chegou a essa conclusão. Se, como tentarei argumentar, parte do objetivo intencional de Locke, nos *Dois Tratados*, foi o de persuadir seus leitores de que eles deveriam resistir ao rei, então a questão, colocada dessa maneira, deve atribuir considerável importância à determinação da relação entre a teorização política e o engajamento em ações políticas.

De modo a enunciar sumariamente um ponto que espero seja demonstrado ao longo deste ensaio, Locke acreditava que a teorização política era um exercício de raciocínio prático. Ele considerou a ação política como orientada por crenças fundamentadas sobre evidências prováveis, condicionadas por alguns princípios fundamentais de uma moralidade teologicamente estruturada. Uma vez que considero a composição dos *Dois Tratados sobre o Governo* como uma ação política, irei avaliar os argumentos que se encontram nessa obra em termos da evidência provável que eles forneciam para as crenças de Locke e a na medida em que eles expressam suas convicções religiosas fundamentais.

Antes de examinar esses argumentos, deve-se notar que a reformulação do problema interpretativo, do modo como sugeri, modifica efetivamente a natureza e o estatuto da evidência apresentada como uma interpretação do pensamento político de Locke. Ao perguntar qual era o propósito de Locke na redação dos *Dois tratados*, qual era a importância dessa ação, estou assumindo que a informação relativa às intenções do autor (ou do ator) irá fornecer algumas orientações para a determinação do significado da ação e, neste caso, de vários argumentos apresentados no texto. Mesmo que poucas ações executadas por indivíduos possam ser caracterizadas com simplicidade, de modo a sugerir um único objetivo intencional. Se, como parece evidente, compor uma obra de teoria política é uma ação complexa, então, na composição dos *Dois Tratados*, Locke pretendia realizar vários objetivos. Entre esses objetivos, pode-se incluir, por exemplo, a proposta de uma solução para o problema intelectual, extraído dos escritos de Hugo Grócio e Samuel Pufendorf, de como conceitualizar a propriedade, ou oferecer uma justificação para o ato de tiranicídio no contexto específico da resistência dos compatriotas de Locke contra as ações de Carlos II e Jaime II. Em outras palavras, uma vez que o significado de um determinado argumento nos *Dois Tratados* pode ser referido, em parte, aos múltiplos objetivos intencionais do autor, o que o intérprete do texto oferece ao leitor é uma reconstrução plausível de seu significado, uma reconstrução que é sempre subdeterminada em relação às evidências disponíveis. Digo "em parte", porque as crenças e intenções do autor podem ser referidas a práticas, convenções e instituições sociais que também dispõem de uma gama de possíveis significados, em termos dos quais se pode entender um dado conceito, argumento ou ação.[1]

Assim, tentarei oferecer, neste ensaio, uma leitura plausível dos *Dois Tratados sobre o Governo* a partir da perspectiva do esforço de Locke para forne-

---

1 Quentin Skinner tem fornecido argumentos e exemplos ilustrativos dessa abordagem interpretativa à teoria política. Uma bibliografia e uma avaliação crítica dos escritos de Skinner podem ser encontradas em Tully 1988b.

cer uma justificativa para uma resistência ativa contra a autoridade ilegítima do rei. Embora eu creia que esse é o objetivo político mais importante que Locke pretendia realizar por meio da composição dessa obra, todavia isso constitui simplesmente um dos vários modelos interpretativos, de acordo com os quais o significado dos argumentos nesse texto pode ser considerado.

Se as ações do rei podem sofrer resistência, a primeira questão é: em que condições os indivíduos deveriam se engajar em tal resistência? Uma vez que a resposta mais geral de Locke é que a resistência é necessária quando o rei se torna um tirano, o problema vem a ser o de mostrar como essa específica transformação acontece e o de fornecer uma justificação geral para a resistência à tirania.

Locke oferece duas respostas convergentes acerca do que constitui a "tirania". Uma delas deriva da teoria política clássica, e a outra, embora enraizada no pensamento político medieval, deve ser considerada, em última instância, em termos da originalidade da formulação que Locke oferece sobre a questão. A tirania ocorre, argumenta Locke, "quando o soberano, embora autorizado, faz a lei não ser a regra, mas a sua própria vontade; e suas ordens e ações não estão dirigidas para a preservação das propriedades de seu povo, mas para a satisfação de sua própria ambição, vingança, cobiça ou qualquer outra paixão irregular". Em outras palavras, a tirania é o emprego que o soberano faz de seu poder político para "sua própria vantagem privada, não para o bem daqueles que lhe estão sujeitos" (T II.xviii.199: 416-17). Assim, afirma Locke, "a diferença entre um rei e um tirano [consiste] somente nisto: que um torna as leis vínculos de seu poder, e o bem do público, os limites de seu poder; enquanto o outro faz com que tudo ceda a sua própria vontade e apetite" (T II.xviii.200: 418). Na reafirmação de Locke da posição clássica, todo poder político deve ser exercido para o bem da comunidade, e nenhum governante pode ser considerado como possuindo "um interesse distinto e separado" do interesse de seu povo (T II.xiv.163: 394; cf. T II.xi.138: 378-79; T II.xii.143: 382; T II.xiv.164: 395). Constitui uma subversão do "objetivo do governo" – a tirania – quando o poder político é empregado para promover o autointeresse do soberano.

Embora um conjunto de questões específicas deva ser respondido de modo a tornar possível a aplicação da definição lockeana de tirania a uma situação particular – irei retornar posteriormente a esse problema –, a definição é, em si mesma, clara. Formulando o argumento político de Locke dessa maneira, o que pretendo notar aqui é a restrição estrutural que Locke coloca no conceito de "autointeresse". No que diz respeito ao exercício do poder político, não somente o bem comum terá sempre primazia sobre o autointeresse, mas, também, o governo deverá ser constituído de tal modo a afastar um soberano hobbesiano, ou um monarca divinamente instituído, que mantém um interesse que é distinto e separado do interesse de seus súditos. Por outro lado, se estes últimos são supostos – como supõe Locke – a possuir autointeresses legítimos (por exemplo, crenças e práticas religiosas), sua prioridade pode ser defendida unicamente por excluí-los totalmente dos "objetivos do governo" (como mantém Locke na *Carta sobre a Tolerância*).

A segunda definição que Locke oferece de tirania é a seguinte: "a tirania é o exercício do poder além do direito" (T II.xviii.199: 416), ou, do modo como ele mais comumente enuncia, "a tirania é o emprego da força sem autoridade" (T II.xiii.1 55: 389; T II.xviii.202: 418-19; T II.xix.227: 434; T II.xix.232: 437). Assim, "quem quer que, em autoridade, exceda o poder que lhe foi dado pela lei, e faça uso da força que possui sob seu comando para levar o súdito a fazer aquilo que a lei não permite, deixa de ser um magistrado e, agindo sem autoridade, pode sofrer oposição, como qualquer outro homem que viole pela força o direito de outrem" (T II.xviii.202: 418-19). Essa limitação ao poder do soberano é formalmente mais bem enunciada do que a primeira definição de tirania, uma vez que ela não pressupõe que o exercício do poder por parte do soberano necessariamente transgrida o bem comum substantivo da sociedade, mas somente que a ação "ultrapassa" os limites impostos "pela lei" ao poder do soberano.[2] Para estar correto, esse argumento depende de uma distinção entre a vontade do soberano e a lei, análoga à distinção autointeresse/bem comum da primeira definição de tirania, embora a força do argumento esteja dirigida a prover uma explicação da natureza e dos limites da autorida-

2 Um exemplo relevante ao argumento de Locke e à política inglesa é a tentativa do rei para instituir um imposto que, independentemente de suas consequências benéficas para a sociedade, seria considerada um exercício de poder que ultrapassa a sua autoridade.

de. Se a primeira definição proscreve a tirania dos objetivos do governo, a segunda, centrando-se em torno da "autoridade", levanta a questão acerca das origens do poder político.

Para Locke, como para pensadores cristãos medievais, a autoridade política deriva ou de Deus, ou do povo. Tendo rejeitado, no *Primeiro Tratado*, a defesa particular de Robert Filmer a favor da primeira concepção, Locke assume como axiomático que "todas as sociedades políticas tiveram origem a partir de uma união voluntária e do acordo mútuo entre os homens" (T II.viii.102: 353; cf. T II.viii.106: 355-56; T II.viii.112: 361-62; T II.xvi.175: 402-3). Contra a teoria do direito divino de Filmer, Locke possui boas razões para a alegação de que o consentimento do povo como a fonte da autoridade política representa a concepção tradicional (T I.ii.6: 162), embora, como veremos, a sua interpretação dessa proposição constitui um afastamento, em muitos aspectos importantes, do pensamento político medieval. Que a autoridade política deriva do consentimento coletivamente constituído significa que o soberano deve "ser considerado como o [...] representante da comunidade". Ou seja, o soberano é "a pessoa pública investida com o poder da lei", decretado pela vontade da sociedade e declarada em suas leis; e, assim, ele não terá poder ou vontade senão aquele da lei. Se ele agir contrariamente à "vontade pública da sociedade", expressa como lei, ele perde a sua autoridade "e será apenas uma pessoa privada singular sem poder", a quem os membros da sociedade já não devem obediência (T II.xiii.151: 386).

Deixando de lado, por um momento, a maneira precisa na qual a sociedade decreta sua vontade na forma de uma lei, o argumento de Locke tem como premissa a suposição de que as leis promulgadas pelo povo estabelecem limites para o exercício do poder do soberano e que, quando tais limites forem ultrapassados, o soberano perde sua autoridade, que então retorna ao povo como a fonte original de toda a autoridade política. Uma vez que essa mudança de soberano para tirano altera o estatuto do soberano, de uma pessoa "pública" para uma pessoa "privada", assim como esta última, ele não possui qualquer "direito" de empregar a força contra o povo. Com efeito, o povo tem o direito de se defender e, assim, de resistir com força às ações de um tirano.

Em apoio a esse argumento, Locke cita a autoridade de William Barclay, um defensor do absolutismo que, não obstante seu ataque aos *Vindiciae contra Tyrannos*, aos escritos de George Buchanan e a outros defensores do direito de resistência, admitiu que "o corpo do povo" poderia "resistir à tirania intolerável" (T II.xix.233: 439). Locke, entretanto, conduz o argumento mais adiante, e rejeita a distinção de Barclay entre uma tirania "moderada" e uma tirania "intolerável", sustentando que as duas, e não apenas a última, podem sofrer resistência. Locke rejeita também a tentativa de Barclay para preservar o estatuto "superior" do rei (tirano) em face de um súdito "inferior", argumentando que, ultrapassando os limites da lei, o soberano perde todo seu poder e privilégios, e se coloca em um estado de guerra com alguns ou com todos os seus súditos; e, em um estado de guerra, "todos os laços antigos são eliminados, todos os outros direitos cessam, e cada um tem o direito de se defender e resistir ao agressor" (T II.xix.232: 437). E como indica esse enunciado, Locke não aceita a limitação de Barclay do direito de resistência ao "corpo do povo", mas, antes, ele estende esse direito a "todos" ou a qualquer indivíduo, sancionando, assim, o tiranicídio como uma possível forma de resistência à tirania (T II.xiv.168: 397-98; T II.xviii.208: 422; T II.xix.241: 445).

Até aqui, pode-se argumentar que, na distinção entre um soberano legítimo e um tirano, na identificação dos objetivos do governo com o emprego do poder político para o bem comum do povo e na determinação da origem da autoridade política no consentimento do povo concebido como uma entidade corporativa, a teoria lockeana da resistência preserva e se estrutura em torno de um núcleo de ideias políticas tradicionais. Ao mesmo tempo, as referências de Locke ao "direito" de cada indivíduo e sua suposição subjacente da igualdade em relação a esses direitos não somente se distanciam das fontes clássicas ou medievais, mas também requerem um conjunto de argumentos – ainda não introduzidos – de modo a tornar defensável certos aspectos do pensamento político de Locke. Além disso, embora o "abuso" do poder seja uma característica definidora da tirania, "é difícil considerá-lo acertadamente [...] sem um conhecimento da forma de governo em que ocorre" (T II.xix.213: 426). Assim, a teoria lockeana da resistência política requer tanto uma elaboração de seus pressupostos fundamentais concernentes à sociedade política quanto uma caracterização mais detalhada e concreta do modo como a tirania surgiu no interior da sociedade política na qual vivem os leitores dos *Dois Tratados sobre o Governo*, de modo que esses leitores possam ser persuadidos à resistência.

Poder-se-ia supor que a reconstrução da concepção lockeana da sociedade política exige que nos movamos imediatamente para seus pressupostos básicos sobre a natureza humana e as relações sociais. Todavia, em consonância com a abordagem interpretativa deste ensaio, no raciocínio que procede da ação desejada – a resistência – para as crenças e a evidência que a justificam e a encorajam, Locke deve mostrar que a tirania existe (ou existiu) na Inglaterra do final dos Seiscentos, pois, de outro modo, independentemente dos princípios gerais concernentes ao comportamento humano ou das definições de autoridade ou de tirania que seus leitores compartilhavam com ele, estes não seriam persuadidos a conduzir uma ação política contra o seu soberano ou a aceitar a justificativa oferecida. Os leitores de Locke, é certo, também sustentavam certas crenças religiosas e filosóficas, porém ele não precisa mostrar que sua recomendação de resistência é logicamente deduzível a partir desse ou de algum outro conjunto de crenças, mas somente que tal ação é compatível e não está em contradição com a sustentação dessas crenças.

Em sua análise da tirania, Locke "supõe" uma forma de governo como a da Inglaterra, ou seja, uma monarquia hereditária, "uma assembleia da nobreza hereditária" e "uma assembleia dos representantes escolhidos *pro tempore* pelo povo" (T II.xix.213: 426). Essa análise da tirania é proposta por Locke no âmbito da questão geral que ele está a considerar: sob quais condições se pode dizer que a forma existente de governo foi "dissolvida", o que acontece ao poder político quando isso ocorre?

Independentemente da conquista estrangeira, governos são geralmente dissolvidos, argumenta Locke, quando a autoridade legislativa estabelecida pelo povo – "o legislativo", como Locke o designa – é alterada ou destruída. Uma vez que "a constituição do legislativo é o primeiro ato fundamental da sociedade", que estabelece o modo como as leis são "feitas por pessoas autorizadas, pelo consentimento e designação por parte do povo, [...] quando um ou mais homens reclamarem para si a feitura da lei, sem que o povo os tenha designado para tal, esses homens farão leis sem autoridade, às quais o povo não estará, portanto, obrigado a obedecer". Em tais circunstâncias, o governo originalmente constituído é dissolvido, e o povo, como uma entidade coletiva, "pode constituir para si mesmo um novo legislativo, do modo que julgar melhor, tendo plena liberdade de resistir à força aos que, sem autoridade, quiserem impor algo sobre eles" (T II.xix.212: 425-26). Com efeito, Locke tem reafirmado os elementos gerais de sua definição de tirania – ultrapassar a lei, violar a vontade pública, empregar a força sem autoridade, e assim por diante – de tal modo a fornecer a esses termos um significado específico dentro do contexto de uma estrutura institucional, a saber, o governo inglês.

Na interpretação lockeana do governo inglês, o parlamento é "o legislativo" e, portanto, "o poder supremo da comunidade". Nenhum édito, "de quem quer que seja, [...] apoiado por qualquer que seja o poder, pode ter a força e a obrigação de uma lei" se não tiver a sanção do poder legislativo (T II.xi.134: 374). "Em comunidades bem-ordenadas", o que Locke crê que a Inglaterra seja, "o poder legislativo é colocado nas mãos de diversas pessoas que, convenientemente reunidas, têm em si mesmas, ou juntamente com outras pessoas, um poder de elaborar leis; quando assim o fizerem, sendo novamente separadas, elas próprias ficam sujeitas às leis que fizeram" (T II.xii.143: 382; cf. T II.xiii.153: 387; T II.xiv.159: 392 -93). Não somente essa passagem reafirma um dos traços distintivos da concepção lockeana da sociedade política – que todos estão sujeitos a lei e ninguém está acima da lei (T II.vii.94: 347-48; T II.viii.97: 350, T II.xi.138: 378-79; T II.xi.142: 381) –, mas ela também estabelece um vínculo entre o povo e sua assembleia legislativa. Assim, esta última é "composta de representantes escolhidos [...] pelo povo" e "esse poder de escolha também deve ser exercido pelo povo, ou em certas épocas ou, então, quando convocado para isso" (T II.xiii.154: 388). Locke insiste que, em uma "comunidade constituída" ou bem-ordenada (T II.xiii.153: 387), existe uma conexão contínua entre o povo e o seu governante que é mantida por meio de eleições, pelas quais o povo dá seu consentimento às leis promulgadas por seus deputados ou representantes.

Não é necessário, e tampouco conveniente, para a legislatura, argumenta Locke, estar continuamente em sessão, mas é essencial que as leis sejam continuamente aplicadas pelo executivo (T II.xii.144: 382-83; T II.xiii.153: 387-88; T II.xiv.159-60: 392-93). Entre as sessões do legislativo, portanto, o executivo (o rei) pode parecer sustentar o "poder supremo", todavia, insiste Locke, ele sempre estará subordinado ao poder legislativo, mesmo se, como no caso da Inglaterra, ele mantiver uma porção do poder legislativo por conta do direito de veto (T II.xiii.151-53: 386-88). Entretanto, uma vez que Locke também assume que a convocação do parlamento é deixada ao juízo executivo (T II.xiii.154: 388; T II.xiii.156: 389-90; T II.xiii.158: 391-92; T II.xiv.167: 396), ele é forçado a considerar o problema geral de um conflito, entre os poderes executivo e legislativo do governo, caso o rei decida não convocar o parlamento (como aconteceu na Inglaterra entre 1681 e 1685).

"O que acontecerá", pergunta Locke, "se o poder executivo, sendo detentor da força da comunidade, fizer uso dessa força para impedir a *reunião* e a *ação* do legislativo, quando este é requerido pela constituição original ou pelas demandas do público?" Locke responde que

> empregar a força sobre o povo sem autoridade, e contrariamente à confiança colocada a quem assim procede, constitui um estado de guerra contra o povo, que tem o direito de restabelecer seu legislativo no exercício de seus poderes. Pois, tendo o povo instituído um legislativo com a intenção de que ele exerça o poder de elaborar leis, ou em épocas fixadas ou quando delas existisse necessidade, caso o povo seja impedido, por alguma força, de fazer o que seja necessário à sociedade, [...] ele tem o direito de remover tal força por meio da força. (T II.xiii.155: 388)

Desse modo, Locke oferece a seu leitor um exemplo específico de tirania e uma razão particular para o engajamento na resistência, ou seja, a restauração de uma assembleia legislativa eleita. Quando ele retoma o problema alguns parágrafos adiante, a recusa do executivo em convocar a legislatura é retratada como uma privação do "direito" do povo a ter uma legislatura eleita, posta pelo "exercício de um poder [executivo] sem o direito" de negar essa reivindicação, o que deixa o povo com "uma liberdade de apelar aos céus" para justificar a sua resistência em concordância com a "lei antecedente e superior a todas as leis positivas", ou seja, com a lei de natureza (T Il.xiv.168: 397-98).

Locke assume a definição de tirania fundamentalmente como uma ação que transgride o bem comum, supondo que, uma vez que a intenção original do povo era colocar o poder de elaborar leis nas mãos de uma assembleia eleita, jamais seria a favor do bem comum que alguém dificultasse ou impedisse a legislatura de se reunir sempre que houvesse para isso uma "necessidade" (T II.xiii.155: 388; T II.xiv.163: 394-95; T II.xiv.166: 396). Embora a questão de quem é que determina o quando existe uma necessidade para a reunião da legislatura seja uma questão aberta, no sentido de que a decisão depende de um julgamento prudencial do executivo, Locke deixa claro que esse poder consiste de "um crédito fiduciário", concedido pelo povo ao executivo, o qual mantém o direito de julgar se ele está sendo adequadamente utilizado (T II.xii.147: 383-84; T II.xiii.149: 385; T II.xiii.151: 386; T II. xiii.156: 389-90; T II. xiv.161: 393; T II.xiv.167-68: 396-98).

Tendo estabelecido as bases de seu argumento a favor da resistência no direito do povo em ter uma legislatura eleita, Locke considera uma série de ações específicas que o rei poderia tomar – ademais de não convocar o parlamento (T II.xix.215: 427) – e que alteram, efetivamente, o poder legislativo enquanto originalmente constituído, e que, portanto, dissolvem o governo, devolvendo o poder político para as mãos do povo. Na ausência de uma reunião da legislatura, o rei poderia tentar introduzir "novas leis" ou estabelecer "sua própria vontade arbitrária em substituição às leis" (T II.xix.214: 426-27). Ele pode alterar o "modo da eleição" em que a legislatura é escolhida pelo povo (T II.xix.2 / 16: 427). Ele pode tentar "corromper os representantes por meio de suborno ou intimidação, coagindo-os a votarem de acordo com os "seus desígnios" precedentes ou mesmo desconsiderando o resultado das eleições, de modo que não se pode dizer que os representantes foram "livremente escolhidos" pelo povo. Todas essas ações do rei constituem uma "quebra de confiança" e "uma intenção de subverter o governo" (T II.xix.222: 431). Uma vez que Locke está mostrando o modo como um governo constitucional se degenera na tirania, ele argumenta que aquele que destrói a autoridade originalmente estabelecida do povo "introduz efetivamente um estado de guerra que consiste na força sem autoridade"; e, portanto, são tais governantes – e não o povo – os "culpados da rebelião" (T II.xix.227: 434; T II.xix.230: 435-36; T II.xix.232: 437). Uma vez que todos esses exemplos – bem como outras ações que dissolvem o governo citadas por Locke, como a rendição da comunidade às mãos de uma potência estrangeira (T II.xix.217: 427-28), ou o abandono por parte do poder executivo de seu dever, de modo que as leis não são executadas (T II.xix.219: 429) – se referem às ações específicas de Carlos II ou Jaime II, Locke fornece, então, a seus leitores, exemplos de tirania e as razões para resistir a seu rei.[3]

Dado que, como temos visto, a suposição subjacente da discussão de Locke acerca do direito de resistência é a legitimidade e o declínio da tirania como forma de governo na Inglaterra, ele poderia ter formulado a sua posição, de modo defensável, em termos de estabilidade – ou de instabilidade – do poder político distribuído entre rei, nobres e a pessoa comum, de acordo com a "antiga constituição" da Inglaterra.[4] A restauração da Câmara dos Comuns, a sua legítima posição em tal constituição, poderia certamente servir como uma premissa que justifica a resistência ao poder arbitrário e/ou absoluto do rei. Locke, todavia, evita empregar a linguagem histórica e legalista da antiga constituição e, em vez disso, recorre à lei natural e ao argumento fundado no direito natural.

Uma razão por que Locke não estruturou sua teoria política em torno de precedentes históricos é a sua crença de que, "na melhor das hipóteses, um argumento [que parte] do que foi para [inferir] o que não deve ser

---

3 Examino a análise de Locke acerca da tirania no contexto dos eventos políticos dos anos de 1680 em Ashcraft 1986: 286-337 e 521-89.

4 Com efeito, enquanto Locke poderia certamente ter defendido uma política de resistência moldada na linguagem da antiga constituição, não creio que ele poderia ter desenvolvido os argumentos a favor do igualitarismo moral (de indivíduos no estado de natureza) no interior do quadro dessa linguagem. Para uma análise da estrutura do debate político na época da Revolução Gloriosa que é sensível às implicações políticas da linguagem e dos argumentos empregados por escritores políticos, veja Goldie 1980.

possui grande força" (T II.viii.10: 354). Ou, como ele colocou em uma nota de seu diário, o estudo da história é útil somente "para quem bem estabeleceu em sua mente os princípios da moralidade, e sabe como fazer um julgamento sobre as ações dos homens" (Journal 1677: L I: 202). A menção aos princípios da moralidade é significativa porque, de acordo com Locke, "a verdadeira política [...] é uma parte da filosofia moral". Não somente esta última inclui uma investigação "acerca dos fundamentos e da natureza da sociedade civil, e como ela é formada em diferentes modelos de governo", mas também pressupõe, para Locke, alguma consideração sobre os "direitos naturais dos homens, sobre as origens e fundações da sociedade e sobre os direitos que destes resultam" (Letter 2320: C VI: 215; Letter 3328: C VIII: 58; TE 186: 239). Assim, qualquer decisão sobre o engajamento na resistência contra o governo estabelecido requer: (1) um conhecimento contextual da forma particular de governo, as ações específicas que encerram um "abuso do poder" por parte do governante e o exercício do julgamento prudencial pelo povo na conclusão de que "grandes erros" ou ações "muito inoportunas" constituem "uma longa série de abusos [...], todos tendentes para a mesma direção" (T II.xix.225: 433; T II.xix.230: 435-36), ou seja, um padrão de tirania; e (2) a defesa dos direitos naturais dos indivíduos e um entendimento das origens da sociedade política fundada sobre os princípios universais da moralidade.

Curiosamente, "propriedade" é um conceito crucial para ambos os aspectos do argumento de Locke nos *Dois Tratados*. Por um lado, Locke mantém que uma assembleia legislativa eleita é essencial para a proteção e segurança dos direitos de propriedade dos indivíduos na Restauração Inglesa; por outro lado, ele argumenta que a posse da propriedade precede o estabelecimento da sociedade política e, portanto, deve ser entendida em termos dos princípios morais que pertencem aos direitos e deveres dos indivíduos e das origens da sociedade política.

"O poder supremo", afirma Locke, "não pode tirar de homem algum parte alguma de seus bens sem o seu consentimento". Pois, se alguém pudesse tomar "alguma parte" da minha propriedade sem o meu consentimento, ele poderia tomar tudo e, então, não se poderia dizer, absolutamente, que eu possuo alguma propriedade.

> Portanto, constitui um erro pensar que o poder legislativo ou supremo de alguma comunidade pode fazer o que quiser e dispor arbitrariamente das propriedades dos súditos, ou tirar-lhes, à vontade, qualquer parte delas. Isso não é tanto de se temer em governos nos quais o legislativo consiste, total ou parcialmente, em assembleias variáveis, cujos membros, ao dissolver-se a assembleia, estão sujeitos às leis comuns do país, do mesmo modo que os demais. (T II.xi.138: 378-79)

Entretanto, as duas alternativas a essa forma de governo, "em que o legislativo consiste em uma assembleia permanente, sempre em existência, ou em um único homem, como nas monarquias absolutas", apresentam um problema, uma vez que é difícil imaginar o que poderia significar a obtenção de meu consentimento ou como a concessão desse consentimento poderia funcionar como uma barreira institucional ao exercício do poder absoluto ou arbitrário (T II.xi.138-39: 378-80).

É evidente, a partir de sua discussão acerca dos impostos, que Locke está interessado em estabelecer tal barreira. "Pois se alguém reclamar um poder de fixar e coletar impostos sobre o povo, por sua própria autoridade e sem o consentimento do povo, violará a lei fundamental da propriedade e subverterá o objetivo do governo". Uma vez que "os governos não podem sustentar-se sem grande dispêndio", e que essa fonte de recursos deve ser promovida por meio da tributação, esta última somente pode ser legitimada através "do consentimento da maioria, dado diretamente ou por intermédio de seus representantes" (T II.xi.140: 380). Uma das limitações que "a lei de Deus e a lei de natureza estabelecem ao poder legislativo de toda comunidade, em todas as formas de governo", é que este "não deve aumentar os impostos sobre a propriedade do povo sem o consentimento do povo, dado diretamente ou por intermédio de seus representantes". Mas Locke não deixa claro como essa condição pode ser satisfeita nas sociedades em que os representantes não são "escolhidos, de tempos em tempos", pelo povo (T II.xi.142: 381).

Tampouco estão claros os limites que Locke pretende colocar a um governo que tem o consentimento do povo, expresso por meio de seus representantes eleitos, em relação à propriedade dos indivíduos. Por um lado, "todo homem", quando adere à sociedade política, "submete à comunidade os bens que possui ou que venha a adquirir", e tanto a sua pessoa quanto "a terra que lhe pertence" são, consequentemente, "reguladas pelas leis da sociedade" (T II.viii.120: 366). Isso reafirma a declaração inicial de Locke de que, "nos governos, as leis regulam o direito de propriedade e as constituições positivas determinam a posse da terra" (T II.v.50: 320). Ora, é possível interpretar tais passagens simplesmente como a formalização dos direitos de propriedade dos indivíduos por meio das leis ou da constituição da sociedade. Mas convém lembrar que o propósito de todas as leis, incluindo a taxação, é assegurar o bem comum, e que a única restrição formal à tributação legal – o confisco da propriedade privada para ser utilizada pelo bem público – é que ela seja feita com "o consentimento do povo" ou de seus representantes. Nesse sentido, considere a declaração de Locke, em seu *Ensaio Sobre a Tolerância*, de 1667, de que "o magistrado, tendo um poder de decretar maneiras de transferir propriedades de um homem para outro, pode estabelecer alguma, de modo que seja universal, igualitária, sem violência e adequada para o bem-estar dessa sociedade" (B MS Locke c.28: Laslett 1967: 366n). Por outro lado, enquanto observa que o poder legislativo, "em seus limites extremos, restringe-se ao bem público da sociedade", Locke insiste que esse poder "jamais poderá ter um direito [...] para propositalmente empobrecer os súditos" (T II.xi.135: 375-76). Assim, o poder político deve ser empregado "para garantir [aos indivíduos] a posse e o uso de suas propriedades" – o que significa, para Locke, "a propriedade que os homens possuem tanto em sua pessoa como em seus bens" – e para assegurar o bem da sociedade como um todo (T II.xv.173: 401; cf. T II.xv.171: 399-400).

Não existe qualquer reconhecimento por parte de Locke, nos *Dois Tratados*, de um problema geral decorrente do conflito entre a obrigação do governo de assegurar ao indivíduo a "utilização" da propriedade e a obrigação do governo de apropriar-se dessa propriedade (através de taxação) para o bem público. Todavia, Locke está interessado em mostrar que é menos provável um governo, em que o poder de estabelecer leis é colocado nas mãos de uma assembleia legislativa eleita, atuar de maneira arbitrária ou despótica, qualquer que seja a lei que venha a decretar concernente à propriedade, do que uma forma de governo em que essa característica institucional não está presente. Não é difícil ver o motivo de Locke ter estruturado seu argumento dessa maneira, dado o contexto político dos anos de 1680, quando os Whigs estavam tentando persuadir a pequena nobreza [*gentry*] de que sua propriedade estaria mais segura quando o parlamento estivesse reunido do que quando, na ausência do parlamento, o rei estivesse efetivamente exercendo o poder político como um monarca absoluto (Ashcraft 1986: 228-85).

Temos considerado, até aqui, as implicações para o uso e para a distribuição do poder político que se seguem da proposição de Locke de que "a preservação da propriedade [é] o objetivo do governo", porém, como ele observa, isso "pressupõe e requer, necessariamente, que as pessoas *tenham propriedade*" no momento em que elas constituem a sociedade política (T II.xi.138: 378; itálico no original). Uma vez que "o grande objetivo dos homens ao constituírem sociedade", de acordo com Locke, é "o usufruto de suas propriedades em paz e segurança", ele é obrigado a fornecer uma explicação do modo como os indivíduos passaram a ter propriedade antes da constituição da sociedade política (T II.xi.134: 373-74; cf. T II.ix.124: 368-69).

Poder-se-ia dizer que Locke, ao postular um estado de natureza como uma condição pré-política da humanidade, se compromete em um raciocínio contrafactual quando remove da vida social dos indivíduos os traços característicos do governo. Essa concepção da abordagem de Locke ao problema é, todavia, muito limitada e não consegue capturar todo o sentido da confidência de Locke sobre o conceito de estado de natureza na formulação de sua teoria política. O que Locke enfatiza no *Segundo Tratado* são as características morais positivas do estado natural do homem. Ele não faz isso porque é ignorante acerca dos dados empíricos relacionados com o comportamento diverso e desordenado dos indivíduos – Locke era um ávido leitor de relatos antropológicos contidos na literatura de viagem do século XVII –, mas porque sua noção de estado de natureza é estruturada em função de certas crenças religiosas fundamentais que ele sustenta a respeito da relação entre Deus e o homem. Em outras palavras, enquanto os homens são totalmente responsáveis por tudo aquilo que eles mesmos fazem na sociedade política, o que constitui os indivíduos em seu estado natural depende primariamente daquilo que se admite que Deus os fez a ser.

Um entendimento "correto" acerca da natureza e das origens do poder político, argumenta Locke, somente pode ser elaborado a partir da suposição de que todos os homens possuem uma "*perfeita liberdade* para ordenar suas ações e dispor de suas posses e pessoas do modo como acharem conveniente, dentro dos limites da lei de natureza, sem [...] depender da vontade de qualquer outro homem". Uma vez que um homem não possui mais "poder" ou "jurisdição" do que outro, esse é "um *estado* também de *igualdade*". Ao justificar "essa *igualdade* dos homens pela natureza", concernente ao uso do poder, Locke oferece a proposição ontológica "criaturas da mesma espécie" que "utilizam as mesmas faculdades" são iguais, na ausência de uma "declaração manifesta" ou uma "clara colocação" da vontade divina em sentido contrário, tal como a teoria política de Filmer havia suposto existir (T II.ii.4-5: 287-88; T I.vi.67: 208). Locke refere, então, essa proposição "autoevidente" da razão natural às intenções da divindade enquanto criador do homem. "Uma vez que todos os homens são obra de um artífice onipotente e infinitamente sábio [...] [eles são] enviados ao mundo por Sua ordem e de acordo com Seu interesse". Assim, "o estado de natureza tem uma lei de natureza para governá-lo, que a todos obriga", e "essa lei ensina a todos os homens [...] que, sendo iguais e independentes, ninguém deve prejudicar a vida, a saúde, a liberdade ou as posses de outrem" (T II.ii.6: 289). A lei de natureza "é aquele medida que Deus estabeleceu para as ações dos homens em vista de sua mútua segurança" (T II.ii.8: 290-91; T II.ii.11: 291-92; cf. T II.xi.135: 375-76).

Supondo que Deus criou todos os homens livres e iguais e que eles têm a obrigação de obedecer a Sua vontade, como expressa a lei natural, Locke argumenta que essa obrigação requer não somente que nos abstenhamos "de causar dano a outrem", mas também nos coloca sujeitos a uma obrigação positiva de promover a "*preservação de toda a humanidade*" (T II.ii.6-8: 288-90; T II.ii.11: 291-92). Ou seja, como membros de "uma comunidade de natureza", as ações de todos devem "estar de acordo com a lei de natureza – isto é, com a vontade de Deus, da qual a lei natural é uma declaração –, e a *lei fundamental da natureza* [é] *a preservação da humanidade*" (T II.xi.135: 375-76). Essa lei pressupõe, é claro, que cada homem "*é obrigado preservar a si mesmo*" como parte de um dever de preservar inclusive "*o restante da humanidade*"; no entanto, embora Locke admita a falibilidade humana, no que diz respeito à aplicação desse princípio de ação a casos particulares, o que ele está concernido a demonstrar é que o uso "justo" do poder por um indivíduo em relação a outro é dirigido para a preservação de todos (T II.ii.6: 288-89; T II.xi.135: 375-76; T II.xiv.159: 392-93; T II.xv.171: 399-400; T II.xvi.183: 408-9).

Assim, no estado de natureza, argumenta Locke, "cada um tem um direito de punir os transgressores da" lei natural. Locke deriva essa proposição não somente da obrigação moral que todo indivíduo possui, enquanto indivíduo, para agir de modo a preservar a humanidade, mas ele também assume que toda pessoa, no estado de natureza, verá uma violação da lei natural como "uma transgressão contra toda a espécie" e como uma ameaça a todos na "comunidade" de natureza, e não como um ato cometido por um indivíduo contra outro indivíduo (T II.ii.7-8: 289-90; T II.ii.10-11: 291-92). Esse ponto tem sido pouco enfatizado na literatura secundária sobre Locke, mas é crucial para seu conceito de poder que este esteja intimamente relacionado com a ação em vista do bem comum no estado de natureza. Pois, como observa Locke, se o poder do soberano não puder ser entendido em termos do "direito comum" de todo indivíduo a agir em defesa do bem comum no estado de natureza, então o exercício desse poder no interior da sociedade política não pode reclamar estatuto moral algum. "As leis particulares dos países", argumenta Locke, "somente são legítimas quando fundadas na lei de natureza, pelas quais são reguladas e interpretadas" (T II.ii.9: 290-91; T II.ii. 11-12: 291-93; cf. T II.xi.135: 375-76; T I.ix.92: 227-28; T I.xi.126: 251). Ao fornecer uma explicação acerca das origens e do uso legítimo do poder político, o que Locke crê ter demonstrado, em relação a tal uso, é "que *o objetivo e a medida desse poder*, quando nas mãos de todos no estado de natureza, sendo a preservação de todos, isto é, de toda a humanidade em geral, [então], quando nas mãos do magistrado, não pode haver outro *objetivo ou medida* senão o de preservar os membros da sociedade, em suas vidas, liberdades e posses" (T II.xv.171: 399-400; cf. T II.xi.134-35: 373-76).

Antes de retomarmos a discussão de Locke acerca das origens da propriedade, será útil relacionar alguns argumentos desenvolvidos no *Primeiro*

Tratado com o uso que Locke faz do conceito de estado de natureza no *Segundo Tratado*. Filmer tentou inicialmente estabelecer, no *Patriarca*, uma conexão necessária entre a posse da propriedade e o poder político, argumentando que Deus havia feito Adão tanto o proprietário quanto o soberano da terra. Ele foi forçado, em seguida, a sustentar que o poder político de Adão e seu título à propriedade foram herdados pelos descendentes de Adão. Locke oferece uma devastadora crítica da posição de Filmer ao mostrar que esses "dois direitos à dominação [...] não podem descender conjuntamente"; ou seja, "a soberania fundada sobre a posse da propriedade" não pode sustentar essa associação com a transmissão do poder político ao longo do tempo (T I.vii.74-77: 214-17). O exame detalhado de Locke sobre as afirmações de Filmer, que já não eram de grande interesse para os leitores correntes dos *Dois Tratados*, tem ofuscado, infelizmente, um ponto importante que emerge a partir desse ataque; a saber, que não existe qualquer conexão necessária entre a posse da propriedade e o exercício do poder político.

Como anteriormente notado, Locke argumenta que a origem da sociedade política é fundada no consentimento dos indivíduos, uma proposição com a qual ele conclui seu capítulo sobre o estado de natureza no *Segundo Tratado* (T II.ii.15: 295-96). Em outras palavras, o poder político é derivado do consentimento pessoal, e o que Locke tenta demonstrar no *Primeiro Tratado* é que a posse da propriedade não pode, em si mesma, transferir poder para outras pessoas. Locke observa que, mesmo se for admitido que "Adão foi feito o único proprietário de toda a Terra, o que isso [representará] para sua soberania?" Não é simplesmente o caso, insiste Locke, "que a propriedade da terra dê a um homem poder sobre a vida de outro" ou que "a posse mesmo de toda a Terra" possa "dar a alguém uma autoridade arbitrária soberana sobre a pessoa dos homens" (T I.iv.41-42: 187-88; cf. T I.ix.97-98: 230-31). Nem Filmer, nem mais ninguém, pode "provar que a propriedade da terra [...] conceda autoridade sobre a pessoa dos homens"; antes, "somente [um] contrato" entre os indivíduos pode transferir essa autoridade (T I.iv.43: 188-89). Esse argumento e a distinção sobre a qual se funda são reafirmados no *Segundo Tratado*. "Todo homem", declara Locke, "nasce com duplo direito: primeiro, *um direito de liberdade para sua pessoa*, sobre o qual nenhum outro homem possui poder, senão que a livre disposição desse direito repousa na própria pessoa. Em segundo lugar, *um direito de herdar* com seus irmãos, antes de qualquer outro homem, os bens do progenitor" (T II.xvi.190: 411-12). Aqui, como em outras passagens ao longo dos *Dois Tratados*, Locke afirma a conexão necessária entre liberdade, consentimento e poder político (T II.xvi.192: 412).

O argumento de Locke, em outras palavras, não somente rejeita a conexão histórica e lógica que Filmer faz entre a posse da propriedade e o poder político, mas rejeita também qualquer suposição que pretende explicar a natureza ou a legitimidade do poder político em termos da distribuição da posse da propriedade. Dito de outro modo, se assumíssemos que aqueles que detêm a propriedade exercem poder político na sociedade, entenderíamos essa relação em termos de uma simples caracterização empírica das relações sociais, formulada de uma maneira semelhante àquela adotada por Aristóteles na *Política*. Um dos propósitos do emprego que Locke faz do conceito de estado de natureza, entretanto, é o de solapar a força da suposição de que a autoridade política é simplesmente derivada e reveladora das relações sociais de posse da propriedade ao mostrar que a autoridade política deve estar associada ao consentimento dado por pessoas que são iguais e independentes. Por conseguinte, existe uma autonomia moral em relação ao reino da política. Este último, para Locke, jamais poderia ser entendido meramente como o resultado da proteção aos interesses daqueles que detêm a propriedade.

Uma segunda questão concernente à propriedade decorre da crítica que Locke faz a Filmer no *Primeiro Tratado*, a qual envolve a explicação da relação entre uma definição de propriedade em termos de "uso comum" por todos no estado original de natureza e uma definição de propriedade como o uso exclusivo por indivíduos que a adquirem em algum estágio posterior do desenvolvimento humano, mas anterior, no entanto, à instituição da sociedade política. Contra a afirmação de Filmer de que Adão era o único proprietário da Terra, Locke interpreta as Escrituras como fornecendo "uma confirmação da comunidade original de todas as coisas entre os filhos dos homens" (T I.iv.40: 186-87). A interpretação de Locke dessa concepção tradicionalmente sustentada estabelece a base para todo e qualquer conceito de propriedade em uma conexão entre "uso", "subsistência" e os desígnios de Deus. Uma vez que Deus não tem a intenção "de que uma obra tão curiosa e maravilhosa" como o homem pereça, Locke argumenta que Ele transferiu especificamente para cada indivíduo um direito "ao uso daquelas coisas que fossem úteis para sua subsistência". "O homem possuía um direito a um uso das criaturas, pela vontade e concessão de Deus. [...] E, assim, a propriedade do homem sobre as criaturas foi fundada sobre o direito que ele possuía de fazer uso das coisas necessárias ou úteis para o seu ser" (T I.ix.86: 222-23). Além disso, esse é "um direito igual" e "um direito em comum" que todos possuem para "garantir sua subsistência". Qualquer desenvolvimento sucessivo ou noção de propriedade, argumenta Locke, pressupõe esse direito fundamental à subsistência, que todos os indivíduos podem reclamar como um direito natural (T I.ix.87-92: 224-28). É interessante notar que Locke emprega esse princípio geral como o fundamento para uma crítica do costume da primogenitura, que não é conciliável com o direito igual que todas as crianças possuem à propriedade de seu progenitor, de acordo com a lei de natureza (T I.ix.88-91: 224-27; T I.ix.93: 228; T I.ix.97: 230-31).

Não somente a importância desse argumento tem recebido atenção insuficiente por parte de comentadores dos *Dois Tratados*, mas muitos negam que Locke tenha defendido o direito natural de todos à subsistência. Tal concepção não consegue apreciar a função que essa proposição desempenha como elemento central da caracterização descritiva da propriedade feita por Locke, sua função como uma afirmação da lei natural no contexto da teoria lockeana das relações sociais, e o fato de tal afirmação poder ser incorporada em uma política econômica obrigatória no interior da sociedade política.

Locke começa o capítulo sobre a propriedade no *Segundo Tratado* com uma reafirmação do argumento que acabamos de considerar, afirmando que tanto a razão natural quanto as Escrituras apoiam a concepção de que os indivíduos "têm o direito [...] à comida e à bebida, bem como a outras coisas que a natureza lhes oferece para a sua subsistência" (T II.v.25: 303-4). Logo veremos como essa afirmação se ajusta à discussão de Locke acerca da propriedade nesse capítulo do *Segundo Tratado*. Minha intenção aqui é a de mostrar que essa afirmação constitui, como

Locke sustentara no *Primeiro Tratado*, o ponto de partida para qualquer teoria da propriedade.

Ao falar da relação entre Deus e a humanidade, Locke observa que Ele deu "a todos um direito para fazer uso de alimento e vestuário e de outras conveniências da vida [...] para a sua subsistência" (T I.iv.41: 187-88). É com base nesse desígnio intencional e na autoridade da divindade que um "irmão necessitado" pode reclamar "um direito ao excedente" dos bens de seu irmão, que "não lhe pode, de modo justo, ser negado quando suas urgentes carências reclamam por isso". O mesmo princípio da caridade da lei natural "dá a cada homem um direito a retirar qualquer coisa da fartura de outro, de modo a lhe manter afastado da extrema carência quando ele não possuir quaisquer meios para subsistir de outra maneira" (T I.iv.42: 188). Locke invoca, posteriormente, "a lei fundamental de natureza [...], de que todos, tanto quanto possam ser, devem ser preservados", a fim de mostrar que, em um conflito de direitos entre o direito à propriedade que um conquistador poderia reclamar e o direito à subsistência de esposas e filhos que os soldados conquistados poderiam reclamar, o último tem precedência, uma vez que "aquele que tiver de sobra deve [...] ceder ao direito premente e preferível daqueles que estão em perigo de perecer" (T II.xvi.183: 408-9).

Após a Revolução Gloriosa, Locke foi designado como membro da Câmara de Comércio, cujas funções incluíam a formulação e a administração da política econômica do governo. Em resposta a uma solicitação do rei à Câmara de Comércio, no sentido de sugerir revisões na Lei dos Pobres, Locke redigiu um memorando que refletia suas concepções sobre o tópico, no qual ele declara que "cada um deve ter comida, bebida, vestuário e aquecimento. Que esse tanto seja retirado do estoque do reino, quer eles trabalhem, quer não" (Fox Bourne 1876: 2:382). Locke não somente assume que esse direito natural de subsistência seja incluído em seu conceito de bem comum, para o qual os recursos jurídicos e econômicos do governo podem ser dirigidos na forma de uma assistência aos pobres, mas ele propõe também que seja feita uma denúncia crime contra a autoridade administrativa de cada localidade responsável por tal assistência, se uma pessoa morrer de fome por falta desse socorro (Fox Bourne 1876: 2:390). Desse modo, Locke claramente acreditava que o direito natural de subsistência fosse um direito impositivo, isto é, uma daquelas instâncias em que "as obrigações da lei de natureza não cessam na sociedade, mas [...] as leis humanas lhe anexam penalidades, para forçar sua observância" (T II.xi.135: 375-76).

De modo a retomar a consideração acerca do capítulo sobre a propriedade no *Segundo Tratado*, limitarei minha discussão àqueles pontos que ilustram as conexões que Locke, nos *Dois Tratados*, está tentando forjar, como um todo, entre algumas poucas crenças filosóficas fundamentais, algumas poucas crenças religiosas e os objetivos políticos que devem ser realizados por meio de ação coletiva. Em primeiro lugar, Locke deve explicar como a transição do estágio da propriedade de subsistência e do direito comum para o estágio da posse da propriedade individual e desigual pode ocorrer anteriormente à instituição da sociedade política, e por que razão essa transição é consonante com os preceitos da lei natural. Em segundo, dada essa transição, Locke pretende mostrar que a estabilidade e a prosperidade da posse da propriedade dependem de uma forma de governo constitucional, e que estas não podem ser mantidas em uma monarquia absoluta.

"Todo homem", afirma Locke, "tem uma propriedade em sua própria pessoa", a que "ninguém tem qualquer direito, a não ser ela mesma". Expressa através da ação do trabalho, tal propriedade é "a inquestionável propriedade do trabalhador" e "nenhum homem, senão o próprio, pode ter direito àquilo que foi acumulado". Essa definição de propriedade fundada na liberdade da pessoa "exclui o direito comum dos outros homens" àquilo que o trabalho do indivíduo produziu, pelo menos, acrescenta Locke, "quando houver bens suficientes deixados por outros em comum" (T II.v.27: 305-6). Como a discussão que se segue sobre o trabalho deixa claro, o "direito comum de cada um" e os preceitos da lei de natureza, aplicáveis ao "início da propriedade", descrevem uma condição anterior à "posse privada", como entendida pela "parte civilizada da humanidade", onde "leis positivas [...] determinam a propriedade", de modo que ter "bens suficientes deixados por outros em comum" é uma condição restritiva para a atividade produtiva do indivíduo no contexto de uma reclamação de subsistência que outros poderiam fazer em relação aos produtos desse trabalho (T II.v.28-30: 306-8). Assim, argumenta Locke, a lei de natureza, estabelece limites para aquilo que um indivíduo "pode, por meio de seu trabalho, fixar em uma propriedade", ou seja, limites para aquilo que ele "pode usar com qualquer vantagem para a sua vida antes que se estrague" (T II.v.31: 308). Locke estende o argumento, da colheita de bolotas e da criação de cervos para a propriedade da terra, de modo que "a extensão de terra que um homem lavra, planta, melhora, cultiva e cujos frutos pode utilizar, tal é a sua propriedade" (T II.V.32-33: 308-9).

Locke está ainda descrevendo, como havia feito no *Primeiro Tratado*, a condição da humanidade no início do mundo, quando "Deus deu o mundo em comum aos homens". Em tal condição, "a medida da propriedade [...] é estabelecida pela extensão do trabalho do homem", e o significado de "uso" é limitado pelas necessidades de consumo do indivíduo e de sua família. "Essa medida limitava a posse de todos a proporções bastante moderadas", e não causava, "nos primeiros tempos do mundo", quando havia abundância de terras e um número relativamente pequeno de pessoas, "prejuízo algum a ninguém" (T II.v.34-36: 309-11). Assim, "os homens possuíam um direito de se apropriar, por meio de seu trabalho, cada um para si mesmo, de tudo quanto na natureza pudessem fazer uso", mas o homem "não tinha direito, mais do que exigia seu próprio uso por alguns bens da natureza", a se apropriar de mais coisas além do que ele poderia consumir. Se assim o fizesse, ele estaria a "transgredir a lei comum de natureza" por ter "invadido a parte de seu vizinho", e "estaria sujeito a ser punido" por violar a lei natural (T II.v.37: 312-23; T II.v.46: 317-18; T II.v.51: 320). Contudo, "a maior parte" dos indivíduos nesse primeiro estágio do estado de natureza está "satisfeita com aquilo que a natureza desassistida ofereceu para suas necessidades" (T II.v.45: 317). Em outras palavras, Locke assume que é óbvio que "a necessidade de subsistência fez com que os membros das primeiras comunidades do mundo procurassem" aqueles suprimentos que, "se não fossem consumidos pelo uso, se deteriorariam e pereceriam". E, "das coisas boas que a natureza havia fornecido em comum, cada um tinha direito [...] ao tanto que ele pudesse fazer uso e à propriedade sobre tudo aquilo que ele pudesse produzir com seu trabalho". Se ele pretendesse "guardar mais do que ele pudesse fazer uso", "ele tomaria mais do que a sua porção, e prejudicaria outros" (T II.v.46: 317-

18). Essa terminologia moral decorre da estrutura do argumento de Locke, pois não somente um homem não tinha o "direito" a ter "mais do que a sua porção" daquilo que Deus havia dado em comum para a humanidade em vista de sua subsistência, mas ele também possuía, de acordo com a lei de natureza, um dever positivo de agir de maneira a procurar preservar a humanidade; o que inicia, na concepção de Locke, as ações de acumulação e de desperdício espúrio.

No último parágrafo do capítulo sobre a propriedade, Locke resume os parâmetros da vida moral e social no primeiro estágio do estado de natureza:

> é muito fácil conceber [...] como o trabalho poderia dar início ao direito de propriedade na coisas em comum da natureza, e como limitava o gasto para o nosso próprio uso. De modo que não havia qualquer razão para controvérsias quanto ao direito, nem qualquer dúvida quanto à extensão da posse que ele concedia. O direito e a conveniência iam juntos; pois um homem possuía o direito a tudo aquilo sobre o qual fosse capaz de aplicar seu trabalho, de modo que ele não sentia qualquer tentação de trabalhar para obter mais do que pudesse fazer uso. Isso não deixou lugar para controvérsias sobre o direito, nem para a usurpação do direito de outrem; via-se facilmente a porção que um homem separava para si mesmo; e era inútil, bem como desonesto, separar em demasia ou tomar mais do que o necessário. (T II.v.51: 320; cf. T II.v.39: 314)

O que tenho argumentando é que, a fim de entender o argumento de Locke no capítulo sobre a propriedade, é essencial considerá-lo em termos da estrutura de sua teoria política nos *Dois Tratados*, na qual os fundamentos morais estão vinculados a objetivos práticos. Por isso, o primeiro estágio do estado de natureza – a condição original em que Deus colocou a humanidade – é aquele em que a propriedade é definida em termos morais e naturalistas, em que os conceitos fundamentais são a liberdade da pessoa, o trabalho, o uso, o direito à subsistência e a lei de natureza, ou a vontade de Deus. Esse estágio, ou modo de vida, do qual os índios americanos fornecem uma útil ilustração (T II.v.26: 304-5; T II.v.30: 307-8; T II.v.41: 314-15; T II.v.43: 316-17; T II.v.46: 317-18; T II.v.48-49: 319; T II.viii.105: 354-55; T II.viii.108: 357-58), deve ser entendido holisticamente; Locke está, afinal, oferecendo uma imagem do desenvolvimento do estado de natureza, de sua transição de um estágio para outro, em que ambos os estágios precedem a instituição da sociedade política. É um erro acreditar que as características morais distintivas do primeiro estágio simplesmente desapareceriam com a invenção da moeda e de outros desenvolvimentos históricos que caracterizam o segundo estágio do estado de natureza (veja Macpherson 1962 e Strauss 1953). Pois, como temos visto, Locke certamente crê que o direito natural de subsistência continua, no tempo, como uma exigência moral obrigatória no estado mais avançado ou civilizado da sociedade.

A descrição de Locke do segundo estágio do estado de natureza representa uma extensão empírica (histórica) do primeiro estágio. Os conceitos fundamentais desse estágio são o consentimento, a troca, o comércio, as cidades e a moeda. Como Locke deixa claro no parágrafo 36, a "regra de propriedade" que governa o estágio de subsistência do estado de natureza é transformada, por meio do consentimento dos indivíduos em aceitar moeda na troca por bens produzidos através de seu trabalho, o que permite, pois, aos indivíduos um "direito" a "posses mais amplas" (T II.v.36: 310-11). Esse "consentimento mútuo" para a troca de bens perecíveis por moeda "não causa prejuízo" a ninguém, tampouco o desperdício "do estoque comum" da humanidade. Com efeito, Locke mantém que, ao incentivar o uso produtivo do trabalho e o cultivo da terra, esse processo de troca resulta no "aumento do estoque comum da humanidade" e, portanto, representa uma contribuição positiva à preservação da humanidade (T II.v.37: 312-23; T II.v.46-47: 317-19).

Ademais de demonstrar que o uso da moeda é compatível com os propósitos da lei natural, Locke fornece um descrição histórica de como as "famílias aumentaram" e as pessoas "se estabeleceram em conjunto e construíram cidades, e então, por consentimento, [...] e por leis internas a essa cidades, estabeleceram a propriedade dos membros da sociedade" (T II.v.38: 313-14; T II.v.45: 317). Em acréscimo a essas alterações demográficas, Locke identifica a invenção da moeda com o intercâmbio e o comércio, e com o uso produtivo do trabalho para além daquilo que é necessário para suprir as necessidades de consumo da família dos indivíduos (T II.v.46-48:

317-19; T II.v.50: 319-20). Assim, nos termos de Locke, a humanidade se move de um estágio de existência de trabalho/uso/consumo familiar para uma sociedade de produção para troca, em que os homens necessitam de uma legislação para regular seus direitos de propriedade. "E assim, por meio de acordo e pacto", os indivíduos "estabeleceram a propriedade que o trabalho e a indústria tinham começado". Uma vez que os homens se estabeleceram em cidades, o "consentimento comum" e o "acordo positivo", mais propriamente que o "direito natural comum", determinaram os limites da propriedade (T II.v.45: 317). Esse desenvolvimento progressivo nas relações sociais de propriedade assume que qualquer benefício em uma sociedade é devotado ao comércio. Por essa razão, Locke argumenta que o trabalhador, na Inglaterra, é mais afortunado que "um rei de um grande e fértil território" na América (T II.v.41: 314-15). Em outras palavras, Locke assume, como uma proposição empírica, que uma economia de moeda e troca beneficia todos os membros da sociedade, porque a riqueza da sociedade como um todo escoa por entre os indivíduos de menor posição socioeconômica nessa sociedade, dando-lhes uma vantagem comparativa em relação aos indivíduos (por exemplo, os índios americanos) que permanecem no estágio de subsistência do desenvolvimento econômico. Dada a estrutura do argumento moral de Locke, isso significa que o bem-estar dos indivíduos deve ser considerado não apenas em termos materiais, mas também como um cumprimento progressivo da obrigação de preservar a humanidade por meio da melhoria das condições que tornam possível a realização dessa obrigação.

O desenvolvimento econômico, no entanto, traz consigo alguns problemas, entre os quais se encontram, principalmente, disputas sobre direitos de propriedade, quando estes são estabelecidos por "consentimento mútuo" ou contrato. Em uma sociedade de subsistência, observa Locke, "pouco espaço pode haver para querelas ou litígios concernentes à propriedade" (T II.v.31: 308; T II.v.39: 314). Uma vez que Locke crê que a "disputa sobre o direito" ou "sobre a extensão da posse" da propriedade é a fonte principal das controvérsias entre indivíduos, o que torna necessária a instituição de um governo enquanto um árbitro para resolvê-las (T II.v.51: 320; T II.vi.75: 335-36; T II.viii.108-8: 356-58), existe uma conexão direta no argumento de Locke entre o desenvolvimento econômico, que supostamente ocorre na passagem da primeira para a segunda fase do estado de natureza, e a necessidade de alguma forma de governo.

Ao resumir as características dos indivíduos no estágio inicial do estado de natureza, Locke escreve que "a igualdade da maneira de viver simples e pobre, ao confinar seus desejos nos estreitos limites da pequena propriedade de cada homem, originava poucas controvérsias, e, assim, não havia necessidade de muitas leis para decidi-las". Pois "suas posses e seu modo de vida [...] ofereciam poucos motivos para a cobiça ou a ambição [...], existiam poucas transgressões e transgressores" da lei de natureza (T II.viii.107: 356-57). Assim, "a falta de gente e de dinheiro não ofereceu qualquer tentação para ampliarem suas posses de terra ou combaterem por uma maior extensão de terra" (T II.viii.108: 357). Na ausência de tais controvérsias sobre direitos de propriedade, não há "qualquer disputa entre o povo e o soberano sobre governantes ou governo" (T II.viii.111: 361). Tampouco eles necessitam de muitas leis (T II.viii.107: 356-7; T II.xiv.162: 394); do que se segue, para Locke – que está fornecendo aqui uma descrição histórica das origens do governo –, que o povo não deve, ele mesmo, preocupar-se com a maneira de instituir um poder de estabelecer leis como o primeiro pré-requisito da sociedade política. Antes, "sendo a monarquia simples e mais óbvia para os homens" como uma forma de governo enquanto extensão de uma família patriarcal, ela era "também a forma mais conveniente ao presente estado e condição em que se encontravam", pois eles "precisavam mais da defesa contra invasões e malefícios do estrangeiro que da multiplicidade das leis" (T II.viii.107: 356-57).

A suposição subjacente a esse argumento, de que formas simples de governo (monarquia) são "mais convenientes" para condições socioeconômicas mais simples, também apoia, obviamente, um argumento de que uma forma de governo mais complexa do que colocar todo o poder político nas mãos de um único homem é "mais conveniente" para condições socioeconômicas mais complexas, nas quais as controvérsias sobre direitos de propriedade são mais frequentes e "uma multiplicidade de leis" podem ser necessárias para resolvê-las. Assim, Locke observa que, na medida em que aumenta a riqueza da sociedade, "a ambição e a lascívia [...] ensinaram príncipes a terem interesses distintos e separados dos de seu povo", uma condição que torna "a opressão da dominação tirânica" uma ocorrência muito mais provável. Nessas circunstâncias, "os homens acharam necessário examinar mais cuidadosamente a origem e os direitos do governo; e encontrar meios de limitar os exageros e evitar os abusos desse poder que eles confiaram às mãos de outrem tão somente para o próprio bem deles". Essa reconsideração da natureza e dos propósitos do poder político levou os homens a "cogitarem métodos de [...] contrabalancear o poder do governo, colocando partes diversas dele em diferentes mãos" (T II.viii.107: 356-57; T II.viii.111: 360-61). Ou, como Locke enuncia inequivocamente o ponto em outra passagem, poderia ser historicamente verdadeiro que, durante "as primeiras eras de inocência negligente e incapaz de previsão, o poder político foi colocado nas mãos de um único homem, todavia, ele argumenta, "o povo, julgando que suas propriedades não estavam mais seguras sob o governo, do modo como ele então se constituía, [...] jamais poderia estar seguro ou em tranquilidade na sociedade civil enquanto o poder legislativo não fosse colocado nos corpos coletivos de homens, denominados senado, parlamento, ou o que se queria" (T II.vii.94: 347-48).

O governo constitucional, enquanto um equilíbrio de poderes, que inclui um corpo legislativo eleito, fornece, pois, a segurança para as propriedades dos indivíduos que vivem em uma economia de moeda e troca, segurança que a monarquia como forma de governo é improvável e/ou incapaz de oferecer. A discussão de Locke acerca da propriedade nos *Dois Tratados*, portanto, faz muito mais do que fornecer uma descrição e uma justificação moral da origem da propriedade privada, ela oferece também uma defesa do governo constitucional que se baseia em sua descrição do desenvolvimento da propriedade.

Tentei oferecer neste ensaio uma leitura interpretativa dos *Dois Tratados sobre o Governo* que ilustra a extensão em que os objetivos práticos a serem realizados por meio da ação coletiva – resistência à tirania – estruturam o quadro teórico do pensamento político de Locke, da maneira como é apresentada nesses textos. A defesa de Locke do governo constitucional é, por um lado, fundada sobre os princípios morais e teológicas que ele identifica com a lei de natureza; e, ao mesmo tempo, é um reconhecível registro das instituições políticas específicas da Inglaterra do século XVII. Todavia, o argumento de Locke acerca da lei natural não é simplesmente uma compilação de preceitos morais, abstratamente enunciados (veja Dunn 1969a e Grant 1987). Quando considerado em relação à descrição lockeana do desenvolvimento dos estágios do estado de natureza e das origens da propriedade, o argumento lockeano da lei natural é capaz de defender tanto a economia moral de um direito natural à subsistência quanto as características benéficas de uma sociedade de mercado. Essa defesa do comércio é também empregada por Locke como uma arma política contra a monarquia absoluta, ou, colocando em termos mais positivos, como parte de sua justificação normativa e histórica para o aparecimento do governo constitucional, o que, no mínimo, inclui na noção de "consentimento" o direito dos indivíduos de eleger uma assembleia legislativa representativa.

Esse direito do povo de ter um poder legislativo eleito para corrigir injustiças era, como sugeri no início, o ponto de partida para qualquer entendimento acerca dos argumentos políticos promovidos pelos Whigs radicais, liderados pelo conde de Shaftesbury nos anos de 1680, e para um entendimento interpretativo do porquê Locke escreveu os *Dois Tratados sobre o Governo*. Essa obra fornece, pois, uma base histórica e teórica para articular os discursos da revolução e da democracia por meio de uma interpretação ativista do conceito de soberania popular. Esses argumentos, por sua vez, têm como premissas certas suposições relativas à igualdade moral, racionalidade e independência dos indivíduos e à capacidade que possuem para orientar suas ações em vista da realização do bem comum. É questão controversa saber até que ponto Locke pretendia que as implicações dos argumentos apresentados nos *Dois Tratados* fossem estendidas, uma questão sobre a qual os intérpretes razoavelmente discordam. Mas muito dificilmente se alega distinguir, no pensamento político de Locke, as bases intelectuais para as lutas dos séculos XVIII e XIX para alcançar a independência política e para estender as práticas e as instituições da democracia.

10 A influência de Locke

Hans Aarsleff

I

John Locke é o mais influente filósofo da época moderna. Seu *Ensaio* iniciou a vigorosa e duradoura tradição filosófica conhecida como empirismo inglês, mas a importância de Locke ultrapassa os limites daquilo que, desde a sua época, tem se tornado conhecido como a disciplina profissional da filosofia. Sua influência na história do pensamento, sobre a maneira de pensarmos sobre nós mesmos e sobre nossas relações para com o mundo em que vivemos, para com Deus, a natureza e a sociedade, tem sido imensa. Sua principal mensagem era para que nos situássemos livres do peso da tradição e da autoridade, tanto na teologia como no conhecimento, ao mostrar que todos os fundamentos de nossa conduta correta no mundo podem ser assegurados pela experiência que podemos obter por meio das faculdades e poderes inatos com que nascemos. Deus "comanda o que a razão faz" (W VII: 11), estas são as palavras que melhor revelam o sentido e a unidade do pensamento de Locke.[1]

Leslie Stephen escreveu que Locke foi "o intelectual soberano do século XVIII" (Stephen 1876: 1:86). Voltaire, que durante toda a sua carreira foi um devotado defensor de Locke, chamava-o de "Hércules da metafísica" em virtude de Locke ter fixado os limites da mente humana (Voltaire, Carta de 1768 a Horace Walpole; citada por Stewart 1816-21: 1:220n).

---

[1] Informações sobre as fontes secundárias citadas neste capítulo são dadas na bibliografia que segue este capítulo. As citações do *The Conduct of the Understanding* de Locke incluem a palavra "Conduct" seguida pelo número da seção, bem como por uma referência ao terceiro volume dos *Works* de Locke.

Em menos de dez anos após a morte de Locke, Addison e Steele referiam e citavam regularmente Locke em seu jornal *Spectator*, que visava galvanizar os interesses de seus leitores da crescente classe média. Em 1717, na idade de quatorze anos, Jonathan Edwards leu o *Ensaio* em New Haven com uma excitação que produziu consequências duradouras para o seu pensamento (Miller 1956: 175-83). Samuel Johnson tomou de Locke sua concepção básica da linguagem e incluiu cerca de trezentos e vinte citações de Locke em seu famoso dicionário, mais do que qualquer outra fonte (McLaverty 1986: 384). Laurence Sterne disse que seu talento havia sido alimentado pela longa dedicação à leitura de Locke, cuja psicologia havia moldado tanto os personagens de Sterne quanto a inovadora técnica de sua ficção (Howes 1974: 414). Quando o editor Charles Joseph Panckoucke começou a publicar, no final do século, o seu *Encyclopédie Méthodique*, ele dedicou quatro volumes à "logique et métaphysique". Para tomar o primeiro desses volumes como um exemplo, encontramos Locke representado por todo o capítulo "Da Associação das Ideias" (E II.xxxiii) e, no verbete "Ideia", pelos capítulos I-XII e XXIX-XXXI do segundo livro do *Ensaio*. A introdução aos quatro volumes explica que, uma vez que o objetivo era fazer uma "compilação dos melhores tratados, dissertações e artigos sobre metafísica e lógica [...], o leitor irá entender que foram principalmente Locke e Condillac que forneceram a maioria das entradas" lexicais (*Encyclopédie Méthodique* 1786-91: 1:xv-xvi). Um pequeno trabalho de indexação produziria rapidamente uma abundância de outras menções não triviais a Locke no mundo editorial europeu do século XVIII.

Seria, obviamente, inútil procurar Locke em todos os recantos e fraturas da vida e do pensamento do século XVIII, mas não é inútil colocar a questão geral e fundamental: quais as características do pensamento de Locke lhe conferiram a aceitação e a simpatia que ele alcançou tanto na Inglaterra quanto no continente (onde muitas de suas obras tornaram-se conhecidas em traduções francesas, mesmo antes de sua morte, em 1704)? O primeiro objetivo deste ensaio será o de oferecer uma resposta concisa a essa pergunta. A seguir, por meio de poucos exemplos, extraídos principalmente do *Ensaio*, procurarei ilustrar algumas das diversas formas em que aspectos particulares da filosofia de Locke ganharam atenção e mesmo popularidade no pensamento do século XVIII. Em terceiro lugar, tratarei do papel de Locke, associado principalmente com Condillac, na nova filosofia da linguagem, que é uma das grandes e duradouras realizações do século. Por fim, abordarei brevemente a queda do prestígio de Locke – ou, melhor, de seu encanto – no século de Coleridge, Victor Cousin, Carlyle e Emerson, antes de concluir com um breve exame acerca da retomada dos estudos sobre Locke que, durante a última geração, ampliaram o entendimento sobre seu pensamento e o nosso respeito por sua realização.

Antes de tudo, devemos mencionar alguns poucos fatos sobre o mundo em que Locke vivia. O século XVIII tem sido frequentemente chamado de o século da razão. Esta distinção é facilmente confirmada quando recordamos nomes como os de Descartes, Poussin, Hobbes, Corneille, Milton, Molière, Pascal, Espinosa, Leibniz e Locke, e quando contemplamos o surpreendente aparecimento da nova maneira de entender a natureza que estava associada com a ciência de Kepler, Galileu, Boyle e Newton. Logo se percebeu que essa ciência era tão importante e produtora de bem-estar que sua promoção tornou-se institucionalizada em sociedades científicas, tanto em Paris como em Londres, já durante os anos de 1660. Mas essa imagem vigorosa é somente uma face desse notável século.

Para a vasta maioria dos homens e mulheres que viveram na Europa durante o século de Locke, a realidade imediata era muito diferente. Era uma época de violência, morte, violação, guerra e devastação em grande escala. Eram anos de lutas religiosas causadas por disputas sectárias sobre o direito de ler as Escrituras e pela ostentação do despotismo justificado pela doutrina do direito divino dos reis. Era um mundo de constante intolerância e repressão religiosa e política, e do consequente deslocamento que fez com que refugiados vagassem pelas terras da Europa em busca de paz e segurança. A Inglaterra compartilhava essa realidade no entusiasmo religioso e em promessas apocalípticas de vida em uma sociedade igualitária, o que, em grande parte, causou as convulsões e a violência das décadas de 1640 e 1650.

Na Inglaterra, a Restauração de 1660 prometia um retorno à ordem, mas sobre quais princípios tal ordem deveria basear-se, uma vez que a mera alegação de prerrogativa real não deveria, por si só, prevalecer? Podemos entender o sentido de uma influente resposta no pronunciamento programático de Thomas Sprat, ao defender a Royal Society e sua nova ciência, de que "a disposição intelectual desta época é dirigida a uma religião racional" (Sprat 1667: 374). O sentido é claro: uma vez que a ciência é o estudo da revelação de Deus na criação, ela incentivará toda a humanidade a conviver pacificamente, inculcando a lição ecumênica da racionalidade e da ordem, que os nossos sentidos e a nossa razão, agindo em conjunto, nos ensinam no estudo da natureza. Sprat enfatizou que não era o objetivo da sociedade despender seu trabalho a qualquer disposição religiosa ou nacional particular, mas encontrar "uma filosofia da humanidade" (Sprat 63). Tanto o *Ensaio* quanto outras obras de Locke foram escritas no espírito dessa união universalista entre fé e conhecimento.[2]

II

O prestígio e a influência do pensamento de Locke decorreram principalmente do que se julgou ser sua aplicação bem-sucedida do método da filosofia natural ao estudo daquilo que pertence à mente. Max Weber falou sobre o "desencantamento do mundo" como a marca da modernidade e da secularização, segundo ele, o efeito do crescente domínio sobre o mundo físico que nos deixa confiantes de que podemos entender as coisas de modo racional, ou seja, sem crença na magia ou em pensamentos sobre pequenas criaturas misteriosas que atuam e se põem a trabalhar quando ligamos o automóvel. Com o *Ensaio*, Locke realizou um correspondente desencantamento do mundo humano, e foi esse desencantamento, mais do que qualquer outro fator, que deu ímpeto à influência de Locke. O *Ensaio*, disse Sterne, é "um livro de história [...] que se passa na própria

---

2 Sobre as edições e traduções das obras de Locke, uma rica fonte é Attig 1985. Yolton & Yolton 1985 é um útil guia anotado dos escritos sobre Locke entre 1689-1982. Hall & Woolhouse 1983 cobre os estudos sobre Locke nos últimos oitenta anos. Todos esses trabalhos possuem índices completos.

mente do homem" (Howes 1974: 44). Em sua famosa décima terceira das *Cartas sobre a Nação Inglesa*, Voltaire notou que, depois de tantos terem escrito "o romance da alma, um sábio finalmente surgiu e, com um ar de grande modéstia, forneceu a sua história. Senhor Locke [...] de onde todos retiram a luz da física como seu guia" (Voltaire 1733: 248; para outros textos de Locke, veja Voltaire 1734: 222-27; veja, também, Bonno 1947, que mostra que Voltaire não foi o primeiro francês a alçar Locke a tal posição).

Um tributo muito mais relevante para Locke apareceu em 1751, no importante *Discurso Preliminar* de d'Alembert ao grande monumento do pensamento e da cultura do século XVIII, a *Encyclopédie*, que d'Alembert estava então editando, juntamente com Denis Diderot. Locke, escreveu d'Alembert, "criou a metafísica [ou seja, a filosofia] quase como Newton havia criado a física. [...] Em uma palavra, ele reduziu a metafísica àquilo que ela realmente deveria ser: a física experimental da alma" (d'Alembert 1751: 83-84). Nas obras citadas anteriormente, Voltaire já havia associado Newton com Locke, e essa associação tornou-se um lugar-comum – o que mostra quão bem o século XVIII entendeu a ação de desencanto operada por Locke. Podemos entender melhor o modo como Locke realizou esse giro ao atentarmos para um detalhe familiar de seu pensamento.

A característica mais bem conhecida e a mais dramática do pensamento de Locke é a negação das ideias e princípios inatos da epistemologia e da filosofia da mente, com o fundamento de que, não importa o quanto ele tenha examinado questão, ele encontrou que é impossível distinguir aquilo que se alegava ser ideias e princípios inatos daquilo que podemos adquirir por meio de nossas faculdades naturais, que são inatas. Para Locke, mesmo a ideia de Deus não seria inata, mas invariavelmente descoberta, isto é, adquirida por uma mente racional que refletisse seriamente sobre as obras da criação (E I.iv.9: 89) – pois, então, por que teria Deus desperdiçado seus esforços ao nos equipar com conhecimento inato quando somos capazes de alcançar o mesmo conhecimento por meio das faculdades que Ele inseriu em nossa natureza (E I.iv.21: 98-99)? A doutrina inatista é esotérica e, assim, aberta à utilização repressiva por pessoas que ocupam posições de autoridade, que se alegam os guardiões dessas verdades ocultas – um ponto que Locke tocou mais do que uma vez, com forte ênfase, no primeiro livro do *Ensaio*. A recusa das ideias inatas envolveu imediatamente Locke em uma polêmica com teólogos que consideravam seu argumento uma ameaça às crenças religiosas e à manutenção da disciplina eclesiástica. A doutrina inatista era, com efeito, teológica antes que filosófica, e sua rejeição incidiu sobre um amplo registro, de Descartes aos entusiastas apocalípticos dos anos de 1640-1650. A filosofia natural somente pode admitir aquele conhecimento que é aberto a todos, isto é, extraído a partir da experiência compartilhável da reflexão e da sensação, da razão e dos sentidos. Locke muitas vezes insistiu que as alegações sobre a verdade por meio de revelação privada eram vazias e socialmente desagregadoras.

Era comum, no século XVIII, citar anjos e Adão, antes da queda, como criaturas cujo conhecimento era perfeito por ser inato. Mesmo Descartes almejava reconquistar "o conhecimento primordial" dos anjos (Aarsleff 1993). Nessa concepção, o modelo da verdade estava no passado, no início, e a melhoria do conhecimento somente tornar-se-ia possível pela anulação das causas morais e espirituais de nossa perda – a verdade, ela mesma, era uma questão religiosa. Foi por essa razão que Descartes teve de colocar-se na posição angelical ou adâmica de assegurar a existência de Deus antes que ele pudesse confiar naquilo que seus sentidos lhe diziam sobre o mundo. Pela mesma razão, ele também afirmou que os incrédulos não podiam ser confiáveis como filósofos, nem como matemáticos. Pela mesma razão, não existe, para Descartes, qualquer possibilidade da teologia natural, qualquer base para o deísmo, pois Deus é demasiado inescrutável para entendermos o Seu plano da criação.

Locke rejeitou essas alegações sobre a relação entre o início anterior à queda e o nosso estado presente, uma vez que pertenciam à doutrina inatista. Em vez de propor uma recuperação do equilíbrio atemporal, Locke oferecia processo e progresso. Bastante ciente das bases teológicas dessas alegações, ele dirigiu seu ataque ao cerne da questão ao afirmar o que tem sido apropriadamente chamado de humanidade ordinária de Adão. No primeiro dos *Dois Tratados sobre o Governo*, Locke demoliu o patriarcalismo adâmico de Robert Filmer, que havia afirmado que o direito real de poder descendia por primogenitura da linhagem de Adão, uma doutrina que, pela própria estranheza que nos provoca, revela a confiança do século no arquétipo adâmico. É bem conhecido que Locke, no *Segundo Tratado*, situa a origem da obrigação política na passagem livre e contratual do estado de natureza para a sociedade civil. Reis não governam por direito divino. Sociedades, Estados e soberania são instituições humanas. Locke despendeu igual força para contrariar outras duas alegações fundamentais da teologia adâmica.

No *Ensaio*, Locke repetidamente afirma, especialmente no terceiro livro, que as palavras tornam-se sinais de ideias "não por alguma conexão natural que existe entre determinados sons articulados e certas ideias, pois, então, haveria apenas uma única linguagem entre todos os homens" (E III.ii.i: 405) – como foi alegado pela postulada linguagem adâmica –, porém estabelecida unicamente "*por uma perfeita instituição arbitrária*" (E III.ii.8: 408). A linguagem opera somente por meio do consenso tácito entre seus falantes acerca do uso corrente das palavras, isto é, por contrato. Locke diversas vezes fala sobre "os primeiros que estabeleceram a linguagem", e embora ele nunca afirme expressamente, tal início deve ter sido contratual, por consentimento tácito, como no caso da sociedade civil. A rejeição da doutrina da linguagem adâmica por parte de Locke foi, ao mesmo tempo, uma repetição do que ele havia feito em relação ao inatismo no Livro I, pois a interpretação corrente do Gênesis havia fundado o privilégio epistemológico do conhecimento inato de Adão sobre sua nomeação dos animais, de acordo com as suas naturezas e essências verdadeiras – as mesmas essências que Locke argumentou que jamais poderíamos conhecer (sobre a humanidade ordinária de Adão, veja, também, E III.vi.44-51: 466-71).

Por fim, nas primeiras páginas de *A Razoabilidade do Cristianismo*, Locke descarta a doutrina do pecado original, tanto porque ele não encontrou apoio para ela na Bíblia, quanto porque ele a considerou como contrária à razão e indigna de nossa ideia de Deus e de Sua benevolência. Cristo não redimiu a humanidade do pecado original, mas da perda da imortalidade que, argumentava Locke, foi a consequência da queda. Cristo veio como o restaurador de todos os homens para "aquela vida que eles novamente receberam na ressurreição" (W VII: 9). Não é de admirar que Locke tenha sido acusado de ser antitrinitarista e socianista, isto é, aquilo que hoje poderíamos aproximadamente chamar de unitarista. Locke sempre foi muito ciente de nossos impulsos passionais e pecadores, de quão difícil é realizar a vontade de Deus por ser racional no pensamento e na ação, mas ele queria ter a certeza de que cada indivíduo fosse considerado responsável unicamente por suas próprias ações, e, por essa razão, ele estava comprometido com a posição de que uma filosofia para toda a humanidade – recordamos a frase de Sprat – não podia, absolutamente, basear-se naquilo que não tinha sido revelado pela palavra a todos. Não há qualquer dúvida de que o próprio Locke era um crente devoto na revelação das Escrituras, mas o seu público filosófico visava a revelação manifesta de Deus na criação, porquanto ela, por estar aberta à razão e aos sentidos de todos, permite uma igualdade de conhecimento para todos.

É necessário um esforço para se compreender a natureza radical do movimento de Locke contra os argumentos contemporâneos a favor da autoridade política, epistemológica e religiosa. Mesmo homens racionais, como Henry More, um quase contemporâneo de Locke, defendiam a existência de ideias inatas; no caso de More, porque ele temia que, sem tais ideias, a crença na realidade das artes da magia fosse perdida. Ao banir todo pensamento de culpabilidade inata e de inferioridade natural que deveria ser realçado pela intercessão de autoridades tradicionalmente sancionadas, Locke deu à humanidade total autonomia na condução de seus negócios neste mundo, mesmo em relação a comportamentos que poderiam merecer uma vida entre os santos.

Essa autonomia tornou-se possível porque o abandono da doutrina inatista abriu caminho para três aspectos, que devem ser tomados entre os mais influentes do pensamento de Locke: a noção de que o conhecimento é cumulativo e progressivo, a necessidade de comunicação e a curiosidade sobre a diversidade cultural, ou o que hoje, com um termo técnico, chamaríamos de antropologia comparada. Nenhum desses aspectos teria qualquer legitimidade para aqueles que acreditavam que a nossa tarefa epistemológica é a recuperação do conhecimento perdido e perfeito, e que as diferenças culturais foram o resultado de graus de degeneração moral em relação a esse arquétipo. No primeiro livro do *Ensaio*, Locke apoia seu argumento contra o inatismo com copiosos exemplos de relatos de viagens que mostravam a total ausência, em muitas populações, das próprias concepções tomadas como inatas. Esses relatos forneciam informações sobre a natureza humana de modo muito parecido com o conhecimento que o cientista pode obter por meio de experimento. A biblioteca de Locke era particularmente rica em literatura de viagem, e é mesmo possível que ele tenha dado uma contribuição na preparação da extensa edição, em quatro volumes, que seus próprios editores publicaram no ano de sua morte. Livros de viagens foram amplamente populares no século XVIII, e muitos ganharam um lugar na filosofia.

Locke acreditava que as diferenças culturais não tinham origem na desigualdade das capacidades naturais, mas na desigual oportunidade de tempo e ócio para desenvolver nossas faculdades. "Nascemos para sermos, se quisermos, criaturas racionais", escreveu ele, "mas é somente seu uso e exercício que nos torna racionais" (Conduct 6: W III: 220). Quando ele comparou pessoas de diferentes posições na vida, desde o simples trabalhador até o "proprietário rural", ele imputou as extensas variações do talento intelectual que ele notara não à desigualdade das "partes naturais", mas às "diferentes oportunidades dadas a seus entendimentos para pesquisar, coletar informação e suprir suas cabeças com ideias" (Conduct 3: W III: 212). Nesse sentido, Locke diz que "os carregadores e sapateiros de grandes cidades" superam o modesto artesão de uma pequena cidade, que, por sua vez, faz um pouco melhor do que "os trabalhadores de uma vila". O nível da cultura intelectual é amplamente determinado pela oportunidade de comunicação; o progresso da mente e do conhecimento (frases que Locke usou com certa frequência) é mais provável de ocorrer nas cidades do que no isolamento do campo. O mesmo princípio é aplicado às populações em regiões distantes do mundo. Assim, Locke acreditava que os "antigos selvagens americanos, no que diz respeito a seus dons naturais e provisões, não ficam aquém das nações mais prósperas e educadas" (E IV.xii.11: 646).

Locke frequentemente refere-se às mentes obtusas do povo comum, mas ele era tão severo em sua opinião sobre os estudiosos muito dados a concepções estreitas e a leituras sectárias, que induziam, considerava ele, a erros perigosos e ilusões. Ele considerava, por outro lado, que as crianças eram mais racionais do que geralmente se admitia. A educação para uma vida sábia, racional e feliz era uma das preocupações mais profundas de Locke, que se manifesta não somente nos escritos educacionais, mas também no *Ensaio*. O hábito e o exercício de nossos talentos naturais fazem a grande diferença. O automelhoramento e o progresso são possíveis tanto para o indivíduo quanto para o grupo. A racionalidade é uma realização pessoal que, por sua vez, implica uma forte responsabilidade pela conduta individual.

A investigação de Locke "acerca da origem, certeza e extensão do conhecimento humano; juntamente com os fundamentos e os graus de crença, opinião e consentimento" (E I.i.2: 43) – propriamente chamada de um "ensaio" – era, tanto em a sua natureza privada quanto em seus efeitos públicos, não muito diferente da autoanálise de Freud, de duzentos anos mais tarde. Para o próprio Locke, a redação do *Ensaio* era o tipo de educação para a humanidade que ele esperava que outros procurassem alcançar. Quando um crítico assinalou que muito do *Ensaio* poderia ter sido citado de livros, Locke concordou e, ao mesmo tempo, ofereceu a confidente resposta de que, uma vez que seu objetivo era "copiar a natureza e dar conta das operações da mente no pensamento", ele não poderia "contemplar o entendimento de outrem", senão o seu próprio "para ver como ele é forjado". O *Ensaio*, disse ele, era "uma cópia da minha própria mente", e ele não teve qualquer hesitação em publicá-lo, porque acreditava que "as faculdades intelectuais são dispostas e funcionam de modo semelhante na maior parte dos homens" (W IV: 138-39). Outros seriam qualificados para julgar o que ele escreveu, uma vez que ele não reivindica infalibilidade e mesmo concede que as predileções de nossos entendimentos possam diferir (E Epis: 8). Os leitores não deviam tomá-lo em confiança, nem tratá-lo como uma autoridade superior, pois "é o pensamento que faz nosso aquilo que lemos", como ele laconicamente disse em *The Conduct of the Understanding* [*A Conduta do Entendimento*] (Conduct 20: W III: 241; veja, também, Conduct 24: W III: 250). Se o *Ensaio* conquistou, o que parece certo, um público leitor mais amplo do que obras desse tipo comumente desfrutam, isso pode ser devido, em parte, a ele se comprometer em uma relação de intimidade com o leitor, manifesta, por exemplo, na "Epístola ao Leitor", que se dirige a sua audiência na intimidade da segunda pessoa "tu" [*thou*], em vez do usual "você" [*you*]. Na passagem já citada de seu *Discurso Preliminar*, d'Alembert escreve que, para Locke, "os princípios da metafísica [...] são os mesmos para os filósofos como para o conjunto geral do povo" (d'Alembert 1751: 84). Tal como Freud, Locke ofereceu mais do que uma análise da mente. Ele foi corretamente entendido como oferecendo um programa de reforma que deveria tornar-nos felizes neste mundo e no mundo da outra vida.

III

É história corrente que o *Ensaio* constitui o início da tradição filosófica que, no final do século XIX, tornou-se conhecida como o empirismo inglês. Ele é marcado por uma tendência de permanecer próximo ao senso comum, compartilhado por cidadãos comuns, de evitar levantar paradoxos no interior da verdade duradoura, de aceitar sem muita inquietação a existência de um mundo externo, do qual nossos sentidos nos dizem algo, de conceder à razão a função de árbitro supremo. Seu principal interesse é a epistemologia e, por essa razão, tem sido geralmente responsivo aos novos eventos da ciência. O empirismo é, também, um modo de filosofia bem-sucedido na comunicação e na discussão, não espera que a verdade venha como em um *flash*, e faz uma má avaliação das afirmações de gênios isolados e de linhagem especulativa acerca de questões profundas. Ele preza o bom estilo, certa vivacidade de espírito, o humor e as gratificações da vida social, combinados com um senso de responsabilidade para com o bem-estar de todos. Encontrava-se em boa posição, por sua própria natureza, para prosperar quando a filosofia alcançou um lugar garantido nas universidades. Embora a perspectiva de Locke contivesse uma boa porção de pensamento cartesiano, o *Ensaio* moveu-se pela filosofia, a ponto de ser considerada como a refutação de Descartes. O idealismo da tradição alemã, que começa com Kant, era demasiado estrangeiro para provocar acomodação ou mesmo interesse. O empirismo inglês, desde há muito, tem sido o modo preferido do discurso filosófico anglófono, de Berkeley e Hume, dos filósofos escoceses e de John Stuart Mill a Bertrand Russell e A. J. Ayer. Sua história tem recebido amplo tratamento, e não pretendo examiná-la dentro do escopo limitado deste ensaio.

Dado o mal dissimulado caráter polêmico do *Ensaio* e de outros escritos de Locke, incluindo *A Razoabilidade do Cristianismo*, não é nenhuma surpresa que as primeiras reações vieram da teologia. Afinal, a posição de Locke era a de que a autoridade, a tradição e os dogmas da igreja, para não mencionar sua liturgia, deveriam ser sobrepujados pela revelação manifesta das Escrituras e que o discurso dessa revelação estivesse sujeito à correção pela razão – "Deus comanda o que a razão faz". Locke foi logo acusado de ser um socianista e um deísta. Seu mais persistente oponente foi Edward Stillingfleet, bispo de Worcester, a quem Locke escreveu três respostas que se estendem por um volume separado de 500 páginas da edição *standard* dos *Works*. O fato de que foram todas escritas em um período de dezoito meses, que começou no outono de 1696, quando Locke estava muito ocupado também com outras coisas, é uma medida da urgência das questões em debate.

Uma questão geral era que a "*nova via das ideias*" de Locke – uma expressão conveniente, lançada primeiramente por Stillingfleet – representava uma ameaça aos mistérios da fé, os quais, é preciso conceder, teriam dificuldade de se manter por nossa contemplação dos objetos de pensamento, ou seja, das ideias que a nossa própria experiência formou por meio da reflexão e da sensação. Mas Locke não era amigo de mistérios; ele visava o entendimento público. Outra questão era a eliminação de Locke da doutrina predominante da substância, no sentido de que, embora Locke houvesse admitido a existência de substâncias reais, ele também insistiu que nós não temos acesso epistemológico a elas. Nós conhecemos somente as propriedades sensíveis das substâncias, ou seja, aquilo que Locke denominou, de modo provocativo, de "essência nominal". Isso foi considerado por Stillingfleet como uma grave ameaça à doutrina da Trindade. Uma temerosa terceira questão foi levantada no famoso capítulo "Da Identidade e da Diversidade", o capítulo XXVII do segundo livro do *Ensaio*. Nesse texto, Locke argumenta que a identidade pessoal depende da mesma consciência continuada que é inerente a uma "coisa pensante", do mesmo modo como consideramos a identidade de um animal consistir não em alguma substância particular, pois a matéria que compõe o animal sofrerá alteração ao longo do tempo, mas na "unidade de uma vida continuada" (E II.xxvii.10: 336). O bispo Stillingfleet e outros foram rápidos em apontar que a concepção de Locke acerca da identidade pessoal causa dificuldades para a doutrina da ressurreição dos mortos.

A formulação e a discussão do problema da identidade pessoal talvez representem a notável contribuição de Locke à filosofia; esse problema tem sido amplamente discutido, desde então, nos termos delineados primeiramente por Locke. Mas o que talvez possa ser chamado, com alguma justiça, de suas implicações revolucionárias – e perturbadoras – logo teve um efeito também na literatura, pois, se não existe um eu substancial permanente, o que é o eu? O que acontece com nossa concepção de pessoa, caso tivermos de compreender um amigo ou um personagem fictício em termos de uma sucessão de memórias com muitas lacunas ou, de modo ainda mais vago, como um emaranhado de associações casuais do tipo que Locke considerou ser a marca de uma mente que, pelo menos durante certo tempo, perdeu sua racionalidade e caiu em "uma espécie de loucura"? Em 9 de agosto de 1714, um artigo do *Spectator* de Addison e Steele iniciou com uma passagem retirada do capítulo de Locke como preâmbulo a uma versão de um conto persa, em que o autor estava "extremamente satisfeito [de encontrar] aplicável, em alguma medida, a essa composição de filosofia" (Addison & Steele 1714: 4:575-76). O grupo de literatos ingleses, chamado de scriblerianos, também ridicularizou o problema da identidade. Com sua ênfase sobre a consciência e a consciência de si, a análise de Locke incentivou uma nova intimidade e mesmo uma interioridade na concepção e na descrição do caráter que reconhecemos como uma característica inovadora do romance inglês do século XVIII (Fox 1988: 7-78; veja, também, MacLean 1936: 98-102). É um detalhe notável da análise de Locke, que ele tenha levantado a questão de se um homem pode ser justamente punido por ações cometidas enquanto inconsciente, por exemplo, enquanto está muito embriagado para ter alguma autoconsciência.

A controvérsia com Stillingfleet suscitou ainda um problema adicional de grande importância, mas antes de examiná-lo, permita-me antes citar o subtítulo completo à última resposta de Locke (que corre por entre trezentas páginas), de modo a dar um ar de autenticidade a essas questões enigmáticas. Como diz a página de rosto, era uma resposta "em que se examina, além de outras questões incidentais, aquilo que vossa senhoria disse acerca da certeza pela razão, da certeza pelas ideias e da certeza pela fé; da ressurreição do corpo; da imaterialidade da alma; da incoerência das noções do Sr. Locke com os artigos da fé cristã e de sua tendência ao ceticismo" (W IV: [191]).

Esse catálogo mostra quantos tópicos sensíveis foram discutidos pelo *Ensaio*, tópicos que, em grande parte, para nós, perderam o sentido. Devemos também nos lembrar que o *Ensaio* não era meramente sobre o conhecimento; era sobre a fé e o conhecimento (veja Ashcraft 1969).

O quarto problema consistia de uma questão que Locke, por via de uma sugestão, havia brevemente levantado em uma longa seção (E IV.iii.6: 539-43). Nesse texto, Locke trata das limitações do nosso conhecimento, mesmo onde poderíamos imaginar que o possuímos. Assim, temos as ideias de um quadrado, de um círculo e da igualdade, mas nunca seremos capazes de provar a igualdade entre um quadrado e um círculo no que diz respeito ao tamanho de suas áreas. Temos também as ideias de matéria e de pensamento, mas não podemos saber "se seres meramente materiais pensam ou não" (E IV.iii.6: 540). Isso imediatamente levou Locke a observar que ele não "vê qualquer contradição em que o primeiro Ser pensante eterno pudesse dar alguns graus de sensação, de percepção e de pensamento, se lhe agradasse, a certos sistemas de matéria criada e carente de sensação, compondo-os do modo como julgasse conveniente" (E IV.iii.6: 541). Isso pode parecer uma observação bastante inocente acerca da onipotência divina e da nossa ignorância, mas o bispo não permite ignorância em tais assuntos, pois ele não admite a probabilidade no que diz respeito ao conhecimento que pertence à fé – por isso, um motivo para a menção da certeza no título citado anteriormente. Como o bispo logo percebeu, se "a matéria pode ter uma capacidade de pensar [...], é impossível provar a existência de uma substância espiritual em nós" (W IV: 32). A sugestão impertinente de Locke foi considerada a apoiar tanto o materialismo quanto o ateísmo. Locke respondeu que, se pelo termo "espiritual" o bispo pretendia significar "imaterial", então ele não havia provado aquilo que o bispo estava ao encalço, nem tampouco Locke pensava que poderia ser demonstrado, mas apenas tomado como altamente "provável, que a substância pensante em nós é imaterial. Mas vossa senhoria não pensa que probabilidade seja suficiente" (W IV: 33).

Encontramos aqui uma característica básica da epistemologia de Locke, a saber, a noção de que, uma vez que não podemos conhecer as essências reais das substâncias, não é possível para a ciência natural tornar-se demonstrativa, tal como é a geometria. De fato, para Locke, se insistirmos na certeza, nós iremos desperdiçar nossas capacidades, pois não estamos equipados para isso – não somos anjos. No interior de uma página da passagem anteriormente citada sobre a matéria pensante, Locke escreveu "que a modéstia da filosofia", para nós, é não falar de modo muito confiante onde carecemos dos fundamentos do conhecimento, e também "que nos é útil discernir até onde nosso conhecimento alcança; pois no estado em que nos encontramos, não sendo um estado de visão, devemos contentar-nos, em muitas coisas, com a fé e a probabilidade" (E IV.iii.6: 541-42). Por "estado de visão" Locke significa a intuição instantânea e não discursiva dos anjos, que era, para Descartes, o único modelo legítimo de conhecimento. Vemos aqui claramente o fosso que separa, por um lado, a silenciosa contemplação de Descartes, juntamente aos infalivelmente inspirados entusiastas (pois divinamente inspirados, como alegam), da contemplação discursiva e comunicativa de Locke, por outro lado; o que distingue a rígida certeza da probabilidade com que se pode viver. Em outra passagem do *Ensaio*, lemos que "não nos compete conhecer todas as coisas, mas apenas aquelas que dizem respeito a nossa conduta" (E I.i.6: 46; cf. E I.i.5: 45-46; E II.xxiii.12: 302-3). Foi essa modéstia que Voltaire observou quando chamou Locke de Hércules da metafísica. (Sobre a doutrina da substância e sobre a matéria pensante na recepção inicial inglesa do *Ensaio*, veja Yolton 1956: 126-66.)[3]

A sugestão de Locke sobre a matéria pensante tornou-se a questão mais controversa levantada pelo *Ensaio*, tanto na Inglaterra quanto, especialmente, no continente. Ela tornou-se amplamente conhecida na França,

---

3 A polêmica com Stillingfleet recebeu grande atenção na quinta edição do *Ensaio* (publicada em 1706, após a morte de Locke), na forma de nove notas. Não é certo se Locke autorizou essas notas ou mesmo qual seria sua contribuição nessas notas (veja Nidditch 1975: xxxii), embora elas estejam, em parte, redigidas em primeira pessoa. As notas trazem uma abundância de referências às obras de Locke, bem como às de Stillingfleet, e ainda às Escrituras. Apesar de omitidas das edições correntes (mas anotadas, em seus lugares apropriados, na edição de Nidditch), essas notas foram mantidas, no passado, nas edições *standards* das obras; desse modo, as questões estão disponíveis aos leitores que, de outro modo, poderiam não vir a ficar sabendo sobre Stillingfleet e seus argumentos. A mais longa dessas notas, ao *Ensaio* IV.iii.6, é sobre a matéria pensante, não menos do que quatorze páginas em caracteres pequenos. Essas notas constituem uma clara evidência do estreito engajamento do *Ensaio* com a teologia e a religião.

porque, em primeiro lugar, a segunda edição (1729) da tradução francesa para a passagem relevante (E IV.iii.6: 539-43) acrescentou uma longa nota que resumia a polêmica entre Locke e Stillingfleet (que recorria à nota muito mais extensa da quinta edição inglesa), e, em segundo lugar, porque Voltaire concedeu à questão a metade do espaço de sua influente redação sobre Locke nas *Cartas sobre a Nação Inglesa* (Voltaire 1733: 246-53). Nesse texto, Voltaire não louva, em absoluto, o potencial materialismo, mas se mantém fiel a Locke ao frisar que a lição do problema é nossa ignorância acerca daquilo que muitas pessoas vaidosamente alegam conhecer com certeza. Mas Voltaire fez algo perigoso ao tratar o problema como uma questão crucial na filosofia de Locke, equivalente à rejeição das ideias inatas. Ele cita que "possivelmente nunca seremos capazes de saber se algo material pensa ou não" e elogia a crença de Locke de que "todos os grandes fins da moral e da religião são suficientemente seguros sem provas filosóficas da imaterialidade da alma". Ele também relaciona a sugestão de Locke à questão amplamente debatida acerca da alma dos animais e dos animais-máquinas de Descartes, suscitando, assim, o pensamento de que Locke acreditava que os humanos pouco diferem dos animais. No parágrafo final, Voltaire situa Locke na suspeita companhia de Espinosa e Hobbes, bem como na de John Toland e Anthony Collins, escritores deístas. Não é nada surpreendente, portanto, que aquilo que para Locke era uma observação inocente tornou-se o tema de acentuados debates entre crentes e descrentes, entre aqueles que consideravam Locke como um perigoso cético e aqueles que o consideravam a voz da liberdade e da autonomia secular. Um dos resultados foi que a publicação de Locke tornou-se proibida em alguns países.

A controvérsia sobre a matéria pensante ganhou amplo destaque nos periódicos da época – se tivéssemos algo como o *Arts and Humanities Citation Index* para o século de Voltaire e Diderot, Locke provavelmente teria tantas colunas de texto quanto Nietzsche e Derrida atualmente. John Yolton dedicou dois livros (Yolton 1983 e Yolton 1991) ao impacto do problema de Locke na Inglaterra e na França. O segundo livro é útil também para dar um sentido da reputação que Locke desfrutava entre os filósofos franceses, incluindo Diderot, que escreveu o verbete sobre Locke na *Encyclopédie* (Diderot 1765a), bem como outros verbetes que dedicam atenção a Locke, por exemplo, o verbete "Logique" (Diderot 1765b). O recente livro de Yolton (Yolton 1991) dedica alguma atenção à presença de Locke na literatura de periódico, um tema que recebeu um tratamento esclarecedor na monografia de Schøsler, *La Bibliothèque Raisonnée* (Schøsler 1986). Obviamente, não teria sentido perguntar quem ganhou o debate, mas não há dúvida de que a questão da matéria pensante contribuiu muito para a reputação de Locke como cético radical, uma reputação que veio a ser tão severamente sustentada contra ele no século XIX.

A segunda edição do *Ensaio* (1694), em que as vinte páginas do capítulo sobre a identidade pessoal apareceram pela primeira vez, também continha uma pequena adição, de menos de uma página, quc produziu grande agitação no mundo intelectual. Esse acréscimo introduziu o que ficou conhecido, desde então, como o problema de Molyneux, assim nomeado em consideração ao correspondente filosófico mais visceral de Locke, William Molyneux, de Dublin, um filósofo e cientista que havia traduzido as *Meditações* de Descartes para o inglês e escrito um importante tratado sobre óptica, que foi utilizado por George Berkeley. Citando uma carta de seu amigo, Locke colocou o problema no capítulo "Da Percepção", no segundo livro do *Ensaio*, em que ele havia argumentado que nossas ideias de sensação, algumas vezes, sem a nossa consciência, são alteradas, pelo juízo, de uma ideia parcial para uma ideia correta daquilo que estamos tendo experiência. Assim, ao olhar para uma esfera, os olhos verão apenas um "círculo plano, diversamente sombreado", mas, devido à experiência passada, iremos ver, de fato, uma esfera, uma vez que "o juízo, por um costume habitual, passa da aparência para as suas causas" (E II.ix.8: 145). Assim, a cooperação dos sentidos realiza uma correção da ideia inicial criada por um único sentido, um argumento tipicamente lockeano que estava em desacordo com a doutrina tradicional de que a mente, por meio unicamente da razão (ou por um suposto *sensus communis*), produziria a percepção correta do objeto sem o apoio de algum outro sentido.

Foi nesse ponto que Locke introduziu o problema de Molyneux como um teste especialmente dirigido ao seu próprio argumento. O problema é o seguinte: se imaginarmos que a visão é subitamente restaurada em uma pessoa cega de nascença, que aprendeu a distinguir, por meio do tato, uma esfera de um cubo, será essa pessoa capaz de distinguir as duas formas unicamente pela visão, assumindo que elas são aproximadamente iguais em tamanho e feitas do mesmo material? A resposta Molyneux era negativa e Locke concordou, convidando o leitor, ao mesmo tempo, a considerar "o quanto ele deve à experiência, à educação e às noções adquiridas, por mais que pense que de nada lhe servem ou em nada o ajudam" (E II.ix.8: 146). A questão estava destinada a atrair atenção, uma vez que ela levantava questões que envolviam óptica, geometria, a teoria do conhecimento, a psicologia da percepção e mesmo a fisiologia do olho (veja Morgan 1977, Simms 1982 e Evans 1985).

A tradição pós-lockeana do empirismo inglês foi inaugurada pelo *Ensaio para uma Nova Teoria da Visão* (1709), do jovem Berkeley, cujo texto era também um prelúdio para a filosofia que ele expôs, no ano seguinte, em seu *Tratado sobre os Princípios do Conhecimento Humano*: sua afirmação de que nós percebemos somente ideias e sua rejeição da distinção de Locke entre qualidades primárias e secundárias. Todo o ensaio de Berkeley pode ser visto como uma análise estendida do problema que Molyneux havia levantado, ainda que o ensaio cite efetivamente a passagem de Locke apenas em sua conclusão. Berkeley concordou com a resposta negativa de Molyneux e Locke, embora se apoiasse sobre fundamentos muito diferentes – um aspecto do problema que provocou uma contínua discussão foi que ele havia sido formulado de modo muito vago. O problema – inicialmente apenas um experimento de pensamento – ganhou uma sensacional notoriedade quando o cirurgião inglês William Cheselden realizou, em 1728, uma operação de catarata em um rapaz que ficou cego logo após o nascimento; a operação foi bem-sucedida, o jovem tornou-se capaz de enxergar e foi devidamente observado pelo cirurgião, que publicou um breve e obscuro relatório que confirmou aquilo que Berkeley havia anteriormente concluído com base unicamente no raciocínio.

No continente, a questão tornou-se popular quando Voltaire, em sua obra influente e amplamente lida, *Elementos da Filosofia de Newton*, dedicou-lhe um par de páginas, com menção a Locke e a Berkeley, bem como uma referência ao relatório de Cheselden (Voltaire 1738: 318-20).

A partir dessa fonte, a questão foi retomada por La Mettrie, Buffon (veja Roger 1989: 214-18) e Condillac, que, em duas obras independentes, submeteram-na a análises detalhadas que alcançaram diferentes conclusões. Voltaire também se tornou a fonte de citação e discussão em vários verbetes na *Encyclopédie*. Todavia, o tratamento mais importante, de longe, deu-se na *Carta sobre os cegos para o uso daqueles que enxergam*, de Diderot (Diderot 1749), uma obra cujo título carrega a sugestão surpreendente de que aqueles que possuem a visão têm algo a aprender com os cegos. Diderot deslocou o interesse em cegueira, da mera distinção de formas para a questão mais ampla, de saber como uma pessoa cega pensa e sente. A filosofia e moral de tal pessoa, sugeriu Diderot, será diferente da nossa. Seu sentido de vício e virtude não é o mesmo. Ela não entenderá, por exemplo, a nossa preocupação com o vestuário, que se dá em vista do pudor sexual, e ela não compartilhará nossa compaixão com o sofrimento, pois ela não será capaz de ver a expressão de dor, mas apenas de ouvir o pranto da vítima, o qual, infere Diderot, é menos propenso à compaixão do que à visão da dor e do sofrimento – uma sugestão que antecipa uma observação semelhante de Diderot na *Carta sobre os surdos-mudos para o uso daqueles ouvem e falam* (Diderot 175r), a qual, por sua vez, antecipa o argumento de Lessing, grande admirador de Diderot, em *Laokoon* (1766).

As reflexões de Diderot sobre o mundo da cegueira culminam na fictícia confissão, no leito de morte, do existente professor de matemática em Cambridge, Nicholas Saunderson, que não podia, em absoluto, compartilhar do otimismo que prevalecia acerca da beleza e da sabedoria da criação, o que, sugere-se, constituía uma concepção que resultava do excessivo apego às aparências da visão. Diderot bem sabia, tanto quanto Locke, que nós não vivemos em um "estado de visão". Ele estava alerta para aquilo que Wordsworth chamou "a tirania do olho". Diderot é uma entre as muitas figuras da metade do século XVIII que ilustra o deslocamento sísmico que Locke estava a causar, um deslocamento do predomínio da visão, da intuição e da razão para o predomínio do som, da fala e da expressão. Esse foi um dos efeitos do comprometimento de Locke com a necessidade de comunicação. Esse deslocamento foi um movimento em direção ao romantismo. Em sua confissão fictícia, o cego Saunderson revela seu distanciamento em relação à transparente tranquilidade do universo de Newton, um universo que opera como um maquinismo de relojoeiro. Ele possuía um obscuro sentimento – que era também um pressentimento – de um mundo que somente apresentava a ilusão da ordem e que veio a ser por uma contínua tendência para a destruição das ondas sucessivas de seres que lutam pela vida e pela existência. A essa altura, pode parecer que estamos bastante distantes da questão inicial, mesmo que o desafio de Diderot ao pensamento convencional tenha começado com a cegueira e os modos da sensação. O objetivo de Diderot era o de nos dizer que estávamos equivocados quanto a nosso orgulho em relação à razão, visto que nós aprendemos, de um modo inconsciente, com os sentidos muito mais do que poderíamos a acreditar. E nosso interesse imediato é o de compreender que, sem Locke, não teríamos o Diderot que conhecemos.[4]

A associação de ideias fez sua primeira aparição na quarta edição (1700) do *Ensaio*, no último capítulo do segundo livro. Essa mesma edição também trazia o novo capítulo "Do Entusiasmo" (E IV.xix), que versa sobre as maneiras pelas quais a associação de ideias nutre o fanatismo religioso e subverte aquilo que Sprat chamava de "religião racional". O capítulo "Da Associação das Ideias" foi, sem dúvida, o capítulo mais produtivo do *Ensaio*, desde o século XVIII até o presente; sua importância na história da filosofia e da psicologia, bem como na psicanálise, é bastante óbvio para

---

4 A confissão de Saunderson é um dos textos publicados, por volta de 1750, que sinalizava uma insatisfação com a matemática e com a mecânica newtoniana, em favor de um movimento em direção a um pensamento biológico e às ciências da vida. Outros textos são o "Premier discours" de Buffon, a sua *Histoire Naturelle* (Buffon 1749) e o *Pensées sur l'interprétation de la nature*, de Diderot (Diderot 1753). A preferência de Condillac por metáforas orgânicas é outro sinal dessa mudança de orientação. No entanto, o mundo anglófono é devotado à ideia fixa absurda da "cultura 'hard', mecanicista e matemática do Iluminismo", em oposição à "cultura 'soft', fluida e especulativa do Romantismo das ciências da vida", para citar uma resenha recente do *New York Review of Books* (27 de junho de 1991: 51). Desde que a própria palavra "Iluminismo" provocou tais reações, a evito totalmente. Sobre essa questão, veja o excelente livro de Kondylis, especialmente as seções "Der polemische Charakter des Denkens in der Aufklärung und in ihren Interpretationen" e "Die Herabsetzung der Mathematik" (Kondylis 1981: 19-35 e 291-98).

exigir elaboração. A decisão de acrescentar o capítulo sobre a associação chama a atenção para uma característica notável do *Ensaio*, a saber, que, embora Locke tenha certamente como propósito mostrar-nos como sermos razoáveis, ele dedicou bastante espaço para dizer-nos como podemos se equivocar, cair em erro, confiar em ilusões e nos tornar não razoáveis. Todo o terceiro livro, sobre as "palavras e a linguagem em geral", pode ser tomado como um singular e longo esforço terapêutico para remediar aquilo que Locke chamava de "a ilusão das palavras".

A associação é "uma fraqueza", "uma doença", uma "espécie de loucura", mas todos nós estamos sujeitos a cair nela. O autointeresse, a obstinação e, sobretudo, a educação descuidada podem favorecê-la, mas, em geral, ela é um fenômeno cotidiano que coloca obstáculos no caminho de nossos melhores empreendimentos racionais. Ela consiste em cimentar uma "forte combinação de ideias, que não estão unidas pela natureza" (E II.xxxiii.6: 396), que se distingue da "correspondência e conexão natural que existe entre elas [das nossas ideias]" (E II.xxxiii.5: 395). Locke, de modo consistente, faz um contraste entre o termo "associação" e o termo "conexão", quando, em outra ocasião, ele diz que, "quando encontramos uma ideia por cuja intervenção descobrimos a conexão entre duas outras ideias, isso é uma revelação que vem para nós de Deus, por meio da voz da razão" (E IV.vii.11: 598; cf. E IV.i.2: 525: "O conhecimento não é nada mais que a percepção da conexão e do acordo, ou do desacordo e da discordância, entre quaisquer de nossas ideias"). A associação é a inimiga da razoabilidade, e a educação das crianças deve ser concebida particularmente em vista de se proteger contra ela.

Nada mostra de modo mais claro do que sua concepção da associação de ideias que a norma humana de Locke era a racionalidade. Para ele, a associação era nociva, porém, no século XVIII, assumiu rapidamente um aspecto bastante diferente. Quer Hume tenha ou não pretendido subverter a terminologia de Locke, é um fato que ele havia escrito, no início do *Tratado da Natureza Humana*, uma seção intitulada "Da conexão ou associação de ideias". Essa associação, explicou ele, tem três modos: "a *semelhança*, a *contiguidade* no tempo e no espaço, e a *causa e efeito*"; e ele se referiu à associação como "uma espécie de atração que, no mundo mental, terá efeitos tão extraordinários quanto no mundo natural", invocando, assim, o exemplo de Newton como o modelo para a sua própria nova ciência da natureza humana (Hume 1739-40: 10-13). É a concepção de Hume sobre a associação que tem dado a ela uma função construtiva no conhecimento, embora essa função tivesse sido, por diversas vezes, falsamente considerada estar em concordância com as intenções de Locke. Esse equívoco é uma expressão do pouco conhecimento que o século XIX tinha sobre Locke e da hostilidade a seu pensamento, que achava conveniente considerá-lo conjuntamente com Hume, o mais abertamente suspeito.

No entanto, existiram alguns que entenderam Locke corretamente e encontraram uma aplicação positiva de sua associação, a saber, na arte. Assim, Condillac observou que a poesia é governada pela associação na expressão da emoção e da paixão, enquanto a prosa, sendo o discurso racional do filósofo, repousa sobre a "conexão de ideias". Condillac foi um dos poucos que observaram a distinção de Locke entre associação e conexão (Aarsleff 1975: 221-22). Tem sido também argumentado que a noção de Francis Hutcheson de um senso estético que reconhece imediatamente a beleza foi finalmente estabelecida quando substituída por argumentos a partir da associação (Kivy 1976: 174-218). Há um detalhe curioso que parece sugerir que Locke teria concedido uma função estética à associação. As seções finais de *A Conduta do Entendimento* são dedicadas a um tratamento da associação que é mais extensivo do que o capítulo correspondente no *Ensaio*, embora seja menos conhecido, evidentemente. Nesse texto, Locke refere-se àquilo que ele, no *Ensaio*, em relação ao problema de Molyneux, havia dito sobre um sentido corrigir outro sentido, e então continua: "Tome-se alguém sem habilidade em pintura, quando ele vê garrafas, cachimbos e outros coisas pintadas, assim como estão mostradas em certos lugares; ele não vê protuberâncias, e você não irá convencê-lo senão pelo toque: ele não acreditará que, por um truque instantâneo de seu próprio pensamento, uma ideia é substituída por outra" (Conduct 41: W III: 278). Nessa passagem, Locke está dizendo que a cooperação habitual dos sentidos é um modo de associação e que esse modo causa a ilusão de profundidade que surge da superfície plana do quadro. Em outra ocasião, Locke fez referência a um homem cego que associava a cor escarlate com o som de um clarim (E III.iv.11: 425), uma observação que foi muitas vezes citada. Essa observação pode ser tomada, é claro, como um pequeno exemplo de sinestesia, um fenômeno que se tornou popular durante o século XVIII, quando uma fascinação com os modos da sensação começou a invadir o velho domínio da mente racional. Henry James falava de romances que eram monstros indefinidos e bojudos; em seu próprio gênero de escrita filosófica, o *Ensaio* foi também um monstro bastante copioso, mas foi não menos que essa extensão o que o tornou tão humano, sugestivo e influente. Seus efeitos e relevância foram amplamente difundidos sobre o solo fértil do pensamento do século XVIII.

IV

A influência mais espetacular e penetrante do *Ensaio* ocorreu na nova filosofia da linguagem desenvolvida durante o século XVIII. Em oposição ao adamismo, que ela substituiu, essa filosofia mereceria o nome de humanismo, se essa palavra não tivesse sido empregada para outros fins. Locke compartilhava do receio de Descartes em relação à linguagem; ambos estavam comprometidos com o princípio de que o conhecimento é bem estabelecido somente pelo discurso mudo, sem palavras, da mente, pela concentração nas "ideias por elas mesmas, pondo-se seus nomes completamente de lado" (E IV.vi. i: 579). Locke dedicou um livro inteiro do *Ensaio* à discussão sobre as "palavras e a linguagem em geral", porque ele desejava, por meio de uma espécie de terapia intensiva, fazer as pessoas "refletirem sobre seu próprio uso da linguagem" de modo a prover uma proteção duradoura contra a fascinação e os enganos das palavras. Ele admitiu, parece que com surpresa, que o que ele havia dito sobre o assunto "a mim me parece novo e um pouco fora do comum" (E III.v.i6: 437), mas ele dificilmente poderia ter tido uma premonição, que até então era fora de lugar, de que o efeito tornar-se-ia exatamente o oposto daquilo que havia pretendido. Em vez de garantir que a linguagem mantivesse seu lugar como o servo dócil do pensamento, sua discussão deu tanto poder às palavras, que elas se converteram na própria atividade da vida mental. Se nós somos tão facilmente capturados na teia que a linguagem lança sobre o pensamento, já não parece mais plausível acreditar que as palavras poderiam ser "deixadas de lado". Locke tinha sido capturado em um dilema do qual não havia qualquer saída sem uma nova concepção da linguagem. Tornou-se uma doutrina central dessa nova concepção que a linguagem (enquanto fala) tem uma origem humana e que tanto a sua criação quanto o seu uso continuado são expressões primitivas de nossa humanidade.

Locke nada disse sobre a origem da linguagem, exceto para não deixar qualquer dúvida de que ela é humana, que ela não é divina ou adâmica; todavia, ele sugeriu, no *Ensaio*, mais de uma vez, que a atenção para o início da linguagem lança luz sobre as relações entre pensamento e fala. Seu princípio fundamental de que, uma vez que existem somente coisas particulares na natureza, "geral e universal [...] são invenções e criaturas do entendimento [...], e dizem respeito apenas a sinais, sejam palavras ou ideias" (E III.iii.11: 414), levantou a questão de como as palavras são feitas, à qual Locke ofereceu uma firme resposta: nomes gerais não foram feitos por filósofos ou lógicos; "antes, receberam seu significado das pessoas incultas, que classificaram e denominaram as coisas" em gêneros ou espécies, de acordo com a conveniência e a necessidade, por meio "daquelas qualidades sensíveis que nelas encontravam" (E III.vi.25: 453). Nossas classificações não são feitas em consideração à verdade da natureza, mas são, por assim dizer, orientadas por pessoas. Em sua amplamente popular *Histoire Naturelle*, Buffon adotou esse princípio na divisão dos animais, enquanto, ao mesmo tempo (no discurso de abertura), ridicularizou a abstração excessivamente intrincada e abstrata de tais "metodistas" como Lineu – outra vez um embate com o adamismo, pois Lineu viu a si mesmo como um segundo Adão. No mesmo discurso, Buffon também criticou, como Maupertuis e Diderot naqueles anos, a superestimação do lugar da matemática na ciência. A boa ciência é o trabalho do gênio, antes que do método (Buffon 1749).

Locke estava totalmente comprometido com essa linguagem popular, e foi unicamente essa linguagem que ele discutiu no terceiro livro do *Ensaio*. Ele não pensa, absolutamente, que uma linguagem não popular poderia fazer algo melhor, e ele rejeitou com desprezo o pensamento de substituir a linguagem corrente por uma linguagem universal e filosófica

(E III.xi.2: 509), uma posição que estava, evidentemente, de acordo com sua epistemologia. Nessa rejeição, ele foi seguido por filósofos – por Condillac, por exemplo – que insistiram que aquilo que ele chamava "uma linguagem bem-feita" somente poderia ser uma melhoria de uma língua nacional ordinária, jamais uma substituição por uma linguagem perfeita, universal, filosófica e a-histórica (Condillac 1798: 2:463b). Para Locke, as linguagens possuem uma história que reflete a experiência e o pensamento de seus falantes. E se elas possuem uma história humana, elas possuem também uma origem humana, cuja investigação pode mostrar-se esclarecedora, assim como a investigação do estado de natureza havia se mostrado elucidativa no caso da filosofia política.

Outra seção do *Ensaio* deu um impulso ainda mais forte ao prosseguimento dessa linha de pensamento. No início do terceiro livro, Locke cita palavras como "*imaginar*", "*apreender*", "*compreender*", "*aderir*", "*conceber*", "*espírito*" (que, "em sua significação primária, é sopro") e "*anjo*, um mensageiro", para ilustrar o princípio de que as palavras para ações e coisas que "não caem sob os nossos sentidos" tiveram "sua origem primeira em ideias sensíveis" (E III.i.5: 403). A partir disso, conclui Locke, "podemos tentar imaginar quais noções preencheram as mentes dos primeiros que falaram aquelas línguas, e de onde derivavam tais ideias" (ibid.). Essa conclusão teve grandes consequências, pois ela fez a premente sugestão de que o início da linguagem confirma o cerne da filosofia de Locke: a rejeição das ideias inatas e a reabilitação da sensação. A conclusão também estava a apenas um passo de dizer que a epistemologia genética ou o progresso da mente é registrado nas palavras. Com esse passo efetuado, a seção de Locke tornou-se a base racional do emprego da etimologia para revelar a sucessão de pensamentos que ocorreu na mente dos falantes durante o percurso da evolução da mente. Depois de ter sido a história das coisas, a etimologia tornou-se a história do pensamento. A seção que Locke intitulou de "palavras derivadas significam, em última instância, ideias sensíveis" tornou-se a passagem mais citada e a mais influente do *Ensaio*.

Uma prova dessa influência é o famoso verbete sobre "Etimologia" que apareceu no sexto volume da *Encyclopédie*, em 1756. O autor era o jovem filósofo Turgot, que mais tarde se tornou conhecido como um grande economista e administrador. Nesse verbete, ao dizer que estava "falando de acordo com Locke", Turgot referiu-se à etimologia como "um interessante ramo da metafísica experimental", ecoando assim palavras de d'Alembert sobre Locke ter tornado a filosofia a "física experimental da alma". Sendo as palavras como grãos de areia que a humanidade deixou em seu percurso, somente elas podem nos mostrar o caminho que a mente seguiu em seu progresso em direção ao presente. Utilizando uma metáfora mais forte, Turgot proclamou que "aqueles que estudam a marcha da mente humana na história dos modos passados de pensamento devem marchar com a tocha da etimologia na mão para evitar cair em um sem-número de erros" (Turgot 1756: 108a-b). A metáfora da tocha tornou-se um lugar-comum para celebrar o poder e as lições da etimologia, como se estivéssemos entrando na caverna de Platão com a nossa própria luz.

Um ano antes, em 1657, apareceu, no volume anterior da *Encyclopédie*, o magnífico verbete de Diderot, "Enciclopédia", no qual ele escreve que "a língua de uma nação fornece seu vocabulário, e o vocabulário é um registro bastante fiel de toda a extensão de conhecimentos que tal nação possui; por meio de uma simples comparação do vocabulário de uma nação em tempos diferentes, podemos formar uma ideia de seu progresso" (Diderot 1755: 637va). Lições semelhantes poderiam ser obtidas por meio da comparação entre as línguas de diferentes nações. No início do século XVIII, Rasmus Rask, em um dos textos fundadores do novo estudo histórico e comparativo sobre as línguas, referiu-se ao verbete de Turgot sobre etimologia como "talvez o melhor que tenha sido escrito sobre o assunto nos tempos modernos" (Rask 1818: 1:25). Um avançado texto francês, de 1800 sobre antropologia afirmava que o estudo adequado das línguas nativas "deveria ser uma das obras-mestras da filosofia", pois, ao estudá-las, viajamos no tempo e "regressamos ao primeiro período de nossa própria história", aprendendo sobre "a origem e a geração das ideias", "a formação e o desenvolvimento da linguagem" e "as relações entre esses dois processos" (Degérando 1800: 63, 70). Com seu próprio interesse filosófico na antropologia comparada, Locke teria ficado feliz em ver esse vigoroso efeito de seu "simples método histórico". A concepção central dessas concepções sobre a natureza da linguagem é a familiar noção romântica de que o gênio de uma nação se expressa e se revela na genialidade de sua linguagem. A etimologia mudou nosso sentido de passado, não menos que por tornar possível o historicismo, pois ela nos deu os meios para entender a história ao penetrar nas mentes dos que viveram e agiram.

As observações de Locke sobre a constituição da linguagem comum do povo seriam impertinentes se ele não tivesse rejeitado a doutrina de um início racional e ordenado. Essa rejeição trouxe à tona algumas outras concepções fundamentais que também ganharam destaque na nova filosofia da linguagem. Uma dessas concepções aparece em seu motivo para admirar o aclamado dicionário monolíngue francês de Richelet (1680), o qual Locke (escrevendo em francês para Toinard) pensa ter "encontrado o verdadeiro segredo da elaboração de um bom dicionário, pois a maneira usual de traduzir as palavras de uma língua por palavras de outra língua não é mais razoável do que enviar à França, por exemplo, um instrumento inglês que seja desconhecido na França, tanto em relação à forma quanto à utilização, pois as palavras de línguas diferentes não concordam entre si mais do que o caso de tal instrumento" (Letter 596: C II: 310; veja Aarsleff 1964: 76). A língua francesa e a língua inglesa são incongruentes, e isso é um fato que cria o problema da tradução, sobre o qual Locke, muitas vezes, foi muito explícito no *Ensaio* (veja, por exemplo, E II.xxii.6: 290-91 e E III.v.8: 432-33). As línguas nacionais, sendo um pouco como o espírito coletivo de suas nações, possuem, cada uma delas, sua própria genialidade.

Essa individualidade também opera no nível dos falantes de uma mesma língua; certa privacidade irá sempre aderir aos significados das palavras, pois elas dependem "muito dos pensamentos, noções e ideias daquele que as emprega", um problema que Locke encontrou bastante pronunciado no grego antigo, em que cada autor tinha "uma linguagem distinta, embora com as mesmas palavras" (E III.ix.22: 489; cf., sobre filologia clássica, E III.ix.10: 481). Locke menciona frequentemente esse aspecto privado do significado das palavras (por exemplo, E III.ii.8: 408; E III.vi.30: 457-58; E III.ix.7: 478-79). Essa não é, todavia, a concepção wittgensteiniana de uma linguagem privada (como essas passagens deixam claro). Antes, é a privacidade que Wilhelm von Humboldt tinha em mente quando disse que "todo entendimento é também um não entendimento": ao dizer isso, ele estava repetindo o que Diderot, seguindo Condillac, havia dito nos anos de 1750, quando ele notou que a fala e a audição são atividades recíprocas que demandam esforço criativo a fim de reduzir o elemento de privacidade.

A obra que deu início à nova filosofia da linguagem – e, com ela, a uma nova epistemologia –, ao virar de cabeça para baixo o argumento de Locke, foi o *Ensaio sobre a Origem do Conhecimento Humano*, de Condillac, publicado primeiramente em 1746, em francês, e traduzido para o inglês dez anos depois. O *Ensaio* de Condillac rapidamente se tornou um dos textos mais influentes do século, tanto na França como na Escócia e, sobretudo, na Alemanha (Aarsleff 1974: 146-209). Condillac admirava Locke como o maior dos filósofos modernos, porém ele também acreditava que Locke, por todo seu bom entendimento acerca do funcionamento da linguagem, não tinha percebido que seu ideal de um discurso sem palavras era uma quimera. Condillac estava comprometido com a posição de que "o uso de sinais é o princípio que revela todas as nossas ideias, e, além disso, que "os homens, se não viverem em sociedade, são incapazes de fazer [isto é, de criar] quaisquer sinais" (Condillac 1746: 11, 134). A origem da linguagem, como da fala, torna-se a condição para o início do conhecimento. A linguagem é constitutiva do pensamento, e nossa própria sociabilidade como seres humanos nos faz criaturas de linguagem. A partir de Locke, Condillac forneceu uma teoria global da expressão humana que incluía tanto a estética e a epistemologia, quanto a arte e a ciência, a poesia e a prosa. A origem de nossa linguagem publicamente compartilhada é o arquétipo da criatividade humana.

Foi essa criatividade que impeliu a produção dos signos que constituem as palavras de nosso discurso. A condição essencial para essa inovação era aquilo que Condillac designou coma a linguagem da ação, ou seja, a expressão de estados da mente por gestos espontâneos, incluindo sons vocais, os quais são naturais e, portanto, os mesmos para todos. O primeiro passo em direção à fala e à linguagem humanas ocorreria, argumentava Condillac, quando a nossa capacidade de reflexão induziu o uso deliberado – ou seja, não natural – de um desses gestos vocais como um signo; esse uso reflexivo, por sua vez, iria sugerir a ulterior expansão de uma série de possibilidades comunicativas por meio da criação de nossos próprios sinais artificiais com sons que são arbitrários em relação a seus significados. Essa linguagem humana iria nos libertar da limitação instintiva dos animais e satisfazer as necessidades compartilhadas de seus falantes em um processo contínuo de refinamento analítico, evoluindo, assim, em direção à prosa discursiva que serve aos objetivos da filosofia e do conhecimento. Mas essa prosa ainda permanece como desenvolvimento secundário da poesia, que é a forma primal da linguagem, assim como a forma primal da arte é a expressão da emoção e da paixão na linguagem da ação, em que todas as artes possuem sua origem comum (Condillac 1746: 7-8, 299). Para Condillac, portanto, "o estilo de todas as línguas era originalmente poético", e nessa fase a linguagem era moldada pela imaginação, que inspira o "modo de falar por meio da ação e do gesto" (Condillac 1746: 228, 214). Por outro modo, a prosa é o trabalho da análise que obstrui a imaginação, assim como a filosofia refreia a arte (Condillac 1746: 90, 293-94). A imaginação tomou o lugar da intuição e da razão como o principal agente da vida mental: "O homem de imaginação é um espírito criativo", que "cria coisas que existem apenas em sua própria mente" (1775 Condillac: 1:413 b). No verbete "Enciclopédia", Diderot escreveu que "um homem de gênio pode colocar uma nação em um estado de fermentação, encurtar séculos de ignorância e conduzir o conhecimento a um ponto de extraordinária perfeição". Gênios são raros, entre eles, todavia, dificilmente "encontraremos alguém que não tenha melhorado a linguagem. Pessoas criativas possuem essa qualidade especial [...] É o calor da imaginação que enriquece a linguagem com novas expressões" (Diderot 1755: 638va).

Nessas concepções sobre a poesia, a prosa, a arte, a filosofia, a linguagem, o gênio e a imaginação, é fácil discernir, por boas razões, as características familiares da estética do Romantismo. A crucial função formativa, atribuída à linguagem da ação, provocou uma alteração na concepção acerca da natureza da arte, uma mudança da imitação para a expressão, brilhantemente explorada nos textos de Diderot sobre estética. Tudo isso pode parecer bem distante de Locke, embora tudo isso tenha acontecido porque ele soltou da garrafa o gênio da linguagem.

A prioridade dada à linguagem da ação na formação e expressão do pensamento também teve um importante efeito na filosofia: ela enfraqueceu a autoridade da lógica tradicional e provocou uma mudança para uma concepção holística do significado, ou seja, para a noção de que as unidades semânticas naturais não são as palavras, mas as sentenças inteiras. O professor Quine comparou essa mudança na semântica ao giro copernicano na astronomia (Quine 1981: 69). A lógica tradicional assumia que a sequência linear sujeito-predicado típica do francês e do inglês expressa a ordenação anterior e natural das ideias na mente. Assim, uma vez que a ordem das palavras não era problemática, era suficiente concentrar-se nas palavras e nas ideias por detrás das palavras – isto é o que fez Locke, o que explica a razão pela qual o terceiro livro do *Ensaio* foi denominado de a lógica de Locke. Essa concepção corresponde, creio, ao que Quine chamou de "o impossível empirismo termo a termo de Locke e Hume" (Quine 1951: 42; talvez pudesse ser melhor denominado de "racionalismo termo a termo": veja Passmore 1953). Em contrapartida, a linguagem da ação não expressa sequências proposicionais de termos, mas estados da mente, cada um dos quais constitui um todo indiferenciado, sem dimensão no tempo, ou nas palavras de Condillac, "para aqueles que estão acostumados, um único gesto muitas vezes equivale a uma frase inteira" (Condillac 1746: 214). Assim, as palavras são artificiais e unidades secundárias, que surgiram devido à inevitável sucessividade da expressão, o que obrigou a decomposição da simultaneidade dos estados da mente (Diderot 1751: 64) – não é por outra razão que o nosso pensamento, em si mesmo, é alterado pela linguagem, que, por assim dizer, força sua constitutividade sobre o pensamento. Segue-se que as unidades básicas de significado não são as palavras, mas sentenças inteiras e mesmo trechos de discurso. Condillac dedicou um capítulo para mostrar de que modo um longo trecho de prosa apresentava sucessivamente aquilo que estava de uma só vez na mente do autor e, em outra ocasião, dedicou dez páginas àquilo que chamou de o tecido ou a teia do discurso, "*du tissu du discours*" (Condillac 1775: 1:447b-50a, 1:580-90, a metáfora da teia foi também utilizada por Diderot: veja Diderot 1751: 70).

John Horne Tooke, um solitário e brilhante político radical, escreveu a obra mais extensa sobre a linguagem em resposta a Locke, não menos do que mil páginas em dois grandes volumes, intitulada *The Diversions of Purley* (1786-1805). Foi uma obra de grande originalidade, que se baseava na crença de que o título do *Ensaio* de Locke era "um erro afortunado (pois era um erro). [...] Pois uma parte do inestimável benefício que esse livro alcançou simplesmente em razão de seu título, alcançaria muitos mais, receio, se o autor o tivesse intitulado (o que o livro é simplesmente) *Um Ensaio Gramatical*, ou um *Tratado sobre as Palavras*, ou sobre a *Linguagem*" (Tooke 1786-1805: 1:31n). Para Tooke, a mente não tinha qualquer outra ocupação concernente à linguagem que o ter sensações; sua filosofia era uma espécie de materialismo linguístico. Tudo o que Locke tinha dito sobre "a composição, a abstração, a complexidade, a generalização, a relação etc. de ideias concerne, de fato, apenas à linguagem" (Tooke 1786-1805: 1:39; veja Aarsleff 1967: 54 e Quine 1981: 67-68). A resposta de Tooke foi uma fantástica e interminável etimologização a fim de reduzir todas as partículas, especialmente as preposições, aos nomes de sensações. Assim, ele procurou confirmar o próprio empirismo termo a termo (ou racionalismo) que a concepção da linguagem da ação havia mostrado ser insustentável. O livro de Tooke impressionou fortemente James Mill, que nele se apoiou em seu *Analysis of the Phenomena of the Human Mind* [*Análise dos Fenômenos da Mente Humana*] (1829), o qual, por sua vez, obteve considerável autoridade com John Stuart Mill e outros utilitaristas. (Para mais informações sobre as doutrinas e a influência de Tooke, veja Aarsleff 1967: 44-114.)

V

O século XIX não foi uma boa época para Locke. Nesse século, Locke, quer dizer, o *Ensaio*, ou seus conteúdos, foram amplamente equiparados com o pensamento dos enciclopedistas e filósofos que, já por volta de 1800, estavam sendo tomados como coletivamente responsáveis pela Revolução Francesa. Ao longo do século, críticos informados observaram que os conspurcadores de Locke, se fossem honestos, dificilmente poderiam tê-lo lido, mas a conspurcação continuou a mesma. Nos primeiros anos do século, Coleridge concluiu, após cuidadoso estudo, que o estilo de Locke era deplorável, que sua filosofia não era original e que consistia de um plágio, não confessado, de Gassendi e de Hobbes, que Locke devia a sua reputação por conta da defesa de argumentos populares a favor da liberdade política, e que ele havia entendido tão mal Descartes, de modo a repetir com ele novos erros (Coleridge 1955: 67-109). Esses temas foram comuns durante todo o século, de modo independente de Coleridge. Foi dito que Coleridge referiu-se, "de modo usual, com desprezo ao *Ensaio* de Locke", porque essa obra "levou à destruição da ciência da metafísica ao incentivar o ignorante a pensar que, com bom senso, eles poderiam dispensar o estudo" (Coleridge 1955: 97). Carlyle disse que Locke "havia pavimentado o caminho para banir do mundo a religião" (Carlyle 1828: 1:215), uma declaração que revela o tipo de pensamento deformado em que a parte dominante da opinião do século XIX parecia sentir-se em casa. O ultraconservador Joseph de Maistre, que tinha adeptos entre influentes pessoas na Inglaterra, fez de Locke o gênio da "teofobia" do século XVIII (por que, em sua opinião, a Revolução teria sido a bem-merecida punição divina) e proclamou que na desdenhada filosofia de Locke encontrava-se o início da sabedoria (de Maistre 1821: 4:379). Tornou-se opinião comumente aceita que Locke tinha tornado a mente uma coisa débil, passiva, mecânica, pois ele era um sensualista, um materialista, um cético, um ateu e um utilitarista.

Esse era o verdadeiro problema; na retórica da época, Locke era um dos "falsos apóstolos", devido à função que ele, como os utilitaristas, deu ao prazer e à dor na moralidade, com grande menosprezo ao fato de que a dor e o prazer, para Locke, eram fenômenos providenciais e não fenômenos fisiológicos – outra vez o pensamento deformado. Locke foi tratado com particular rigor em Cambridge, nos anos de 1830 e 1840, pois, nessa época, o pensamento utilitarista estava ganhando apoio entre os estudantes. William Whewell, o poderoso mestre do Trinity College, escreveu em 1841, logo depois de ter assumido a cadeira de filosofia moral, que ele tinha "utilizado [sua] influência para introduzir uma filosofia antilockeana, e que pretendia usá-la para outros bons propósitos" (Douglas 1881: 248). Whewell acreditava que a importância conferida à filosofia de Locke era um erro do século XVIII, e se devida ou não a ele, era certamente nesse espírito que os regulamentos para os exames finais de ciências morais em Cambridge, concernentes ao tema da "filosofia mental", exigiam a leitura do *Ensaio* de Locke, juntamente com o *Philosophie de Locke*, de Victor Cousin (Cousin 1829; veja Aarsleff 1971: 130). Os extensos escritos de Cousin sobre Locke foram amplamente acolhidos, apesar do fato de que proeminentes e bem informadas resenhas, bem como todo um livro, demonstraram que a crítica de Cousin era "não somente um insulto à memória de Locke – ela era um insulto à filosofia e ao senso comum" (Webb 1857: 13; citado por Yolton 1991: 210). Na França, Cousin foi o principal responsável pela retomada de Descartes, cujo pensamento, com sua defesa das ideias inatas, era considerado conveniente à religião e aos valores tradicionais. Em uma manobra semelhante, Coleridge frisou que Locke não era merecedor da companhia de Newton, e que deste um companheiro mais digno seria Bacon (Coleridge 1955: 75). Poderíamos dizer que Bacon foi forjado, nos anos de 1830, para tomar o lugar do indesejado Locke. Quando G. H. Lewes escrevia a sua história da filosofia, em meados dos anos 1840, ele se deparou com "escárnios e acusações intempestivas" contra Locke, com tanta frequência que, em suas palavras, "nós, que o tínhamos lido com deleite em nossa juventude, começamos a suspeitar que a admiração tivesse sido precipitada" (Lewes: 1845-46 3:187). Felizmente, Lewes ficou com a sua primeira avaliação e dedicou, em seu livro, cinquenta robustas páginas a Locke. Mas ao longo do século, os bons escritos sobre Locke dedicavam-se principalmente a defendê-lo contra seus detratores, com o resultado que pouco trabalho original foi realizado sobre a sua filosofia.[5]

[5] Informações e referências adicionais sobre a reputação de Locke no século XIX são fornecidas em Aarsleff 1971: 120-45 e Aarsleff 1986. Coleridge 1955 é uma rica fonte. Everett 1829 é excelente: consiste de uma resenha crítica sobre quatro livros de Victor Cousin, que é extensamente citado juntamente a Joseph de Maistre. Everett considera surpreendente que, no Continente, alguns veem Locke "como o grande apóstolo da irreligião, da imoralidade, da impureza e da sedição" (Everett 1829: 81). Curti 1937 realiza uma valiosa discussão acerca da reputação de Locke na América durante o período estudado, e traz uma riqueza de referências.

Uma menção separada deve ser feita a duas obras que mantêm sua importância, ambas publicadas, curiosamente, em 1876. A biografia em dois volumes de Fox Bourne é ainda valiosa. Em seu prefácio, o autor explica que "mais da metade dos conteúdos deste livro é obtida de manuscritos até agora não utilizados; e, por meio deles, além de seu mérito independente, uma luz completamente nova é lançada sobre a maior parte da informação que não é atualmente nova" (Fox Bourne 1876: 1:vii). Mas, apesar de sua nova abordagem e de seus novos materiais, essa biografia não parece ter inspirado, na época, um renovado interesse em relação a Locke. A outra obra é o admirável *English Thought in the Eighteenth Century*, de Leslie Stephen. Nessa obra, Locke ganha uma posição de destaque, ainda que particularmente no tratamento do deísmo (Stephen 1876). O deísmo é um assunto que atualmente não deve ser tão estreitamente vinculado a Locke, pois estamos mais conscientes da piedade de Locke; mas, talvez, seja característico que uma obra escrita na atmosfera da opinião do século XIX tivesse posto nisso um peso diferente.

Os longos anos de controvérsia e difamação foram excessivos, mas Locke ainda estava desaparecendo no virtual esquecimento, pelo menos na Inglaterra. No final do século, a situação na América era muito diferente. C. S. Peirce descobriu que "o grande trabalho de Locke foi substancialmente o seguinte: os homens devem pensar por si mesmos, e o pensamento genuíno é um ato de percepção. [...] Não podemos deixar de reconhecer um elemento de verdade na praticabilidade do pensamento de Locke, que, em relação ao todo, o elevaria à altura de Descartes" (Peirce 1890: 254-55). William James falou carinhosamente do "bom Locke", de seu "estimado velho livro", e regozijou-se com a "devoção de Locke ao experimentalismo, com seu senso comum e com seu ódio das ideias obscuras e nebulosas" (Perry 1935: 1:545).

O evento final do século XIX foi quase bizarro. Consistiu da publicação, em 1894, pela distinta editora Clarendon Press, da primeira edição crítica do *Ensaio*, "organizada e anotada, com introdução biográfica, crítica e histórica", de Alexander Campbell Fraser (Locke 1894). Tudo isso parecia muito impressionante, mas a edição não conseguiu viver de acordo com suas alegações, as resenhas eram infelizes e, quando fora de catálogo, o editor nunca as reeditou. Isso causou a situação extraordinária de que, durante muitos anos, o

Ensaio não estava disponível no comércio regular de livros; ele somente podia ser comprado de segunda mão, até que uma editora americana publicou, em 1959, os dois volumes de Fraser, dando, assim, nova vida e até mesmo autoridade a essa edição, cujas notas são seguramente a maior mostra de *Besserwisserei* da história, ao tratar Locke como um estudante, mais conhecido por não compreender, por exemplo, a seriedade moral da ideias inatas.

Mas, por volta de 1905, as coisas estavam mudando. Depois de ter sido trazido para Oxford a fim de ser protegida durante a guerra, a ampla coleção dos manuscritos de Locke, conhecida como Coleção Lovelace, foi adquirida pela Biblioteca Bodleian e logo disponibilizada aos estudiosos. Durante o mesmo período e por razões relacionadas, Peter Laslett publicou, em 1960, a sua edição dos *Dois Tratados sobre o Governo*, com uma extensa introdução que argumentava, de modo convincente, que os *Tratados* não foram escritos após 1688 como uma retrospectiva racional para a Revolução de 1688, mas sim, antes de 1688, como um relato político sobre ela (Laslett 1967). A edição de Laslett também ganhou atenção – nesse momento, principalmente em relação ao sensacionalismo – por conta de ter levantado a questão da influência de Locke na América. Em 1922, Carl Becker argumentou que Locke foi a fonte das ideias que Jefferson havia colocado na Declaração da Independência (Becker 1922: 62), e seu argumento passou a ser amplamente aceito e ampliado (veja, por exemplo, Hartz 1955). Mas, por volta de 1960, a tese de Becker perdeu seu encanto, e a questão parecia resolvida pelo argumento de John Dunn de que a filosofia política de Locke, de fato, havia recebido muito menos atenção na Inglaterra e na América do que comumente havia sido assumido. Mas o argumento de Dunn suscitou recentemente muitos trabalhos que tendem a reafirmar, embora em termos um pouco diferentes das alegações anteriores, a presença de Locke no pensamento político do século XVIII.[6]

---

6 Veja Dunn 1969b, Wills 1979, Moore 1991, Pocock 1991 e Wootton 1993. Pocock 1987 é uma útil introdução às questões concernentes a esse tópico; Wootton, entre outras coisas, enfatiza o socianismo de Locke. (Sou grato a David Wootton e Knud Haakonssen por algumas dessas referências.)

Outra linha produtiva de interpretação se tornou evidente em torno de 1960: estudiosos sobre Locke perceberam que ele não poderia ser devidamente compreendido sem uma cuidadosa atenção ao contexto intelectual, religioso e político em que ele viveu e escreveu. Isso tem sido chamado a historização de Locke, algo que havia começado a acontecer a Descartes duas gerações atrás. Vemos os inícios dessa tendência em 1956, com o livro de John Yolton, *John Locke and the Way of Ideas*, que tratou, pela primeira vez, do contexto intelectual e da recepção de Locke, no modo como foi usado por figuras literárias, teólogos e mesmo alguns filósofos. Vários ensaios em um volume editado por Yolton (Yolton 1969a) são também históricos; e, no mesmo ano, apareceu o livro de John Dunn, com sua "descrição histórica do argumento dos *Dois Tratados*" (Dunn 1969a). A culminação dessa recente atividade foi a nova edição da Clarendon das obras de John Locke, que já está bastante avançada, notadamente com a primeira edição crítica verdadeira do *Ensaio* por Peter H. Nidditch e a magistral edição da correspondência de Locke por E. S. Beer (veja a bibliografia no final deste livro). (Que a última impressão da antiga edição de suas obras tenha ocorrido em 1854 é um sinal do eclipse que se antepôs a Locke.) Em 1991, apareceu o livro de Michael Ayers, que é histórico e também filosófico em seu tratamento da filosofia de Locke (Ayers 1991). É difícil dizer se a estatura filosófica de Locke aumentou como resultado desse recente trabalho, mas não há dúvida de que sua realização e importância encontram agora um entendimento e deferência muito maiores do que alguns cento e cinquenta anos atrás.

VI

Citei, no início, a sentença de Locke que "Deus comanda o que a razão faz" como uma expressão de sua perspectiva fundamental. Nesta conclusão, será útil recordar outra declaração de Locke que possui igual força. Aparece na Seção 38 do *The Conduct of the Understanding*: "Deus fez harmonioso e belo o mundo intelectual fora de nós; mas ele [esse mundo] nunca entrará em nossas cabeças, todo de uma só vez; temos de trazê-lo para casa em peças e compô-las por meio de nossa própria indústria, ou então nada teremos, senão a escuridão e um caos interior, seja qual for a ordem e a luz que existir nas coisas fora de nós" (W III: 272). Entender completamente aquilo que Locke pretendia dizer com essas palavras é também entender seu pensamento e os fundamentos de sua filosofia.

Referências

Aarsleff, Hans. 1964. Leibniz on Locke on Language. *American Philosophical Quarterly* 1: 165-88; repr. in Aarsleff 1982: 42-83.

______. 1967. *The Study of Language in England 1780-1860* (Princeton: Princeton University Press).

______. 1971. Locke's Reputation in Nineteenth-century England. *Monist* 55: 392-422; repr. in Aarsleff 1982: 120-45.

______. 1974. The Tradition of Condillac. In *Studies in the History of Linguistics,* ed. Dell Hymes (Bloomington: Indiana University Press) 93-156; repr. in Aarsleff 1982: 146-209.

______. 1975. Condillac's Speechless Statue. *Studia Leibnitiana* Supp. 15: 287-302; repr. in Aarsleff 1982: 210-24.

______. 1982. *From Locke to Saussure: Essays on the Study of Language and Intellectual History* (Minneapolis: University of Minnesota Press).

______. 1986. Joseph de Maistre and Victorian Thought on the Origin of Language and Civilization. In *Studies in the History of Western Linguistics,* ed. E R. Palmer e Theodore Eynon (Cambridge: Cambridge University Press) 96-108.

______. 1993. Descartes and Augustine on Genesis, Language, and the Angels. In *Leibniz and Adam,* ed. Marcelo Dascal e Elhanan Yakira (Tel Aviv: University Publishing Projects).

Addison, Joseph, and Steele, Joseph, eds. 1714. *The Spectator* n. 578 (Monday, August 9); in *The Spectator,* ed. Donald E Bond. 5 vols. (Oxford: Oxford University Press, 1965) 4:575-79.

Ashcraft, Richard. 1969. Faith and Knowledge in Locke's Philosophy. In Yolton 1969: 194-223.

Attig, John C. 1985. *The Works of John Locke: A Comprehensive Bibliography from the Seventeenth Century to the Present* (Westport CT: Greenwood Press).

Ayers, Michael R. 1991. *Locke.* 2 vols. (London: Routledge).

Becker, Carl. 1922. *The Declaration of Independence: A Study in the History of Political Ideas* (New York: Harcourt, Brace).

Bonno, Gabriel. 1947. The Diffusion and Influence of Locke's *Essay concerning Human Understanding* in France before Voltaire's *Lettres philosophiques. Proceedings of the American Philosophical Society* 91: 421-25; repr. in Yolton 1990: 75-85.

Buffon, Georges-Louis Leclerc. 1749. Premier discours. In *Histoire naturelle.* 15 vols. (Paris, 1749-67) 1:3-62.

Carlyle, Thomas. 1828. Goethe. *Foreign Review 2:* 80-127; in *Critical and Miscellaneous Essays,* por Thomas Carlyle. 5 vols. (New York: Scribner, 1900-I) I:198-257.

Coleridge, Samuel Taylor. 1955. *Coleridge on the Seventeenth Century,* ed. Roberta Florence Brinkley (Durham NC: Duke University Press).

Condillac, Étienne Bonnot de. 1746. *Essai sur l'origine des connaissances humaines* (Amsterdam); trad. como *An Essay on the Origin of Human Knowledge,* por Thomas Nugent (London, 1756); repr. (Gainesville FL: Scholars' Facsimiles & Reprints, 1971).

______. 1775. *Cours d'études* (Paris); in *Oeuvres philosophiques de Condillac,* ed. Georges le Roy. 3 vols. (Paris: Presses Universitaires de France, 1947-51) 1395-776; 2:1-237.

______. 1798. *La langue des calculs* (Paris); in *Oeuvres philosophiques de Condillac,* ed. Georges le Roy. 3 vols. (Paris: Presses Universitaires de France, 1947-51) 2417-529.

Cousin, Victor. 1829. Leçons 15-25. In *Cours de l'histoire de la philosophie: Histoire de la philosophie du XVIIIe siècle.* 2 vols. (Paris) 2:65-560; 4th ed. as *La philosophie de Locke* (Paris 1861).

Curti, Merle. 1937. The Great Mr. Locke: America's Philosopher, 1783-1861. *Huntington Library Bulletin* No. 11: 107-51.

D'Alembert, Jean le Rond. 1751. Discours préliminaire des éditeurs. In *Encyclopédie* ... 1751-65: 1:i-xlv; trad. como *Preliminary Discourse to the Encyclopedia of Diderot,* por Richard N. Schwab (Indianapolis: Bobbs-Merrill, 1963).

de Maistre, Joseph Marie. 1821. *Soirées de Saint Petersbourg* (Paris); in *Oeuvres complètes de Joseph de Maistre.* 14 vols. (Lyon, 1884-86) Vol. 4.

Degérando, Joseph-Marie. 1800. *Considérations sur les méthodes à suivre dans l'observation des peuples sauvages* (Paris); trad. como *The Observation of Savage Peoples,* por E C. T. Moore (Berkeley and Los Angeles: University of California Press, 1969).

Diderot, Denis. 1749. *Lettre sur les aveugles à l'usage de ceux qui voient* (Paris).

______. 1751. *Lettre sur les sourds et muets à l'usage de ceux qui entendent et qui parlent* (Paris); ed. Paul Hugo Meyer in *Diderot Studies* 7 (1965) 1-232.

______. 1753. *Pensées sur l'interprétation de la nature* (Paris). Diderot, Denis. 1755. Encyclopédie. In *Encyclopédie* ... 1751-65: 5:635ra-648vb.

______. 1765a. Locke, Philosophie de. In *Encyclopédie* ... 1751-65: 9:625b-627a; trad. como Locke, Philosophy of, por Jean S. Yolton, in Yolton 1990: 254-60.

______. 165b. Logique. In *Encyclopédie* ... 1751-65: 9:637b-64,b. Douglas, Janet Mary [Douglas, Mrs. Stair]. 1881. *The Life and Selections from the Correspondence of William Whewell* (London).

Dunn, John. 1969a. *The Political Thought of John Locke: An Historical Account of the Argument of the* Two Treatises of Government (Cambridge: Cambridge University Press).

______. 1969b. The Politics of Locke in England and America in the Eighteenth Century. In Yolton 1969: 45-80.

Encyclopédie, ou Dictionnaire raisonnée des sciences, des arts et des métiers, ed. Denis Diderot et al. 1751-65. 17 vols. (Paris, 1751-57; Neuchâtel, 1765); repr. 3 vols. (New York: Readex, 1969).

Encyclopédie méthodique: Logique et métaphysique, ed. M. Lacretelle. 1786-91. 4 vols. (Paris: Panckoucke).

Evans, Gareth. 1985. Molyneux's Question. In *Collected Papers,* por Gareth Evans (Oxford: Oxford University Press) 364-99.

Everett, Alexander H. 1829. History of Intellectual Philosophy. *North American Review* 29: 67-123.

Fox, Christopher. 1988. *Locke and the Scriblerians: Identity and Consciousness in Early Eighteenth-century Britain* (Berkeley and Los Angeles: University of California Press).

Fox Bourne, H. R. 1876. *The Life of John Locke.* 2 vols. (London).

Hall, Roland, and Woolhouse, Roger. 80 *Years of Locke Scholarship: A Bibliographical Guide* (Edinburgh: Edinburgh University Press, 1983).

Hartz, Louis B. 1955. *The Liberal Tradition in America: An Interpretation of American Political Thought since the Revolution* (New York: Harcourt, Brace).

Howes, Alan B., ed. 1974. *Sterne: The Critical Heritage* (London: Routledge & Kegan Paul).

Hume, David. 1739-40. *A Treatise of Human Nature.* 3 vols. (London); ed. L. A. Selby-Bigge (Oxford: Oxford University Press, 1888); 2nd ed., ed. P. H. Nidditch (1978).

Kivy, Peter. 1976. *The Seventh Sense: A Study of Francis Hutcheson's Aesthetics and its Influence in Eighteenth-century Britain* (New York: Burt Franklin).

Kondylis, Panajotis. 1981. *Die Aufklärung im Rahmen des neuzeitlichen Rationalismus* (Stuttgart: Klett-Cotta).

Laslett, Peter. 1960. Introduction and Notes. In *Two Treatises of Government,* por John Locke, ed. Peter Laslett (Cambridge: Cambridge University Press); 2nd. ed. (1967) 1-152 et passim.

Lewes, George Henry. 1845-46. *A Biographical History of Philosophy.* 4 vols. in 2 (London).

Locke, John. 1894. *An Essay concerning Human Understanding,* ed. Alexander Campbell Fraser. 2 vols. (Oxford: Oxford University Press); repr. (New York: Dover, 1959).

MacLean, Kenneth. 1936. *John Locke and English Literature of the Eighteenth Century* (New Haven: Yale University Press).

McLaverty, James. 1986. From Definition to Explanation: Locke's Influence on Johnson's *Dictionary. Journal of the History of Ideas* 47: 377-94. Mill, James. 1829. *Analysis of the Phenomena of the Human Mind. 2* vols. (London).

Miller, Perry. 1956. *Errand into the Wilderness* (Cambridge MA: Harvard University Press).

Moore, James. 1991. Theological Politics: A Study of the Reception of Locke's *Two Treatises of Government* in England and Scotland in the Early Eighteenth Century. In Thompson 1991: 62-82.

Morgan, Michael J. 1977. *Molyneux's Question: Vision, Touch and the Philosophy of Perception* (Cambridge: Cambridge University Press).

Nidditch, Peter H. 1975. Introduction. In *Essay concerning Human Understanding,* por John Locke, ed. Peter H. Nidditch (Oxford: Oxford University Press) ix-liv.

Passmore, John. 1953. Descartes, the British Empiricists, and Formal Logic. *Philosophical Review 62:* 545-53.

Peirce, Charles Sanders. 1890. Review of *Locke* por A. C. Fraser. *Nation* 51 (September 25) 254-55.

Perry, Ralph Barton. 1935. *The Thought and Character of William James.* 2 vols. (Boston: Little, Brown).

Pocock, J. G. A. 1987. Between God and Magog: The Republication Thesis and the Ideologia Americana. *Journal of the History of Ideas* 48: 325-46.

______. 1991. Negative and Positive Aspects of Locke's Place in Eighteenth-Century Discourse. In Thompson 1991: 45-51.

Rask, Rasmus. 1818. *Undersogelse om Det garnie Nordiske eller Islandske Sprogs Oprindelse.* In *Rasmus Rask Ausgewählte Abhandlungen,* ed. Louis Hjelmslev. 3 vols. (Copenhagen: Levin & Munksgaard, 1932-37) Vol. 1.

Quine, W. V. 1951. Two Dogmas of Empiricism. *Philosophical Review* 60: 20-43; repr. in *From a Logical Point of View,* por W. V. Quine (Cambridge MA: Harvard University Press, 1953) 20-46.

______. 1981. Five Milestones of Empiricism. In *Theories and Things,* por W. V. Quine (Cambridge MA: Harvard University Press) 67-72.

Roger, Jacques. 1989. *Buffon, un philosophe au jardin du roi* (Paris: Fayard).

Schøsler, Jorn. 1986. *La Bibliothèque Raisonnée (1728-1753): Les reactions d'un périodique français à la philosophie de Locke au XVllle siècle* (Odense: Odense University Press).

Simms, J. G. 1982. *William Molyneux of Dublin,* ed. P. H. Kelly (Blackrock: Irish Academic Press).

Sprat, Thomas. 1667. *History of the Royal Society* (London); ed. Jackson I. Cope and Harold Whitmore Jones (St. Louis MO: Washington University Studies, 1958).

STEPHEN, Leslie. 1876. *History of English Thought in the Eighteenth Century.* 2 vols. (London).

STEWART, Dugald. 1816-21. Dissertation First: Exhibiting a General View of the Progress of Metaphysical, Ethical, and Political Philosophy, Since the Revival of Letters in Europe. In *Supplement to the 4th and 5th Editions of the Encyclopedia Britannica* (Edinburgh); repr. in *The Collected Works of Dugald Stewart,* ed. Sir William Hamilton. II vols. (Edinburgh, 1854-60) Vol. 1.

THOMPSON, Martyn P., ed. 1991. *John Locke und/and Immanuel Kant: Historical Reception and Contemporary Relevance* (Berlin: Duncker und Humblot).

TOOKE, John Horne. 1786-1805. *Epea Pteroenta, or the Diversions of Purley.* 2 vols. (London).

TURGOT, Anne-Robert-Jacques. 1756. Etymologie. In *Encyclopédie ...* 1751-65: 6:98a-111b.

VOLTAIRE [Arouet, François-Marie]. 1733. Letter XIII. on Mr. Locke. In *Letters concerning the English Nation* (London) 94-108; repr. in Yolton 1990: 246-53.

______. 1734. *Lettres philosophiques* (Paris); ed. Raymond Naves (Paris: Garnier, 1956); trad. como *Letters concerning the English Nation,* por John Lockman (London, 1733).

______. 1738. *Eléments de la philosophie de Newton* (Amsterdam); ed. Robert L. Walters e W. H. Barber (Oxford: Voltaire Foundation, 1992.

WEBB, Thomas. 1857. *The Intellectualism of Locke: An Essay* (Dublin).

Wills, Garry. 1979. *Inventing America: Jefferson's Declaration of Independence* (New York: Vintage).

WOOTTON, David. 1993. Introduction. In *John Locke: Political Writings,* ed. David Wootton (Harmondsworth: Penguin) 5-122.

YOLTON, Jean S., ed. 1990. *A Locke Miscellany: Locke Biography and Criticism for All* (Bristol: Thoemmes).

YOLTON, Jean S., and YOLTON, John W. 1985. *John Locke: A Reference Guide* (Boston: G. K. Hall).

YOLTON, John W. 1956. *John Locke and the Way of Ideas* (Oxford: Oxford University Press).

Yolton, John W, ed. 1969. *John Locke: Problems and Perspectives* (Cambridge: Cambridge University Press).

Yolton, John W. 1983. *Thinking Matter: Materialism in Eighteenth-Century Britain* (Minneapolis: University of Minnesota Press).

______. 1991. *Locke and French Materialism* (Oxford: Oxford University Press).

Bibliografia

Esta bibliografia está dividida em duas partes. A primeira parte lista as próprias obras de Locke, tanto as publicadas durante sua vida quanto aquelas publicadas em coleções e edições posteriores. A segunda parte contém obras relacionadas a Locke e seu pensamento, algumas por seus contemporâneos e sucessores próximos, mas a maioria de safra mais recentes. Ambas as listas são altamente seletivas. Bibliografias mais completas, que cobrem tanto as fontes primárias quanto as secundárias, são fornecidas em Christophersen 1930, Hall & Woolhouse 1983, Attig 1985 e Yolton & Yolton 1985, e também pela seção "Recents Publications" do periódico anual de Roland Hall, *Locke Newsletter*. Detalhes sobre essas fontes bibliográficos são dadas a seguir.

I. Obras de Locke

Obras individuais publicadas durante ou logo após a vida de Locke

Abrégé d'un ouvrage intitulé Essai philosophique touchant l'entendement (Amsterdam, 1688); tr. como *An Extract of a Book, Entituled,* A Philosophical Essay upon Human Understanding (London, 1692).

Epistola de tolerantia (Gouda, 1689); tr. como *Letter on Toleration,* por William Popple (London, 1689); 2nd ed. (1690).

Two Treatises of Government (London, 1690); 2nd ed. (1694); 3rd ed. (1698). *An Essay concerning Human Understanding* (London, 1690); 2nd ed. (1694); 3rd ed. (1695); 4th ed. (1700); 5th ed. (1706).

An Essay concerning Human Understanding, 4th ed. (London, 1700); tr. como *Essai philosophique concernant l'entendement humain,* por Pierre Coste (Amsterdam, 1700).

An Essay concerning Human Understanding, 4th ed. (London, 1700); tr. como *De intellectu humano,* por Ezekiel Burridge (London, 1701). *A Second Letter concerning Toleration* (London, 1690).

A Third Letter for Toleration, to the Author of The Third Letter concerning Toleration (London, 1692).

Some Considerations of the Consequences of the Lowering of Interest, and Raising the Value of Money (London, 1692); 2nd ed. (1696).

Some Thoughts concerning Education (London, 1693); 2nd ed. (1693); 3rd ed. (1695); 4th ed. (1699); 5th ed. (1705).

Short Observations on a Printed Paper, Intituled, For Encouraging the Coining Silver Money in England, and After for Keeping it Here (London, 1695).

Further Considerations concerning Raising the Value of Money (London, 1695); 2nd ed. (1695).

The Reasonableness of Christianity, As Delivered in the Scriptures (London, 1695); 2nd ed. (1696).

A Vindication of the Reasonableness of Christianity, &c. from Mr. Edwards's Reflections (London, 1695).

A Second Vindication of the Reasonableness of Christianity, &c. (London, 1697).

A Letter to the Right Reverend Edward, Lord Bishop of Worcester, Concerning some Passages relating to Mr. Locke's Essay of humane Understanding: In a late Discourse of his Lordship's, in Vindication of the Trinity (London, 1697).

Mr. Locke's Reply to the Right Reverend the Lord Bishop of Worcester's Answer to his Letter, concerning Some Passages Relating to Mr. Locke's Essay of Humane Understanding: in a Late Discourse of his Lordships, in Vindication of the Trinity (London, 1697).

Mr. Locke's Reply to the Right Reverend the Lord Bishop of Worcester's Answer to his Second Letter: Wherein, besides other incident Matters, what his Lordship has said concerning Certainty by Reason, Certainty by Ideas, and Certainty by Faith. The Resurrection of the Same Body. The Immateriality of the Soul. The Inconsistency of Mr. Locke's Notions with the Articles of the Christian Faith, and their Tendancy to Scepticism, is Examined (London, 1699).

A Paraphrase and Notes on the Epistles of St. Paul. 6 vols. (London, 1705-7).

Coleções e edições posteriores (abreviações para edições e fontes citadas são dadas entre parênteses)

Posthumous Works of Mr. John Locke [including *An Examination of P. Malebranche's Opinion of Seeing All Things in God* (1693), *Of the Conduct of the Understanding* (1697), *A Discourse of Miracles* (1702), et al.] (London, 1706).

Some Familiar Letters between Mr. Locke, and Several of his Friends (London, 1708).

The Works of John Locke Esq. 3 vols. (London, 1714).

A Collection of Several Pieces of Mr. John Locke, Never Before Printed, or not Extant in his Works, ed. Pierre Desmaizeaux [including *Remarks upon some of Mr. Norris's Books* (1693), *The Elements of Natural Philosophy* (1698ff.), *Some Thoughts concerning Reading and Study for a Gentleman* (1703), et al.] (London, 1720).

The Works of John Locke, nova ed., corrected. 10 vols. (London, 1823); repr. (Aalen: Scientia, 1963). [W]

Manuscripts in the Bodleian Library. [B]

The Clarendon Edition of the Works of John Locke, ed. Peter H. Nidditch, John W. Yolton, et al. 30 vols. (Oxford: Oxford University Press, 1975-). *Essays on the Law of Nature.*

The writings on toleration.

Two Treatises of Government.

An Essay concerning Human Understanding, ed. Peter H. Nidditch (1975); repr. (1979). [E]

Drafts for the Essay concerning Human Understanding, *and Other Philosophical Writings,* ed. Peter H. Nidditch and G. A. j. Rogers. 3 vols. (1990-). [D]

Locke on Money, ed. Patrick Hyde Kelly. 2 vols. (1991).

Some Thoughts concerning Education, ed. John W. Yolton and Jean S. Yolton (1989). [TE]

The Reasonableness of Christianity.

The Stillingfleet correspondence.

A Paraphrase and Notes on the Epistles of St. Paul, ed. Arthur W. Wainwright. 2 vols. (1987).

Two or three volumes of writings on medicine and religion and of "bits and pieces".

Journals 1675-1704, ed. H. A. S. Shankula. 4 vols. (no prelo).

The Correspondence of John Locke, ed. E. S. de Beer. 9 vols. (1976-). [C]

The Life of John Locke, por Peter, Lord King (London, 1829); nova ed. 2 vols. (London, 1830). [L]

An Essay concerning the Understanding, Knowledge, Opinion, and Assent, ed. Benjamin Rand (Cambridge MA: Harvard University Press, 1931). *An Early Draft of Locke's Essay,* ed. R. I. Aaron e Jocelyn Gibb (Oxford: Oxford University Press, 1936).

Essays on the Law of Nature, ed. W. von Leyden (Oxford: Oxford University Press, 1954). [EL]

Locke's Essay on Respiration, ed. Kenneth Dewhurst. *Bulletin for the History of Medicine* 24 (1960) 257-73.

Two Tracts on Government, ed. Philip Abrams (Cambridge: Cambridge University Press, 1967).

Two Treatises of Government, ed. Peter Laslett (Cambridge: Cambridge University Press, 1960); 2nd ed. (1967). [T]

Locke's First Reply to John Norris, por Richard Acworth. *Locke Newsletter* 2 (1971) 7-11.

Locke and Ethical Theory: Two Ms. Pieces, por Thomas Sargentich. *Locke Newsletter* 5 (1974) 24-31.

John Locke's Essay on Infallibility: Introduction, Text, and Translation, por John C. Biddle. *Journal of Church and State* 19 (1977) 301-27.

Locke on Power and Causation: Excerpts from the 1685 Draft of the *Essay,* por Ruth Mattem. *Philosophy Research Archives* 7 (1981) 835-995.

Questions concerning the Law of Nature, ed. e trad. Robert Horwitz, Jenny Strauss Clay, and Diskin Clay (Ithaca: Cornell University Press, 1990). [QL]

2. Obras relacionadas a Locke

Aaron, Richard I. Introduction. In *An Early Draft of Locke's Essay,* ed. R. I. Aaron and Jocelyn Gibb (Oxford: Oxford University Press, 1936) XI-XXVIII.

______. *John Locke* (Oxford: Oxford University Press, 1937); 3rd ed. (1971).

Aarsleff, Hans. Leibniz on Locke on Language. *American Philosophical Quarterly* I (1964) 165-88; repr. in *From Locke to Saussure,* por Hans Aarsleff (Minneapolis: University of Minnesota Press, 1982) 42-83.

______. The State of Nature and the Nature of Man in Locke. In *John Locke: Problems and Perspectives,* ed. John W. Yolton (Cambridge: Cambridge University Press, 1969) 99-136.

______. Locke's Reputation in Nineteenth-century England. *Monist* 55 (1971) 392-422; repr. in *From Locke to Saussure,* por Hans Aarsleff (Minneapolis: University of Minnesota Press, 1982) 120-45.

______. *From Locke to Saussure: Essays on the Study of Language and Intellectual History* (Minneapolis: University of Minnesota Press, 1982).

ABRAMS, Philip. Introduction. In *Two Tracts on Government,* por John Locke, ed. Philip Abrams (Cambridge: Cambridge University Press, 1967) 1-114.

ADAMS, Robert M. The Locke-Leibniz Debate. In *Innate Ideas,* ed. Stephen P. Stich (Berkeley and Los Angeles: University of California Press, 1975) 37-67.

______. Where Do Our Ideas Come From?-Descartes vs. Locke. In *Innate Ideas,* ed. Stephen P. Stich (Berkeley and Los Angeles: University of California Press, 1975) 71-87.

Alexander, Peter. Boyle and Locke on Primary and Secondary Qualities. *Ratio* 16 (1974) 51-67; repr. in *Locke on Human Understanding,* ed. I. C. Tipton (Oxford: Oxford University Press, 1977) 62-76.

______. Curley on Locke and Boyle. *Philosophical Review* 83 (1974) 229-37. Discussão de Curley 1972.

______. Locke on Substance-in-General. *Ratio* 22 (1980) 91-105; 23 (1981) 1-19.

______. *Ideas, Qualities and Corpuscles: Locke and Boyle on the External World* (Cambridge: Cambridge University Press, 1985).

ALLISON, Henry E. Locke's Theory of Personal Identity: A Re-examination. *journal of the History of Ideas* 27 (1966) 41-58; repr. in *Locke on Human Understanding,* ed. I. C. Tipton (Oxford: Oxford University Press, 1977) 105-22.

Alston, William P., and Bennett, Jonathan. Locke on People and Substances. *Philosophical Review 97* (1988) 25-46.

Anscombe, G. E. M. The Intentionality of Sensation: A Grammatical Feature. In *Analytical Philosophy: Second Series,* ed. R. J. Butler (Oxford: Blackwell, 96 5) 58-80.

Aquinas, Thomas. *St. Thomas Aquinas on Politics and Ethics,* ed. e trad. Paul E. Sigmund (New York: Norton, 1988).

Aristotle. *The Complete Works of Aristotle,* ed. Jonathan Barnes. 2 vols. (Princeton: Princeton University Press, 1984).

Armstrong, D. M. *Belief, Truth and Knowledge* (Cambridge: Cambridge University Press, 1973).

Armstrong, R. L. Cambridge Platonists and Locke on Innate Ideas. *Journal of the History of Ideas* 30 (1969) 187-202.

Aronson, C., and Lewis, Douglas. Locke on Mixed Modes, Knowledge and Substances. *journal of the History of Philosophy 8* (1970) 193-99. Discussão de Perry 1967. Discutido em Woolhouse 1972.

Ashcraft, Richard. Locke's State of Nature: Historical Fact or Moral Fiction? *American Political Science Review 62* (1968) 898-915.

______. Faith and Knowledge in Locke's Philosophy. In *John Locke: Problems and Perspectives,* ed. John W. Yolton (Cambridge: Cambridge University Press, 1969) 194-223.

______. Revolutionary Politics and Locke's *Two Treatises of Government:* Radicalism and Lockean Political Theory. *Political Theory 8* (1980) 429-86.

______. *Revolutionary Politics and Locke's* Two Treatises of Government (Princeton: Princeton University Press, 1986).

______. *Locke's Two Treatises of Government* (London: Unwin Hyman, 1987).

Ashcraft, Richard, ed. *John Locke: Critical Assessments.* 4 vols. (London: Routledge, 1991).

Ashworth, E. J. Descartes' Theory of Clear and Distinct Ideas. In *Cartesian Studies,* ed. R. J. Butler (Oxford: Blackwell, 1972, 89-105.

______. The Scholastic Background to Locke's Theory of Language. In *Progress in Linguistic Historiography,* ed. K. Koerner (Amsterdam: Benjamins, 1980) 59-68.

______. 'Do Words Signify Ideas or Things?' The Scholastic Sources of Locke's Theory of Language. *Journal of the History of Philosophy* 19 (1981) 299-326.

______. Locke on Language. *Canadian Journal of Philosophy* 14 (1984) 45-73.

______. Traditional Logic. In *The Cambridge History of Renaissance Philosophy*, ed. Charles B. Schmitt and Quentin Skinner (Cambridge: Cambridge University Press, 1988) 143-72.

Atherton, Margaret. Locke and the Issue over Innateness. In *How Many Questions? Essays in Honor of Sidney Morgenbesser*, ed. Leigh S. Cauman et al. (Indianapolis: Hackett, 1983) 223-42.

______. Locke's Theory of Personal Identity. *Midwest Studies in Philosophy 8* (1983) 273-93.

______. The Inessentiality of Lockean Essences. *Canadian Journal of Philosophy* 14 (1984) 277-93.

______. Knowledge of Substance and Knowledge of Essence in Locke's *Essay. History of Philosophy Quarterly r* (1984) 413-28.

______. Corpuscles, Mechanism, and Essentialism in Berkeley and Locke. *journal of the History of Philosophy 29* (1991) 47-67.

Attig, John C. *The Works of John Locke: A Comprehensive Bibliography from the Seventeenth Century to the Present* (Westport CT: Greenwood Press, 1985).

Ayers, Michael R. Substance, Reality, and the Great, Dead Philosophers. *American Philosophical Quarterly 7* (1970) 38-49. Discussão de Bennett 1965.

______. The Ideas of Power and Substance in Locke's Philosophy. *Philosophical Quarterly 25* (1975) 1-27; repr. in *Locke on Human Understanding*, ed. I. C. Tipton (Oxford: Oxford University Press, 1977) 77-104.

______. Locke versus Aristotle on Natural Kinds. *Journal of Philosophy* 78 (1981) 247-71; repr. in *Philosopher's Annual 5* (1982) 41-66.

______. Locke's Doctrine of Abstraction: Some Aspects of its Historical and Philosophical Significance. In *John Locke: Symposium Wolfenbüttel* 1979, ed. Reinhard Brandt (Berlin: de Gruyter, 1981) 5-24.

______. Locke's Logical Atomism. *British Academy Proceedings 67* (1981) 209-25.

______. Mechanism, Superaddition and the Proof of God's Existence in Locke's Essay. *Philosophical Review 40* (1981) 210-51. Discutido em Wilson 1982.

______. Are Locke's 'Ideas' Images, Intentional Objects or Natural Signs? *Locke Newsletter* 17 (1986) 3-36.

______. *Locke.* 2 vols. (London: Routledge, 1991).

BARNES, Jonathan. Mr. Locke's Darling Notion. *Philosophical Quarterly 22* (1972) 193-214.

______. Enseigner la vertu? *Revue Philosophique* (1991) 571-89. Behan, D. P. Locke on Persons and Personal Identity. *Canadian Journal of Philosophy 9* (1979) 53-75.

BENNETT, Jonathan. Substance, Reality, and Primary Qualities. *American Philosophical Quarterly 2* (1965) 1-17; repr. in *Locke and Berkeley: A Collection of Critical Essays,* ed. C. B. Martin and D. M. Armstrong (Garden City NY: Doubleday, 1968) 86-124. Discutido em Ayers 1970.

______. *Locke, Berkeley, Hume: Central Themes* (Oxford: Oxford University Press, 1971).

______. *Linguistic Behaviour* (Cambridge: Cambridge University Press, 1976).

______. Substratum. *History of Philosophy Quarterly 4* (1987) 197-215.

BENNETT, Jonathan, and Remnant, Peter. How Matter Might at First be Made. *Canadian Journal of Philosophy* Supp. 4 (1978) 1-11.

BERKELEY, George. *The Works of George Berkeley Bishop of Cloyne,* ed. A. A. Luce and T. E. Jessop. 9 vols. (London: Nelson, 1948-57).

BERLIN, Isaiah. Hobbes, Locke and Professor Macpherson. *Political Quarterly 35* (1963) 444-68. Discussão de Macpherson 1962.

BILL, E. W. *G. Education at Christ Church Oxford 1660-1800* (Oxford: Oxford University Press, 1988).

BOLTON, Martha Brandt. The Origins of Locke's Doctrine of Primary and Secondary Qualities. *Philosophical Quarterly 26* (1976) 305-16.

______. Substances, Substrata, and Names of Substances in Locke's *Essay. Philosophical Review 85* (1976) 488-513.

______. A Defense of Locke and the Representative Theory of Perception. *Canadian Journal of Philosophy* Supp. *4* (1978) 101-20.

______. Locke and Pyrrhonism: The Doctrine of Primary and Secondary Qualities. In *The Skeptical Tradition,* ed. Myles Burnyeat (Berkeley and Los Angeles: University of California Press, 1983) 353-75.

______. Locke on Substance Ideas and the Determination of Kinds: A Reply to Mattern. *Locke Newsletter* 19 (1988) 17-45. Discussão de Mattern 1986.

______. The Epistemological Status of Ideas: Locke compared to Arnauld. *History of Philosophy Quarterly 9* (1992) 409-24. Boyle, Robert. *Selected Philosophical Papers of Robert Boyle,* ed. M. A. Stewart (Manchester: Manchester University Press, 1979).

BRANDT, Reinhard, ed. *John Locke: Symposium Wolfenbüttel 1979* (Berlin: de Gruyter, 1981).

______. Locke und die Auseinandersetzungen über sein Denken. In *Die Philosophie des 17. Jahrhunderts,* ed. Jean-Pierre Schobinger, Vol. 3: *England* (Basel: Schwabe, 1988) 607-802.

BRICKE, John. Locke, Hume and the Nature of Volitions. *Hume Studies* loth Anniversary Issue (1985) 15-51.

BURNET, Thomas. *Second Remarks upon an Essay concerning Humane Understanding, In a Letter address'd to the Author* (London, 1697); repr. (New York: Garland, 1984).

BUTLER, R. J. Substance UnLocked. *Aristotelian Society Proceedings 74* (1973-74) 131-60.

CAMPBELL, John. Locke on Qualities. *Canadian Journal of Philosophy* 10 (1980) 567-85.

CARTER, W. B. The Classification of Ideas in Locke's *Essay. Dialogue 2* (1963-64) 25-41.

CHAPPELL, Vere. Locke and Relative Identity. *History of Philosophy Quarterly 6* (1989) 69-83.

______. Locke on the Ontology of Matter, Living Things, and Persons. *Philosophical Studies* 60 (1990) 19-32.

______. Locke on the Freedom of the Will. In *Locke's Philosophy: Content and Context,* ed. G. A. J. Rogers (Oxford: Oxford University Press, 1994).

CHISHOLM, Roderick M. *Theory of Knowledge* (Englewood Cliffs NJ: Prentice-Hall, 1966); 2nd ed. (1977).

______. *The Foundations of Knowing* (Minneapolis: University of Minnesota Press, 1982).

CHRISTOPHERSEN, H. O. *A Bibliographical Introduction to the Study of John Locke (Oslo:* I Kommisjon hos Jacob Dybwad, 1930); repr. (New York: Burt Franklin, 1968).

CICOVACKI, P. Locke on Mathematical Knowledge. *Journal of the History of Philosophy* 28 (1990) 511-24.

CLARK, Lorenne M. G. Women and John Locke; or, Who Owns the Apples in the Garden of Eden? *Canadian Journal of Philosophy* 7 (1977) 699-724; repr. in *The Sexism of Social and Political Theory,* ed. Lorenne M. G. Clark and Lynda Lange (Toronto: University of Toronto Press, 1979) 16-40.

COHEN, Joshua. Structure, Choice, and Legitimacy: Locke's Theory of the State. *Philosophy and Public Affairs* 15 (1986) 301-24.

COLIE, Rosalie. The Essayist in his *Essay.* In *John Locke: Problems and Perspectives,* ed. John W. Yolton (Cambridge: Cambridge University Press, 1969) 234-61.

COLMAN, John. *John Locke's Moral Philosophy* (Edinburgh: Edinburgh University Press, 1983).

COONEY, B. John Sergeant's Criticism of Locke's Theory of Ideas. *Modern Schoolman 50* (1973) 143-58.

COX, Richard H. *Locke on War and Peace* (Oxford: Oxford University Press, 1960).

CRANE, R. S. Notes on the Organization of Locke's *Essay.* In *All These to Teach: Essays in Honor of C. A. Robertson,* ed. R. A. Bryan et al. (Gainesville: University of Florida Press, 1965) 144-58.

CRANSTON, Maurice. *John Locke: A Biography* (London: Longman, 1957); repr. (Oxford: Oxford University Press, 1985).

CULVERWELL, Nathanael. *An Elegant and Learned Discourse of the Light of Nature* (London, 1652); repr. (New York: Garland, 1978).

CUMBERLAND, Richard. *De legibus naturae* (London, 1672); tr. como *A Treatise of the Laws of Nature,* por John Maxwell (London, 1727); repr. (New York: Garland, 1976).

CUMMINS, Robert. Two Troublesome Claims about Qualities in Locke's *Essay. Philosophical Review 84* (1975) 401-18.

Curley, Edwin M. Locke, Boyle, and the Distinction between Primary and Secondary Qualities. *Philosophical Review* 81 (1972) 438-64. Discutido em Alexander 1974.

______. Leibniz on Locke on Personal Identity. In *Leibniz: Critical and Interpretive Essays,* ed. Michael Hooker (Minneapolis: University of Minnesota Press, 1982) 302-26.

Day, J. P. Locke on Property. *Philosophical Quarterly* 16 (1966) 207-20.

De Almeida, C. Locke on Knowledge and Trifling Propositions. *Locke Newsletter 22* (1991) 31-55.

Dennett, Daniel C. *Brainstorms* (Cambridge MA: MIT Press, 1978).

Dewhurst, Kenncth. *John Locke (1632-1704) Physician and Philosopher* (London: Wellcome Historical Medical Library, 1963).

Dijksterhuis, E. J. *The Mechanization of the World Picture* (Oxford: Oxford University Press, 1961).

Downing, Lisa. Are Corpuscles Unobservable in Principle for Locke? *Journal of the History of Philosophy* 30 (1992) 33-52.

Drury, S. B. John Locke: Natural Law and Innate Ideas. *Dialogue* 19 (1980) 531-45.

Duchesneau, François. Locke et le savoir de probabilité. *Dialogue* 11 (1972) 185-203.

______. *L'empirisme de Locke* (The Hague: Martinus Nijhoff, 1973).

______. L'analyse d'idées selon Locke. *Etudes philosophiques* (1977) 67-94.

Dunn, John. Consent in the Political Theory of John Locke. *Historical Journal* 10 (1967) 153-82.

______. Justice and the Interpretation of Locke's Political Theory. *Political Studies* 16 (1968) 68-87.

______. *The Political Thought of John Locke: An Historical Account of the Argument of the* Two Treatises of Government (Cambridge: Cambridge University Press, 1969).

______. The Politics of Locke in England and America in the Eighteenth Century. In *John Locke: Problems and Perspectives,* ed. John W. Yolton (Cambridge: Cambridge University Press, 1969) 45-80.

______. The Concept of 'Trust' in the Politics of John Locke. In *Philosophy in History,* ed. Richard Rorty et al. (Cambridge: Cambridge University Press, 1984) 279-301.

______. *Locke* (Oxford: Oxford University Press, 1984).

______. What is Living and What is Dead in the Political Theory of John Locke? In *Interpreting Political Responsibility: Essays 1981-1989,* por John Dunn (Princeton: Princeton University Press, 1990).

Edwards, John. *Some Thoughts Concerning the Several Causes and Occasions of Atheism, Especially in the Present Age* (London, 1695); repr. (New York: Garland, 1984).

______. *Socinianism Unmask'd* (London, 1696); repr. (New York: Garland, 1984).

Farr, James. "So Vile and Miserable an Estate": The Problem of Slavery in Locke's Political Thought. *Political Theory* 14 (1986) 263-89.

______. The Way of Hypotheses: Locke on Method. *Journal of the History of Ideas* 48 (1987) 51-72.

Farrell, D. M. Coercion, Consent, and the Justification of Political Power: A New Look at Locke's Consent Claim. *Archiv far Rechts- und Sozial-philosophie 65* (1979) 521-43.

Ferreira, M. Jamie. Locke's 'Constructive Skepticism'-A Reappraisal. *Journal of the History of Philosophy* 24 (1986) 211-22.

Filmer, Sir Robert. *Patriarchia: Of the Natural Power of Kings* (London, 1680).

Firpo, M. John Locke e il socinianesimo. *Rivista Storica Italiana* 92 (1980) 35-124.

Flage, D. E. Locke's Relative Ideas. *Theoria* 47 (1981) 142-59.

Flew, Antony. Locke and the Problem of Personal Identity. *Philosophy* 26 (1951) 53-68; repr. in *Locke and Berkeley: A Collection of Critical Essays,* ed. C. B. Martin and D. M. Armstrong (Garden City NY: Double-day, 1968) 155-78.

Fox Bourne, H. R. *The Life of John Locke.* 2 vols. (London, 1876).

Frank, Robert G., Jr. *Harvey and the Oxford Physiologists* (Berkeley and Los Angeles: University of California Press, 1980).

Franklin, Julian H. *John Locke and the Theory of Sovereignty* (Cambridge: Cambridge University Press, 1978).

Garber, Daniel. Locke, Berkeley, and Corpuscular Skepticism. In *Berkeley: Critical and Interpretive Essays,* ed. Colin M. Turbayne (Minneapolis: University of Minnesota Press, 1982) 174-93.

Gauthier, David. Why Ought One Obey God? Reflections on Hobbes and Locke. *Canadian Journal of Philosophy 7* (1977) 425-46.

Gibson, James. *Locke's Theory of Knowledge and its Historical Relations* (Cambridge: Cambridge University Press, 1917).

Goldie, Mark. The Revolution of 1689 and the Structure of Political Argument. *Bulletin of Research in the Humanities* 83 (1980) 473-564.

______. John Locke and Anglican Royalism. *Political Studies* 31 (1983) 61-85.

Gough, J. W. *John Locke's Political Philosophy: Eight Studies* (Oxford: Oxford University Press, 1950).

Goyard-Fabre, S. *John Locke et la raison raisonnable* (Paris: Vrin, 1986). Grant, Ruth W. *John Locke's Liberalism* (Chicago: University of Chicago Press, 1987).

Grave, S. A. *Locke and Burnet* (Perth: University of Western Australia, 1981).

Greenlee, Douglas. Locke and the Controversy over Innate Ideas. *Journal of the History of Ideas* 33 (1972) 251-64.

Grice, H. P. Personal Identity. *Mind* 50 (1941) 330-50.

Grotius, Hugo. *De jure belli ac pacis* (Paris, 1625); tr. como *The Law of War and Peace,* por Francis W. Kelsey et al. (Oxford: Oxford University Press, 1925).

Haley, K. H. D. *The First Earl of Shaftesbury* (Oxford: Oxford University Press, 1968).

Hall, Roland, ed. *Locke Newsletter* 1- (1970-).

Hall, Roland. Recent Publications. *Locke Newsletter* 1- (1970-).

______. Locke and Sensory Experience. *Locke Newsletter* 18 (1987) 11-31.

______. 'Idea' in Locke's Works. *Locke Newsletter* 21 (1990) 9-26.

Hall, Roland, and Woolhouse, Roger. 80 *Years of Locke Scholarship: A Bibliographical Guide* (Edinburgh: Edinburgh University Press, 1983).

Hargreaves-Mawdsley, W. N. *Oxford in the Age of John Locke* (Norman: Oklahoma University Press, 1973).

HARRIS, John. Leibniz and Locke on Innate Ideas. *Ratio* 16 (1974) 226-42; repr. in *Locke on Human Understanding,* ed. I. C. Tipton (Oxford: Oxford University Press, 1977) 25-40.

HARRIS, N. G. E. Locke's Triangles. *Canadian Journal of Philosophy* 18 (1988) 31-41.

HARRISON, John, and LASLETT, Peter. *The Library of John Locke* (Oxford: Oxford University Press, 1965); 2nd ed. (1971).

HEIL, John. The Molyneux Question. *Journal for the Theory of Social Behavior* 17 (1987) 227-41.

HELM, Paul. Locke on Faith and Knowledge. *Philosophical Quarterly 23* (1973) 52-66.

______. John Locke's Puzzle Cases about Personal Identity. *Locke Newsletter 8* (1977) 53-68.

______. Locke's Theory of Personal Identity. *Philosophy* 54 (1979) 173-85.

HOBBES, Thomas. *De cive* (Amsterdam, 1646); tr. como *Philosophical) Rudiments Concerning Government and Society* (London, 1651); ed. Howard Warrender (Oxford: Oxford University Press, 1984).

______. *De corpore, Part I: Computatio sive Logica* (London, 1655); tr. como *Logic,* por Aloysius Martinich (New York: Abaris, 1981).

HOFFHEIMER, Michael H. Locke, Spinoza and the Idea of Political Equality. *History of Political Thought* 7 (1986) 341-60.

HONT, Istvan. The Language of Sociability and Commerce: Samuel Pufendorf and the Theoretical Foundations of the 'Four-Stages Theory'. In *The Languages of Political Theory in Early-Modern Europe,* ed. Anthony Pagden (Cambridge: Cambridge University Press, 1987) 253-76.

HOOKE, Robert. *Micrographia* (London, 1665); repr. (Weinheim: Cramer, 1961).

HOOKER, Richard. *Of the Laws of Ecclesiastical Polity: Eight Books* (London, 1593-1661); ed. Georges Edelen et al., 4 vols. (Cambridge MA: Harvard University Press, 1977-82).

HORTON, John, and Mendus, Susan, eds. *John Locke:* A Letter Concerning Toleration *in Focus* (London: Routledge, 1991).

Horwitz, Robert. Introduction. In *Questions concerning the Law of Nature,* por John Locke, ed. e trad. Robert Horwitz, Jenny Strauss Clay, and Diskin Clay (Ithaca: Cornell University Press, 1990) 1-62.

______. John Locke's *Questions concerning the Law of Nature: A*

Commentary, ed. M. Zuckert. *Interpretation* 19 (1992) 251-306. Hughes, M. W. Personal Identity: A Defence of Locke. *Philosophy 50* (1975) 169-87.

Jackson, Reginald. Locke's Distinction between Primary and Secondary Qualities. *Mind 38* (1929) 56-76; repr. in *Locke and Berkeley: A Collection of Critical Essays,* ed. C. B. Martin and D. M. Armstrong (Garden City NY: Doubleday, 1968) 53-77.

______. Locke's Version of the Doctrine of Representative Perception. *Mind 39* (1930) 1-25; repr. in *Locke and Berkeley: A Collection of Critical Essays,* ed. C. B. Martin and D. M. Armstrong (Garden City NY: Doubleday, 1968) 125-54.

Jacob, James R. Locke's *Two Treatises* and the Revolution of 1688-1689: The State of the Argument. *Annals of Scholarship 5* (1987-88) 311-33. Jenkins, John J. *Understanding Locke* (Edinburgh, 1983).

Johnson, C. L. Samuel Johnson's Moral Psychology and Locke's 'Of Power'. *Studies in English Literature* 1500-1900 24 (1984) 563-82.

Jolley, Nicholas. *Leibniz and Locke: A Study of the* New Essays on Human Understanding (Oxford: Oxford University Press, 1984).

Kain, P. J. Locke and the Development of Political Theory. *Annals of Scholarship 5* (1987-88) 334-61.

Kant, Immanuel. *On History,* ed. e trad. Lewis White Beck et al. (Indianapolis: Bobbs-Merrill, 1963).

Kelly, Patrick Hyde. 'All Things Richly to Enjoy': Economics and Politics in Locke's *Two Treatises of Government. Political Studies 36* (1988) 273-93.

______. General Introduction. In *Locke on Money,* ed. Patrick Hyde Kelly. 2 vols. (Oxford: Oxford University Press, 1991) 1-109.

Kelly, P. J. John Locke: Authority, Conscience and Religious Toleration. In *John Locke:* A Letter Concerning Toleration *in Focus,* ed. John Horton and Susan Mendus (London: Routledge, 1991) 125-46.

Kilcullen, John. Locke on Political Obligation. *Review of Politics 45* (1983) 323-44.

KING, Peter, Lord. *The Life of John Locke* (London, 1829); nova ed. 2 vols. (1830).

KRETZMANN, Norman. The Main Thesis of Locke's Semantic Theory. *Philosophical Review 77* (1968) 175-96; repr. in *Locke on Human Understanding,* ed. I. C. Tipton (Oxford: Oxford University Press, 1977) 123-40.

KROLL, Richard W. F. The Question of Locke's Relation to Gassendi. *Journal of the History of Ideas 45* (1984) 339-60.

KRÜGER, Lorenz. *Der Begriff des Empirismus: Erkenntnistheoretische Studien am Beispiel John Lockes* (Berlin: de Gruyter, 1973).

______. The Concept of Experience in John Locke. In *John Locke: Symposium Wolfenbüttel 1979,* ed. Reinhard Brandt (Berlin: de Gruyter, 1981) 74-89.

KULSTAD, Mark A. Locke on Consciousness and Reflection. *Studia Leibnitiana* 16 (1984) 143-67.

LANDESMAN, Charles. Locke's Theory of Meaning. *Journal of the History of Philosophy* 14 (1976) 23-35.

LASLETT, Peter. The English Revolution and Locke's *Two Treatises of Government. Cambridge Historical Journal* 12 (1956) 40-55.

______. John Locke, the Great Recoinage, and the Origins of the Board of Trade, 1695-1698. *William and Mary Quarterly* 14 (1957) 370-402; repr. in *John Locke: Problems and Perspectives,* ed. John W. Yolton (Cambridge: Cambridge University Press, 1969) 137-64.

______. Introduction and Notes. In *Two Treatises of Government,* por John Locke, ed. Peter Laslett (Cambridge: Cambridge University Press, 1960); 2nd. ed. (1967) 1-152 et passim.

LAUDAN, Laurens. The Nature and Sources of Locke's Views on Hypotheses. *Journal of the History of Ideas* 28 (1967) 211-23; repr. in *Locke on Human Understanding,* ed. I. C. Tipton (Oxford: Oxford University Press, 1977) 149-62.

LE CLERC, Jean. Review of *An Essay concerning Human Understanding ...,* the fifth Edition. *Bibliothèque Choisie* 12 (1707) 80-123.

______. Review of *Some Familiar Letters between Mr. Locke and Several of his Friends. Bibliothèque Choisie* 17 (1709) 234-41.

Lee, Henry. *Anti-Scepticism: or, Notes Upon each Chapter of Mr. Lock's Essay concerning Humane Understanding* (London, 1702); repr. (New York: Garland, 1984).

Leibniz, G. W. *Nouveaux essais* (Amsterdam, 1765); ed. Andre Robinet and Heinrich Schepers (Berlin, 1962); tr. como *New Essays on Human Understanding,* por Peter Remnant and Jonathan Bennett (Cambridge: Cambridge University Press, 1981).

______. *Die philosophischen Schriften von Gottfried Wilhelm Leibniz,* ed. C. J. Gerhardt. 7 vols. (Berlin, 1875-90).

______. *Leibniz: Political Writings,* ed. and trad. Patrick Riley (Cambridge: Cambridge University Press, 1988).

Leites, Edmund. Conscience, Leisure, and Learning: Locke and the Levellers. *Sociological Analysis* 39 (1978) 36-61.

______. Locke's Liberal Theory of Parenthood. In *Having Children,* ed. Onora O'Neill and William Ruddick (New York: Oxford University Press, 1979) 306-18; repr. in *John Locke: Symposium Wolfenbüttel* 1979, ed. Reinhard Brandt (Berlin: de Gruyter, 1981) 90-112.

Lennon, Thomas M. Locke's Atomism. *Philosophy Research Archives 9* (1983) 1-28.

Lewis, Douglas. The Existence of Substances and Locke's Way of Ideas. *Theoria* 35 (1969) 124-46.

Lievers, Menno. The Molyneux Problem. *Journal of the History of Philosophy* 30 (1992) 399-416.

Limborch, Philippus van. *Theologia Christiana* (Amsterdam, 1686); tr. como *A Compleat System, or Body of Divinity,* por William Jones. 2 vols. (London, 1702); 2nd ed. (1713).

Lough, John. *Locke's Travels in France 1675-1679* (Cambridge: Cambridge University Press, 1953).

Lowde, James. *A Discourse concerning the Nature of Man* (London, 1694).

Lowe, E. J. Necessity and Will in Locke's Theory of Action. *History of Philosophy Quarterly 3* (1986) 149-63.

Mabbott, J. D. *John Locke* (London: Macmillan, 1973).

Mackie, J. L. *Problems from Locke* (Oxford: Oxford University Press, 1976).

______. Locke and Representative Perception. In *Logic and Knowledge: Selected Papers,* por J. L. Mackie, Vol. I (Oxford: Oxford University Press, 1985) 214-24.

MACLEAN, Kenneth. *John Locke and English Literature of the Eighteenth Century* (New Haven: Yale University Press, 1936).

MACPHERSON, C. B. *The Political Theory of Possessive Individualism: Hobbes to Locke* (Oxford: Oxford University Press, 1962). Discutido em Berlin 1963.

MANDELBAUM, Maurice. Locke's Realism. In *Philosophy, Science, and Sense Perception,* por Maurice Mandelbaum (Baltimore: Johns Hopkins University Press, 1964) 1-60.

MARSHALL, John. *John Locke in Context: Religion, Ethics, and Politics.* Unpublished Ph.D. Dissertation (Baltimore: Johns Hopkins University, 1990); published version (Cambridge: Cambridge University Press, forthcoming).

MARTIN, C. B., and Armstrong, D. M., eds. *Locke and Berkeley: A Collection of Critical Essays* (Garden City NY: Doubleday, 1968).

______., and Deutscher, Max. Remembering. *Philosophical Review 75* (1966) 161-96.

MATTERN, Ruth. Locke: "Our Knowledge, Which All Consists in Propositions". *Canadian Journal of Philosophy 8* (1978) 677-95.

______. Locke on Active Power and the Obscure Idea of Active Power from Bodies. *Studies in History and Philsophy of Science* Ir (1980) 39-77.

______. Moral Science and the Concept of Persons in Locke. *Philosophical Review* 89 (1980) 24-45.

______. Locke on Clear Ideas, Demonstrative Knowledge, and the Existence of Substances. *Midwest Studies in Philosophy 8* (1983) 259-71.

______. Locke on Natural Kinds as the "Workmanship of the Understanding". *Locke Newsletter 17* (1986) 45-92. Discutido em Wolfram 1987. Discutido em Bolton 1988.

MATTHEWS, Gareth B. Senses and Kinds. *Journal of Philosophy* 69 (1972) 149-57.

MATTHEWS, H. E. Locke, Malebranche and the Representative Theory. *Locke Newsletter 2* (1971) 12-21; repr. in *Locke on Human Understanding,* ed. I. C. Tipton (Oxford: Oxford University Press, 1977) 55-61.

______. Descartes and Locke on the Concept of a Person. *Locke Newsletter 8* (1977) 9-34.

McCANN, Edwin. Lockean Mechanism. In *Philosophy, Its History and Historiography,* ed. A. J. Holland (Dordrecht: Reidel, 1985) 209-31. Discutido em Milton 1985.

______. Cartesian Selves and Lockean Substances. *Monist* 69 (1986) 458-82.

______. Locke on Identity: Matter, Life, and Consciousness. *Archiv für Geschichte der Philosophie* 69 (1987) 54-77.

McRAE, Robert. "Idea" as a Philosophical Term in the Seventeenth Century. *Journal of the History of Ideas 26* (1965) 175-90.

MENDUS, Susan. Personal Identity and Moral Responsibility. *Locke Newsletter 9* (1978) 75-86.

______. Locke: Toleration, Morality and Rationality. In *John Locke:* A Letter Concerning Toleration *in Focus,* ed. John Horton and Susan Mendus (London: Routledge, 1991) 147-62.

MENDUS, Susan, and HORTON, John. Locke and Toleration. In *John Locke: A* Letter Concerning Toleration *in Focus,* ed. John Horton and Susan Mendus (London: Routledge, 1991) 1-11.

MEYERS, Robert G. Locke, Analyticity and Trifling Propositions. *Locke Newsletter* Io (1979) 83-96. Discussão de Wolfram 1978. Discutido em Wolfram 1980.

MICHAEL, F. S., and Michael, Emily. The Theory of Ideas in Gassendi and Locke. *Journal of the History of Ideas* 51 (1990) 379-99.

MILL, John Stuart. *A System of Logic, Ratiocinative and Inductive.* 2 vols. (London, 1843); ed. J. M. Robson, 2 vols. (Toronto: University of Toronto Press, 1973-74).

MILTON, J. R. John Locke and the Nominalist Tradition. In *John Locke: Symposium Wolfenbüttel 1979,* ed. Reinhard Brandt (Berlin: de Gruyter, 1981) 128-45.

______. The Scholastic Background to Locke's Thought. *Locke Newsletter* 15 (1984) 25-34.

______. Lockean Mechanism: A Comment. In *Philosophy, Its History and Historiography,* ed. A. J. Holland (Dordrecht: Reidel, 1985) 233-39. Discussão de McCann 1985.

______. John Locke and the Fundamental Constitutions of Carolina. *Locke Newsletter* 21 (1990) 111-33.

______. Locke and Gassendi: A Reappraisal. In *Studies in Seventeenth-Century Philosophy*, ed. M. A. Stewart (Oxford: Oxford University Press, forthcoming).

MITCHELL, Neil J. John Locke and the Rise of Capitalism. *History of Political Economy* 18 (1986) 291-305.

MOLYNEUX, William. *Dioptrica Nova* (London, 1692).

MOYAL, Georges J. D. Locke, Innate Ideas and the Ethics of Belief. *Locke Newsletter* Io (1979) 97-127.

MURPHY, Jeffrie G. A Paradox in Locke's Theory of Natural Rights. *Dialogue 8* (1969) 256-71.

NATHANSON, Stephen L. Locke's Theory of Ideas. *Journal of the History of Philosophy* 11 (1973) 29-42.

NEILL, Alex. Locke on Habituation, Autonomy, and Education. *Journal of the History of Philosophy 27* (1989) 225-45.

NICHOLSON, Peter. John Locke's Later Letters on Toleration. In *John Locke:* A Letter Concerning Toleration *in Focus,* ed. John Horton and Susan Mendus (London: Routledge, 1991) 163-87.

NIDDITCH, Peter H. Introduction. In *Essay concerning Human Understanding,* por John Locke, ed. Peter H. Nidditch (Oxford: Oxford University Press, 1975) ix-liv.

NOONAN, H. Locke on Personal Identity. *Philosophy 53* (1978) 343-52.

NORRIS, John. *Cursory Reflections upon a Book Call'd, An Essay concerning Human Understanding* (London, 1690).

NUCHELMANS, Gabriel. *Judgment and Proposition: From Descartes to Kant* (Amsterdam: North-Holland, 1983).

O'CONNOR, D. J. *John Locke* (Harmondsworth: Penguin, 1952).

O'DONNELL, Sheryl Rae. Mr. Locke and the Ladies: The Indelible Words on the *Tabula Rasa. Studies in Eighteenth Century Culture 8* (1979) 151-64.

O'DONNELL, Sheryl. "My Idea in your Mind": John Locke and Damaris Cudworth Masham. In *Mothering the Mind: Twelve Studies of Writers and their Silent Partners,* ed. Ruth Perry and Martine Watson Brownley (New York: Holmes and Meier, 1984) 26-46.

ODEGARD, Douglas. Locke as an Empiricist. *Philosophy 40* (1965) 185-96. Odegard, Douglas. Locke and the Unreality of Relations. *Theoria 35* (1969) 147-52.

______. Locke and Substance. *Dialogue 8* (1969-70) 243-55.

______. Locke and Mind-Body Dualism. *Philosophy 45* (1970) 87-105.

OLIVECRONA, Karl. Locke's Theory of Appropriation. *Philosophical Quarterly* 24 (1974) 220-34.

OLLION, Henri. *La philosophie générale de John Locke* (Paris: Alcan, 1908).

OSIER, M. J. John Locke and the Changing Ideal of Scientific Knowledge. *Journal of the History of Ideas* 31 (1970) 3-16.

OWEN, David. Locke on Real Essence. *History of Philosophy Quarterly 8* (1991) 105-18.

Oxford English Dictionary, Compact Edition. 2 vols. (Oxford: Oxford University Press, 1971).

PARKER, Samuel. A *Free and Impartial Censure of the Platonick Philosophie* (Oxford, 1666).

PARRY, Geraint. *John Locke* (London: Allen & Unwin, 1978).

PASSMORE, John. Locke and the Ethics of Belief. *British Academy Proceedings 64* (1980) 185-208.

PELLETIER, E. J. Locke's Doctrine of Substance. *Canadian Journal of Philosophy* Supp. 4 (1978) 121-40.

PERRY, D. L. Simple Ideas. *Philosophy and Phenomenological Research 27* (1966-67) 278-80.

______. Locke on Mixed Modes, Relations, and Knowledge. *Journal of the History of Philosophy 5* (1967) 219-35. Discutido em Aronson and Lewis 1970.

PERRY, John. Personal Identity, Memory, and the Problem of Circularity. In *Personal Identity*, ed. John Perry (Berkeley and Los Angeles: University of California Press, 1975) 135-55.

______. The Importance of Being Identical. In *The Identities of Persons*, ed. Amélie Oksenberg Rorty (Berkeley and Los Angeles: University of California Press, 1976) 67-90.

PHEMISTER, Pauline. Real Essences in Particular. *Locke Newsletter* 21 (1990) 27-55.

POLIN, Raymond. *La politique morale de John Locke* (Paris: Presses Universitaires de France, 1960).

______. John Locke's Conception of Freedom. In *John Locke: Problems and Perspectives,* ed. John W. Yolton (Cambridge: Cambridge University Press, 1969) 1-18.

PROAST, Jonas. *The Argument of the Letter concerning Toleration, Briefly Consider'd and Answer'd* (Oxford, 1690); repr. (New York: Garland, 1984).

______. *A Third Letter concerning Toleration: In Defense of The Argument of the Letter concerning Toleration, briefly Consider'd and Answer'd* (Oxford, 1691); repr. (New York: Garland, 1984).

PUFENDORF, Samuel. *De jure naturae et gentium* (Lund, 1672); trad. como *On the Law of Nature and of Nations,* por C. H. Oldfather and W. A. Oldfather (Oxford: Oxford University Press, 1934).

______. *De officio hominis et civis* (Lund, 1673); tr. como *The Duty of Man and Citizen,* por Frank Gardner Moore (Oxford: Oxford University Press, 1927).

PUSTER, Rolf W. *Britische Gassendi-Rezeption am Beispiel John Lockes* (Stuttgart: Frommann-Holzboog, 1991).

RABB, J. D. Are Locke's Ideas of Relation Complex? *Locke Newsletter 5* (1974) 41-55.

______. Reflection, Reflexion, and Introspection. *Locke Newsletter 8* (1977) 35-52.

REID, Thomas. *An Inquiry into the Human Mind* (Edinburgh, 1764); ed. Timothy Duggan (Chicago: University of Chicago Press, 1970).

______. *Essays on the Intellectual Powers of Man* (Edinburgh, 1785); ed. Sir William Hamilton (Edinburgh, 1846).

RILEY, Patrick. On Finding an Equlibrium between Consent and Natural Law in Locke's Political Philosophy. *Political Studies* 22 (1974) 432-52.

______. Locke on "Voluntary Agreement" and Political Power. *Western Political Quarterly* 29 (1976) 136-45.

ROGERS, G. A. J. Boyle, Locke and Reason. *Journal of the History of Ideas 27* (1966) 205-16.

______. Locke's *Essay* and Newton's *Principia. Journal of the History of Ideas* 39 (1978) 217-32.

______. J. The Empiricism of Locke and Newton. In *Philosophers of the Enlightenment,* ed. S. C. Brown (Brighton: Harvester, 1979) 1-30.

______. J. Locke, Newton, and the Cambridge Platonists on Innate Ideas. *Journal of the History of Ideas* 40 (1979) 191-205.

______. J. Locke, Law and the Laws of Nature. In *John Locke: Symposium Wolfenbüttel 1979,* ed. Reinhard Brandt (Berlin: de Gruyter, 1981) 146-62.

Russell, Paul. Locke on Express and Tacit Consent: Misinterpretations and Inconsistencies. *Political Theory* 14 (1986) 291-306.

Ryan, Alan. Locke and the Dictatorship of the Bourgeoisie. *Political Studies* 134 (1965) 219-30; repr. in *Locke and Berkeley: A Collection of Critical Essays,* ed. C. B. Martin and D. M. Armstrong (Garden City NY: Doubleday, 1968) 231-54.

Ryle, Gilbert. John Locke on the Human Understanding. In *John Locke: Tercentenary Addresses,* ed. J. L. Stocks (Oxford: Oxford University Press, 1933) 15-38; repr. in *Locke and Berkeley: A Collection of Critical Essays,* ed. C. B. Martin and D. M. Armstrong (Garden City NY: Doubleday, 1968) 14-39; repr. in *Collected Papers,* por Gilbert Ryle, Vol. 1 (London: Hutchinson, 1971) 126-46.

______. John Locke. *Critica* r (1967) 3-16; repr. in *Collected Papers,* por Gilbert Ryle, Vol. t (London: Hutchinson, 1971) 147-57.

Sanford, D. H. Does Locke Think Hardness is a Primary Quality? *Locke Newsletter 1* (1970) 17-29.

______. Locke, Leibniz, and Wiggins on Being in the Same Place at the Same Time. *Philosophical Review 79* (1970) 75-82.

Schankula, H. A. S. Locke, Descartes, and the Science of Nature. *Journal of the History of Ideas* 41 (1980) 459-77; repr. in *John Locke: Symposium Wolfenbüttel 1979,* ed. Reinhard Brandt (Berlin: de Gruyter, 1981) 163-80.

Schneewind, J. B. Pufendorf's Place in the History of Ethics. *Synthese 72* (1987) 123-55.

Schobinger, Jean-Pierre, ed. *Die Philosophie des 17. Jahrhunderts,* Vol. 3: *England* (Basel: Schwabe, 1988).

Schochet, Gordon J. The Family and the Origins of the State in Locke's Political Philosophy. In *John Locke: Problems and Perspectives,* ed. John W. Yolton (Cambridge: Cambridge University Press, 1969) 81-98.

Schouls, Peter A. The Cartesian Method of Locke's *Essay concerning Human Understanding. Canadian Journal of Philosophy 4* (1974-75) 579-601.

______. *The Imposition of Method: A Study of Descartes and Locke* (Oxford: Oxford University Press, 1980).

______. Locke and the Dogma of Infallible Reason. *Revue Internationale de Philosophie 42* (1988) 115-32.

______. *Reasoned Freedom: John Locke and the Enlightenment* (Ithaca: Cornell University Press, 1992).

Seliger, Martin. *The Liberal Politics of John Locke* (London: Allen & Unwin, 1968).

Sergeant, John. *Solid Philosophy Asserted, Against the Fancies of the Ideists: or, the Method to Science Farther Illustrated* (London, 1697); repr. (New York: Garland, 1984).

Shapiro, B. J. *Probability and Certainty in Seventeenth-Century England* (Princeton: Princeton University Press, 1983).

Simmons, A. J. Tacit Consent and Political Obligation. *Philosophy and Public Affairs 5* (1976) 274-91.

______. Inalienable Rights and Locke's *Treatises. Philosophy and Public Affairs* 12 (1983) 175-204.

______. Locke's State of Nature. *Political Theory* 17 (1989) 449-70.

______. *The Lockean Theory of Rights* (Princeton: Princeton University Press, 1992).

Snyder, David C. Faith and Reason in Locke's *Essay. Journal of the History of Ideas* 47 (1986) 197-213.

______. Locke on Natural Law and Property Rights. *Canadian Journal of Philosophy* 16 (1986) 723-50.

Soles, David E. Locke on Knowledge and Propositions. *Philosophical Topics* 13 (1985) 19-30.

______. Locke's Empiricism and the Postulation of Unobservables. *Journal of the History of Philosophy* 23 (1985) 339-69.

______. Intellectualism and Natural Law in Locke's *Second Treatise. History of Political Thought* 8 (1987) 63-81.

______. Locke on Ideas, Words, and Knowledge. *Revue Internationale de Philosophie 42* (1988) 150-72.

Specht, Rainer. *John Locke* (München: C. H. Beck, 1989).

Spellman, W. M. The Christian Estimate of Man in Locke's *Essay. Journal of Religion 67* (1987) 474-92.

______. *John Locke and the Problem of Depravity* (Oxford: Oxford University Press, 1988).

______. Locke and the Latitudinarian Perspective on Original Sin. *Revue Internationale de Philosophie* 42 (1988) 215-28.

Sprute, Jürgen. John Lockes Konzeption der Ethik. *Studia Leibnitiana* 17 (1985) 127-42.

Stewart, M. A. Locke's Mental Atomism and the Classification of Ideas: I. *Locke Newsletter io* (1979) 53-82.

______. Locke's Mental Atomism and the Classification of Ideas: II. *Locke Newsletter ii* (1980) 25-62.

Stillingfleet, Edward. *A Discourse in Vindication of the Doctrine of the Trinity: with an Answer to the Late Socinian Objections against it from Scripture, Antiquity and Reason* (London, 1697).

______. *The Bishop of Worcester's Answer to Mr. Locke's Letter, concerning Some Passages Relating to his Essay of Humane Understanding, mention'd in the Late Discourse in Vindication of the Trinity* (London, 1697).

______. *The Bishop of Worcester's Answer to Mr. Locke's Second Letter; Wherein his Notion of Ideas is Prov'd to be Inconsistent with it self, and with the Articles of the Christian Faith* (London, 1698).

Strauss, Leo. *Natural Right and History* (Chicago: University of Chicago Press, 1953). Discutido em Yolton 1958.

______. Locke's Doctrine of Natural Law. *American Political Science Review* 52 (1958) 490-501.

Stroud, Barry. Berkeley v. Locke on Primary Qualities. *Philosophy* 55 (1980) 149-66.

Suárez, Francisco. *De legibus ac Deo legislatore* (Coimbra, 1612); trad. como *On Law and God the Lawgiver,* por Gladys Williams et al., in *Selec-*

tions from Three Works of Francisco Suárez, Vol. 2 (Oxford: Oxford University Press, 1944).

Tarcov, Nathan. *Locke's Education for Liberty* (Chicago: University of Chicago Press, 1984).

Tarlton, Charles D. A Rope of Sand: Interpreting Locke's *First Treatise of Government. Historical Journal* 21 (1978) 43-73.

______. "The Rulers now on Earth": Locke's *Two Treatises* and the Revolution of 1688. *Historical journal* 28 (1985) 279-98.

Thiel, Udo. Locke's Concept of a Person. In *John Locke: Symposium Wolfenbüttel 1979,* ed. Reinhard Brandt (Berlin: de Gruyter, 1981) 181-92.

______. *Locke's Theorie der personalen Identität* (Bonn: Bouvier, 1983).

Thomas, Janice. On a Supposed Inconsistency in Locke's Account of Personal Identity. *Locke Newsletter* 10 (1979) 13-32.

Thompson, Martyn P., ed. *John Locke und/and Immanuel Kant: Historical Reception and Contemporary Relevance* (Berlin: Duncker und Humblot, 1991).

Thomson, Judith Jarvis. Molyneux's Problem. *Journal of Philosophy* 71 (1974) 637-50.

Tipton, Ian C., ed. *Locke on Human Understanding* (Oxford: Oxford University Press, 1977).

Tipton, Ian C. *Locke-Reason and Experience* (Milton Keynes: Open University Press, 1983).

Toland, John. *Christianity not Mysterious* (London, 1696); repr. (New York: Garland, 1984).

Troyer, John. Locke on the Names of Substances. *Locke Newsletter 6* (1975) 27-39.

Tully, James. The Framework of Natural Rights in Locke's Analysis of Property. In *Theories of Property,* ed. Anthony Parel and Thomas Flanagan (Waterloo: Wilfrid Laurier University Press, 1979) 115-38.

______. *A Discourse of Property: John Locke and his Adversaries* (Cambridge: Cambridge University Press, 1980).

______. Governing Conduct. In *Conscience and Casuistry in Early Modern Thought,* ed. Edmund Leites (Cambridge: Cambridge University Press, 1988) 12-71.

Tully, James, ed. *Meaning and Context: Quentin Skinner and his Critics* (Princeton: Princeton University Press, 1988).

Uzgalis, William L. The Anti-Essential Locke and Natural Kinds. *Philosophical Quarterly* 38 (1988) 330-39.

Van Leeuwen, H. G. *The Problem of Certainty in English Thought 1630-1690* (The Hague: Martinus Nijhoff, 1963); 2nd ed. (1970).

Vaughn, Karen Iversen. *John Locke: Economist and Social Scientist* (Chicago: University of Chicago Press, 1980).

Vienne, Jean-Michel. *Expérience et raison: Les fondements de la morale selon Locke* (Paris: Vrin, 1991).

______. Malebranche and Locke: The Theory of Moral Choice, a Neglected Theme. In *Nicolas Malebranche: His Philosophical Critics and Successors,* ed. Stuart Brown (Assen: Van Gorcum, 1991) 94-108.

Vinci, Thomas. A Functionalist Interpretation of Locke's Theory of Simple Ideas. *History of Philosophy Quarterly 2* (1985) 179-94.

von Leyden, W. Introduction and Notes. In *Essays on the Law of Nature,* por John Locke, ed. W. von Leyden (Oxford: Oxford University Press, 1954) 1-106 et passim.

von Leyden, W. John Locke and Natural Law. *Philosophy* 31 (1956) 23-35.

______. What is a Nominal Essence the Essence Of? In *John Locke: Problems and Perspectives,* ed. John W. Yolton (Cambridge: Cambridge University Press, 1969) 224-33.

von Leyden, W. La loi, la liberté et la prérogative dans la pensée de John Locke. *Revue Philosophique* 163 (1973) 187-203.

Wainwright, Arthur W. Introduction and Notes. In *A Paraphrase and Notes on the Epistles of St. Paul,* por John Locke, ed. Arthur W. Wainwright. 2 vols. (Oxford: Oxford University Press, 1987).

Waldron, Jeremy. Locke: Toleration and the Rationality of Persecution. In *Justifying Toleration,* ed. Susan Mendus (Cambridge: Cambridge University Press, 1988) 61-86; repr. in *John Locke:* A Letter Concerning Toleration *in Focus,* ed. John Horton and Susan Mendus (London: Routledge, 1991) 98-124.

Waldron, Jeremy. John Locke: Social Contract versus Political Anthropology. *Review of Politics* 51 (1989) 3-28.

Wall, G. Locke's Attack on Innate Knowledge. *Philosophy 49* (1974) 414-19; repr. in *Locke on Human Understanding,* ed. I. C. Tipton (Oxford: Oxford University Press, 1977) 1-18.

Wallace, Dewey D., Jr. Socinianism, Justification por Faith, and the Sources of John Locke's *The Reasonableness of Christianity. Journal of the History of Ideas 45* (1984) 49-66.

Webb, Thomas. *The Intellectualism of Locke: An Essay* (Dublin, 1857). Wedeking, Gary. Locke's Metaphysics of Personal Identity. *History of Philosophy Quarterly* 4 (1987) 17-31.

White, P. J. Materialism and the Concept of Motion in Locke's Theory of Sense-Idea Causation. *Studies in History and Philosophy of Science 2* (1971-72)97-134.

Wieand, Jeffrey. Locke on Memory. *Locke Newsletter* 11 (1980) 63-75. Wiggins, David. Locke, Butler and the Stream of Consciousness: and Men as a Natural Kind. *Philosophy* 51 (1976) 131-58.

Williams, Stephen N. John Locke on the Status of Faith. *Scottish Journal of Theology 40* (1987) 591-606.

______. Restoring 'Faith' in Locke. *Enlightenment and Dissent 6* (1987) 95-113.

Willis, Thomas. Thomas *Willis's Oxford Lectures,* ed. Kenneth Dewhurst (Oxford: Sandhurst Publications, 1980).

Wilson, Margaret D. Leibniz and Locke on "First Truths." *Journal of the History of Ideas* 28 (1967) 347-66.

______. Superadded Properties: The Limits of Mechanism in Locke. *American Philosophical Quarterly* 16 (1979) 143-50.

______. Superadded Properties: A Reply to M. R. Ayers. *Philosophical Review* 91 (1982) 247-52. Discussão de Ayers 1981.

Winchester, S. J. Locke and the Innatists. *History of Philosophy Quarterly* 2 (1985) 411-20.

Winkler, Kenneth P. Locke on Personal Identity. *Journal of the History of Philosophy* 29 (1991) 201-26.

Wolfram, Sybil. On the Mistake of Identifying Locke's Trifling-Instructive Distinction with the Analytic-Synthetic Distinction. *Locke Newsletter* 9 (1978) 27-53. Discutido por Meyers 1979.

______. Locke's Trifling-Instructive Distinction-A Reply. *Locke Newsletter* 11 (1980) 89-99. Discussão de Meyers 1979.

______ Locke and "Natural Kinds." *Locke Newsletter* 18 (1987) 75-103. Discussão de Mattern 1986.

WOLTERSTORFF, Nicholas. The Assurance of Faith. *Faith and Philosophy 7* (1990) 396-417.

WOOD, Neal. The Baconian Character of Locke's *Essay. Studies in History and Philosophy of Science 6* (1975) 43-84.

Wood, Neal. *The Politics of Locke's Philosophy: A Social Study of "An* Essay *Concerning Human Understanding"* (Berkeley and Los Angeles: University of California Press, 1983).

WOODBRIDGE, F. J. E. Lockc's *Essay. Studies in the History of Ideas 3* (1935) 243-54.

WOOLHOUSE, R. S. Substance and Substances in Locke's *Essay. Theoria* 35 (1969) 153-67.

______. Locke's Idea of Spatial Extension. *Journal of the History of Philosophy 8* (1970) 313-18.

______. *Locke's Philosophy of Science and Knowledge* (Oxford: Blackwell, r 971).

______. Locke on Modes, Substances, and Knowledge. *Journal of the History of Philosophy* 10 (1972) 417-24. Discussão de Aronson & Lewis 1970.

______. Locke, Leibniz, and the Reality of Ideas. In *John Locke: Symposium Wolfenbüttel 1979,* ed. Reinhard Brandt (Berlin: de Gruyter, 1981) 193-206.

______. *Locke* (Brighton: Harvester, 1983).

WOOTTON, David. Introduction. In *John Locke: Political Writings,* ed. David Wootton (Harmondsworth: Penguin, 1993) 5-122.

WOOZLEY, A. D. Introduction. In *An Essay concerning Human Understanding,* por John Locke, ed. A. D. Woozley (London: Collins, 1964) 9-51.

______. Some Remarks on Locke's Account of Knowledge. *Locke Newsletter 3* (1972) 7-17; repr. in *Locke on Human Understanding,* ed. I. C. Tipton (Oxford: Oxford University Press, 1977) 141-48.

YOLTON, Jean S., ed. *A Locke Miscellany: Locke Biography and Criticism for All* (Bristol: Thoemmes, 1990).

YOLTON, Jean S., and YOLTON, John W. *John Locke: A Reference Guide* (Boston: G. K. Hall, 1985).

YOLTON, John W. Locke and the Seventeenth-Century Logic of Ideas. *Journal of the History of Ideas* 16 (1955) 431-52.

______. *John Locke and the Way of Ideas* (Oxford: Oxford University Press, 1956).

______. Locke on the Law of Nature. *Philosophical Review 67* (1958) 477-98. Discussão de Strauss 1953.

______. The Concept of Experience in Locke and Hume. *Journal of the History of Philosophy r* (1963) 53-71; repr. in *Locke and Berkeley: A Collection of Critical Essays,* ed. C. B. Martin and D. M. Armstrong (Garden City NY: Doubleday, 1968) 40-52.

YOLTON, JOHN W, ed. *John Locke: Problems and Perspectives* (Cambridge: Cambridge University Press, 1969).

YOLTON, John W. The Science of Nature. In *John Locke: Problems and Perspectives,* ed. John W. Yolton (Cambridge: Cambridge University Press. 1969) 183-93.

______. *Locke and the Compass of Human Understanding: A Selective Commentary on the* Essay (Cambridge: Cambridge University Press, 1970).

______. Locke on Knowledge of Body. In *Jowett Papers 1968-1969* (Oxford: Blackwell, 1970) 69-94.

______. Ideas and Knowledge in Seventeenth-Century Philosophy. *Journal of the History of Philosophy* 13 (1975) 145-65.

Yolton, John W. On Being Present to the Mind: A Sketch for the History of an Idea. *Dialogue* 14 (1975) 373-88.

______. *Thinking Matter: Materialism in Eighteenth-Century Britain* (Minneapolis: University of Minnesota Press, 1983).

______. *Perceptual Acquaintance from Descartes to Reid* (Minneapolis: University of Minnesota Press, 1984).

______. *Locke: An Introduction* (Oxford: Blackwell, 1985).

______. Mirrors and Veils, Thoughts and Things: The Epistemological Problematic. In *Reading Rorty: Critical Responses to* Philosophy and the Mirror of Nature *(and Beyond),* ed. Alan R. Malachowski (Oxford: Blackwell, 1990) 58-73.

______. *Locke and French Materialism* (Oxford: Oxford University Press, 1991).

______. *A Locke Dictionary* (Oxford: Blackwell, 1993).

Yolton, John W, and Yolton, Jean S. Introduction. In *Some Thoughts concerning Education,* por John Locke, ed. John W. Yolton and Jean S. Yolton (Oxford: Oxford University Press, 1989) 1-75.

Yost, R. M., Jr. Locke's Rejection of Hypotheses about Sub-Microscopic Events. *Journal of the History of Ideas* 12 (1951) 111-30.

Zuckert, M. P. An Introduction to Locke's *First Treatise. Interpretation 8* (1980) 58-74.

Índice de nomes e de termos

Aaron, Richard I., 245, 248
Aarsleff, Hans, 150, 307, 312, 328, 333, 334, 337, 339
Abrams, Philip, 40
abstração, 55-62, 160-165; *ver também* ideia, abstrata
ação, 118, 120, 121, 123, 245, 248-251, 253, 259, 260, 266, 335; voluntária, 120, 121, 223, 247, 249
acordo, 281
Adão, 294, 295, 312, 313, 330
Addison, Joseph e Richard Steele, 308, 319
Alexander, Peter, 103-105
alma, *ver* mente
Alston, William, e Jonathan Bennett, 134
América, 302, 339-341
amor, 268; *ver também* caridade
Anscombe, G. E. M., 48
Aquino, Tomás de, 213, 234, 246, 257, 267
Aristóteles, 109, 148-150, 203, 214, 295
Aristotelismo, 77, 85, 87, 146, 147, 150, 198, 199, 202
Armstrong, D. M., 123
Arnauld, Antoine, 48
Aronson, C. e Douglas Lewis, 199
arte, 328,335
Ashcraft, Richard, 28, 40, 215, 277, 287, 291, 320
Ashworth, E. J., 150, 154, 190
assentimento, 213, 216-221, 224, 225, 227, 229, 230, 233, 235-238
associação de ideias, *ver* ideias, associação de
ateísmo, 97, 320
atomismo, 75, 76, 97, 198; *ver também* corpuscularismo
átomo, 75, 76, 82, 129, 133-135, 139, 142
Attig, John C., 16, 310
autoconsciência, 132, 319
autointeresse, 261, 279, 280, 327
autoridade, 247, 264, 265, 272, 279, 280, 281-285, 287, 289, 294, 295, 297, 307, 311
avaliação, 226, 227, 229, 240
Ayer, A. J., 317
Ayers, Michael R., 49, 62, 63, 105, 106, 107, 11, 124, 164, 342

Bacon, Francis, 37, 145, 339
Barnes, Jonathan, 189
Becker, Carl, 341
beleza, 250, 338
bem comum, 280, 282, 286, 290, 293, 297, 305
Bennett, Jonathan, 100, 113, 130
Berkeley, George, 61, 83, 84, 98, 114, 161, 317, 323, 324
Bíblia, 19, 30, 208, 241, 313
Bill, E.W.G., 40
Bodleian Library, 40, 341
Bolton, Martha Brandt, 105, 166
bom, 120, 121, 123, 222, 248, 253, 267
Bonno, Gabriel, 311
Boyle, Robert, 19, 20, 22, 75-80, 83, 86-89, 97, 202, 240, 250, 309
Brandt, Reinhard, 150
Buffon, Georges-Louis Leclerc, 325, 326, 330
Burnet, Thomas, 243, 253, 272, 273
Butler, Joseph, 137

caridade, 268; *ver também* amor
Carlos II, 19, 26, 27, 278, 287
Carlyle, Thomas, 338
Cartesianismo, 77, 78, 110, 317
Catolicismo, 19, 26, 207, 214, 257, 258
causação, causalidade, 71-73, 75, 76, 80, 82-87, 90, 92, 95, 97, 98, 102, 106, 107, 110, 111, 114, 117, 120, 122, 123, 125-129, 139, 140
certeza, 183, 194, 201, 203, 205, 206, 209, 210, 218, 219, 224, 225, 230, 231, 233, 235, 252, 256, 314, 316, 319-321
ceticismo, 72, 73, 152, 183, 184, 185, 256, 258, 271, 319
Chappell, Vere, 134
Charleton, Walter, 76, 79
Chisholm, Roderick M., 220, 221
ciência, 88, 89, 91, 101, 172,195, 201, 202, 204-206, 211, 216, 248, 309, 310, 317, 334; moral, *ver* moralidade, ciência da; natural, 24, 30, 88, 241, 320
ciência natural, ver ciência, natural
classificação, 145-150, 159, 163-165, 167-172, 176, 179, 193, 330
Coleção Lovelace, 16, 341
Coleridge, Samuel Taylor, 309, 337-339
Colman, John, 216, 262, 263, 265, 266, 269
conceito, 62-67
Condillac, Étienne Bonnot de, 308, 309, 325, 326, 328, 331, 334, 334, 336

Conduta do Entendimento, A, 37, 316, 328
conhecimento, 183-212, 219, 225, 230, 232, 233, 235, 236, 240, 245, 257, 263, 267, 270, 288, 307, 310-312, 314; *a posteriori*, 194, 203; *a priori*, 194, 195, 201, 203, 204; graus de, 183; demonstrativo, 139, 192, 193, 209, 219; extensão, 207, 209, 316, 332; imediato, 192, 219, 224, 225, 230, 233, 234; inferencial, 230; inato, 98, 186, 187, 188, 192, 203, 246, 262, 311, 313; intuitivo, 191-193, 206, 209, 231, 236; sensível, 192, 209
conhecimento de essência, 91, 97, 107, 132, 165, 172
conhecimento de existência, 191-193, 206, 209, 231
conhecimento inato, *ver* conhecimento
consciência, 130, 132, 136-138, 192, 218, 245, 256, 257, 264, 318, 319, 323
consentimento, 281-284, 228-290, 294, 295, 301, 302, 305, 313, 316
constituição, 268, 283, 285, 287, 290
constituição do corpo, 86, 88, 90-111, 127-134, 142, 162, 168
corpo, ciência do, *ver* ciência, natural
corpo, 75-112, 115, 210; *ver também* material; substância, material
corpuscularismo, 75-112, 147, 164, 166, 170, 197, 198-201; *ver também* atomismo
corpúsculo, *ver* átomo
Cousin, Victor, 309, 339
Cranston, Maurice, 40, 215
crença, 116, 117, 118, 121, 123, 130, 180, 183, 184, 193, 194, 195, 201, 203, 205, 204, 208, 216, 217, 218, 220, 221, 224, 225, 227, 228, 229, 230, 233-236; imediata, 240; mediata, 224, 225; religiosa, 227, 238, 240, 241, 242
Cristianismo, 34, 207, 213, 228, 236, 240, 254, 262, 269, 275, 313, 317
Cristo, 228, 269, 270, 313
Culverwell, Nathanael, 257
Cumberland, Richard, 261, 262
Curley, Edwin M., 131
Curti, Merle, 339

d'Alembert, Jean le Rond, 311, 316, 317, 332
de Beer, E. S., 16, 342
de Maistre, Joseph Marie, 338, 339

Declaração de Independência, 341
Degérando, Joseph-Marie, 332
deísmo, 37, 209, 312, 340
democracia, 305
demonstração, 94, 192, 201, 206, 209, 230, 231, 246, 251, 254, 270
demonstração de moralidade, *ver* moralidade, ciência da
Dennett, Daniel C., 130
Descartes, René, 19, 26, 43, 48, 79, 83, 110, 113-115, 124, 141, 143, 190, 260, 274, 309, 312, 315, 321-323, 329, 338-340, 342
desejo, 115, 116, 118, 119, 121-123, 130, 248, 264
determinismo, 119
Deus, 69, 72, 73, 82, 90, 92, 93-96, 104, 105, 128-130, 135, 185, 186, 188, 192, 193, 197, 206, 208, 209, 222, 223, 228, 240, 243, 246-248, 250, 252-259, 261, 263-265; argumento a favor da existência, 26, 95, 209, 228, 229, 230, 231, 232, 251, 253, 269; como legislador, 223, 250, 251, 260, 261, 266
dever, 253, 263, 267, 270
Dewhurst, Kenneth, 15, 40
Diderot, Denis, 311, 322, 323, 325, 326, 330, 332, 334-336
Dijksterhuis, E. J., 76
dinheiro, 303
direito, 223, 235, 246, 248, 252, 258-260, 264, 265, 280-282, 285-288, 290, 293, 294, 296-304, 309, 312; divino, 28, 309, 313; natural, 244, 246-, 256, 257, 261, 271, 287, 296, 297, 301, 302, 305
dor, *ver* prazer
Douglas, Janet Mary [Mrs. Stair Douglas], 338
dualismo, 113, 123-125, 143; *ver também* mente e corpo
Dunn, John, 341, 342

economia, 15, 32, 35 40, 302, 304, 305
edição da Clarendon, 10, 340, 342
educação, 15, 32, 315, 316, 324, 327
Edwards, John, 34, 38
egoísmo, 85, 225
empirismo, 52, 54, 273, 274; inglês, 307, 317, 324
Encyclopédie, 31, 323, 325, 331, 332
Encyclopédie Méthodique, 308
entendimento, 42-44, 55, 62, 76, 80, 92, 95, 97, 116, 126, 148, 155, 160, 162, 163, 171, 178, 181, 183, 186, 188, 189, 190, 195, 199, 202, 206-208, 215, 232, 237, 243, 246

entusiasmo, 209, 237, 271, 272, 274, 326
Epicuro, 75, 198, 249
epistemologia, 13, 14, 213, 214, 216, 217, 241, 242, 271, 273, 274, 311, 317, 320, 331, 334; regulativa, 221, 227, 240
epistemologia da religião, 213, 240-242
errado, ver certo
escolasticismo, 76-78, 84, 98, 99, 110, 150, 154, 198, 205
Escrituras, 207, 208, 228, 295, 296, 309, 314, 318, 321
espaço, 60, 76, 80, 141
espécie, 133, 134, 147-149, 157, 160, 162-166, 168-178, 181, 196, 198, 200, 202
Espinosa, Baruch de, 309, 322
espírito, 103-105, 114, 115; *ver também* substância imaterial
Essay concerning Human Understanding, 9, 13, 24
essência, 141, 164, 165, 170,-173, 196, 198, 199; nominal, 165-168, 178, 195, 196, 199, 200, 251, 318; real, 91, 93, 95, 105, 106-108, 165-168, 170, 171, 175, 176
estado de natureza, 287, 291, 292, 293, 294, 295, 299-301, 303, 305, 313, 331
estética, 328
ética, 259, 260, 262, 263, 270, 273
Evangelhos 207, 208, 228
Evans, Gareth, 324
Everett, Alexander H., 339
evidência, 225, 227-230, 235-240, 242
evidencialismo, 228, 229, 242
executivo, 285-287
experiência, 52-54, 67, 89, 92, 100, 114, 136, 139, 140, 147, 178, 186, 187, 190-194, 201, 204, 206, 230, 241, 250, 263, 267, 272-274, 307, 318, 323, 324; religiosa, 239
explicação, 75, 80, 85, 93, 105, 118, 121, 130-133, 139, 147, 148, 189, 192, 194, 195, 223, 254
extensão, 75-79, 81, 96, 104, 124, 125, 141, 186, 192, 207, 209, 210

fé, 208, 209, 213, 221, 233-235, 237, 310, 318-321
felicidade, 224, 231, 244, 248-250, 255
Ferreira, M. Jamie, 184
Filmer, Sir Robert, 28, 281, 292, 294, 295, 312
filosofia da religião, 13, 213-241
filosofia, 13-15; mecânica, *ver* filosofia mecânica; natural, *ver* ciência, natural; política, 213, 268, 277-305, 331

filosofia mecânica, 19, 22, 76-78
filosofia natural, *ver* ciência natural
Flew, Antony, 139
forma substancial, 107, 148
Fox Boume, H. R., 23, 40, 297, 340
Fox, Christopher, 320
França, 23-26, 40, 321, 322, 33, 334, 339
Frank, Robert G., Jr., 15, 40
Frege, Gottlob, 118
funcionalismo, 123
fundacionalismo, 229, 241

Galilei, Galileu, 79, 83, 198, 309
Gassendi, Pierre, 19, 26, 75, 76, 79, 97, 198, 249, 338
generalidade, 57, 81, 149, 160, 169, 192, 337; *ver também* ideia geral; termo geral
Gênesis, 313
geometria, 61, 63, 194, 195, 201, 202, 205, 211, 320, 324 ;*ver* matemática
Gibson, James, 187
Goldie, Mark, 287
governo, 262, 267, 277-286, 288-290; constitucional, 286, 298, 304, 305; Inglês, 284, 285, 287
Grant, Ruth W., 305
Grice, H. P., 133, 1337
grocianismo, 259, 260, 273, 275
Grócio, Hugo, 257-259, 261, 264, 271, 278
guerra, 282, 285, 287, 309

Haley, K. H. D., 40
Hall, Roland, 16
Hall, Roland e Roger Woolhouse, 310
Harrison, John e Peter Laslett, 40
Hartz, Louis B., 341
hedonismo, 248, 266
Hobbes, Thomas, 18, 76, 79, 124, 151, 198, 259, 264, 273, 274, 309, 322, 328
Holanda, 26-30, 32, 34, 214
homem, 59, 60, 62, 64, 70, 102, 116, 126, 131, 153, 173, 175, 205, 231, 257, 291, 292, 298
Hont, Istvan, 268
Hooke, Robert, 19, 20, 202
Hooker, Richard, 256, 257
Horton, John e Susan Mendus, 15
Horwitz, Robert, 262
Howes, Alan B., 308, 311
Hume, David, 132, 194, 240, 317, 327, 328, 336
Hutcheson, Francis, 328
Huygens, Christiaan, 202

ideia de Deus; *ver* Deus
ideia de substância; *ver* substância
ideia inata, *ver* ideia, inato
ideia, 41-73, 81-86, 90-92, 94-96, 98-106, 108-110, 114-118, 121, 123, 125, 126, 130, 137, 139, 145, 147, 149, 150, 151-175, 177, 178, 180,

181, 186, 187, 189-197, 199-210, 218, 230, 235, 242, 246, 247, 250, 265, 272, 274, 311, 318-320, 323; abstrata, 55-62, 160-165; adequada, 51, 61, 68-70; complexa, 51, 53, 54, 56, 59, 70, 100, 161, 166, 173, 175, 178, 180, 191, 201; geral, 58-61, 104, 134; inata, 64, 114, 244, 246, 267, 273, 312, 314, 322, 331, 339, 341; particular, 60-64, 66, 67, 73; real, 67, 68, 71; simples, 52, 53, 56, 58, 104, 125, 156, 161, 162, 166, 167, 175, 177-179, 195, 222, 250, 263, 265; verdadeira, 67, 68
ideias, associação de, 326, 327
identidade, 131, 133, 135, 137, 142, 167, 187, 193, 209
identidade pessoa, *ver* identidade pessoal
identidade pessoal, 131-137, 140, 318, 319, 323
Igreja Anglicana, *ver* Igreja da Inglaterra
Igreja da Inglaterra, 19, 28, 36, 101, 257
igualdade, 282, 292, 303, 305, 314, 320
imagem, 52, 62, 63, 65; *ver também* ideia
imortalidade, 246, 256, 313
impacto; *ver* impulso
implicação, 224-229
impostos, 280, 290
impulso, 81, 82, 89, 92, 95, 114, 238, 259, 314, 331
índios americanos, 211, 300, 302
Inglaterra, 26, 214, 257, 283-285, 287, 302, 305, 308, 309, 321, 322, 338, 340, 341
injustiça, *ver* justiça
inquietação, 119-122, 222, 249
intencionalidade, 44
interesse, 184, 279
intuição, 192, 201, 209, 321,325, 335; *ver também* conhecimento intuitivo

Jaime II, 26, 27, 30, 278, 287
James, William, 340
Jefferson, Thomas, 341
Johnson, Samuel, 308
juízo, 285, 323
justiça, 252, 258, 268

Kant, Immanuel, 118, 217, 258
Kelly, Patrick Hyde, 15, 40
Kivy, Peter, 328
Kondylis, Panajotis, 326
Kretzmann, Norman, 146

La Mettrie, Julien Offray de, 325
Laslett, Peter, 28, 40, 248, 257, 290, 341

Latitudinarismo, 228, 240
le Clerc, Jean, 29, 30
Lee, Henry, 255
legislatura, 274, 283-286, 288, 290
lei, 223, 243, 245, 247, 250, 251, 253, 260, 274, 279, 280, 284, 289; civil, 223, 247, 250, 251; divina, 223, 247, 250; moral, 209, 211, 223, 224, 228, 243, 246, 252, 261, 262; natural, 244, 246, 256-258, 260, 261, 263, 266, 269, 271, 274, 275, 287, 292, 293, 296-299, 301, 305
lei da natureza, *ver* lei, natural
Leibniz, Gottfried Wilhelm, 98, 116, 120, 127, 129, 134, 171-175, 272, 274, 309
Lessing, Gotthold Ephraim, 325
Lewes, George Henry, 339
liberdade , 121, 129, 130, 179, 248, 284, 285, 292-295, 298, 300, 322, 338
Limborch, Philippus van, 29
linguagem, 66, 145-181, 257, 260, 267, 287, 308, 313, 327, 329, 330; abuso da, 146, 175, 177; imperfeição da, 145, 158, 181; origem da, 330, 334, 335;
literatura de viagem, 291, 315
Locke Newsletter, 16
Locke, John: influência, 307-350; jornais, 23, 24; cartas à Stillingfleet, 39, 101, 102, 104, 105, 233, 322; vida, 16-39; escritos sobre educação, 32; escritos sobre a lei natural, 10, 14, 20, 257, 266; escritos sobre a moeda, 32, 35; escritos sobre a tolerância, 15, 21, 29, 32
lógica, 336
Lough, John, 40
Lowde, James, 187, 188
Lutero, Martinho, 207

Mackie, J. L., 49, 175, 176
MacLaverty, James, 308
MacLean, Kenneth, 319
Macpherson, C. B., 301
mal, 243, 247; *ver também* bom
Malebranche, Nicolas, 33, 48
Mandelbaum, Maurice, 105, 106
Marshall, John, 15, 228, 262
Martin, C. B. e Max Deutscher, 140
Masham, Damaris, 32, 33, 37, 39
matemática, 194, 205, 206, 270, 326, 330
matéria pensante, 124, 125, 243, 321, 322, 323
material, 75-77, 80-82, 84, 90, 91, 93-98, 103-105, 110, 113, 124, 126, 128-130, 141, 168, 169, 174, 197, 198, 200, 201, 204, 210, 232, 250; *ver* matéria pensante

materialismo, 123, 143, 320, 322
Matthews, Gareth B., 51
mau, *ver* bom
máxima, 61, 202, 205, 244, 268, 273
McRae, Robert, 190
mecanicismo, 88, 89, 95, 196, 262
medicina, 13, 18-20, 22, 24, 30
memória, 62, 64-67, 72, 127, 137, 138, 140, 151, 219, 230, 319
mente, 41-73, 80, 81, 83, 84, 86, 90, 113-144, 189, 190, 210, 218, 225, 230, 307, 310, 311, 331, 335, 337
mente e corpo, 83, 84, 95, 110; *ver também* dualismo
milagres, 239, 240
Mill, James, 337
Mill, John Stuart, 151, 194, 317
Miller, Perry, 308
miséria, *ver* felicidade
modo, 53-55, 63, 64, 66, 68, 69, 71, 72, 82, 87, 94, 95, 97, 107, 108, 115, 128, 260; misto, 54, 55, 68, 70, 166, 174, 177, 178, 250, 252, 253, 260, 263, 267;
Molyneux, William, 33, 34, 206, 323, 324, 328
monarca, *ver* rei
monarquia, 283, 289, 303, 304, 305
Montaigne, Michel de, 256
Moore, James, 341
moralidade, 119, 195, 223, 243, 244, 246-248, 254-256, 258-260, 262, 268, 270, 271, 274, 275, 277, 288
More, Henry, 314
Morgan, Michael J., 324
motivação, 248, 255, 266, 267

naturalismo, 271, 272
natureza, 70, 72, 73, 75, 89, 147, 148, 155, 159, 162-164, 167, 170, 172-174, 178, 186, 198, 202, 223, 253, 254, 256, 258, 260; humana, *ver* homem; lei da, *ver* lei natural; estado de, *ver* estado de natureza
natureza humana, 260, 263, 267, 273, 283, 315, 328; *ver* homem
necessidade, 106, 108, 119, 125, 184, 218, 242, 257, 267, 285, 286, 299, 330
Newton, Isaac, 30, 31, 33, 35, 78, 111, 202, 240, 309, 311, 326
Nidditch, Peter H., 10, 16, 120, 321, 342
nome, *ver* linguagem
Norris, John, 33, 47
Novo Testamento, 31, 228, 236

objeto, 42-53, 55, 57-59, 61, 64, 72, 73, 79, 80, 83-87;

externo, 45, 47,48, 72, 73, 192; intencional, 49-51; material, *ver* corpo; substância material
obrigação, 220-224, 226, 229, 246, 259-261, 263-265; epistêmica
observação, 188, 193, 194, 202, 204, 250
Ockham, William de, 46
opinião, *ver* crença
Oxford, 17, 21, 27, 28, 31, 40, 244, 262, 341
Oxford English Dictionary, 48

Pailadini, Fiametta, 259
paixão, 115
palavra, *ver* linguagem
Paraphrase and Notes on the Epistles of St. Paul, A [*Uma Paráfrase e Notas sobre as Epístolas de São Paulo*], 15, 38, 39
Parker, Samuel, 188, 189
Parlamento Inglês, 32, 284-286, 291, 304
parlamento, ver legislatura
particular, 55-67, 82, 89, 95, 98, 103, 148, 159, 160, 209; despido, 98-100, 103, 106, 108
Passmore, John, 336
patriarcalismo, 303
Paulo, São, 38, 214, 228, 245, 246
pecado original, *ver* pecado, original
pecado, 223, 224, 245, 247, 253; original, 313
Peirce, Charles Sanders, 340
pensamento, 42-72, 90, 92-96, 103-105, 110, 113-119, 124-130, 132, 133, 135, 141, 155, 184, 191, 210
percepção, 42-50, 59-61, 63-65, 72, 73, 84, 92, 96, 103, 115-117, 121, 123, 126, 127,130, 155, 191-193, 207-209, 217, 229-232, 235, 252, 265, 320, 323, 327, 340
percepção sensível, *ver* percepção
Perry, John, 140, 143
Perry, Ralph Barton, 340
pessoa, 280, 281, 284, 287, 290-293
Platão, 150, 218, 332
platonismo, 146
Pocock, J. G. A., 141
poder, 53, 90, 93, 94, 103-105, 107, 119, 129, 130, 136, 206, 231, 232, 248, 251, 260, 264, 265, 280
poesia, 228, 334, 335
política, 15, 213, 216, 238, 256, 258, 259, 268, 273, 277-279, 283, 287
positivismo lógico, 203
prazer, 210, 222, 223, 247-249, 253, 265, 266, 338

Proast, Jonas, 31, 32
probabilidade, 194, 218, 222, 225-227, 235, 265, 266, 338
problema de Molyneux, 320, 312
proporcionalidade, 227, 229, 240
proposição, 117, 188, 189, 220, 221, 224-230, 233-236, 238
propriedade: origem da, uso da, 251, 256, 268, 278, 288-291, 293-305
protestantismo, 20, 28, 214, 257, 258
prova, 192, 206
Pufendorf, Samuel, 256, 257, 259-262, 264, 267, 268, 272-275, 278
punição, *ver* recompensa

qualidade, 64, 69, 70, 72, 73, 75, 78-87, 90-104, 106-109, 111, 147, 148, 156, 161, 165, 167, 168, 170, 171, 174-176, 178, 190, 197, 198, 201, 204, 225, 250, 324, 330, 335;; primária, 79-96, 103, 147, 156, 167, 197, 324; secundária, 69, 70, 79, 80, 82-87, 90-93, 95, 147; sensível, 52, 53, 58, 62, 64, 80, 84, 86, 87, 90-94, 99, 100, 102, 106, 109, 111, 116, 148
Quine, W. V., 336, 337

racionalismo, 248, 274, 336, 337
Rask, Rasmus, 332
racionalidade, 206, 305, 310, 316, 319, 327
razão, 51, 52, 66, 67, 102, 132, 134, 187, 191, 205-209, 213, 221,222, 227, 231-238, 241, 242, 244-248, 254, 257, 261, 264, 267, 269, 270, 275, 292, 296, 307, 312-314, 317-319, 323, 326, 327, 335
recompensa, 223, 224, 244, 246-248, 250, 261, 266, 270
reflexão, 25-54
Reforma, 207
regra, *ver* lei
rei, 265, 277, 279, 280, 282, 285-287, 291, 297, 302
Reid, Thomas, 41,46, 47, 133, 137
relação, 54, 70-73
religião, 209, 213-242, 252, 256, 258, 259, 310, 321, 322, 326, 338, 339; epistemologia da, ver epistemologia da religião; natural, 213, 216; filosofia da, *ver* filosofia da religião; revelada, 213, 215, 216, 233
representação, 64-74, 155, 196
representativo, 281, 283, 284, 286, 289, 290
resistência, 278, 279, 282, 283, 285-288, 304

responsabilidade, 213, 225, 238, 242, 316, 317; ver também obrigação
Restauração, 19, 288, 309
revelação, 208, 209, 223, 233-240, 247, 261, 267, 269, 271, 310, 312, 314, 318, 327
revolução, 76, 305, 319
Revolução Gloriosa, 27, 287, 297
Roger, Jacques, 325
Royal Society, 22, 194, 202, 205, 310
Russell, Bertrand, 317
Ryle, Gilbert, 41, 42, 119

Sanderson, Robert, 257
Saunderson, Nicholas, 325, 326
Schneewind, J. B., 259, 267
Schøsler, Jorn, 323
scientia, *ver* ciência
semelhança, 83, 84, 147, 163, 172, 174, 327
sensação, 43, 44, 53, 54, 63, 93, 100, 109, 124-127, 186, 222, 232, 312, 318, 320, 323, 326, 329, 331
sentidos, 183, 186, 188, 190, 191, 193, 195, 199, 200, 204, 210, 265, 272, 310, 312
Sergeant, John, 41, 52
Sextus Empiricus, 183, 207
Shaftesbury, Anthony Ashley Cooper, Lord, 21, 23-27, 35, 40, 305
Shapiro, B. J., 194
significação, *ver* significado
significado, 146, 148, 150, 152, 154, 156, 159, 164, 167, 175-181, 237, 272, 278, 279, 284, 299, 330, 333, 3336
similaridade, 162, 169, 171, 172
Simms, J. G., 324
Skinner, Quentin, 278
sociedade, 250, 256-259, 261, 271, 280, 281, 283-285, 288-291, 293-295, 298, 301-305, 307, 309, 310, 313, 334
socinianismo, 36, 38, 101, 228
solidez, 75, 76, 79, 81, 96, 103, 104, 125, 197
Spellman, W. M., 15
Sprat, Thomas, 310, 314, 326
Stephen, Leslie, 307, 340
Sterne, Laurence, 308, 310
Stewart, Dugald, 307
Stillingfleet, Edward, 28, 36, 37, 41, 42, 82, 95, 96, 98, 100-105, 107-109, 125, 233, 318, 319, 321, 322
Strauss, Leo, 301
Suárez, Francisco, 257, 264
subsistência, 295-302, 305
substância, 54, 55, 59, 68-70, 72, 73, 75, 76, 81, 85, 90, 95, 96, 98-111, 124, 125, 131, 133-135, 139, 142, 148, 151, 162, 164-167, 169, 171, 174-179, 193-202, 204, 205, 211,

250, 318, 320, 321; imaterial, 90, 96, 105, 124, 134, 135, 136, 139; material, 59, 75, 76, 90, 98, 104-106, 125, 128, 134, 135, 139, 322
substrato, 98-100, 102-109; ver também substância

Tarcov, Nathan, 15
Taylor, Jeremy, 257
teleologia, 130
tempo, 131-134, 136-138, 141, 160, 161
teologia, 13, 15, 36, 179, 216, 228, 230, 307, 312, 313, 318, 312
termo geral, 162, 168, *ver também* generalidade
testemunho, 209, 226, 227, 240
The Reasonableness of Christianity [*A Razoabilidade do Cristianismo*], 10, 14, 34, 38, 207, 228, 236, 262
tirania, 265, 279-288, 304, 325
tiranicídio, 278, 282
tirano, 253, 261, 265, 272, 279, 281, 282
Toinard, Nicolas, 333
Toland, John, 36, 322
tolerância, 15, 21, 29, 216, 252, 309
tomismo, 257
Tooke, John Horne, 336, 337
trabalho, 298-302, 310
tradição, 204, 205, 233, 241, 242, 267, 307, 317, 318, 324
troca, 301, 302, 304
Tully, James, 265, 278
Turgot, Anne-Robert-Jacques, 331,332
Two Treatises of Government [*Dois Tratados Sobre o Governo*], 13, 14, 262, 277
Tyrrell, James, 28, 215, 243

universal, *ver* generalidade
utilitarismo, 337, 338

Van Leeuwen, H. G., 184
verdade, 183-185, 187, 188, 190-192, 200, 201, 207, 208, 213, 217, 220, 222, 224, 231, 232, 235, 238, 239, 246, 251, 262, 269, 311, 312, 317
vício, *ver* virtude
virtude, 245, 325
volição, 115, 119-125, 130
Voltaire [François-Marie Arouet], 307, 311, 321, 322, 324, 325
voluntarismo, 261, 274, 275, 281
von Leyden, W., 10, 40, 257, 262, 266, 267
vontade, 119-122, 178, 248, 249, 266, 274, 279, 280
vontade livre, *ver* liberdade

Wainwright, Arthur W., 15

Webb, Thomas, 339
Whewell, William, 338
Whigs, 27, 291, 305
Willis, Thomas, 20
Wills, Garry, 341
Wilson, Margaret D., 88, 91, 93, 95
Wittgenstein, Ludwig, 46, 242, 333
Woolhouse, R. S. [Roger Woolhouse], 166, 184, 199, 203, 310
Wootton, David, 341

Yolton, Jean S. e John W. Yolton, 11, 15, 16, 310
Yolton, John W., 47-49, 105, 187, 190, 321-323, 339, 342

Índice de passagens

B MS Locke c.28: 114: von Leyden 1954: 72-73 266
B MS Locke c.28: Laslett 1967: 366n 290
B MS Locke c.34 28
B MS Locke f.2: 46 .... 10, 211
B MS Locke f.2: 92-93 211
B MS Locke f.2: 126 184
Deus: L II: 133-39 .... 10, 206
Draft A 43: D I: 74-75 186
Draft A 43: D I: 75 191
E Epis: 7 215
E Epis: 8 316
E Epis: 9 202
E Epis: 9-10 78
E Epis: 13 145
E I.i.2: 43 .... 126, 183, 193, 216
E I.i.2: 44 202
E I.i.5: 44-45 211
E I.i.5: 451 185
E I.i.5: 45-46 321
E I.i.5-6: 45-46 252
E I.i.6: 46 .... 185, 321
E I.i.7: 47 .... 183, 185
E I.i.8: 47 .... 82, 51
E I.ii.1: 48 .... 139, 187
E I.ii.2: 491 139
E I.ii.4: 49 187
E I.ii. 5: 9 114
E I.i.11: 52-53 189
E I.ii.15: 55 66
E I.ii.17: 56 .... 188, 192
E I.ii.18-21: 57-60 189
E I.iii.1-2: 65-66 244
E I.iii.1, 4: 65-66, 68 207
E I.iii.i: 66 190
E I.iii.2: 66 189
E I.iii.3: 67 139
E I.iii.4: 68 .... 207- 245
E I.iii.6: 69 .... 245- 270
E I.iii.6-8, 11: 69-70, 72-73 263
E I.iii.8: 70 245
E I.iii.9-13: 70-75 245
E I.iii.12: 73 187
E I.iii.12: 74 .... 223, 246
E I.iii.13: 75 245
E I.iii.14-19: 76-80 245
E I.iii.22: 81 189
E I.iii.25: 82 189
E I.iv.4: 99 207
E I.iv.8: 87 263
E I.iv.8: 87-88 246
E I.iv.9: 89 .... 231, 311
E I.iv.12:91 246
E I.iv.16: 94-95 231
E I.iv.20: 96-97 64

E I.iv.21: 98-99 311
E I.iv.24: 101-2 247
E II.i.1: 104 52
E II.i.2: 104 .... 186, 190
E II.i.3: 105 .... 52, 190
E II.i.4: 105 53
E II.i.5: 106 49
E II.i.8: 107 66
E II.i.9: 108 .... 44, 141
E II. i.10: 108 141
E II.i.11: 109-10 114
E II.i.11: 110 137
E II. i.15 : 112-23 126
E II.i.22: 117 191
E II.i.23: 117 126
E II.i.24: 118 190
E II.i.25: 118 .... 53, 186
E II.ii.1: 119 52
E II.vi.2: 128 115
E II:vii.1: 128 53
E II.vii.1 e 9: 128 e 131 53
E II.vii.2 e 7: 128 e 131 53
E II.vii.8: 131 114
E II.viii: 132-43 147
E II.viii.8: 134 .... 42, 43, 155
E II.viii.9: 134-35 80
E II.viii.9: 135 104
E II.viii.10: 135 80
E II.viii.11: 135-36 82
E II.viii.14: 137 83
E II.viii.15: 137 83
E II.viii.22: 140 104
E II.ix.1: 143 43
E II.ix.8: 145 323
E II.ix.8: 145-46 34
E II.ix.8: 146 324
E II.ix.11: 147-48 130
E II.x.2: 150 .. 49, 60, 65, 115, 117
E II.x.5: 151-52 126
E II.x.5: 152 127
E II.xi.9: 159 .... 55, 57
E II.xii.1: 163 .... 53, 54, 56
E II.xii.5: 165 166
E II.xii.6: 165 101
E II.xiii.19: 175 101
E II.xiii.20: 175 101
E II.xx.1: 229 222
E II.xx.2: 229 .... 222, 247
E II.xx.3: 229 115
E II.xx.6: 230-31 122
E II.xx.13: 231 122
E II.xx.15: 232 222
E II.xxi.4: 235 114
E II.xxi.5: 236 248
E II.xxi.5-6: 236 .... 115, 248
E II.xxi.8-14: 237-40 248
E II.xxi.21-28: 244-48 248
E II.xxi.29 [1a. ed.]: 251n 120
E II.xxi.31-32: 250-51 122
E II.xxi.31-38: 250-56 249
E II.xxi.31: 251 .... 121, 122
E II.xxi.33: 252 121
E II.xxi.33 [1a. ed.]: 256n 120
E II.xxi.35: 252-54 121
E II.xxi.35: 253 123
E II.xxi.39: 257 122

E II.xxi.41-42: 258-59 248
E II.xxi.55: 269-70 248
E II.xxi.56: 270 122
E II.xxi.58-70: 272-82 118
E II.xxii.1: 288 263
E II.xxii.1, 2, 5: 288-89, 290 ... 199
E II.xxii.4: 190 200
E II.xxii.6: 290-91 331
E II.xxiii.i: 295 100
E II.xxiii.2: 295-96 101
E II.xxiii.3: 296 133
E II.xxiii.6: 298 133
E II.xxiii.12: 302 252
E II.xxiii.12: 302-3 321
E II.xxiii.15: 305 114
E II.xxiii.17: 306 104
E II.xxiii.23: 308 210
E II.xxiii.30: 313 104
E II.Xxiii.32: 314 125
E II.xxiii.33: 314 206
E II.xxiii.3: 330 142
E II.xxvii.4: 331 142
E II.xxvii.5: 331 142
E II.xxvii.9: 335 .... 132, 142
E II.xxvii.9-29: 335-48 131
E II.xxvii.10: 336 142
E II.xxvii.12: 337 135
E II.xxvii.14: 338 138
E II.xxvii.16: 340 138
E II.xxvii.17: 341 138
E II.xxvii.24: 345 138
E I1.xxvii.25: 345 134
E II.xxvii.25: 345-46 142
E II.xxvii.26: 347 138
E II.xxvii.27: 347 127
E II.xxvii.29: 348 142
E II.xxviii.2: 349 263
E II.xxviii.3: 350 263
E II.xxviii.4-5: 350-51 223
E II.xxviii.5: 351 .... 223, 247
E II.xxviii.7: 352 .... 223, 247
E II.xxviii.8: 352 .....206-208, 223, 248
E II.xxviii.8-10: 352-54 247
E II.xxviii.14: 358 250
E II.xxix.5: 364 50
E II.xxx.i: 372 .... 67, 71
E II.xxx.2: 372-73 69
E II.xxx.2: 373 72
E II.xxx.3-4: 373-74 250
E II.xxx.4: 373 .... 55, 69, 250
E II.xxx.5: 374 69
E II.xxxi.1: 375 68
E II. xxxi.2: 375 69
E II.xxxi.3-4: 376-77 250
E II.xxxi.3: 376 69
E II.xxxi.3: 377 69
E II.xxxi.6: 378-80 201
E II.xxxi.8: 381 70
E II.xxxi.10-11: 382 200
E II.xxxi.13: 383 70
E II.xxxii.I: 384 49
E II.xxxii.4: 385 68
E II.xxxii.8: 386 66
E II.xxxii. i 5: 389 126
E II.xxxiii.5: 395 327

E II.xxxiii.6: 396 327
E III.i.2: 402 149
E III.i.5: 403 331
E III.ii.1: 405 ... 149, 150, 152, 313
E III.ii.2: 405 151
E III.ii.4-5: 406-7 157
E III.ii.8: 408 .... 313, 333
E III.iii.1: 409 159
E III.iii.2: 409 160
E III.iii.3: 410 160
E III.iii.4: 410 160
E III.iii.6: 410 57
E III.iii.6: 410-11 160
E III.iii.6: 411 58
E III.iii.7: 411 .... 56, 161
E III.iii.9: 412 162
E III.iii.11: 414 .... 159, 163
E III.iii.12: 414 .... 162, 165
E III.iii.12: 415 163
E III.iii.13: 415 163
E III.iii.15: 417 196
E III.iii.17: 417-18 198
E III.iii.17: 418 .... 147, 166, 199
E III.iii.18: 418 200
E III.iii.18: 419 167
E III.iv.4: 421 52
E III.iv.7: 422 177
E III.iv.11: 425 329
E III.v.8: 432-33 333
E III.v.8, 10: 433, 434 199
E III.v.13: 436 200
E III.v.14: 436-37 196
E III.v.16: 437 .... 196, 197
E III.vi.2: 439 168
E III.vi.3: 440 147
E III.vi.6: 442 170
E III.vi.10: 445 170
E III.vi.13: 458-59 179
E III.vi.14: 448 170
E III.vi.15: 448 170
E III.vi.16: 448 170
E III.vi.17: 448-49 170
E III.vi.18: 449 170
E III.vi.19: 449 170
E III.vi.22: 450 170
E III.vi.23: 451 170
E III.vi.24: 452 .... 148, 171
E III.vi.25: 452 171
E III.vi.25: 453 330
E III.vi.28: 455 174
E III.vi.30: 457-58 333
E III.vi.39: 463-64 173
E III.vi.39: 464 173
E III.vi.44-51: 466-71 313
E III.vi.51: 470-71 179
E III.ix.1: 475-76 158
E III.ix.4-5: 476-77 158
E III.ix.5: 477 253
E III.ix.6: 478 178
E III.ix.7: 478-79 333
E III.ix.7: 479 178
E III.ix.8: 479 180
E III.ix.10: 481 333
E III.ix.11: 481 253
E III.ix.12: 482 197
E III.ix.13: 482 175

E III.ix.3: 482-83 178
E III.ix.18: 486-87 177
E III.ix.22: 489 .... 252, 333
E III.ix.23: 490 209
E III.x.15: 498 81
E III.x.18: 500 175
E III.x.20: 501-2 176
E III.x.11: 502 502
E III.x.22: 503-4 145
E III.x.23: 504 153
E III.xi.2: 509 331
E III.xi.9: 513 253
E III.xi.11: 514 180
E III.xi.12: 515 180
E III.xi.i 5: 516 251
E III.xi.17-18: 516-17 251
E III.xi.24: 521 180
E III.xi.27: 524 181
E IV.i.2: 525 .... 191, 217, 307
E IV.i.3: 525 193
E IV.ii.1: 530-31 191
E IV.ii.2: 532 192
E IV.ii.7: 533-34 219
E IV.ii.9: 534 205
E IV.ii.11: 536 127
E IV.ii.14: 537-38 ... 192, 209, 210
E IV.iii.6: 539-43 .... 124, 256, 320
E IV.iii.6: 540 .... 210, 320
E IV.iii.6: 540-41 .... 90, 125
E IV.iii.6: 541 .... 91, 128, 320
E IV.iii.6: 541-42 321
E IV.iii.6: 542 125
E IV.iii.11: 544 85
E IV.iii.13: 545 91
E IV.iii.18: 549 .... 206, 251, 252
E IV.iii.20-21: 552-53 252
E IV.iii.25: 555 197
E IV.iii.28: 558 .... 193, 194
E IV.iii.28: 558-59 92
E IV.iii.28: 559......................... 210
E IV.iii.29: 559................ 194, 201
E IV.iii.29: 559-60 92
E IV.iii.29: 560 .... 87, 97, 191, 205
E IV.iv.3: 563 155
E IV.iv.4: 563-64 156
E IV.iv.7-10: 565-68 252
E IV.v.2: 574 116
E IV.v.6: 576 116
E IV.vi.i: 579 329
E IV.vi.7: 582 205
E IV.vi.11: 585 204
E IV.vii.9: 596 61
E IV.vii.11: 598 327
E IV.viii.8: 614 203
E IV.x.1: 619 .... 206, 231
E IV.x.1-5: 619-21 206
E IV.x.1-19: 619-30 128
E IV.x.2: 619 231
E IV.x.3: 620 231
E IV.x.3-5 : 620-21 .... 232, 254
E IV.x.5: 620-21 232
E IV.x.5-6: 620-21 .... 96, 126
E IV.x.6: 621 ... 230, 231, 232, 254
E IV.x.7: 622 206
E IV.x.10: 623-24 .... 126, 128
E IV.x.16: 627 128

E IV.x.16-17: 627-28 126
E IV.x.17: 627 129
E IV.xi.1: 630 209
E IV.xi.2: 630 210
E IV.xi.2-3: 631 209
E IV.xi.3: 631 210
E IV.xii.8: 643 .... 201, 251
E IV.xii.9: 644 .... 191, 194, 201
E IV.xii.10: 645 .... 195, 201, 211
E IV.xii.11: 646 .... 211, 315
E IV.xii.12: 647 186
E IV.xiii.3: 651 206, 251, 253, 263
E IV.xv.3: 655 .... 117, 193
E IV.xv.4: 656 227
E IV.xv.5: 656 225
E IV.xvi.6: 661 194
E IV.xvi.9: 663 118
E IV.xvi.14: 667-68................. 237
E IV.xvii.24 224
E IV.xvii.24: 687-88 222
E IV.xviii.2: 689 233
E IV.xviii.3: 690 234
E IV.xviii.4-5 234
E IVxviii.4: 690-91 . 208, 235, 240
E IV.xviii.4: 691 208
E IV.xviii.5: 691-92 236
E IV.xviii. 5: 692 208
E IV.xviii.6: 693 234
E IV.xviii.7: 694 208
E IV.xviii.8: 694 237
E IV.xviii.10: 695 234
E IV.xix.3: 698 209
E IV.xix.5: 699 .... 237, 238
E IV.xix.6: 699 238
E IV.xix.7: 699 237
E IV.xix.10: 702 239
E IV.xix.11: 702 239
E IV.xix. 14: 704 238
E IV.xix.15: 705 239
E IV.xix.16: 705 237
E IV.xx.3: 708 226
E IV.xx.11: 714 263
E IV.xx.15: 716 129
E IV.xx.17: 718-19 207
E IV.xxi.2-3: 720 14
E IV.xxi.3: 720 248
E IV.xxi.4: 720-21 14
E IV.xxi.4: 721 155
EL I: 117; QL I:113................ 262
EL IV: 153; QL V: 161 267
EL IV: 153; QL V: 163........... 265
EL VI; QL VIII 263
EL VI: 181-83; QL VIII: 205... 264
EL VI: 183; QL VIII: 205-7..... 264
EL VI: 185; QL VIII: 207........ 264
EL VI: 189; QL VIII: 213........ 265
Essay concerning Toleration (1667): Fox Bourne 1876: 1:174-94............................ 23
Essay concerning Toleration (1667): B MS Locke c.28: Laslett 1967: 366n 290
Journal 1677: B MS Locke f.2: 46 211
Journal 1677: B MS Locke f.2: 92-93......................... 211

Journal 1677: B MS
Locke f.2: 126 ... 184
Journal 1677: L I: 202 ... 288
Letter 596: C II 310 ... 333
Letter 1309: C IV: 110-13 ... 243
Letter 1309: C IV: 112-23 ... 246
Letter 2059: C V: 595 ... 207
Letter 2320: C VI: 215 ... 288
Letter 3328: C VIII: 58 ... 288
L I: 202 ... 288
L I: 228-30 ... 254
L II: 133-39 ... 206
Locke 1894 ... 340
Locke 1960 ... 21
Locke 1967: 117-75 ... 19
Locke 1967: 185-241 ... 19
Locke 1971: 10 ... 47
Locke 1977 ... 19
Some Thoughts concerning Reading and Study for a Gentleman: W III 296 ... 256
T I.ii.6: 162 ... 281
T I.iv.40: 186-87 ... 295
T I.iv.41: 187-88 ... 297
T I.iv.41-42: 187-88 ... 294
T I.iv.42: 188 ... 297
T I.iv.43: 188-89 ... 294
T I.vi.67: 208 ... 292
T I.vii.74-77: 214-17 ... 294
T I.ix.86: 222-23 ... 296
T I.ix.87-92: 224-28 ... 296
T I.ix.88-91: 224-27 ... 296
T I.ix.92: 227-28 ... 293
T I.ix.93: 228 ... 296
T I.ix.97:230-31 ... 296
T I.ix.97-98: 230-31 ... 296
T I.ix.126: 251 ... 293
T II.ii.4-5: 287-89 ... 292
T II.ii.5: 288 ... 268
T II.ii.6: 288-89 ... 293
T II.ii.6-8: 288-90 ... 292
T II.ii.7-8: 289-90 ... 293
T II.ii.8: 290-91 ... 292
T II.ii.9: 290-91 ... 293
T II.ii.10-11: 291-92 ... 293
T II.ii.11: 291-92 ... 292
T II.ii.11-12: 291-93 ... 293
T II.ii.15: 295-96 ... 294
T II.v.25: 303-4 ... 296
T II.v.26: 304-5 ... 300
T II.v.27: 305-6 ... 298
T II.v.28-30: 306-8 ... 298
T II.v.30: 307-8 ... 300
T II.v.31: 308 ... 299
T II.v.32-33: 308-9 ... 299
T II.v.34-36: 309-11 ... 299
T II.v.36: 310-11 ... 301
T II.v.37: 312-23 ... 299, 301
T II.v.38: 313-14 ... 301
T II.v.39: 314 ... 300
T II.v.41: 314-15 ... 300, 302
T II.v.43: 316-17 ... 300
T II.v.45: 317 ... 299, 301, 302
T II.v.46: 317-18 ... 299
T II.v.46-48: 317-19 ... 301
T II.v.48-49: 319 ... 300

T II.v.50: 319-20 301
T II.v.50: 320.......................... 290
T II.v.51: 320 .... 290, 300
T II.vi.75: 335-36 302
T II.vii.77: 336 267
T II.vii.94: 347-48 .... 284, 304
T II.viii.97: 350 284
T II.viii.102: 353 281
T II.viii.103: 354 288
T II.viii.105: 354-55 300
T II.viii.106: 355-56 281
T II.viii.107: 356-57 303
T II.viii.107-8: 356-58 302
T II.viii.108: 357-58 300
T II.viii.110-11: 359-61 268
T II.viii.111: 360-61 304
T II.viii.112: 361-62 281
T II.viii.120: 366 290
T II.ix.124: 368-69 291
T II.ix.124: 369 271
T II.xi.134:373-74 291
T II.xi.134-35: 373-76 293
T II.xi.135: 375-76 292
T II.xi.138: 378 291
T II.xi.138: 378-79 .... 279, 284
T II.xi.138-39: 378-80 289
T II.xi.140: 380 289
T II.xi.142: 381 284
T II.xii.143: 382 279
T II.xii.144: 382-83 285
T II.xii.147: 383-84 286
T II.xiii.149: 385 286
T II.xiii.151: 386 .... 281, 286
T II.xiii.151-53: 386-88 285
T II.xiii.153: 387 284
T II.xiii.153: 387-88 285
T II.xiii.154: 388 285
T II.xiii.155: 388 285
T II.xiii.155:389 280
T II.xiii.156: 389-90 .... 285, 286
T II.xiii.158: 391-92 285
T II.xiv.159: 392-93 .... 284, 293
T II.xiv.159-60: 392-93 285
T II.xiv.161: 393 286
T II.xiv.162: 394 303
T II.xiv.163: 394 279
T II.xiv.163: 394-95 286
T II.xiv.164: 395 279
T II.xiv.166: 396 286
T II.xiv.167: 396 285
T II.xiv.167-68: 396-98 286
T II.xiv.168: 397-98 282
T II.xv.171: 399-400 293
T II.xv.173: 401 290
T II.xvi.175: 402-3 281
T II.xvi.183: 408-9 293
T II.xvi.186-87: 410-11 264
T II.xvi.190: 411-12 295
T II.xvi.192: 412 295
T II.xviii.199: 416 280
T II.xviii.199: 416-17 279
T II.xviii.200: 418 279
T II.xviii.202: 418-19 280
T II.xviii.208: 422 282
T II.xix.212: 425-26 284
T II.xix.213: 426 .... 282, 283

T II.xix.214: 426-27 286
T II.xix.215: 427 286
T II.xix.216: 427 286
T II.xix.217: 427-28 287
T II.xix.219: 429 287
T II.xix.222: 431 286
T II. xix.225: 433 288
T II. xix.227: 434 .... 280, 287
T II.xix.230: 435-36 ...... 287, 288
T II.xix.232: 437 ..... 277, 282, 287
T II.xix.233: 439 282
T II.xix.241: 445 282
TE 186: 239 288
Voluntas: B MS Locke c.28: 114: von Leyden 1954: 72-73 266
W III: 212 315
W III: 220 315
W III: 241 316
W III: 250 316
W III: 272 343
W III: 278 328
W III: 296 256
W IV: 8 e 449 107
W IV: 18 102
W IV: 19 100
W IV: 32 320
W IV: 33 .... 320, 104
W IV: 129-30 41
W IV: 130 42
W IV: 138-39 316
W IV: 146 233
W IV: [191] 319
W IV: 445-46 102
W IV: 446 102
W IV: 448 103
W IV: 467-68 94
W IV: 470-71 105
W VII: 9 313
W VII: 11 307
W VII: 129 254
W VII: 133 269
W VII: 134 269
W VII: 135 240
W VII: 139 270
W VII: 140 .... 10, 207
W VII: 140-43 270
W VII: 146 270
W IX: 220 49
W IX: 250 .... 49, 316

Esta obra foi composta em CTcP
Capa: Supremo 250g – Miolo: Pólen Soft 80g
Impressão e acabamento
Gráfica e Editora Santuário